生境民族学研究

（第一辑）

罗康隆　主编

东南大学出版社
SOUTHEAST UNIVERSITY PRESS
·南京·

内 容 简 介

当前,在全球生态问题日趋凸显的背景下,我国率先提出生态文明建设,将生态建设作为我国当前工作的重要组成部分。在学术界,经过近几年的讨论,生态文明实现的路径和方法,已经在各个领域中得以确立。我国幅员辽阔,各地生态背景差异较大,民族文化也呈现出各式各样的情况。各民族在长期与所处生态系统打交道的过程中所形成的各自的民族文化,包含丰富的本土生态知识和技术体系。这些本土生态知识和技术体系与当地的生态环境高度契合,能够在保护当地生态环境的基础上,合理利用当地的生态资源,使得该民族实现可持续发展。

本专著的出版旨在推出文化与生态关系研究的最新成果,包括学术前沿理论和方法、生态环境变迁、历史地理学理论方法、生态史研究、环境口述史、文化生态学等。聚焦如何发掘和整理民族传统生态知识和传统技术,及"大传统"与"小传统"的互动建构中对生态环境变迁的影响,以提供来自历史的经验和教训,并给当代生态建设提供借鉴。

图书在版编目(CIP)数据

生境民族学研究.第一辑/罗康隆主编.—南京:东南大学出版社,2020.12
 ISBN 978-7-5641-9385-0

Ⅰ.①生… Ⅱ.①罗… Ⅲ.①民族学—研究 Ⅳ.①C95

中国版本图书馆 CIP 数据核字(2020)第 269554 号

生境民族学研究(第一辑)
Shengjing Minzuxue Yanjiu(Di-Yi Ji)

主　　编	罗康隆			
责任编辑	陈　跃			
电　　话	(025)83795627	电子邮箱	chenyue58@sohu.com	
出版发行	东南大学出版社	出 版 人	江建中	
地　　址	南京市四牌楼2号	邮　编	210096	
销售电话	(025)83794121/83795801	网　址	http://www.seupress.com	
经　　销	全国各地新华书店	印　刷	南京玉河印刷厂	
开　　本	787 mm×1092 mm　1/16	印　张	15.5	
字　　数	397 千字			
版 印 次	2020 年 12 月第 1 版　2020 年 12 月第 1 次印刷			
书　　号	ISBN 978-7-5641-9385-0			
定　　价	58.00 元			

* 本社图书若有印装质量问题,请直接与营销部联系。电话:025-83791830。

编 委 会

主　　编　罗康隆

副 主 编　何治民

编　　委　罗康隆　王晓义　李永祥　张应强
　　　　　　　范　可　董建辉　祁进玉　田　敏
　　　　　　　冯雪红　杨文炯　刘伦文　阿拉坦宝力格
　　　　　　　李　锦　崔海洋

学术顾问　杨庭硕

前　言

随着人类社会的飞速发展，人们在感受到自我满足的同时，也不无忧虑地预感到来自环境的干扰和制约，以致清醒的学人们相继承认生态问题已经成为人类社会可持续发展的关键障碍因素，于是，有关生态问题的研究逐步成为人类社会的热门话题。其实，遭逢这样的局面，本身不足为怪。一百多年前，恩格斯就提醒过大家："人类不要过分陶醉于对自然界的胜利，对每一次胜利，自然界都进行了报复。"然而，不无遗憾之处在于，这样的警告长期以来并没有引起全人类的普遍关注，而总是停留在学人们的自说自话的小圈子内。直到20世纪中期，随着信息控制论、系统论的提出，学界同仁才开始着手从大尺度的整体视角出发，去澄清人类所面对的环境问题的实质所在。于是，不同学科的学人们纷纷为此做出自己的解答，但这样的回应由于学科之间的相互隔绝，最终很难达成共识。民族学本来是一门以人类所建构的文化为研究对象的学科，长期以来，这门学科关注的是人与人之间的关系，以及由此而呈现的各种社会事实。也是到了20世纪中期，一批具有前瞻性的学者才着手将人类安身立命的生态环境纳入文化研究的视野，并提出了"文化生态"这一新概念，由此而催生了民族学的一个新的分支学科——生态民族学。与此同时，生态学的自身发展也步入了快车道，生态系统、生态学的知识得到了同仁的接纳和认同。历史科学的近期发展也大体相似，此前更多关注文本资料所反映的历史，对人类所处的环境到底在其间发挥什么样的作用，大多不甚关注。同样是到了20世纪中期，随着研究视野的展拓，哪怕是最具复古倾向的史学家也不得不承认，环境对历史的进程确实产生过不容忽视的影响。与此同时，自然科学家在面对生命现象时也做出了相应的反省——那些简单的物质能量的思路与方法是否适用于研究对象？总之，这是所有当代学科共同面对的难题，也是一种带共性的研究思路与方法的大调整。

由于这样的大调整具有全局性的特色，任何一门学科都不能置身事外。生态民族学从诞生之日起同样得经受这一时代性的磨砺，其间的核心问题在于,人类所面对的表现得各不相同的自然与生态系统与人类自己建构的文化之间到底存在着什么样的联系? 又伴生着什么样的冲突和矛盾? 而这一问题的澄清,恰好直接关系到生态民族学的今天和未来。时间又过去了半个世纪,生态民族学或者环境民族学事实上已经渗透到人类生活的各个方面。人们除了收获自我认定的获得感外,伴生的自然生态系统到底发生了什么变化? 对人类社会而言,将意味着什么样的问题与风险? 这些问题一直未能达成共识。有些人坚信随着科学的发展,人类面对的环境问题最终会得到化解;也有人坚信人类只要自我节制,环境问题就不会被激化;当然更有人认定,有了发展这个主位,由此而派生的等而下之的问题随着时间的推移自然就会化解,犯不着做出过分的忧虑。诸如此类的命题在近20年来一直悬而未决,但却实实在在地左右着人类社会的可持续发展。学人们不得不正视的现实问题恰好在于,人类与环境之间和谐共荣的根基到底何在? 面对这样的根基,人类可以做什么,能够做什么,能够以此确保人类与环境的和谐共荣,能够按人类的意志实现人类的可持续发展。出于回答这一尖锐问题的需要,将人类与所处的生态背景作为两个完全不同的范畴去展开相应的研究和讨论,是否走进了死胡同? 如果这两者之间只是偶然的碰撞,没有必然的联系,人类的发明创造又如何能必然化解生态问题呢? 如果这两者本来就有联系,那么,人类社会在发展的同时干吗又作茧自缚、自掘坟墓呢? 有幸之处在于,此前的生态民族学的研究确实为我们积累了全球的丰富资料,也汇总了古今中外人类对生态问题所表达出来的各式各样的理解和结论。而当今面对的难题在于,如何将这些资料整合起来,展开系统性的分析,从中找到节制人与环境关系的纽带,再澄清人类社会与这一纽带的相互依存制约的关系。难题解决了,上述两个方面的对立和纷扰也就可望从人类自身去做出合理的说明。

　　诚如生态学家所言,地球上的任何一种生物物种,只要它能够繁衍子孙、世代不绝,它在生态系统中必然占有特定的生态位。它们实际上是在自己的生态位中赢得自己的权力,但同时也在为其他生物铺垫了生存和繁衍的基础,并在这一基础上形成了一个可以独立运行的生态系统。接下来的问题在于,人类为自身建构的生态位和其他生物物种的生态位到底存在什么样的联系和区别? 人类在这一过程中能够做什么,又不容许做什么? 要解答这个问题,首先得澄清一个本不愿意承认的事实,那就是人类其实是生物性和社会性二元复合的存在。从生物性而言,人类和其他生物并无区别,只能在特定的生态位中存活和繁衍。不同之处则在于,人类生存的生态位并非自然存在,而是人类付出了体力和智力,并按照特定文化的需要去建构起来的。从社会属性而言,人类显然不是靠个体的体力和机遇去谋取生存,而是靠人类自身创造的不同的文化去凝结成一个庞大的社会群体,也就是不同的民族,并凭借聚集的社会合力,去与环境打交道,以至于人类与其他物种相比,其存在方式更具凝聚力、更具目的性、更具可积累性、更具发展的张力。而这一点恰好是人类制造生态问题的根源所在。不过,如果从问题的反面去加以解读,人类会对生态环境产生副作用,但意味着也可以维护好生态系统,所谓"解铃还须系铃人"就是这个道理。

很明显,不管是什么样的民族和文化,在占有和利用自然环境时,加工改造自然的一切努力就是为了人类自身,这显然不是自然与生态系统本身就具有的内容,两者之间从一开始就存在偏离和冲突。有幸之处恰好在于,人类能够对环境做坏事,反过来凭借同样的禀赋和权力,只要改弦更张同样也可以做好事。事实上,在漫长的历史岁月中,人类社会所走过的历程也恰好如此,人类其实一直在为了自己而有损于环境。与此同时,也是为了自己而不得不偶尔付出智力和劳力,表现出义无反顾的责任心和担当来。对自己做错的一切后果都靠其后自身的努力去加以弥合和化解,这才是人类社会得以生生不息延续至今的不二法门。因此,对民族学而言单纯研究生态系统远远不够,必须把人类文化放进去,把自己安身立命的生态位也放进去,从整体上澄清人类行为的对与错、权利与责任,那么民族学的下一步研究才能海阔天空,真正服务于人类社会可持续发展的需要。但这一切却意味着"生态民族学"到了今天需要转型为"生境民族学"。

生境民族学就是要以人类社会赖以生存的生态位为出发点,澄清人类在专属生态位的独特性。这样的独特性如果借用生态学的已有术语,就是人类的"生境"。人类事实上是自己建构了自己的生态位,当然同时也兼顾到了生态系统自身的规律,而且人类社会永远也不能绕开这些规律。这将意味着人类所依托的生境与其他动物的生境不同,关键之处在于,人类可以对自己所面对的生境加工改造,并满足其自身的需要。与此同时,不管人类是有意还是无意,一旦对所处的生态系统造成影响使其快速退化演变,那就必然给相关的民族和文化构成致命性的威胁。为此,人类就得有所担当,就得负起责任,就得投入智力和劳力,建构制度保障,对人类造成的生态问题加以补救和维护,以确保其能够稳态延续,以便长期为人类自身的发展服务。

正是从以上的认识出发,提出了"生境民族学"这一新理念,其研究的目标只能是服务于人类的可持续发展,研究的对象显然不是客观存在的生态系统,而是经由人类通过文化加以改造的生态系统。研究的要害在于,如何澄清"人"在其间扮演的角色?人类的担当和责任何在?人类能不能做出这样的担当?只要做出富有哲理的认识,那么,"生境民族学"的价值和使命也就落到了实处。

对恩格斯一百多年前的警告,生境民族学需要解决的关键问题不能仅止于对古往今来的人类活动做出深刻的反省,还需要总结有史以来对待环境问题时人类行为的各种经验和教训,以便找到能够开启未来的钥匙。在这把钥匙的指引下,清醒地意识到人类社会要实现可持续发展,就得有所担当,也就是生态问题的责任在人,别无其他。人类只有在明辨是非的前提下发现自己的过失,担当起改过自新的全部责任和义务,在找准具体路径和方法的同时,凭借人类的智力和体力的投入,去维护好自己所建构的生境。当然,这不是简单的修修补补,而是需要人类的创新去完成维护的责任和义务。只要能够做到这一步,人类面对的生态环境,虽说与纯自然的生态环境有别,但同样在人类的关爱下可以无限期地延续,人类社会的前途也就可以无限光明。总之,人类未来取决于生境、生计和生命三者的和谐统一,其中的生命是人和生态环境的共性特征,也是人类存在的本质所在。生计则是人类加工改造自然的手段和方法,既然是手段和方法,就有得有失,所得应该放大,所失必须改正。在这一问题上,权与责的辩证统一,才能保证生境的无限延伸,最终都回到了人类社会的自我满足,实现我们可期可待的可持续发展。

由于生境民族学是一个全新的研究领域,以至于理论的建设、思路的调整、方法的选定,乃至具体对象的选定和精准把握,都有一系列的难题等待着去攻克,新的认识和新的结论等待着建构。要完成如此庞大的研究任务,任何个人和团体,任何单独的学科终将无能为力,只有群策群力共谋发展才是正道所在。本刊的问世仅是提供了一个对话、交流、切磋、共享的平台。这一切都得从头做起,一切都得仰仗学界同仁的关心、关爱、参与和认同,才有望这一新兴的研究领域能够为当代的生态文明建设提供切实可行的对策方略和路径选择,从而不负我们所处的这一伟大的时代。愿就此与学界同仁共勉。

作 者

2020 年 6 月 30 日

目　录

学术前沿
从生态民族学的发展看民族学新兴分支学科 … 吉首大学生态民族学团队　3

理论探索
论民族生境与民族文化建构 …………… 罗康隆　何治民　33
文化阐释：基于深描、地方性知识和反思性的实践 ……… 谭卫华　李纯　46

生境与生计研究
逃避？规避？抑或是适应：对话"斯科特" ……… 罗康隆　杨庭硕　舒瑜　59
中国楠木产业的生态化复兴研究 …………… 彭兵　69
文化生态视野下民族地区乡村振兴路径选择研究 …………… 何治民　79
本土知识和现代技术结合的困惑：以湘西油茶为例 …………… 杨文君　84

生境与生态文明研究
生态文明作为一种人类文明类型的思考 …………… 杨浏熹　95
以林为友：生态文明视域下拉祜族的地方性森林文化知识 ………… 孔秀丽　105
礼失而求诸野：耒耜之耕在西南喀斯特山区的延续与创新 ………… 张宝元　116

生境与历史研究
环境史研究的新视野 …………… 杨庭硕　129
吉首大学校园环境口述史访谈资料与解读 …………… 邵晓飞　142
《茶经·一之源》"其字旧注"汇考 …………… 皇甫睿　杨庭硕　185
稻作文化在越南九龙江平原的传播与创新研究 …………… 王永志　189

田野调查

"他者"的"自我"认识：基于 Francisco Machado 的文化思考 ………… 周红果　201

学人访谈

感知人与自然关系间之真善美 ………………………… 侯甬坚　杨秋萍　213

生态文明视野下人与自然和谐关系的重建 ……………… 罗康隆　杨庭硕　227

学术前沿

从生态民族学的发展看民族学新兴分支学科

在早期民族学研究中,民族与自然,或者说民族与生态并没有成为民族学家认真探讨的大课题。① 随着民族学的深入研究与学科研究领域的扩大,民族与自然生态的关系开始被纳入民族学家的视野,取得了丰硕的成果。但直到当下,民族学学科并没有真正从全球视野、从民族的存亡高度去关心人类凭依生存的生态环境,也即是还没有建立起真正服务于人类的生态民族学学科,处于民族学探索民族与生态环境关系的初步阶段。

一、生态民族学出现的背景与历程

随着人类社会的飞速发展,人们在感受到自我满足的同时,也不无忧虑地预感到来自环境的干扰和制约,以致清醒的学人们相继承认生态问题已经成为人类社会可持续发展的关键障碍因素,使得有关生态问题的研究逐步成为人类社会的热门话题。

21世纪人类所面临的生态危机实质上是人与自然关系恶化的结果。生态危机,本质上是一种文化危机。一百多年前,恩格斯早就提醒过大家:"人类不要过分陶醉于对自然界的胜利,对每一次胜利,自然界都进行了报复。"然而,这样的警告长期以来并没有引起全人类的普遍关注。直到20世纪中期,随着信息控制论、系统论的提出,学界同仁才开始着手从大尺度的整体视角出发,去澄清人类所面对的环境问题的实质所在。不同学科的学人们纷纷为此做出自己的解答,在民族学界,一批具有前瞻性的学者才着手将人类安身立命的生态环境纳入文化研究的视野,并为此提出了"文化生态"这一新概念,由此而催生了民族学的一个新兴分支学科——生态民族学。

20世纪30年代,生态人类学作为一个分支学科在美国兴起,美国人类学家朱利安·斯图尔德认为任何文化因适应特定的生态环境而表现出地域性变化,从而建立起文化生态学,即生态民族学的理论。此后,经历了民族植物学、环境可能论、生态新功能主义、生态历史过程论、生态民俗学、环境民族学等研究阶段。从偏重文化、群体到注重生态、人口、个体,从文化适应、环境决定到人口、生态环境和文化的相互作用与相互建构,从社会结构到社会过程,从群体的一致性到多样性、变异性,从"无历史"到引入时间维度与纵向研究,从将研究对象与分析单位看作程度不同的文化孤岛、封闭社区、与世隔绝的人群到承认其作为世界体系和全球化的一环而与更广大的社会和制度体系的联系互动

---

① 祁庆富.关于二十一世纪生态民族学的思考[J].中央民族大学学报,1999(6).

以及与之相随的人员、技术、图像、信息的流动,从价值中立到承认后现代世界中有差别的权力和地位对地方实体的冲击的政治经济批判,从现代主义二元论模型与二分法的互不相关到相互创造、相互建构、共同演化的综合整体观与认识论视野,①这拓展了生态民族学的研究视野与研究领域,既展现出了生态民族学的学科特质,又彰显出了生态民族学的学术活力。

生态民族学作为民族学的一个分支学科,聚焦于民族和生态的关系问题的研究。它从民族学的角度研究各民族的形成、发展及其与所处生态环境之间的共存机制,如人类与环境之间和谐共荣的根基到底何在?何以能够以此确保人类与环境的和谐共荣,实现人类的可持续?并围绕民族与生态环境关系问题展开研究,如生态与民族形成、生存、发展的关系,生态与传统文化的关系,生态环境保护与民族地区现代化建设、与经济发展的协调关系等。生态民族学就是要展开系统性的分析,从中找到节制人与环境关系的纽带,再澄清人类社会与这一纽带的相互依存制约的关系。

二、"十三五"期间生态民族学发展的状况

20世纪下半叶,生态民族学在西方民族学界受到重视,许多民族学概论中都有生态民族学的专章。在我国学术界,20世纪80年代初开始出现对生态民族学的研究,其代表人物就是云南大学的尹绍亭教授,之后有吉首大学的杨庭硕教授、罗康隆教授,新疆师范大学的崔延虎教授等。到21世纪,吉首大学成为我国生态民族学研究的重镇,聚集了一批学者,在我国民族学界占有一席之地。

在"十三五"期间,涉及生态民族学的国家社科基金立项的项目就有近300项。② 围绕生态民族学的专著也陆续涌现,出版著作达200余部,③公开发表有关生态民族学的科研论文上万篇,其中硕士、博士学位论文有5 000余篇。生态民族学在不断完善其理论与方法的过程中,也在不断地拓展其研究领域,诸如地方性生态知识、生态文明建设、生态安全、

---

① 平锋.西方生态人类学的发展过程与未来趋势[J].甘肃社会科学,2010(4).
② 其中重大项目有杨军昌、罗康隆的《西南少数民族传统生态文化的文献采辑、研究与利用》(项目批准号:16ZDA156)(项目批准号:16ZDA157),热依拉·达吾提的《维吾尔族本土知识的保护与传承研究》(项目批准号:13&ZD145),胡守庚、张安录的《长江经济带耕地保护生态补偿机制构建与政策创新》(项目批准号:18ZDA053)(项目批准号:18ZDA054),杜元伟的《我国海洋牧场生态安全监管机制研究》(项目批准号:18ZDA055),郇庆治、田启波的《习近平生态文明思想研究》(项目批准号:18ZDA003)(项目批准号:18ZDA004),以及赵敏娟的《生态文明建设背景下自然资源治理体系构建:全价值评估与多中心途径》(项目批准号:15ZDA052)。
③ 其中具有代表性的学术专著有苏日嘎拉图的《蒙古族传统生态知识及资源利用方式研究》,柏贵喜的《生态文明建设背景下武陵山区土家族传统生态知识》,陕锦风的《青藏高原的草原生态与游牧文化:一个藏族牧业乡的个案研究》,陈祥军的《阿尔泰山游牧者:生态环境与本土知识》,陈静梅的《西南连片特困地区生态移民的文化适应研究》,郑宝华的《西部民族地区生态移民聚居区农地制度改革难点及对策研究》,冯明放的《中西部连片特困地区生态移民后续产业》,金京淑的《中国农业生态补偿研究》,徐光丽、接玉梅、葛颜祥的《流域生态补偿机制研究》,靳乐山、胡振通的《中国草原生态补偿机制研究》,傅斌的《山区生态补偿标准研究》,王江丽的《全球绿色治理如何可能?——论生态安全》,陈永胜的《西北民族地区生态安全与水资源制度创新研究》,欧阳志云、郑华的专著《生态安全战略》,罗永仕的《生态安全的现代性境遇》,张德广的《食品安全与生态安全》,李全敏的《秩序与调适——德昂族传统生态文明与区域可持续发展研究》等。

生态移民、生态补偿、生态扶贫、农业文化遗产等,成为该学科关注的领域。

(一)生态民族学的理论与方法

21世纪以来,生态民族学在我国民族学界占有重要的位置。"十三五"期间,以吉首大学为研究重镇的一批学者不断地完善其理论和方法。十八大以来该领域的国家社科基金立项项目有2项;发表的科研论文近200篇,其中硕士、博士学位论文40余篇;出版专著10余部①。这些理论和方法主要体现为"文化制衡论""终端验证法"以及"乡村日志与学者跟踪"相结合的田野资料收集方法,以及对"文化生态观""生境、生计与生命"等概念的阐述与反思。其代表性人物有吉首大学的杨庭硕②、罗康隆③,以及新疆师范大学的罗意④等。

(二)有关地方性生态知识的研究

各民族传统生态知识体系的稳定传承关系到国家生态安全,因此成了生态民族学需要长期致力探讨的领域。十八大以来该领域的国家社科基金项目有33项,其中重大项目5项;发表的科研论文近5 000篇,其中硕士、博士学位论文就有317篇;出版专著40余部⑤。这些成果主要体现在如下三个方面。

一是本土生态知识价值的认证。本土生态知识作为"地方性知识"的有机组成部分,有其特定的价值。对其价值如何进行认定,成了学界关注的焦点,并形成了一批有价值的成果和著述。其代表性人物有吉首大学的杨庭硕、凯里学院的罗康智⑥,以及广西民族大学的付广华⑦等。

二是对本土生态知识的传承和保护。21世纪以来,生态危机在全球范围内爆发,学

---

① 何俊的《当代中国生态人类学》,罗康隆、吴寒蝉的《侗族生计的生态人类学研究》,乌尼尔的《与草原共存:哈日干图草原的生态人类学研究》,黄龙光的《上善若水:中国西南少数民族水文化生态人类学研究》,陈祥军的《回归荒野:准噶尔盆地野马的生态人类学研究》等。

② 杨庭硕主持国家社科基金重点课题《中国少数民族文化生态研究》(项目批准号:11AZD071),在《中央民族大学学报(哲学社会科学版)》《中国农业大学学报(社会科学版)》《中国农史》《云南社会科学》《广西民族大学学报(哲学社会科学版)》等期刊发表相关论文百余篇。

③ 罗康隆主持国家社科基金重大课题《西南少数民族传统生态文化的文献采辑、研究与利用》(项目批准号:16ZDA157),在《民族研究》《中央民族大学学报》《中南民族大学学报》《云南社会科学》《中国人口·资源与环境》等期刊发表相关论文百余篇。

④ 罗意主持国家社科基金课题《新疆北部牧区城镇化进程中游牧民的再社会化问题研究》(项目批准号:17BMZ069),在《贵州社会科学》《云南师范大学学报》《云南社会科学》《西南民族大学学报》等期刊发表相关论文30余篇。

⑤ 石彦伟的《地方性知识与边缘经验》,霍俊明的《先锋诗歌与地方性知识》,吴彤的《科学实践与地方性知识》,范长风的《从地方性知识到生态文明》,陈效林的《国际联盟中知识获取与本土知识保护的平衡研究》,安富海的《地方性知识与民族地区地方课程开发研究:以甘南藏族为例》,沈云都、杨琼珍的《纳西族山林观念研究:地方性知识的建构与科技文明的袭入》。

⑥ 罗康智主持国家社科基金课题《明清时期土司制度与民族地区社会治理研究》(项目批准号:16BMZ021),在《中央民族大学学报(哲学社会科学版)》《吉首大学学报(社会科学版)》《云南社会科学》《贵州社会科学》等期刊发表相关论文40余篇。

⑦ 付广华主持国家社科基金课题《岭南民族传统生态知识与生态文明建设互动关系研究》(项目批准号:13BMZ053),在《广西民族研究》《国外社会科学》《中央民族大学学报(哲学社会科学版)》等期刊发表相关论文60余篇。

界对生态危机的追责与劫难的讨论热闹非凡。本土生态知识对化解生态危机具有不可替代的作用,因而对各民族生态知识的传承与保护,显得极其重要。其代表性人物有吉首大学的罗康隆、新疆大学的热依拉·达吾提①,以及中南民族大学的陈祥军②等。

三是本土生态知识和现代科学技术的接轨创新。我国半个世纪环境救治的成效是"局部好转,全局恶化",一个重要原因就是忽视了各民族世代累积起来的生态智慧与本土生态知识的价值。如何将各民族的生态知识与普同性的现代技术接轨,成为学术界关注的一个方向,也是一种趋势。其代表性人物有云南大学的尹绍亭③、吉首大学的吴合显④、新疆师范大学的崔延虎⑤、桂林理工大学的蒋蓉华⑥,以及中央财经大学的苏日嘎拉图⑦等。

(三)关于生态文明的研究

党的十八大报告提出全面落实经济建设、政治建设、文化建设、社会建设、生态文明建设五位一体总体布局,不断开拓生产发展、生活富裕、生态良好的文明发展道路。党的十九大报告进一步提出建设生态文明是中华民族永续发展的千年大计。不同学科围绕"生态文明"主题做了大量卓有成效的研究,国家社科基金项目数据库共显示有364项立项课题,据不完全统计,共有9项成果获近三届教育部高等学校科学研究优秀成果奖(人文社会科学),2012年至2019年出版与民族学学科相关学术著作14部。南开大学、云南大学、宁夏大学、北京大学、北京林业大学、西南林业大学、中国社会科学院、吉首大学成为这一领域的重镇,其研究聚焦在如下五个领域。

其一,民族地区生态文明与生态屏障。其代表人物有吉首大学吴合显、北方民族大学冯雪红、内蒙古民族大学舒心心、宁夏社会科学院李文庆等⑧。

---

① 热依拉·达吾提主持国家社科基金重大课题《维吾尔族本土知识的保护与传承研究》(项目批准号:13&ZD145),在《中央民族大学学报》《中南民族大学学报(人文社会科学版)》等期刊发表相关论文70余篇。
② 陈祥军主持国家社科基金课题《帕米尔高原游牧民传统生态知识的传承、保护与应用》(项目批准号:19BMZ144),在《中南民族大学学报》《西南民族大学学报》《青海民族研究》《新疆大学学报》等期刊发表相关论文50余篇。
③ 尹绍亭在《中南民族大学学报》《中国农史》《中央民族大学学报》《云南社会科学》等期刊发表相关论文30余篇。
④ 吴合显主持国家社科基金课题《少数民族地区绿色发展与生态维护和谐推进研究》(项目批准号:16BMZ121),在《中国农史》《贵州民族研究》《云南师范大学学报》《云南社会科学》《原生态民族文化学刊》等期刊发表相关论文20余篇。
⑤ 崔延虎在《民族研究》《新疆师范大学学报》《原生态民族文化学刊》《新疆大学学报》等期刊发表相关论文30余篇。
⑥ 蒋蓉华主持国家社科基金课题《民族文化产业视角下西部旅游地区地方性知识利用》(项目批准号:08BMZ042),在《商业研究》《湖北社会科学》等期刊发表相关论文30余篇。
⑦ 苏日嘎拉图主持国家社科基金课题《蒙古族传统生态知识及资源利用方式研究》(项目批准号:13BMZ040),在《世界民族》《内蒙古大学学报(人文社会科学版)》《干旱区资源与环境》等期刊发表相关论文30余篇。
⑧ 吴合显主持国家社科基金课题《少数民族地区绿色发展与生态保护和谐推进研究》(项目批准号:16BMZ121),在《中国农史》《贵州民族研究》《云南社会科学》等期刊发表相关论文13篇;冯雪红主持国家社科基金课题《新时代甘青宁地区生态文明建设与筑牢生态屏障路径研究》(项目批准号:19BMZ149),在《民族研究》《广西民族研究》《中南民族大学学报》《中国民族报》等刊物发表相关学术论文20余篇;舒心心主持国家社科基金课题《内蒙古生态文明建设与筑牢北疆生态屏障路径研究》(项目批准号:19XMZ103),相关成果有其博士学位论文和发表在《中南民族大学学报》《北方民族大学学报》等期刊论文6篇;李文庆主持国家社科基金课题《生态文明建设中筑牢民族地区生态屏障研究》(项目批准号:19BMZ148),相关论文、研究报告发表在《宁夏社会科学》《新西部》等刊物上。

其二,挖掘了少数民族环境理念、习惯与态度、伦理观念、信仰习俗、风险意识、传统生态知识在生态文明建设中的价值、功能与保护利用。其代表人物有吉首大学杨庭硕、罗康隆,中南民族大学柏贵喜,重庆大学代启福,广西师范大学张燕等①。

其三,特定自然生态系统生态文明建设中人文与自然的耦合机制与少数民族生态文化。其代表人物有吉首大学罗康隆、杨庭硕,青海大学辛总秀等②。

其四,民族地区的生态文明战略、建设路径与可持续发展进行了深入研究。其代表人物有宁夏社会科学院郭正礼、兰州大学王海飞等③。

其五,生态文明评价体系、制度体系、生物多样性的立法保护、生态补偿、公众参与、政府动力。其代表人物有东北师范大学刘晓莉、新疆农业大学刘晶、宁夏大学张云雁等④。

(四) 有关生态安全的研究

生态安全作为国家安全的一个重要组成部分,是建设美丽中国、实现中华民族伟大复兴的中国梦的重要内容。十八大以来该领域的国家社科基金项目有 31 项,其中重大项目 2 项;发表的科研论文有 8 000 余篇,其中硕士、博士学位论文近 2 000 篇;出版专著百余部⑤。这些成果主要体现在如下四个方面。

一是生态安全与可持续发展。维护和保障我国边境牧区生态安全是筑牢我国生态安全屏障的现实需要,坚持以生态优先、绿色发展为导向的高质量发展,能有效推进我国边境牧区生态治理体系和治理能力现代化。其代表性人物有中共四川省委党校

---

① 杨庭硕、罗康隆分别主持国家社科重点、重大课题《中国少数民族文化生态研究》(项目批准号:11AZD071)、《西南少数民族传统生态文化文献采辑、研究与利用》(项目批准号:16ZDA157),在《思想战线》《中央民族大学学报》发表学术论文共计 100 余篇,相关学术著作和论文获教育部人文社科成果奖三等奖等奖项;柏贵喜主持国家社科基金课题《生态文明建设背景下武陵山区土家族传统生态知识的挖掘、利用与保护研究》(项目批准号:13BMZ056),相关成果为学术著作;代启福主持国家社科基金课题《乌蒙山民族杂居区资源开发风险治理与生态文明建设研究》(项目批准号:14CMZ036),在《中央民族大学学报》《西南民族大学学报》发表相关论文 10 余篇;张燕主持国家社科基金课题《生态文明视野下西南民族旅游地空间功能区划与监测预警机制研究》(项目批准号:14CMZ022),在《贺州学院学报》发表相关论文 5 篇。

② 辛总秀主持两项国家社科基金课题《三江源地区生态文明理念培育研究》(项目批准号:13XMZ052)、《三江源生态文明建设人文与自然耦合机制研究》(项目批准号:19XMZ109),相关成果为研究报告。

③ 郭正礼主持国家社科基金重点课题《宁夏生态文明建设研究》(项目批准号:13AMZ004),结项成果为同名学术专著;王海飞主持国家社科基金课题《河西走廊少数民族移民定居中的生态文明建设研究》(项目批准号:14BMZ096),结项成果为同名研究报告,相关学术论文发表在《兰州大学学报》。

④ 刘晓莉主持国家社科基金课题《牧区生态文明视野下我国草原生态补偿法律制度建设研究》(项目批准号:15BMZ076),结项成果为《中国草原生态补偿法律制度建设研究》学术专著和发表在《东北师范大学学报》等期刊的 10 余篇学术论文,结项等级为"优秀";刘晶主持两项国家社科基金课题《少数民族传统生态文明理念下的新疆生态保护法体系建构研究》(项目批准号:15XMZ091)、《新疆少数民族农牧区环境保护现状调查与法制建设研究》(项目批准号:12CMZ053,结项成果为同名研究报告);张云雁主持国家社科基金课题《西部民族地区生态文明建设评价体系研究》(项目批准号:13XMZ050)。

⑤ 欧阳志云、郑华的《生态安全战略》,王圣瑞的《鄱阳湖生态安全》,於方、曹国志、魏礼群的《生态安全治理新格局》,李周、孙若梅的《中国生态安全评论》,张智光的《生态文明和生态安全》,罗永仕的《生态安全的现代性境遇》,王莉的《我国矿区生态安全法治建设》,王伟的《转型期我国生态安全与治理》。

的孙继琼①、上海师范大学的高峻②,以及西南林业大学的李建钦③等。

二是生态安全与传统文化。在我国生态文明建设过程中,挖掘各民族的文化资源和生态智慧,对于保护民族地区生物多样性、维持地区生态平衡与生态安全,实现人与自然和谐发展,具有重要的价值和意义。其代表性人物有吉首大学的罗康隆、邵侃④,以及湘潭大学的杨曾辉⑤等。

三是海洋生态安全与海洋强国。海洋生态安全关系重大,影响深远,促进海洋生态安全是加快建设海洋强国过程中亟待解决的重要问题。结合我国海洋生态安全形势提出了促进我国海洋生态安全的路径及对策。其代表性人物有中国海洋大学的杜元伟⑥、杨振姣⑦,以及韩立明⑧等。

(五)有关生态补偿的研究

生态补偿的基本涵义是指认定产权明晰的生态持有方和享受生态服务的买方,通过对等的协商达成出资补偿协议,以确保交易关系的公平和合理,并使这样的交易得以顺利延续。在"十三五"期间,该领域的国家社科基金项目有95项,其中重大项目7项;发表的科研论文上千篇,其中硕士、博士学位论文达到千余篇;出版专著高达百余部⑨。这些成果主要体现在如下两个方面。

一是生态补偿的市场化。生态补偿是调整损害与保护生态环境主体间利益关系的一种制度安排,也是保护生态环境的有效激励机制。立足于不同生态系统和生态服务类型属性,对生态补偿的市场机制进行研究,有助于该领域机制研究的深化。其代表性人

---

① 孙继琼主持国家社科基金课题《新时代筑牢西藏生态安全屏障的制度保证和实现路径》(项目批准号:19XMZ028),在《财经科学》《经济纵横》《西南民族大学学报》等期刊发表相关论文20余篇。
② 高峻主持国家社科基金重大课题《长江经济带发展中的生态安全与环境健康风险管理》(项目批准号:17ZDA058),在《生态学报》《生物多样性》《旅游学刊》等期刊发表相关论文百余篇。
③ 李建钦主持国家社科基金课题《西南少数民族山区林业生态安全与乡村振兴协同路径》(项目批准号:18XMZ062),在《云南社会科学》《林业经济》《中央民族大学学报》等期刊发表相关论文40余篇。
④ 邵侃主持国家社科基金课题《西南民族地区农村综合防灾减灾能力建设研究》(项目批准号:12CMZ025),在《云南社会科学》《原生态民族文化学刊》《农业考古》等期刊发表相关论文50余篇。
⑤ 杨曾辉主持国家社科基金课题《明清时期沅江流域生态环境变迁研究》(项目批准号:15CMZ007),在《广西民族大学学报》《中南民族大学学报》《中央民族大学学报》等期刊发表相关论文30余篇。
⑥ 杜元伟主持国家社科基金重大课题《我国海洋牧场生态安全监管机制研究》(项目批准号:18ZDA055),在《中国海洋大学学报》《中国渔业经济》《海洋环境科学》等期刊发表相关论文80余篇。
⑦ 杨振姣主持国家社科基金课题《"命运共同体"视角下的北极海洋生态安全治理机制》(项目批准号:17BZZ073),在《中国海洋经济》《中国海洋大学学报》《环境保护》等期刊发表相关论文60余篇。
⑧ 韩立明主持国家社科基金重大课题《我国海洋事业发展中的"蓝色粮仓"战略研究》(项目批准号:14ZDA040),在《农业经济问题》《中国渔业经济》《资源科学》《农村经济》等期刊发表相关论文50余篇。
⑨ 樊辉、赵敏娟的《流域生态补偿》,张颖、金笙的《公益林生态补偿》,金京淑的《中国农业生态补偿研究》,陈克亮、张继伟、姜玉环的《中国海洋生态补偿立法》,沈满洪、魏楚、谢慧明、王颖、马永喜等的《完善生态补偿机制研究》,张婕、王济干、徐健的《流域生态补偿机制研究》,刘桂环、陆军、王夏晖的《中国生态补偿政策概览》,靳乐山、胡振通的《中国草原生态补偿机制研究》。

物有华中农业大学的张安录①、中南财经政法大学的肖加元②、中国地质大学的王玲③、暨南大学的张捷④、昆明理工大学的潘华⑤,以及北京第二外国语学院的冯凌⑥等。

二是生态补偿的公益化。所谓"反哺"式生态补偿模式,即指下游地区补偿上游地区、生态受益区补偿因生态建设蒙受损失区域的补偿制度。其代表性人物有大连民族大学的杨玉文⑦、东北师范大学的刘晓莉⑧等。

(六) 关于生态扶贫与连片贫困区的研究

关于生态扶贫的研究,主要集中在吉首大学生态民族学研究的学术团队。该团队在"十三五"期间发表了有关生态扶贫的学术论文500余篇。同时获得了国家社科基金和国家自科基金重大项目、重点项目、一般项目、青年项目和西部项目等各类项目20余项⑨。出版了"生态扶贫研究丛书"等40余部学术专著⑩,在学术界产生了深远影响。

该团队的研究成果聚焦在生态扶贫理论的创新与应用、连片特困地区生态保护与建

---

① 张安录主持国家社科基金重大课题《长江经济带耕地保护生态补偿机制构建与政策创新》(项目批准号:18ZDA054),在《地理学报》《中国人口·资源与环境》《中国生态农业学报》《生态学报》等期刊发表相关论文百余篇。

② 肖加元主持国家社科基金课题《跨区域水资源生态补偿中政府调控与市场机制协同研究》(项目批准号:14BJY001),在《中国人口·资源与环境》《贵州财经大学学报》《中南财经政法大学学报》等期刊发表相关论文20余篇。

③ 王玲主持国家社科基金课题《政府主导下的城市地下水生态补偿机制研究》(项目批准号:13BJY063),在《社会保障研究》《草地学报》《生态环境学报》等期刊发表相关论文60余篇。

④ 张捷主持国家社科基金重大课题《我国重点生态功能区市场化生态补偿机制研究》(项目批准号:15ZDA054),在《北方经济》《制度经济学研究》《地理研究》等期刊发表相关论文百余篇。

⑤ 潘华主持国家社科基金课题《吸引社会资本投入生态补偿的市场化机制研究》(项目批准号:14BJY029),在《生态经济》《统计与决策》《人民长江》等期刊发表相关论文百余篇。

⑥ 冯凌主持国家社科基金课题《基于生态旅游的市场化生态补偿机制与制度建设研究》(项目批准号:13CJY015),在《水土保持通报》《生态经济》《干旱区资源与环境》《求实》等期刊发表相关论文50余篇。

⑦ 杨玉文主持国家社科基金课题《国家重点生态功能区生态补偿的市场化激励机制研究》(项目批准号:18BMZ116),在《云南民族大学学报》《生态经济》《解决问题探索》等期刊发表相关论文百余篇。

⑧ 刘晓莉主持国家社科基金课题《牧区生态文明视野下我国草原生态补偿法律制度建设研究》(项目批准号:15BMZ076),在《贵州民族研究》《吉林大学社会科学学报》等期刊发表相关论文百余篇。

⑨ 包括罗康隆教授主持的国家社科基金重大项目《西南少数民族传统生态文化的文献采辑、研究与利用》(项目批准号:16ZDA156、16ZDA157),李定珍教授主持的国家社科基金重点项目《连片特困区农村流通产业发展的减贫效应研究》(项目批准号:17AJY021),游俊教授主持的国家自科基金应急管理项目《中国扶贫开发战略与政策的评估与优化——基于"人业地"协调发展的视角》(项目批准号:71541042),李琼教授主持的国家社科基金项目《武陵山片区城乡居民基本养老保险筹资机制研究》(项目批准号:14BJY203),丁建军教授主持的国家自科基金项目《武陵山片区城镇化的农户生计响应及减贫成效分异研究》(项目批准号:41761022),田宇教授主持的国家自科基金项目《贫困地区情境下创业者网络能力对新创企业组织合法性的影响机制研究》(项目批准号:71662012),张琰飞副教授主持的国家自科基金项目《武陵山片区企业参与乡村旅游精准扶贫的绩效提升机制研究》(项目批准号:71663018),李峰副教授主持的国家自科基金项目《精准扶贫多主体协同治理与网络支持平台构建研究——以武陵山片区为例》(项目批准号:71663019),黄炜教授主持的国家社科基金项目《武陵山片区乡村旅游精准扶贫效益测度及益贫机制研究》(项目批准号:17XGL003),王永明老师主持的国家自科基金项目《空间性、尺度与贫困:武陵山片区农村贫困化形成与分异机理》(项目批准号:41761023),王美霞老师主持的国家自科基金项目《武陵山片区贫困地方的生成机制研究:结构化与主体性的整合视角》(项目批准号:41761029)等20余项项目。

⑩ 包括"生态扶贫系列丛书"(《生态扶贫导论》《生态人类学理论探索》《发展中的农村贫困问题》《连片特困区跨省协作的新探索——"龙凤协作示范区"的实践与启示》《武陵山片区生态文明建设研究》)、"连片特困区蓝皮书"《中国连片特困区发展报告》系列丛书[《武陵山片区多维减贫与自我发展能力构建(2013)》《集中连片特困区城镇化进程、路径与趋势(2014—2015)》《连片特困区扶贫开发政策与精准扶贫实践(2016—2017)》《产业扶贫的生计响应、益贫机制与可持续脱贫(2018—2019)》]、"乡村旅游系列研究丛书"《乡村旅游扶贫雪峰山模式》等和《连片特困区统筹发展与多维减贫研究》等40余部学术专著。

设、民族地区生态经济与产业扶贫三个研究领域。

其一,生态扶贫理论创新。杨庭硕等从生态民族学理论出发,立足田野,结合相关理论知识,对连片特困区致贫原因及类型进行了探究,系统研究生态扶贫理论的概念、命题、方法与实践路径等问题,并在具体扶贫实践基础上,从文化、生态、区域、制度与人口等视角出发,进行文化干预、运行效果、评估指标等实践操作体系的建构,展开系统的生态扶贫理论的创新研究与脱贫致富新路径的探寻。

其二,生态维护与生态建设。罗康隆等则从连片特困地区生态保护与建设出发,着力探索研究连片特困区自然资源、文化资源的多样性保护与利用,探究连片特困区生态系统的类型、布局、特征及影响,发掘、应用本土生态知识,开展生态环境保护与生态安全建设,优化资源环境相互协调的生态链,推进连片特困地区生态保护与发展,确保生态扶贫成效的稳定与可持续发展。

其三,连片特困地区生态产业。冷志明等学者以民族地区连片特困区内生态资源可持续利用与特色产业集群开发规律的研究和实践为任务,围绕生态经济发展的路径、产业扶贫模式的建构,探寻消除贫困的对策、生态经济发展与产业扶贫协调发展的路径与对策。

(七) 关于生态移民的研究

国内关于生态移民的研究始于三峡库区移民工程,任耀武等(1993)在《试论三峡库区生态移民》中首次提出"生态移民"概念。随着各地区生态移民工程的实施,特别是连片特困地区易地扶贫搬迁工作的开展,国内专家学者关于生态移民的研究逐渐增多。在"十三五"期间主要聚焦于以下四个领域。

其一,生态移民的生计资本、生计模式与生计风险。针对生态移民给搬迁农户所带来的生计影响,分析生态移民生计转型风险特征、制约生态移民后续生计发展的主要因素,以及提高移民生计资本累积能力以及发展可持续生计的对策建议。其代表人物有内蒙古财经大学史俊宏、山西师范大学邰秀军等[①]。

其二,生态移民的文化适应与社会适应。移民在与迁入地自然和社会环境的互动过程中是否达到和谐平衡是被关注的一个焦点,学界主要从文化、经济生活和社会行为等方面,考察移民能否顺利融入迁入地社会。其代表人物有北方民族大学束锡红、中央民族大学祁进玉、宁夏大学冯雪红等[②]。

---

① 史俊宏主持国家社会科学基金青年项目《边疆牧区生态移民生计转型及可持续发展研究》(项目批准号:12CMZ027),在《干旱区资源与环境》《农业现代化研究》《生态经济》《农业经济》等期刊发表相关论文18篇;邰秀军主持国家社会科学基金一般项目《基于民族视角的黄土高原生态移民生计重建研究》(项目批准号:15BMZ094),在《中国人口·资源与环境》《管理评论》《西北人口》《干旱区资源与环境》《农业现代化研究》等期刊发表相关论文11篇。

② 束锡红主持国家社科基金一般项目《甘宁青少数民族生态移民社会关系重构与文化心理认同研究》(项目批准号:17BMZ102),在《宁夏社会科学》《中南民族大学学报》《北方民族大学学报(哲学社会科学版)》等期刊发表相关论文14篇;祁进玉主持国家社科基金一般项目《三江源自然保护区生态移民社会适应与社区文化重建研究》(项目批准号:12BMZ041),在《青海民族研究》《中央民族大学学报》《广西民族研究》等期刊发表相关论文6篇;冯雪红主持教育部新世纪优秀人才支持计划项目《甘青牧区藏族生态移民产业变革与文化适应研究》(项目批准号:NCET-12-0664)在《民族学刊》《兰州大学学报》《广西民族研究》《吉首大学学报(社会科学版)》等期刊发表相关论文17篇。

其三,生态移民政策效益评估。随着各地生态移民工程的落实,生态移民政策实施的效果也成为学者关注的焦点。从不同视角对移民效益进行了经济、生态、社会的单因子或多因子考察,提出解决对策与建议。其代表人物有塔里木大学张灵俐、西北农林科技大学崔冀娜、中国人民大学侯东民、宁夏大学东梅等[①]。

其四,生态移民可持续发展及后续产业。生态移民作为国家为实现"生态"与"发展"双赢而实施的一项复杂的系统工程,其可持续发展及后续产业发展等成为学界关注点。其代表人物有中央民族大学张丽君、贵州财经大学王永平等[②]。

(八）关于农业文化遗产研究

农业文化遗产作为一个跨学科研究范畴,已经受到生态民族学的重视。在"十三五"期间,该领域的国家社科基金项目共5项,其他各级各类课题大约30项。研究成果总数近千项,其中发表相关论文700余篇,出版著作50余部。主要聚焦在如下三个方面。

一是农业文化遗产类型、特征研究。该研究为农业文化遗产的研究提供学科规范,且对农业文化遗产的保护与开发提供理论支撑。主要代表人物有中国科学院地理研究所的李文华、闵庆文等,南京农业大学的王思明等。[③]

二是挖掘中国重要农业文化遗产的多重价值、民族文化等方面。该类研究运用民族学田野调查方法,对农业文化遗产的多重价值、民族文化等内容进行深入调查和科学解读。主要代表人物有中国艺术研究院的苑利、江西农业大学的黄国勤、中国农业大学的

---

① 张灵俐主持国家社会科学基金西部项目《生态移民工程与新疆长治久安研究》（项目批准号:10XMZ0049）,在《生态经济》《兰州学刊》《贵州民族研究》《湖南社会科学》等期刊发表相关论文7篇;崔冀娜主持国家社会科学基金青年项目《公平视角下青海藏区农牧民增收问题研究》（项目批准号:16CMZ038）,在《预测》《干旱区资源与环境》《西南民族大学学报》等期刊发表相关论文3篇;侯东民主持教育部重点研究基地重大项目《生态移民跟踪研究》（项目批准号:08JJD840188）,在《现代经济探讨》《人口与发展》《环境保护》《中国人口科学》等期刊发表相关论文9篇;东梅主持国家自然科学基金项目《北方农牧交错带生态移民扶贫绩效及评价指标体系综合研究——以宁夏回族自治区为例》（项目批准号:70763008）、《生态移民满意度驱动机制及其安置方式选择策略研究》（项目批准号:71263041）、《生态文明建设目标驱动迁入区生态移民意识培育、行为规范、制度建设机制研究——以宁夏为例》（项目批准号:71663041）,在《干旱区资源与环境》《农业技术经济》《中国农村经济》等期刊发表相关论文13篇。

② 张丽君主持国家社会科学基金一般项目《牧区生态移民安置的效益评估及其指标体系研究》（项目批准号:11BMZ058）,在《贵州社会科学》《民族研究》《中央民族大学学报（哲学社会科学版）》等期刊发表相关论文5篇;王永平主持国家社会科学基金项目《生态移民与少数民族传统生产生活方式的转型研究——基于贵州世居少数民族生态移民的调研》（项目批准号:09XMZ043）,在《山地学报》《农业现代化研究》《贵州农业科学》《生态经济》等期刊发表相关论文14篇。

③ 李文华为中国工程院院士,编著《中国重要农业文化遗产保护与发展战略研究》,相关论文在《中国生态文明》等期刊发表;闵庆文为中国农学会农业文化遗产分会主任委员,著《农业文化遗产知识读本与保护指导系列》,主编"中国重要农业文化遗产系列读本"丛书,主持联合国粮农组织全球环境基金项目《稻鱼共生全球重要农业文化遗产动态保护与适应性管理》（项目批准号 GCP/GLO/212/GEF）,农业农村部项目《2019年中国的全球重要农业文化遗产保护与研究》（项目批准号12190034）等,相关论文发表在《中国生态农业学报》《自然与文化遗产研究》《古今农业》等刊物;王思明为中国农学会农业文化遗产分会副主任委员,主编《中国农业文化遗产名录》（上下）,相关论文在《中国农业大学学报》等期刊发表。

孙庆忠、北京科普发展中心的袁正等,①以及福建农林大学的朱朝枝、云南农业大学的莫力、农业部农村经济研究中心的张灿强、吉首大学的陈茜等。②

三是农业文化遗产与本土生态知识、生态环境维护等研究。从生态民族学理论出发解读农业文化遗产,强调其生态功能与发挥路径。主要代表人物有吉首大学的杨庭硕和罗康隆,中国科学院地理研究所的刘某承、李禾尧,③云南大学的张海超,广西民族大学的杨艳等。④

生态民族学从"十三五"取得的成就与发展趋势出发,依照学科历史经验,会在顺应当前研究路径的基础上,紧依当今民族学的思想潮流与发展趋势,迈向未来。

在认识论上,生态民族学将拒斥和超越现代主义对自然与文化、身与心、行与思的分割,及其他类似的毫无作用的二分法,进而采取一种更为综合的探究方式。

在具体理论上,生态民族学摄取田野实践论等当代民族学思潮的养分,将结构分析、能动分析与历史分析相结合,使科学知识与地方性知识相并置,使传统技艺与现代技术相对接,在探讨环境变迁的历史场域中综合考虑自然环境与社会环境(民族生境)构成的整体系统。

在方法论上,把自然生态演化与社会历史分析相结合,把传统的田野访谈、乡民日记与学者跟踪、参与观察、质性研究法与阐释性方法同现代信息技术、全球定位系统、卫星图像、遥感技术、数理统计与定量分析方法相融合,以多现场与多行动者的方法进行跨学科的综合研究。

在实践应用层面上,则将与国际国内重大现实问题联结更为紧密,对与现实生态环境问题相关的具体政策和实践进行探讨和批评,为具体的政策过程、制度与组织设计、实

---

① 苑利为中国农学会农业文化遗产分会副主任委员,主编《寻找桃花源:中国重要农业遗产地之旅丛书》,相关研究在《中国农史》《中国农业大学学报》等期刊发表;黄国勤等人编著《江西农业文化遗产研究》,相关论文在《古今农业》《遗产与保护研究》等期刊发表;孙庆忠为中国农学会农业文化遗产分会副主任委员,著《枣韵千年》,相关论文在《中国农业大学学报》等期刊发表;袁正等主编《云南双江勐库古茶园与茶文化系统》《澜沧江流域农业文化遗产考察报告》等。

② 朱朝枝等编著《福建农业文化遗产及其当代价值》,相关论文在《安徽农林通报》等期刊发表;莫力主持国家社科基金项目《西南边疆少数民族农业文化遗产价值挖掘与利用研究》(项目批准号:18XMZ040),相关论文在《宗教学研究》《原生态民族文化学刊》等期刊发表;张灿强主持国家社科基金青年项目《贫困地区农业文化遗产活态保护与产业扶贫协同路径研究》(项目批准号:17CSH012),相关论文在《中国人口·资源与环境》《南京农业大学学报》等期刊发表;陈茜主持国家民委课题《武陵山区少数民族农业文化遗产开发与区域减贫发展研究》等,相关论文在《贵州民族研究》等期刊发表。

③ 杨庭硕等著《本土生态知识引论》,相关论文在《中国农业大学学报》《贵州社会科学》等期刊发表;罗康隆主持多项中国重要农业文化遗产申报项目,目前已被农业农村部正式认定4项,相关论文在《中央民族大学学报》《吉首大学学报》《贵州民族研究》等期刊发表;刘某承等著《甘肃迭部扎尔那农林牧复合系统》,相关论文在《中国生态文明》《生态学报》等期刊发表;李禾尧等编著《农业文化遗产的动态保护和适应性管理:理论与实践(英文版)》等,相关论文在《中国农业大学学报》《遗产与保护研究》等期刊发表。

④ 张海超主持国家社科基金项目《西南少数民族的水稻生产实践与稻作农业文化遗产的传承研究》(项目批准号:17BMZ059),相关论文在《农业考古》《云南社会科学》等期刊发表;杨艳主持国家社科基金《新时代岭南少数民族农业文化遗产的保护利用与乡村振兴互动研究》(项目批准号:19BMZ089)。

施方法提供自己的建议,为构筑"人类命运共同体"而体现现实关怀与实践价值,实现生态民族学学科的学术理想。

三、"十三五"期间民族学分支学科发展的基本状况

在现有人文社会各学科中,民族学的一个突出特点是它的开放性。它是在几乎所有方面都对其他学科加入和开放的学科。它的研究内容几乎涉及其他所有学科的知识,既包括社会科学的、人文学的,也包括自然科学的。随着研究的深入,这种联系和开放性就越强,其分支学科就越多。

民族学的开放性与包容性的直接结果就是催生出适应时代需求与学科发展的新兴分支学。罗康隆认为民族学是研究人类不同群体的社会与文化,以及建构其社会与文化背景的生态环境(民族生境)的学科。① 可见,民族学是一个庞大的研究领域,多学科的交叉研究成为民族学的学科特性,这一学科特性为民族学新兴分支学科的诞生营造了良好的学科环境。杨圣敏教授认为民族学研究的单位,可以是一个民族,也可以是以国别、地域、职业、年龄、信仰、性别、阶级和阶层等社会的或文化的界线划分的不同人群。更经常的情况是,民族学研究的对象同时包含几个不同类别,分属于不同阶层、单位的一个生活群体、一个小社会或一个地域。② 因此,随着人类社会的发展和研究的深入,民族学分支学科还会不断增加。

在这样的学术背景下,民族学的新兴分支学科应运而生。在这些分支学科定义中,虽"民族"冠名多,但立足的学科"母体"非民族学,而是以人类学冠名在发展,使得以"某某人类学"之称比比皆是、方兴未艾。③ 而依托于民族学这一学科母体的分支学科,主要有生态民族学、经济民族学、旅游民族学、影视民族学、地理民族学、历史民族学、医疗民族学、体育民族学、教育民族学、法律民族学等分支学科,以及非物质文化遗产、民族走廊等领域的研究。分叙于后。

(一)经济民族学

在中国经济民族学研究成果较早的有施正一教授的《民族经济学导论》和《民族经济学教程》④,云南大学陈庆德教授的《民族经济学》和《经济人类学》⑤,中央民族大学施琳的《经济人类学》,这些成果也标志着以云南大学和中央民族大学为首的经济人类

---

① 罗康隆,何治民.论民族生境与民族文化建构[J].民族学刊,2019(5).
② 杨圣敏.民族学如何进步——对学科道路如何发展的几点看法[J].中央民族大学学报,2016(6).
③ 郝时远.中国民族学学科设置叙史与学科建设的思考——兼谈人类学的学科地位(下)[J].西北民族研究,2017(2).
④ 施正一有关经济民族学的著作有《民族经济学导论》,民族出版社,1993;《民族经济学教程》,中央民族大学出版社,1997.
⑤ 陈庆德教授在经济民族学方面的研究成果,发表在《哲学研究》《民族研究》《战略与管理》《近代史研究》《中国经济史研究》《社会学研究》等中,共计350余万字;主要代表作《资源配置与制度变迁——人类学视野中的多民族经济共生形态》《人类学的理论预设与建构》《民族经济学》等。

学研究团队的确立①。

在"十三五"期间有田广、罗康隆的《经济人类学》②,陈庆德等的《经济民族学》出版,这些著作介绍了经济民族学的理论体系和分析范畴。云南大学杜星梅、陈庆德、郑宇在《经济民族学》(2019)中认为,经济民族学立足民族学学科本位,聚焦经济的民族表征与民族的经济构建,试图构建一门具有领域开拓性与理论超越性的新学科。中国社会科学院、西南民族大学、中南民族大学、吉首大学等高校与科研院所开始将经济民族学作为其研究的方向。在"十三五"期间其研究聚焦在如下两个方面。

其一,少数民族地区经济发展现实问题。2013年提出的"一带一路"倡议为少数民族地区边境贸易、文化交流提供了新的机遇。在经济新常态下,学科围绕少数民族地区经济如何实现"创新、协调、绿色、开放、共享"发展,探索少数民族经济面临的少数民族精准扶贫、沿边开放、人口流动和城市化等新的现实问题。

其二,学科定位、逻辑起点与学科核心理论体系。立足于"经济民族学"的学科本位,从少数民族经济特殊性出发,对"经济民族学"的基础理论、研究范式进行系统化、规范化整理,为学科长久发展奠定理论基础。

(二)旅游民族学

20世纪80年代中期,西方的旅游人类学思想开始被引入我国的旅游研究③。最早从事旅游民族学研究的代表人物是厦门大学的彭兆荣教授,云南大学的杨慧教授、张晓萍教授,中山大学的孙九霞教授,中央民族大学的宗晓莲博士,贵州民族大学的潘盛之教授等。云南大学、厦门大学、中山大学、桂林理工大学等,是我国旅游民族学研究的重要机构。该学科领域在"十三五"期间有国家社科基金项目48项④,相关的论文近500篇,其中硕士、博士论文110多篇,学术著作30余部⑤。该研究领域的成果聚焦在如下三个方面。

其一,旅游与文化涵化。从旅游民族学的角度,对"旅游场景"引发的少数民族文化

---

① 施琳教授有关经济民族学的项目和科研成果有:1994年"八五"重点项目《中国少数民族地区市场经济发展研究》子课题《论发展经济学的发展》;2001—2003年,南开大学博士后研究项目《论区域经济发展中的"多型态"——西部民族区域经济可持续发展研究》。论著有《论发展经济学的发展——从西方发展经济学到中国民族经济学》,中央民族大学出版社1994年出版;《经济人类学》,中央民族大学出版社2002年出版;《发展经济学与亚洲的"发展戏剧"》,宁夏人民出版社2002年出版。

② 罗康隆教授有关经济民族学研究的项目和科研成果有:国家社会科学基金项目《少数民族和民族地区自我发展的能力研究》(2000),湖南省社科基金项目《云贵高原东南缘各民族生计方式多样性与生态维护研究》(2005),联合国社会与经济发展署项目《侗族社区传统生计与资源可持续利用》(2006)等。论著有《族际关系论》《西南与中原》《民族、文化与生境》《发展人类学引论》《民族文化差异与经济发展》《发展与代价:中国少数民族发展问题研究》《文化适应与文化制衡:基于人类生态文化的思考》《传统生计中的文化策略》《经济人类学》等学术著作12部。

③ 张晓萍,李伟.旅游人类学[M].天津:南开大学出版社,2008.

④ 该数据来源国家社科基金项目数据库2016年至今关于"民族问题研究"或"民族学"类课题统计。

⑤ 张晓萍的《旅游人类学》,杨振之的《东道主与游客:青藏高原旅游人类学研究》,撒露莎的《跨文化交流与社会文化重构:丽江旅游的人类学阐释》,张锦鹏的《民族学与人类学专业研究生系列教材人类学分支学科概论》,王野的《基于旅游人类学视角的乡村旅游文化建设研究》等。

的变迁动态开展研究,重点讨论了旅游场景中的异文化的交流和文化展演中的文化变迁,论证了旅游场景实质是一种异文化相互接触、相互涵化的过程,其代表性人物有孙九霞、吴美玲、陈修岭、杨慧、高冲、吴忠军、周星等。

其二,旅游与个人经历转换。重点研究游客与东道主、游客与游客之间社会关系的建构,提出游客与东道主、游客与游客之间社会关系建构的"游客与东道主""游客与陌生人""旅途结识新友、旅途同伴"三种概念模型,以彭丹、陈莹盈、倪卓为代表。

其三,旅游与文化自觉。旅游经济增长产生的文化和社会问题,应该通过在文化自觉的基础上,基于文化本身价值有选择地进行产业开发,促使当地人的文化自觉和对传统文化的创新,形成良性循环,最终促进文化效益、社会效益、经济效益的协调发展。以田敏、撒露莎、向玉成、粮艳玲等为代表。

(三)影视民族学

影视民族学研究从民族志电影、人类学纪录片、影像民族志等视角进行研究。张江华、李德君等编著了我国第一部《影视人类学概论》。目前,在"十三五"期间该领域的国家社科基金项目有74项(含艺术学31项),其中重点重大招标项目有8项。此外,全国哲学社会科学工作办公室从2009年开始在文化和旅游部(原文化部)民族民间文艺发展中心设立特别委托项目《中国节日志》,每年定期开展"中国影像节日志"子课题项目,累计已立项子课题172项,2012年以来累计立项162项。出版相关影视民族学作品100余部,发表文献2 000余篇,其中硕士、博士学位论文有600余篇。该研究领域的成果聚焦在以下三个方面。

其一,影视民族学的学理与方法。以中央民族大学朱靖江、中国人民大学富晓星为代表的学者对影视人类学的学科体系进行探索,对于文化异质性的表述,以具体人的生活经验为研究对象的本土化路径,展现其思想性、科学性和人民性,得到学界认同[①]。此外,罗红光、雷亮中、庞涛等学者也积极加入学科构建中。

其二,传统文化保护、纪录片和电影。影视人类学就是用影像与影视这种载体来关注人类文明的发展与变迁、表现人类共同命运的学问,对抢救、保护濒临失传、不可再生的民族文化资源具有十分重要的作用。代表性人物有项仲平、胡晓阳、瞿巍、李伟华、邓启耀、赵湛鸣、张凤英等。

其三,新媒体、技术的发展对影视民族学的影响。人类学民族志影像的记录与表述,通过新媒体丰富影视人类学知识的生产与传播,显示出了其内在优势和巨大潜力。赵华森提出虚拟现实技术的进步为影视拍摄和传播拓展了新的发展空间。以陈旭光、殷强、

---

① 朱靖江主持国家社科基金艺术学一般项目1项(《中国民族志电影史》,立项编号:18BC041),国家社科基金特别委托项目子课题3项;出版《在野与守望:影视人类学行思录》《民族志纪录片创作》《田野灵光:人类学影像民族志的历时性考察与理论研究》等10余部学术著作;在《世界民族》《西南民族大学学报》等期刊发表30余篇学术论文。富晓星主持国家社科基金项目重点项目《影视人类学的理论反思与应用实践研究》(项目批准号:18ASH014),在《民族研究》《社会学研究》《社会科学》等学术期刊发表论文20余篇。

李文英、孙玉成、龚念、李东勋等为代表①。

(四) 地理民族学

我国引入"地理民族学"学科概念和确立该学科研究规范的时间较晚,②经过半个多世纪的研究,已有的研究成果较为丰硕。在"十三五"期间涉及"地理民族学"研究主题的国家社科基金项目共 63 项,其中重大招标项目 1 项,重点项目 10 项,一般项目、青年项目、西部项目共 52 项;发表论文近 600 篇,其中硕士、博士学位论文近百篇;主要著作 14 部,③内容主要集中于以下四个方面。

第一,关于中华民族多元一体格局与地理环境基础之间的关联性研究。在费孝通先生早年论及中华民族的生存空间与多元一体概念后,④许彬、樊良树、赵健霞、司徒尚纪等指出中华大地这种相对独立的地理特征,为中华民族由多元走向一体奠定了共同的心理认同和地域基础。⑤

第二,关于民族性格与地理环境基础之间的关联性研究。认为自然地理环境在其民族性格和民族精神的形成中,虽不是唯一的因素,但却是一个极为重要的特殊因素。其代表人物有宋瑞芝、李学智等。⑥

第三,关于民族文化与地理环境基础的关系研究。该领域的研究主要梳理了民族传统文化的历史演变脉络,把民族、地理和自然条件当作一个整体来研究。其代表学者有李雪梅、陈欣、蓝勇、管彦波和刘正寅等。⑦

---

① 陈旭光主持国家社科基金艺术学重大项目《影视剧与游戏融合发展及审美趋向研究》(项目批准号:18ZD13),在《文艺研究》《当代电影》《北京电影学院学报》等期刊发表论文 20 余篇;殷强主持国家社科基金重点项目《新技术影像与社会再生产研究》(项目批准号:18AXW006),在《理论界》《国际新闻界》等期刊发表论文 10 余篇;李文英主持国家社会科学基金青年项目《新时期中国影视人类学发展进路研究(1978—2018)》(立项编号:19CMZ028),在《内蒙古社会科学》《电视研究》《现代传播》等学术期刊发表论文 10 余篇。
② 欧潮泉.谈地理民族学[J].中南民族学院学报,1983(3).
③ 吕俭平的《汉语方言分布格局与自然地理、人文地理的关系》(2019),潘玉君、伊继东、孙俊等的《中国民族地理通论》(2019),张瑛的《西南彝族服饰历史地理》(2019),朱圣钟的《族群空间与地域环境——中国古代巴人的历史地理与生态人类学考察》(2019)、《区域经济与空间过程:土家族地区历史经济地理规律探索》(2015),郑维宽的《广西历史民族地理》(2018),于熠的《西夏法制的多元文化属性:地理和民族特性影响初探》(2016)等。
④ 费孝通.中华民族多元一体格局[M].北京:中央民族学院出版社,1999.
⑤ 许彬在《广西民族研究》《湖北社会科学》《湖南科技大学学报》发表相关论文 3 篇;樊良树在《中共中央党校学报》《西藏大学学报》《北京社会科学》《国家行政学院学报》等期刊发表相关论文 6 篇;赵健霞在《科技创新与应用》《地理学报》《地理科学进展》等期刊发表相关论文 5 篇;司徒尚纪在《云南社会科学》《地理科学》《人文地理》期刊发表相关论文 3 篇。
⑥ 宋瑞芝在《社会学研究》《湖北大学学报》发表相关论文 2 篇;李学智在《历史教学》《东方论坛》《天津师范大学学报》《世界历史》发表相关论文 4 篇。
⑦ 李雪梅在《北京舞蹈学院学报》发表相关论文 5 篇;陈欣在《贵州民族研究》《体育世界》《山东体育学院学报》发表相关论文 2 篇;蓝勇在《历史地理研究》《西南大学学报》《中国历史地理论丛》《社会科学研究》等期刊发表相关论文 14 篇;管彦波在《贵州社会科学》《中国边疆史地研究》《青海民族研究》《广西民族研究》《西北民族大学学报》等期刊发表相关论文 8 篇;刘正寅主持一项国家社科重大招标项目《中国古代民族志文献整理与研究》(项目编号:12&ZD136),并在《民族研究》《中国边疆史地研究》《西域研究》《学术前沿》《史学集刊》等刊物发表相关论文 9 篇。

第四,关于民族文化对所处生态系统的适应研究。地理民族学较为关注民族对地理环境的适应、利用和改造的能力,这也是与生态民族学互相交叉、重叠的研究内容。其代表学者有尹绍亭、崔延虎、杨庭硕、罗康隆等。①

(五)历史民族学

西方学术界20世纪60年代就开始有历史民族学的研究。2001年,中山大学成立了历史人类学研究中心,与厦门大学共同研究华南社会,已经形成"华南学派"学术共同体。代表性人物有科大卫、肖凤霞、刘志伟、陈春声、谢晓辉、程美宝、张应强以及各自的团队。② 2013年以来,吉首大学研究团队在杨庭硕的带领下,以"四结合"(民族学、历史学、考古学、生态学)原则开展历史民族学的研究,取得了可喜的成就。③ 在"十三五"期间,该领域的国家社科基金项目就有30余项,其中重大招标项目有4项,发表的论文600余篇,其中硕士、博士学位论文有40余篇,主要著作30余部。④该研究领域的成果表现在如下三个方面。

其一,历史人类学的研究方法。目前,在历史人类学的学术实践中存在着历史学学科本位的历史民族学和民族学学科本位的历史民族学,基于两种学科传统形成的历史人类学研究归纳为在"历史中寻找文化"和"在文化中寻找历史"两种不同的研究路径。在

---

① 尹绍亭在《中国社会科学报》《中南民族大学学报》《云南师范大学学报》《中央民族大学学报》《云南社会科学》发表相关论文8篇;崔延虎在《民族研究》《新疆师范大学学报》《原生态民族文化学刊》发表相关论文3篇;杨庭硕在《中国农业大学学报》《中国农史》《云南社会科学》《青海民族研究》《自然辩证法研究》《原生态民族文化学刊》等期刊发表相关论文12篇;罗康隆在《中央民族大学学报》《民族研究》《北方民族大学学报》《云南社会科学》《广西民族研究》《云南师范大学学报》《青海民族大学学报》等期刊发表相关论文14篇。

② 科大卫主持香港特别行政区大学教育资助委员会第五轮卓越学科领域计划项目"中国社会的历史人类学研究"(项目批准号:AOE H—0108),在《民俗研究》《中国经济史研究》《历史研究》《中山大学学报》等期刊发表相关论文9篇;萧凤霞在《社会学研究》《中国经济史研究》等刊物发表论文4篇;谢晓辉主持香港特别行政区大学教育资助委员会第五轮卓越学科领域计划"中国社会的历史人类学研究"和国际学术交流(项目编号:6901924),相关论文发表在《广西民族大学学报》,主持国家社科基金课题《清代湘西地区改土归流与开辟苗疆的比较研究》(项目批准号17BZS116),相关论文发表在《近代史研究》;程美宝主持的香港特别行政区研究资助局资助的研究计划"画出自然:18、19世纪中叶广州绘制的动植物画"(研究基金项目号:11672416),相关论文发表在《学术研究》《近代史研究》,主持广东革命历史博物馆委托项目《英国国家海事博物馆馆藏中国旗帜研究》(香港城市大学项目编号:9231278),相关论文发表在期刊《学术研究》;张应强主持国家社科基金重大项目《清水江文书整理与研究》(项目批准号:11&ZD096),相关论文和学术报告发表在《原生态民族文化学刊》《贵州大学学报》《安徽史学》。

③ 出版了"土司研究丛书",包括《土司城的建筑典范:永顺老司城遗址建筑布局及功能研究》《从溪州铜柱到德政碑:永顺土司历史地位研究》《尘封的曲线:溪州地区社会经济研究》《土家文化的圣殿:永顺老司城历史文化研究》《土司研究新论:多重视野下的土司制度与民族文化》《土司制度与彭氏土司历史文献资料辑录》(上下)《土司城的文化透视:永顺老司城遗址核心价值研究》《金石铭文中的历史记忆:永顺土司金石铭文整理研究》《土司城的文化景观:永顺老司城遗址核心区域景观生态学研究》;"黔记研究丛书",包括《黔记·星野志考释》《黔记·学校志考释》《黔记·舆图志考释》等。

④ 杜靖的《九族与乡土——一个汉人世界里的喷泉社会》(2012),刘志伟等的《在历史中寻找中国:关于区域史研究认识论的对话》(2014),刘正爱的《执言吾非满族——一项历史人类学研究》(2015),王明珂的《反思史学与史学反思:文本与表征分析》(2016),张小军的《让历史有实践:历史人类学思想之旅》(2018)等。

这一领域的代表人物有常建华、张佩国、王明珂、陆启宏、李文钢等①。

其二,历史人类学的田野。历史民族学者走向田野,不只为了收集文献,更重要的目的是在田野的经验下去了解文献。田野的经验需要应用文献以外的办法去了解没有文献的人的历史,了解文献之外有活的社会,其代表人物有科大卫、杜靖等②。

其三,"清水江文书"。中山大学张应强主张以人及其实践与能动性为中心,将国家与地方、时间与空间等因素勾连起来,借助深入细致的历史田野方法,走向"历史现场",探寻"清水江文书"文内文外丰富的叙述与表达,整体性地呈现贯通过去与现在的区域历史画卷,最终使"清水江文书"研究成为历史民族学和民间历史文献学的一个典范。

(六) 医疗民族学

进入21世纪后,我国的医疗民族学得到很大的发展。在"十三五"期间,该领域的国家社科基金项目有60余项,发表论文数百篇,其中硕博学位论文有30余篇,主要著作20余部。③ 其研究内容主要集中在两大领域。

其一,少数民族健康理念、医疗多元化、民间信仰与医疗行为。马克坚、杨玉琪、杨剑④,肖坤冰⑤等在田野调查的基础上,立足于对少数民族医药的现状,讨论了民族医药的传承问题;张实和郑艳姬⑥认为"神药两解"作为一种多元的医疗资源,丰富了人们的就医行为。对民间信仰与仪式治疗的研究成果突出,其代表人物有孟慧英⑦、色音⑧、财吉拉胡⑨、李世武⑩、刘小幸⑪、巴莫阿依⑫、李永祥⑬等。

其二,与艾滋病相关的风险观念、风险行为、人口流动、高危人群的社会组织及吸毒与戒毒等问题。这类研究主要集中在就医行为、自杀问题、疾病歧视以及临终关怀

---

① 常建华:《历史人类学应从日常生活史出发》(2013),张佩国:《作为整体社会科学的历史人类学》(2013),王明珂:《在文本与情境之间:历史人类学的研究方法反思》(2015),陆启宏:《历史人类学的不同路径:人类学的历史化和历史学的人类学转向》(2016),李文钢:《历史人类学研究中的历史与文化》(2018)等。

② 科大卫(David Faure):《历史人类学者走向田野要做什么》(2016),杜靖:《让历史人类学的田野有认识论》(2020)等。

③ 张实的《医学人类学理论与实践》,鲍勇的《医患关系现状与发展研究:基于信任及相关政策的思考》,徐义强的《哈尼族疾病认知与治疗实践的医学人类学研究》,梁玉姿的《面对疾病——传统中国社会的医疗观念与组织》,秦阿娜的《医学人类学视野下的少数民族医药传承与保护:以凉山彝族医药为例》,段忠玉的《傣族传统口功的医学人类学研究》,张瀛元的《医学人类学视角下藏族村落多元医疗体系研究》,赵璎的《医学人类学视域下的医患关系研究》。

④ 马克坚,杨玉琪,杨剑,等.西南少数民族传统医药调查[J].广西民族大学学报,2014(6).

⑤ 肖坤冰,许小丽.医学人类学与中国西南地区的人类学研究[J].广西民族大学学报,2016(3).

⑥ 张实,郑艳姬.治疗的整体性:多元医疗的再思考[J].中央民族大学学报,2015(5).

⑦ 孟慧英,吴凤玲.人类学视野中的萨满医疗研究[M].北京:社会科学文献出版社,2015.

⑧ 色音.萨满医术:北方民族精神医学[J].广西民族大学学报,2014(6).

⑨ 财吉拉胡.内蒙古科尔沁地区萨满教巫病治疗的医学人类学分析[J].西南民族大学学报,2019(7).

⑩ 李世武.巫术焦虑与艺术治疗研究[M].北京:中国社会科学出版社,2015.

⑪ 刘小幸.彝族社会历史中的母系成分及其意义[J].民族学刊,2013(1).

⑫ 巴莫阿依.凉山彝族的疾病信仰与仪式医疗[J].宗教学研究,2013(2).

⑬ 李永祥.风险和灾害的宗教解释与应对研究[J].中山大学学报,2020(1).

等方面。以景军①、沈海梅②、兰林友③、刘谦④、富晓星⑤、张有春⑥、潘天舒⑦、李海涛⑧、庞晓宇⑨、管志利⑩、郇建立⑪、李永娜⑫等为代表。这些研究因有着一定的特殊性和公共卫生的敏感性,很快通过各种媒体进入公众的视野,艾滋病、吸毒等公共卫生难题对人类提出了严峻的挑战,客观上带动了我国医疗民族学在应用领域的发展。

(七)体育民族学

我国是个多民族国家,每个民族由于地理环境、生活方式、宗教信仰等方面的差异,产生了形态各异的民族传统体育项目。真正开创我国体育人类学研究阵地的则是胡小明,他以民族学的方法,致力于体育人类学体系的构建,进行了大量田野调查工作,并培养了一批体育民族学领域的青年才俊。在"十三五"期间体育民族学的国家社科基金项目就有114项,其中重大项目3项⑬,发表的论文数千篇,其中硕士、博士学位论文就有400余篇,研究著作甚多。其研究内容主要集中在以下方面。

其一,体育民族学学科基础理论。涉及民族传统体育的基本概念、学科性质、研究对象、研究任务等。郝家春为代表的学者对民族传统体育学学科概念、发展历程以及调适发展进行研究。范可针对体育人类学的理论基础和学术积累论述了体育人类学何以可能,以及何以可为的问题⑭。

其二,民族传统体育的起源、形成因素、传承保护与发展路径。通过田野工作,对少数民族传统体育、民族传统体育多元文化、传统体育文化遗产保护等方面进行研究。其代表人物有邱丕相、谭华等⑮。

---

① 景军,高良敏.同性恋防艾组织城乡一体化的作用及其意义[J].青海民族研究,2018(1);景军,赵芮.互助养老:来自"爱心时间银行"的启示[J].思想战线,2015(3).
② 沈海梅.从瘴疠、鸦片、海洛因到艾滋病:医学人类学视野下的中国西南边疆与边疆社会[J].西南民族大学学报,2012(1).
③ 兰林友.毒品社会学的民族志研究:高危行为的知识生产[J].西南民族大学学报,2017(2).
④ 刘谦,生龙曲珍.中国艾滋病疫情防治影响因素的社会文化分析[J].社会建设,2017(1).
⑤ 富晓星.互为中心:志愿者和服务对象的关系建构[J].青年研究,2015(5).
⑥ 张有春.艾滋病宣传教育中的恐吓策略及其危害[J].思想战线,2017(2).
⑦ 潘天舒.重大公共卫生事件中应如何作为:来自医学人类学哈佛学派的启示[J].广西民族大学学报,2020(1).
⑧ 李海涛.农村居民就医行为及其模型研究[J].南京农业大学,2012.
⑨ 庞晓宇.伦理视域下农村老年人自杀现象研究[J].辽宁师范大学,2016.
⑩ 管志利.一个乡村医疗场域的微观权力运作及其策略[J].重庆科技学院学报,2012(6).
⑪ 郇建立.大众流行病学与公共健康教育[J].广西民族大学学报,2017(3).
⑫ 李永娜,范惠,等.临终关怀的整合模型:精神、心理与生理的关怀[J].苏州大学学报,2017(1).
⑬ 白晋湘主持的《中国古代体育项目志(负责少数民族部分)》;崔乐泉主持的《中国古代体育项目志(负责汉民族部分)》;陈小蓉主持的《中国体育非物质文化遗产资源数据库建设研究》等。
⑭ 郝家春主持国家民委民族问题研究(2017-GME-011),在《西安体育学院》《民族教育研究》发表民族传统体育学相关论文数篇。范可主持国家社科基金一般项目《体育人类学学科体系与基础理论研究》(项目批准号:19BTY006),在《广州体育学院学报》《体育科学》发表相关研究论文。
⑮ 邱丕相主持国家社科基金项目《博物馆学视域下武术非物质文化遗产保护与发展的研究》(项目批准号:16BTY098),在《上海体育学院学报》《体育学刊》等期刊发表相关研究成果。谭华在《武汉体育学院学报》等期刊发表相关研究论文。

其三，体育民族学的竞技研究。聚焦竞技从何而来，人类为什么需要竞技，并分析人类的种族、文化、性别、生存环境等差异对其竞技水平的影响等问题。其代表人物有肖掩明、胡小明、卢元镇等①。

其四，体育与民族发展。体育涉及民族自身发展的基础问题，即如何健康生存和繁衍的问题。其代表人物有周爱光、倪依克、陈青、邓星华等②。

（八）教育民族学

20世纪80年代中后期开始引介西方教育人类学的理论，在"十三五"期间，我国教育民族学得到进一步发展，有国家社科基金项目95项；研究成果方面，发表论文500余篇，其中硕士、博士论文100余篇，出版专著35部。③ 研究成果主要聚焦于如下几个方面。

其一，教育民族学的本体论。认为教育民族学的发展趋势应注重"三个结合"（本土与国际的结合、理论与实践的结合、人本与文化的结合），用文化视角看待问题、整体书写民族志、反思与批判贯穿研究始终是教育民族学研究的重要特点。代表人物主要有滕星、钟海青、陈学金、海路④等。

其二，文化多样性与民族教育。认为我国是多民族国家，由于自然地理、历史、政治、文化传统等多方面的不同，多元文化教育是实现多元文化发展的重要手段，是促进民族地区发展、促进多元文化发展的有效途径。代表人物主要有裴娣娜、苏德、吴明海、康翠萍等。

其三，文化心理、乡土知识与学校课程。挖掘和开发乡土文化的价值与内涵，重塑乡土意识，确立乡土教育目标、开发乡土教材和开设乡土课程，帮助学生获得当地场域中的文化、历史等方面的体认，是延续乡土文化的重要载体，并以此培养学生的文化认同和文

---

① 肖掩明、胡小明和卢元镇等学者在《体育科学》《首都体育学院》《体育学刊》等体育类核心期刊上发表相关的研究成果多篇。

② 周爱光主持国家社科基金重点项目《我国体育社团社会资本研究》（项目批准号：14ATY002），在《体育学刊》《北京体育大学学报》《武汉体育学院学报》等期刊发表研究成果；倪依克2016年主持的一项国家社会科学基金项目（项目批准号：16BTY105），其相关成果在《体育科学》《广州体育学院学报》发表；陈青主持的国家社会科学基金项目《甘肃特有民族体育文化延伸研究》（项目批准号：14BTY017），在《成都体育学院学报》《武汉体育学院学报》等期刊发表相关研究论文6篇；邓星华主持的国家社科基金一般项目《体育文化传播与国家形象的构建研究》（项目批准号：13BTY005），其相关研究成果在《体育学刊》等期刊发表。

③ 主要著作有滕星教授主编的《教育人类学通论》，陈学金的《中国教育人类学——发展历史与未来展望》，吴晓蓉的《仪式中的教育：摩梭人成年礼的教育人类学研究》，丁月牙的《行动者的空间——甲左村变迁的教育人类学研究》和《双重弱势女性教育问题研究：西南三地的教育人类学调查》，余晓光的《现代教育技术的嵌入：人类学视域下梭戛长角苗文化多维传承研究》，白洁的《鄂伦春族传统游戏的教育人类学研究》，刘卓雯、滕星的《乡土书写与乡土意识：黑龙江乡土教材的教育人类学研究》，孙有中、王俊菊的《跨文化教育与人类命运共同体构建》，孙杰远的《个体、文化、教育与国家认同——少数民族学生国家认同和文化融合研究》，付海鸿的《中国高校多民族文学教育的考察研究》，井祥贵的《民族传统文化的学校教育传承研究——以丽江纳西族学校为个案》，周兢的《新疆学前民族儿童双语发展与阅读教育研究》，郭献进、紫金港的《民族教育理论与政策论述》，黄胜的《民族地区学校教育价值定位的反思与建构：以瑶山白裤瑶的学校教育价值取向变迁为例》，普丽春的《彝族海菜腔社会教育传承现状调查分析》等。

④ 海路.多元视域下的文化多样性与教育[J].广西民族大学学报,2016(03).

化自信,实现传承和创新乡土文化的目的,促进乡土教育的复兴与繁荣。其代表人物有常永才①、李素梅、严孟帅等。

(九)法民族学(法律民族学)

20世纪80年代中期,朱文成首提建立一门专门研究民族立法、民族法、民族法治等问题的新型学科,从此有关民族法学的专题研究不断问世。② 在"十三五"期间,此领域国家社科基金项目就100余项,发表的论文上千篇,其中硕士、博士学位论文就有143篇,主要著作70余部。③ 该研究领域的成果聚焦在如下三个方面。

其一,民族法治建设和民族地区治理能力现代化。李朝、王华菊等学者从评估民族地区法治出发,开展了对少数民族公民身份、政治参与权利、民族经济发展权、民族自治地方自然资源权利的实现、少数民族养老权利等方面的研究。④ 杜社会、沙伯力等学者从民族法学研究的逻辑起点,探索了民族权利保护的民族法治建设和民族地区现代化建设问题。

其二,民族区域自治的实施。敖俊德、周少青、王传发等学者认为自治意识、人格化力量、民族身份资源和国际社会环境是民族区域自治运行的非制度因素,应充分挖掘非制度因素的积极作用,促进民族区域自治的完善。

其三,民族地区习惯法与社会稳定。从民族习惯法的多元性出发,理解各民族习惯法的生存样态与历史价值,推动不同民族间习惯法与国家法的协调,推进民族地区治理的现代化,解决西部发展与稳定和安全的关系问题,推进民族融合政策与基层社会治理。其代表人物有吴大华、谢晖、徐晓光、韦志明、田钒平、冉依依、马广成、陆益龙、彭国胜、拜荣静等⑤。

(十)关于非物质文化遗产的研究

2004年,我国加入联合国《保护非物质文化遗产公约》之后,开启了我国学术界对非物质文化遗产研究的热潮。近年来,随着《中华人民共和国非物质文化遗产法》的颁布实施,不仅非物质文化遗产工作取得了显著成绩,⑥与非遗相关的理论研究也呈现出了一片

---

① 常永才,贺腾飞.文化多样性与创新教育初探[J].中国德育,2015.
② "民族法学"一词,始见于1986年的《新疆大学学报》第一期,即朱文成的《民族立法初探》一文。
③ 杜社会的《少数民族权利正当性理论述评》;唐剑、张明善的《少数民族文化资源的产权界定与保护性开发——基于巴泽尔产权经济理论视角》;刘训智的《广西恭城瑶族习惯法中的长山制度研究》;等等。
④ 从事少数民族权利基础研究主要以杜社会、沙伯力等为代表;从事少数民族政治权利的研究主要以杨友孙、敖海华为代表;从事少数民族经济权利的研究主要以王杰、王允武为代表;从事少数民族文化教育权利的研究主要以金石、朱详贵为代表;从事少数民族社会权利的研究主要以陈丽莎、孙伊凡等为代表。
⑤ 从事民族地区纠纷的研究主要以陆益龙、彭国胜等为代表;从事民族宗教纠纷、突发性事件、恐怖主义的研究主要以拜荣静、高歌、冯江平等为代表。
⑥ 目前,入选国家级非物质文化遗产代表性项目名录的非遗项目有1 372个(如果按照申报地区或单位统计,共计3 145个子项,涉及项目保护单位3 154个),国家级非物质文化遗产代表性项目代表性传承人3 068人,国家级文化生态保护区7个,国家级非物质文化遗产生产性保护示范基地100个。我国被列入联合国教科文组织非物质文化遗产名录(名册)项目40项,总数位居世界第一。

繁荣的景象。①

纵观近年来的非物质文化遗产研究动态,该研究的领域主要聚焦在如下五个方面。

其一,非遗理论研究。其代表人物有宋俊华②、苑利③、向云驹④、乔晓光⑤等。他们多是从概念、内涵、要素、类型、特征、价值、作用、功能等角度对非遗的相关理论问题进行研究。他们认为非遗是以人为物质载体的文化遗产,其概念衍变经历了从"民间创作"向"口头和非物质遗产"再向"非物质文化遗产"的演变,具有"活态性""传承性""无形性""流变性"等特性。

其二,非遗保护利用。非遗的发展须以保护为基础,为此才能保证它长久留存,才能谈非遗的开发利用。当前非遗法律保护中存在主体不明确、追责机制不完善等问题,需要引起重视并加以解决。在开发利用方面,可探寻博物馆、主题公园、旅游节庆、舞台表演、建立保护区、手工艺品、旅游商品等非遗旅游开发模式。其代表人物有王文章⑥、贺学君⑦、毛巧晖⑧、曹保明⑨等。

其三,非遗主体研究。其代表人物有中国社会科学院韩成艳⑩、温州大学黄涛⑪、浙

---

① 当前,从事非遗研究的高校和研究机构有近百所,比较有代表的有中国社会科学院、清华大学、北京大学、中国传媒大学、中山大学、四川大学、云南大学、天津大学、上海社会科学院、华中师范大学、浙江大学、华南理工大学等。据不完全统计,党的十八大以来(2012年以来),我国非遗相关的国家社科基金项目110项,相关论文近22 000篇,其中硕士论文1 800余篇、博士论文百余篇,学术专著16 000部。

② 宋俊华教授系中山大学中国非物质文化遗产研究中心主任,主持国家社科基金重大项目《非遗代表性项目名录与代表性传承人制度改进设计研究》(项目批准号:17ZDA168),教育部人文社科重点研究基地重大项目《非遗保护的中国经验研究》(项目批准号:17JJD850005),文化部委托课题《非物质文化遗产保护可持续发展的基本理论问题研究》等,在《文化遗产》《广西社会科学》《戏曲艺术》《广西民族研究》等期刊发表非遗理论文章23篇,出版非遗专著多部。

③ 苑利系中国艺术研究院研究员、中国民间文艺家协会副主席、中国农业历史学会副理事长,在《中国社会科学报》《光明日报》《中国财经报》《人民政协报》《河南社会科学》《宁夏社会科学》《中原文化研究》《长江文化论丛》《原生态民族文化学刊》等期刊、报纸发表非遗相关论文33篇。

④ 向云驹系中国文艺评论家协会副主席,在《中央民族大学学报(哲学社会科学版)》《民间文化论坛》《文化遗产》等期刊发表非遗理论文章10余篇。曾在早期著作《人类口头和非物质遗产》中对非物质文化遗产的概念问题进行过阐释。

⑤ 乔晓光系中央美术学院非遗中心教授,在《民艺》《美术观察》《文化遗产》《光明日报》等期刊、报纸发表非遗理论文章若干篇。

⑥ 王文章系原文化部副部长兼原中国艺术研究院院长、中国非物质文化遗产保护中心主任,出版专著多部,在《文学艺术》《人民论坛》《人民日报》等期刊报纸发表相关论文12篇。

⑦ 贺学君系中国社会科学院研究员,在《社会科学研究》《民间文化论坛》《江西社会科学》《西北民族研究》《社会科学报》等期刊、报纸发表非遗保护利用论文多篇。

⑧ 毛巧晖在《文化遗产》《贵州社会科学》《西北民族研究》《民族文学研究》《民间文化论坛》《北京联合大学学报》《长江大学学报》《西北民族大学学报(哲学社会科学版)》等期刊发表非遗保护相关论文13篇。

⑨ 曹保明在《中国文化报》《吉林日报》《通化师范学院学报》《团结报》等报纸、期刊发表非遗保护主题文章10余篇。

⑩ 韩成艳主持国家社会科学基金项目《非物质文化遗产的社区保护及县域实践研究》(项目批准号:13CMZ046),在《民俗研究》《西北民族研究》《宗教信仰与民族文化》等期刊发表相关论文5篇。

⑪ 黄涛主持国家社科基金项目《国家文化安全视野下传统节日的变迁、传承与保护》(项目批准号:10BSH031),在《中国人民大学学报》《光明日报》《文化遗产》《河南社会科学》《温州大学学报》《民间文化论坛》等期刊、报纸发表非物质文化遗产保护主体相关论文7篇。

江大学刘朝晖①。他们认为,非遗的主体涉及非物质文化遗产代表作的主体、非物质文化遗产项目的主体、认同非物质文化遗产项目的共同体,而非遗保护的实践主体涉及"三方五主体"②。

其四,非遗传承人的研究。其代表人物有中山大学刘晓春③、中国文联刘锡诚④、天津大学的张宗建⑤、重庆三峡学院的陈兴贵⑥等。他们多是从非遗传承人的认定制度、管理制度、保护方式、传承人权益等方面进行研究。他们认为,非遗是以口传心授的方式得以传承和延续的口承文化,其保护的关键是对传承人的保护。讨论中,不同学者结合非遗保护的实际情况,提出了若干创新非遗传承人机制的路径和对策。

其五,非遗与文化生态。当前部分民族地区之所以出现文化生态危机,根源在于现代化进程中少数民族群众对本民族传统文化的价值与定位缺乏认知,从而导致其文化自觉的缺失,因此需要通过对世界各地非物质文化遗产的保护来确保人类文明的多样性。其代表人物有马悦⑦、吴凡文⑧、杨志芳⑨、杨程⑩、张凤琦⑪、黄永林⑫等。

(十一) 关于民族走廊的研究

民族走廊是费孝通在20世纪80年代提出来的,并将其定义为"历史形成的民族地区"⑬,此后不断完善与发展,提出中国三大民族走廊:藏彝走廊、南岭走廊、西北走廊。费孝通先生认为中华民族多元一体格局的形成与民族走廊相关,民族走廊中民族之间互动与整合,构成了中华民族多元一体格局。民族走廊这个概念被提出后,得到学术界的积

---

① 刘朝晖系浙江大学副教授,在《浙江师范大学学报》《中南民族大学学报》《文化艺术研究》等期刊发表非遗主体与保护主体相关论文多篇。

② "三方五主体","三方"即政府、专业团队、非遗主体三方,"五主体"即将非遗主体细分为个人、群体、社区后再加上前述的政府、专业团队。详见,韩成艳的《非物质文化遗产的主体与保护主体之解析》。

③ 刘晓春主持教育部重大项目《非物质文化遗产传承人研究》(项目批准号:07JJD740066)、教育部重大项目《非物质文化遗产的生产性保护与产业化研究》(项目批准号:11JJD780004)、教育部重大项目《非物质文化遗产传承人研究》(项目批准号:07JJD740066),在《广西民族大学学报(哲学社会科学版)》《思想战线》《民俗研究》等期刊发表非遗传承人相关论文10余篇。

④ 刘锡诚系中国文学艺术界联合会、国家非物质文化遗产保护工作专家委员会研究员,在《河南教育学院学报(哲学社会科学版)》《西北民族研究》《广西师范学院学报》等期刊发表非遗传承人相关论文10余篇。

⑤ 张宗建主持国家课题《非遗艺术在高师院校美术教育传承发展的特点研究》(项目批准号:18YB341),在《重庆文理学院学报(社会科学版)》《吉林省教育学院学报》《文化艺术研究》《吉首大学学报(社会科学版)》等期刊发表非遗传承人主题论文10余篇。

⑥ 陈兴贵主持国家社会科学基金项目《西南少数民族国家级非物质文化遗产保护效果研究》(项目批准号:11CMZ032),在《重庆文理学院学报(社会科学版)》《黑龙江民族丛刊》《云南民族大学学报(哲学社会科学版)》等期刊发表非遗传承人论文9篇。

⑦ 马悦.试论民族地区文化生态重建及其非物质文化遗产保护[J].中国民族博览,2017(5).

⑧ 吴凡文,齐子杨.文化生态视阈下的少数民族非物质文化遗产保护[J].前沿,2015(5).

⑨ 杨志芳.从文化生态视角探讨非遗保护问题[J].学术交流,2014(4).

⑩ 杨程.非物质文化遗产保护的生态学透视[J].西南民族大学学报.2012(10);杨程.生态视角下非物质文化遗产的生存斗争与适应性变异[J].西南民族大学学报,2015(11).

⑪ 张凤琦.文化生态视野的非物质文化遗产保护[J].重庆社会科学,2008(2).

⑫ 黄永林."文化生态"视野下的非物质文化遗产保护[J].文化遗产,2013(5).

⑬ 费孝通.谈深入开展民族调查问题[J].中南民族学院学报(人文社会科学版),1982(3).

极响应,且其内涵不断被扩展。目前民族走廊研究包括藏彝走廊、南岭走廊、西北走廊、苗疆走廊、武陵走廊、辽西走廊等研究。受民族走廊研究的启示,民族学界近年开启了流域、道路(路学)的研究。

该领域的研究成果丰富。在"十三五"期间此领域的国家社科基金项目就有113项之多,其中重大招标项目有6项,①发表的论文上千篇,其中硕士、博士学位论文有200余篇,主要著作40余部。该研究领域的成果聚焦在如下几个方面。

其一,民族走廊的民族交往、族群认同与民族社区共治。石硕、周大鸣等学者认为民族走廊中的民族在民族交往中有两个突出特点:①主观上民族观念淡薄、民族界线模糊;②文化普遍持包容态度,使各民族在文化上往往"你中有我、我中有你"。在民族走廊地带,尽管民族众多、文化多样性突出,但人们在相互交往时,却并不去刻意强调"异",而是主观上本能和下意识地去"求同""求和",这是在走廊中族群互动的结果。② 这对于如何看待和处理中国多民族国家的民族关系与民族交往有着重要启示意义。

其二,民族走廊文化资源要素。民族走廊具有多样化的自然生态环境,是本地区民族在历史上活动频繁的地带,在与其他族群交往接触的过程中,文化相互融合,又形成了新的民族文化,③在文化传播过程中展现出不同民族文化的差异性与共同性。④

其三,民族走廊的形成与演化。民族走廊是历史的产物,它是以民族识别调查为历史背景和中华民族多元一体为理论前提,具有重要的学术地位;民族走廊概念是新时代的产物。⑤ 随着时代的发展,民族学研究领域还将会产生新的研究理论和研究视角。

其四,民族走廊的民族文化传承与传播。民族走廊不仅仅是一个学术概念,而且代表着政治、经济和文化的多元一体。⑥ 民族走廊自古以来就是沟通中原与西部乃至域外世界的交通枢纽和经贸通道,也是中央政府治理西北边疆的战略要地,在各民族文化"三交"过程中发挥过重大的历史作用。⑦

在我国的小学、中学、本科教育体系中民族学知识缺位,在本科教育中只有为数甚少的几个学校开设民族学专业,致使民族学专业人才培养出现畸形现象,无法在整个社会落脚生根。一方面使得我国民族学专业人才很少,另一方面又使得培养的少量人才难以就业,以至于从事民族学研究的队伍十分弱小。由于研究队伍的不足,在面对一个庞大

---

① 国家社科重大项目:陈井安《藏羌彝文化走廊建设研究》(项目批准号:16ZDA155);倪根金《岭南动植物农产史料集成汇考与综合研究》(项目批准号:16ZDA123);杨军昌,罗康隆《西南少数民族传统生态文化的文献采辑、研究与利用》(项目批准号:16ZDA156、16ZDA157);麻国庆《中国岭南传统村落保护与利用研究》(项目批准号:17ZDA165);叶拉太《甘青川滇藏族聚居区藏文地方志资料搜集整理暨〈多康藏族史〉编纂》(项目批准号:17ZDA209);苗东霞《河西走廊民族语言的跨学科研究》(项目批准号:18ZDA299)。
② 石硕.藏彝走廊多民族交往的特点与启示[J].中华文化论坛,2018(10);周大鸣.民族走廊与族群互动[J].中山大学学报(社会科学版),2018(6).
③ 罗春秋.藏羌彝走廊民族文化资源的保护与传承模式研究[J].内蒙古民族大学学报,2018(6).
④ 秦富强.藏彝走廊地区氐羌系民族建筑中的共生文化基质研究[J].重庆大学硕士论文,2018.
⑤ 陈自升,张德华.民族学概念:从"藏彝走廊"到"横断走廊"[J].中央民族大学学报,2016(3).
⑥ 翁泽仁."古苗疆走廊"贵州苗族文化传播问题探析[J].文化与传播,2018(4).
⑦ 王建新,关楠楠.河西走廊多民族交融发展的历史作用与现实意义[J].西北民族研究,2019(2).

复杂的研究领域,民族学的研究成果在深度、广度、效度受到很大的限制。这样的畸形在恶性循环,从而极大地制约了民族学学科的发展。

在"十三五"期间,在生态民族学、经济民族学、医疗民族学、体育民族学、教育民族学、地理民族学、影视民族学、历史民族学、旅游民族学、法律民族学等分支学科,以及非物质文化遗产、民族走廊等领域研究取得了不错的成就,但民族学与人类学学科"母体"的问题仍然纠缠不清,很多成果虽然是以民族学为主,但仍冠以"人类学"之名,使得民族学分支学科的学科基本"骨架"难以支撑起来。

在国际民族学界普遍开展的反思中,学科之间互相借鉴与合作是一种必然的趋势,多种理论与方法互相合作来达成对社会问题的阐释和研究。但民族学学科的基本骨架仍然需要确立,需要以马克思主义理论为指导,总结中国民族实际,探讨中国民族学经验,形成中国民族学学术话语体系。

四、"十四五"期间民族学新兴分支学科的发展趋势

民族学学科的发展,要适应社会发展所引起的变化,以及对这种变化前景的把握。这不仅需要多学科知识的汲取和培植,更需要完善以民族学为学科母体的理论、方法与路径,去从事与民族学相关的政治、经济、法律、社会、文化、考古、语言、历史、生态、旅游、艺术、医学、宗教、饮食、体育、女性、影视、教育、企业等领域的研究,形成以民族学为母体的民族学新兴分支学科。就目前来看,民族学新兴分支学科的发展趋势,如下研究领域是需要深化和拓展的重点。

1. *如何分解民族学与人类学的"同卵双生",形成以民族学为母体的分支学科群*

这是回答民族学与人类学学科"母体"的问题。民族学与人类学的"同卵双生"特性是催生出民族学的新兴分支学科的天然土壤。这两个学科在近200年的形成和发展过程中一直相互交织,在研究对象、学科理论、研究方法等方面也具有同样的知识背景和时代特征,可谓同卵双生。而"名实"定位,一马当先。民族学学科建设的重要支撑是学科定位和学科内涵,这是一个学科的基本"骨架"。[1] 如何完成同卵双生的"分离手术",是破解民族学学科发展瓶颈的前提,形成以民族学为母体的分支学科群。

2. *民族学新兴分支学科共享"母体"的理论与方法*

民族学知识结构包容诸多学科的知识,为诸多学科提供民族学知识。这样的学术包容性与开放性,不仅增强民族学母体的"土地肥力";而且也为催生民族学母体的分支学科提供了多学科知识,使民族学分支学科根深叶茂,从而建构起中国民族学的学术话语体系。

3. *生态文化共同体与人类命运共同体*

生态环境是人类社会生存发展的根基,生态民族学提出了"文化生态共同体"理念,这与提出各国要理解文化差异,正确把握不同文明的内在一致性,各国需要建立平等、合

---

[1] 郝时远.中国民族学学科设置叙史与学科建设的思考——兼谈人类学的学科地位(上)[J].西北民族研究,2017(1).

作、开放、共赢的"共同体"相一致。文明的发展因交流互鉴汇聚起构建人类命运共同的文化合力,塑造了新文明。民族学学科如何在人类文明发展进步中铸就人类共同体的文化根基,建构起休戚与共的人类命运共同体,是十分重大的研究课题。

4. 生态文明与"一带一路"建设

生态文明是人类社会发展进程中一种全新的文明形态。民族学立足于人类已有的文明成就,对"一带一路"生态区各民族文化进行精深研究和凝练,总结其经验与教训,探明其科学性和合理性,去重建人与自然的和谐共荣关系,通过对话形成"一带一路"沿线国家与地区共同的理念、规范。

5. 民族地区生态建设与碳汇交易交换

稳定的碳汇交易主要体现为民族文化对环境适应的保持,碳汇积累与生态安全两者总会相得益彰。以"碳汇积累"为计量单位就可以实现文化生态共同体碳汇积累贡献力的客观比较,对不同文化生态共同体的生态公益贡献做出客观的评估,推动生态民族学理论与自然科学的有效结合,直接应用于当代社会的跨文化、跨生态系统的分析和讨论。

6. 西部少数民族地区生态建设与康养

生态民族学从"整体"与"相对"的视角探究"康养"作为人类生命质量提升路径暨目标的实现,进而为新时代中华民族健康事业与产业发展提供学理依据与事实依据。

7. 西部民族地区生态系统多样性与"两山理论"共赢

我国西部民族地区具有最为复杂多样的生态系统。结合这一特征,通过不同民族的生计、地方性生态知识、生态智慧等系统发掘,将为应对因生态问题引发的全球现代性危机提供助益,对"绿水青山,就是金山银山"提供学理支撑,回应新时代的新问题。

8. 进一步系统整理、挖掘各少数民族传统生态文化并服务民族地区现代化建设

民族学将人类文明大概分为采集狩猎文明、游耕文明、游牧文明、农业文明、工业文明等文明形态,如何进一步系统整理、挖掘各少数民族传统生态文化并服务民族地区现代化,仍然是生态民族学重点研究内容。

9. 民族地区生物多样性与文化多样性耦合机制

生物多样性与文化多样性的耦合关系是其协同进化的必然产物。生物物种多样性是民族文化多样性产生的基本源泉,民族文化多样性是生物物种多样性稳态延续的根本保证。人类社会要可持续发展,就必须确保文化多样性与生态系统多样性的制衡共存,确保人类文化行为与所处生态系统的耦合运行。

10. "五大建设"双向融入的路径与机制

"产业生态化"和"生态产业化"的双向深度融合,强调将经济建设、政治建设、文化建设和社会建设融入生态文明建设,为生态文明建设向前发展提供动力。

11. 民族"文化生态共同体"与生态文明的内在关系

我国当前面对的严峻生态问题,其实质是人与自然未能回归"文化生态共同体"这一关键环节。而生态文明建设实质就是回归各民族与自然生态系统达成具体的"文化生态共同体"。

12. 发掘、利用本土生态知识、技术、技能和制度规范

通过该领域的研究旨在推动与现代科学技术的接轨,针对当前我国不同生态问题的实情,完善与健全政策保障,从地方性生态知识的维度调整生态维护与建设的思路与手段,将"美丽中国"的建设任务落到实处。

13. 我国经济民族学理论与方法

经济民族学不仅要研究各民族传统经济(采集、狩猎、畜牧、农耕、手工业),更要深入各民族现代经济(特色经济、旅游业、特色产品、资源开发、生态保护等),尤其是西部大开发、"新基建"与对口支援、兴边富民行动、乡村振兴、"一带一路"建设与内通外联开放发展等问题的研究。以创新我国经济民族学的理论与方法,实现中国经济民族学的理论与实践贡献。

14. 民族地区传统生计方式与"三农"问题

当今"三农"问题已成为中国全面建设小康社会和乡村振兴战略实施中最艰巨的任务,在经济全球化、信息共享化的当今,在城市化、工业化作为推进区域经济发展的大背景下,民族学多视角对各民族传统生计方式与"三农"关系问题会成为关注的热点,也会有巨大的学术贡献。

15. 从生态民族学及其新兴分支学科出发,如何破解"胡焕庸线"

胡焕庸线,即中国地理学家胡焕庸在1935年提出的划分我国人口密度的对比线。胡焕庸线与400毫米等降水量线重合,线东南方以平原、水网、丘陵为主,自古以农耕为经济基础;线西北方以喀斯特和丹霞地貌为主,是草原、沙漠和雪域高原的世界,是东部的生态屏障。这对中华民族的长治久安具有不可估量的战略意义。通过生态民族学及其新兴分支学科的合作研究,对破解这条线的限度,实现其制衡发展,不仅具有重大的现实意义,而且具有重大的学术价值。

16. 生态民族学与田园综合体建设

"田园综合体"是乡村振兴的重要举措之一,是通过旅游助力农业发展、促进三产融合的一种可持续性模式。在这一建设中,生态民族学如何介入,尤其是如何在生态文化共同体的理念下,开展对田园综合体的建设进行指导、监督与评估,具有特定现实意义与理论价值。

17. 民族文化旅游与民族地区的发展

从旅游民族学视角来研究民族地区旅游开发、区域发展与文化保护研究,是目前国家乡村振兴战略的有机组成部分。以旅游民族学的理论与方法,开展对我国民族工艺品、文化商品化,以及民族地区旅游规划中的文化、经济、政治综合效应和客观功效的研究。

18. 民族学新兴分支学科合力研究"乡村振兴"

实施乡村振兴的总要求是"产业兴旺、生态宜居、乡风文明、治理有效、生活富裕"。这是从我国当前最核心、最根本、最急需解决的矛盾和问题出发,是从整体上解决乡村发展问题。民族学学科的开放性与包容性,有助于推动乡村振兴的研究,取得实质性成就。

不仅具有现实意见,而且会形成中国民族学的学术话语。

19. 西方生态民族学发展趋势

进入 21 世纪后,西方的生态民族学呈现出三个态势:一是孕育了动态、变异性、非平衡互动、时空变化、历史、复杂性与不确定性等这些生态人类学的最新方法原则;二是全球化与地方的研究;三是生物学与文化的研究及其体现出来的民族学与自然科学之间关系的复苏。要全面系统认识与理解西方生态民族学的发展趋势,从而关照中国生态民族学的发展状况,建构起中国生态民族学的话语体系。

20. 医疗民族学与疾病防控

医疗民族学从民族文化的视角出发,将一个医疗体系视为民族文化系统的一个有机组成部分,将民间地方性医疗传统知识、技术置于信仰、心理、习俗、伦理等民族文化的构架下进行分析,对于不同文化下的"疾病"与"治疗"进行分类,从而透视人类多种文化下"医疗"知识系统的共存与相互理解。

21. 编撰《中华各民族生态文化大辞典》

我国学术界从 20 世纪 80 年代以来,就开始对我国 56 个民族的生态知识、生态智慧、生态文化展开研究,积累了丰富的个案材料,梳理出了比较丰富的历史文献资料,通过田野调查与文献资料的统合,为编写《中华各民族生态文化大辞典》奠定了资料基础。该辞典的编辑出版对系统认识、把握和检索中华各民族的生态文化有着特殊的价值与意义,也是建构中国生态民族学学术话语体系的基础工作。

五、从生态民族学迈向生境民族学

地球上的任何一种生物物种,只要它能够繁衍子孙、世代不绝,它在生态系统中必然占有特定的生态位。人类与其他物种相比,其存在方式更具凝聚力、更具目的性、更具可积累性、更具发展张力。这正是人类制造生态问题的根源所在,也是人类可以维护生态系统的基点所在。因此,对生态系统的研究必须把人类文化放进去,把自己安身立命的生态位也放进去,从整体上澄清人类行为的对与错、权利与责任。这一切乃意味着"生态民族学"到了今天需要转型为"生境民族学"。

生境民族学就是要以人类社会赖以生存的生态位为出发点,澄清人类在专属生态位的独特性,这就是人类的"生境"。事实上人类在建构自己的生态位中,也兼顾到了生态系统自身的规律。关键之处在于,人类可以对所面对的生境加工改造,并满足其自身的需求,一旦生态系统快速退化演变,威胁到相关的民族和文化,人类就得有所担当,就得负起责任,就得投入智力和劳力,建构制度保障,对人类造成的生态问题加以补救和维护,以确保其能够稳态延续,以便长期为人类自身的发展服务。

生境民族学是一个全新的研究领域,以至于理论的建设、思路的调整、方法的选定,乃至具体对象的选定和精准把握,都有一系列的难题等待着攻克,新的认识和新的结论等待着建构,从而为当代的生态文明建设提供切实可行的对策方略和路径选择,更不负我们所处的这一伟大的时代。

总之，生境民族学具有特殊的意义，在于各民族传统文化中蕴含着对今日有启示意义的与大自然和谐相处的宝贵智慧，而这种智慧，至今尚未为人们发现、认识和弘扬。已经进入现代化的"现代人"应该向还生活在绿色净土中的"自然人"学习，懂得如何和谐地和自然相处，懂得保护人类赖以生存的地球家园。各民族地区的生态安全绝不仅仅关系到某一个民族的生存与发展，而是关系到全国性、全球性的生态平衡，关系到中华民族、全人类的生死存亡。

中国的生态民族学应该具有更开阔的视野及更高度的认识，那就是要看到保护民族地区生态环境不是局部性问题，而是具有全局性的意义，必须放眼全国、放眼全球。

吉首大学生态民族学团队

理论探索

论民族生境与民族文化建构

引言

人类社会寄生于自然生态系统,与自然生态系统并行,但又在不断地偏离自然生态系统,在"并存"与"偏离"中确保各民族的文化建构与所处自然生态系统的稳态延续和耦合运行。人类也只有在偏离于其所处自然生态系统的过程中获得生存发展与延续。如果人类社会的文化建构过程的偏离一旦超出了自然生态系统可以容许的范围,就会破坏人类社会与自然生态系统之间的和谐性,将引发自然生态系统的蜕变甚至灾变,最终导致人类的灾难。因此,有效地控制这种"偏离"的幅度,在"偏离"中以人类的文化来实现对自然生态系统的"回归",乃是人类建构文化的价值与使命所在。

在人类仍然处于分立式发展阶段的今天,民族是认识人类的基本单元。民族以文化为分野,不同民族所处自然环境与社会环境互有差异,考察人类对生存环境的偏离与回归仍然是以民族为单元。人类文化对自然生态系统的偏离与回归是一个对立的互动过程,它会使得民族文化在其生存环境中延续,在延续中对生态系统的偏离作出有效的回归,以此来保证民族文化的稳定运行。但由于文化惯力的作用,一种文化一旦对其所处生态系统实现偏离后,就成为一种不断扩大的趋势,并在其偏离的过程中积累大量的能量,支持其进一步的偏离,以抵消其在偏离自然生态系统过程中的成本。[①] 而只有当这种"偏离"的代价难以为继时,文化才会启动回归机制来实现其对自然系统的回归。特定民族文化下对所处自然生态系统与社会生态系统的偏离与回归所达成的民族文化与所处环境的耦合,就是特定的民族生境。

一、民族生境的内涵

生境是指生物的个体、种群或群落生活地域的环境,也即生物物种赖以生存的生态环境,它包括生物物种必需的生存条件和其他对生物起作用的生态因素。生境原本是生态学中环境的概念,又称栖息地,是生物出现的环境空间范围,一般指生物居住的地方,或是生物生活的生态地理环境,其构成因素上有各种无机因素和生物因素。在生物群落内部,构成群落的生物相互混杂,各自选择自己的生境,也就形成了不同生物物种的

---

① 杨庭硕,罗康隆,潘盛之.民族·文化与生境[M].贵阳:贵州人民出版社,1992.

生境。

人类作为地球生态系统中的一个物种,直到今天也只能生存于地球表面,依靠地球生态系统提供的能量赖以生存。就生物性来说,人与其他动物一样,需要空气、阳光、水、食物、栖息地等,来实现自身的繁衍与种族的延续。就社会性来说,人是一种在社会中生存的动物,只能在社会中得以生存,他只能按社会的要求去生活,接受社会的模塑,把社会规范传递给同一社会的其他成员。由于人类依靠自身的文化有了社会,人类的繁衍便在社会中完成,这进一步加大了人类与其他动物的区别。人类能做到这些,以至成为地球生物界的主宰凭借的就是其特有创造物——文化。人类相互依靠结成了社会,将流动的人群按照文化的规则聚集起来,以之维系成独特的人们共同体。这样的人们共同体在语言、认知方式、信仰、伦理道德、习俗、社会组织、技术技艺、族名、经济生活等诸方面构成一个完整的系统,就是一个民族。

地球生命体系提供给人类的生物物种极其丰富复杂,人类赖以生存的地球表面差异极大,有高山雪域,有沙漠,有大海,有岛屿,有江河湖泊,有平原,有高原,有草原,有森林,有湿地,等等。这些生态系统对地球生命体系而言,并无优劣高下之分,对地球生命体系的平衡都是有用的,因为这些生态系统并不是为人类而存在,更不是为人类而独享。也就是说,地球上的生态系统本身无脆弱性,也没有什么脆弱环节。但对人类而言却不完全是这样。在人类处于分立式发展阶段的当代,人类乃是以文化事实体系为分野。人类以自己的文化在不断地超越生态系统的限度,使人类这一物种能够满布到地球的每个角落。人类作为一种独特的生物种群,以其文化可以占据多个生态位。更重要的是人类还有自己的文化策略与价值观,可以从自己所处的生态位出发,对已有的生态系统赋予不同的价值等次,并以文化策略去调适所处的自然生态系统。每一个民族要生存、发展与延续,就必须凭借其文化向其生境索取生存物质与精神寄托。这样一来,地球上的各个生态系统都被打上了文化烙印,赋予民族文化的内涵。这种具有文化内涵的自然空间就构成了该民族特有的生存环境,我们将这一生存环境称为该民族的自然生境。

民族学界对"生境"一词的理解,曾经有个不断丰富完善的过程,早期的民族学家只是把特定民族的生境理解为纯自然环境。随着民族学研究的深入,人们逐步认识到围绕在一个民族的外部自然环境并非纯客观的自然空间,而是经由人类加工改造的结果,加工改造后的自然生态系统具有社会性,是经由特定民族文化模塑了的人为体系,我们将这样的人为体系称为特定民族的社会生境。这样一来,一个民族的生存生境当然包括自然和社会两大组成部分,两者的结合才是完整的该民族的生境。[①] 可见,一个民族的生境乃是其自然生境与社会生境的耦合体。因此我们使用"民族生境"这一概念则弥合了以往民族学家将"文化"与"环境"割裂的现象,将二者融为一个整体去加以考察。一个民族的生境必须具有如下三重特性。

首先,一个民族的生境具有社会性。一个民族对其客观的外部环境并非百分之百地

[①] 杨庭硕,罗康隆,潘盛之.民族·文化与生境[M].贵阳:贵州人民出版社,1992.

加以利用,而是在文化的指导下按照该民族自身发展的需要,去有选择地利用其中容易利用的部分,这就是特定民族的文化策略在发挥作用。一个民族对其外部环境的加工改造手段往往与其他民族不同,加工手段则是该民族文化制约的结果。一个民族要加工改造外部环境,还需要本民族成员的协调工作,不同的民族的协调方式各不相同,其加工改造外部环境的结果,也必然互有区别。

其次,一个民族的生境具有特定的文化归属性。鉴于与特定民族发生关系的外部环境已经不是纯客观的外部世界,而是留下了该民族在其文化汰选、应对、加工和整理的痕迹,并使之协调化系统化为特有生存空间,这样的生存空间是社会的产物,也是社会的需要,它与社会紧密结合,成为该民族社会的一个有机组成部分。没有文化归属的民族生存生境是不存在的,这就是生存生境的文化归属性。生存生境的这一特性,在杂居于同一生存空间的几个民族来说表现得尤为突出。我国的回族和汉族相互交错杂居在极为相似的地域空间内,若不就文化的归属性而言,似乎他们的生存生境之间没有区别。然而,只要仔细分辨了这两个民族因文化而造成的生存空间差异后,必然发现他们之间互有区别。回族文化的重商倾向,必然导致回族对外部环境中的农田、水利等的关系比重农倾向的汉族要淡漠得多。这就证明围绕在回族周围的生境,随着回族文化的取向而转移,回族生境之于回族文化,自然显示出一种部分与整体的关系,而与汉族生境明显地区别开来。由于民族文化的差异,他们与周围各民族和自然环境的利用趋势也随各自的文化而转移,各自造成了归属于各自特有文化的民族生境。

再次,民族的生境具有系统性。一个民族生境在文化规约下,必然与其外部环境中各组成要素的关系呈现出层次性的差异。换句话说,一个民族与其纷繁复杂的外部环境各组成部分,有的关系密切,有的较为疏远,有的甚至无关,这种层次性的差异就是文化应对的结果,文化模塑出了该民族生境等差的系统性。比如生存于蒙古草原上的蒙古族,其文化植根于畜牧与草的关系之上,牲畜、草原、水源与他们的关系至为密切,草原上的野生动物、灌木与他们的关系就较为疏远,而山崖、戈壁、岩石与他们几无关系。由此我们不难看到,在蒙古族周围呈现出一套亲疏有别的环境圈,每一个环境圈内都包含着若干种自然构成要素,每一个这样的环境圈都自成生境一个子系统,亲疏有别的若干环境圈共同构成一个大系统,这也即是一个自然生境。蒙古族在其文化归纳下,对这个大系统进行有层次的利用和有等次的信息交流。其他民族也是如此,即每个民族的生境绝非杂乱无章的拼合,而是有系统的有机结构。

生存在特定自然生境的民族,还与其他民族发生不同类型的关系。历史上,所有的民族都是在相互的交往中成长起来的,从来没有自我封闭的民族,也不存在什么自给自足的经济体系,那种"鸡犬相闻,终死不相往来"的小国寡民都只是想象的异邦。每个民族都会根据自身生存发展延续的需要,与周边的民族建立起各式各样的关系。比如我国西南少数民族与汉族的关系是通过国家政权这一渠道而达成的;我国回族与蒙古族、哈萨克族、撒拉族、藏族等民族和汉族所结成的关系则是通过贸易渠道。就以民族之间的关系类型来说,由于民族之间发生关系的作用力大小的不同、作用力方向的不同、发挥作用的空间半径不同,以及由此而造成的作用渠道有别,导致了民族关系的复杂化。一般说来,民族之间可以形成平行关系、互补关系、包裹关系、依附关系、连动关系和涵化关系。① 由上可以看出,这些围绕在具体一个民族周围的全部社会实体,在特定民族中都会发挥特定的作用,影响着特定民族的发展趋势。这种社会实体就成为该民族的社会生境,一个民族的生境既是该民族社会运作的产物,又是其特有文化的有机组成部分,因而生境之于民族是特有的,不能与其他民族互换共有,是特定民族的生存环境。②

二、对文化与文化事实的再认识

不同生境中的民族,创造出各自的文化事实。同一民族的成员凭借其特有文化去汰选、应对、利用其生境,来创造所有成员的全部生存条件,以维系该民族的延续与发展。于是,生境、文化、民族形成一个连环套。在这个连环套中,文化是最关键的环节。所以,文化也就成为民族学中最基本的概念。在民族学学科发展史上,先辈对文化的理解不尽相同。"文化"一词源于拉丁语 Cultura,意为耕作、培养、教育、发展、尊重等,这样的文化理解,其实已经涵盖了人类社会全部生活内容。英国古典人类学家泰勒(Edward B. Tylor)认为:"文化……是一个复合的整体,它包括知识、信仰、艺术、道德、法律、风俗以及作为社会成员的人所获得的其他任何能力与习惯。"③因此,文化涉及了人类活动的计划、规则和生计策略。英国人类学家马林诺夫斯基在《文化论》一书中认为:"文化是指那一群传统的器物、货品、技术、思想、习惯及价值而言的,这概念包容着及调节着一切社会科学。"④英国人类学家拉德克利夫—布朗则认为文化是人们在相互交往中获得知识、技能、体验、观念、信仰和情操的过程。⑤ 而哈维兰(William A. Haviland)则定义"文化是一系列规则或标准,当社会成员按其行动时,所产生的行为属于社会成员认为适合和可以接受的范畴之中"。⑥ 美国文化人类学家克罗伯和科拉克洪在1952年发表的《文化:一个概念定义的考评》中提出:"文化存在于各种内隐的和外显的模式之中,借助符号的运用得以学习与传播,并构成人类群体的特殊成就,这些成就包括他们制造物品的各种具体式样,文化的基本要素是传统(通过历史衍生和由选择得到的)思想观念和价值,其中尤以价值观最为重要。"由于克罗伯和科拉克洪的文化定义具有更大的包容性,从而被现代西方许多学者所接受。

由上观之,在学术界对文化的定义不胜枚举,但也意味着学术界对文化这一定义还存在很大的分歧,并没有对这一定义形成统一的看法。作为一个物或一件事,从逻辑上说只能有一个定义,必须具有其唯一性与周遍性,我们才能去认知这样的物或事。但民

---

① 罗康隆.族际关系论[M].贵阳:贵州民族出版社,1998.
② 杨庭硕,罗康隆,潘盛之.民族·文化与生境[M].贵阳:贵州人民出版社,1992.
③ Edward B. Tylor. Primitive Culture[M]. Harper & Row,1958(1871).
④ 马林诺夫斯基.文化论[M].费孝通,等译.北京:中国民间文艺出版社,1987.
⑤ 中国大百科全书(社会卷)[M].北京:中国大百科全书出版社,2004.
⑥ William A. Haviland. Cultural Anthropology[M]. Harcourt Brace College Publishers,1993.

族学界对文化的定义并没有唯一性与周遍性,因而出现了160多种定义,这就说明学界对文化的定义具有分歧,是很有必要值得深究的。笔者通过对前人有关文化定义的分析,尤其对文化要素与文化特征的研究,似乎仍然没有找到文化的实质。在前人的定义中,有的是从文化的要素出发去定义文化,把文化要素当作了文化;有的是从文化的特征出发去定义文化,进而把文化特征当成了文化。即是从文化的部分定义了文化的整体,也即是把文化的部分当成了文化的整体。从严格意义上说,前人是从文化事实出发去描述、定义文化,并在这样的基础上建立起对文化运行规律研究的框架。笔者认为他们探讨的不是文化本身,而只是文化事实。为此,很有必要深究文化与文化事实。只有厘清了这二者的关系,民族学这门学科的研究对象、研究起点、研究框架、研究路径才能明了于世。

我们首先要追问的问题是:人类为什么要创造文化?人类具有两重性,既是自然生物,也是社会生物。人类社会脱胎于自然生态系统,但始终寄生于自然生态系统,人类创造文化就是要挣脱自然的束缚,也即是让自然退却,即社会化。人类创造文化的过程就是让自然退却的过程,建构并不断丰富其社会性。在丰富其社会性的过程中凝聚起更大的力量去挣脱自然的束缚。但由于人类其自然属性的存在,决定了这样的努力是无法挣脱自然的束缚,但人类又是社会性的动物,这样的努力永远不会放弃。人类要生存就要创造文化,人类要延续就要创造文化,人类要发展就要创造文化。因此,人类创造文化的活动也是不会停止的。

人类创造文化既然是必然的,那么,我们需要进一步追问的是人类是如何创造文化的?人类创造文化是为了自身生存、延续与发展的需要,人类的生存、延续与发展乃是在其所处的自然生境与社会生环境中实现的。"文化根本是一种'手段性的现实',为满足人类需要而存在,其所采取的方式却远胜于一切对于环境的直接适应"。① 因此,人类创造文化也只能在其所处的自然生境与社会生境中进行。人类所处的自然生境与社会生境是一个巨大无比的空间,人类在不同历史时期利用哪些自然环境与社会环境的因素来建构文化也是一个难以确定的矩阵。这就需要依靠人类固有信息系统与自然生境和社会生境的信息系统进行交流,在这样的信息交流中,人类建构起能够实现自身生存、延续与发展的信息系统来,然后以这样的信息系统再去应对人类所处的自然生境与社会生境,以满足人类的生存、延续与发展之需。根据这样的理解,笔者认为人类的文化就是人类求生存、延续与发展的人为信息系统。在这里之所以强调文化这一信息系统是人为的,是因为地球生命体系有很多信息,但是这些信息不是人造的,而是在自然的运行中自然产生的。所以,把文化定义在这套信息系统下所节制的物质和能量的有序运行,目标在于维系这个体系稳态延续并不断壮大。因此,文化是一种生命现象。

文化是人创造出来的,而指挥人思维的是人的大脑。人脑是文化信息系统的载体,人脑具有制造信息、发送信息、接收信息、破译信息、改写信息和反馈信息的能力。大脑

---

① 马凌诺夫斯基.文化论[M].费孝通,译.北京:华夏出版社,2002.

在接收和利用信息时总是具有选择性。在选择的习得过程中不断改写与创新,从而使这个体系扩大化,使文化在社会建构中越来越复杂,在社会运动中越来越有效。① 人为的信息系统贯穿于整个人类社会,它虽然可以跨越时空,但在文化的规约下使得不同生境的民族所构造出的文化事实并非千篇一律,而是缤纷多彩,从而建构起了人类文化的多样性。

人类面对所处的自然生境与社会生境,通过人脑的处理来输出有用信息,去应对生境的变化。人类为了其生存发展延续,利用文化这样一个信息系统在选择、认识、应对自然生境时,就可以建构出与自然生境相关的文化事实出来,诸如狩猎文化、采集文化、刀耕火种文化、游牧文化、农耕文化等等。在这些文化事实之下还可以细分出若干的文化要素。比如狩猎文化又可以分出辨识狩猎对象、狩猎空间、狩猎时间、狩猎工具、狩猎队伍、猎物分配、猎物食用等。采集文化也是如此,可以分出采集对象、采集空间、采集时间、采集工具、采集物的使用等。刀耕火种文化也可以细分出刀耕火种的区域、路线、时间及作物种类与匹配、作物收割、作物加工、作物食用、作物储存、种子的保存、野兽的驱赶等。游牧文化也可以细分为游牧种类与匹配、游牧线路、草原的牧草种类、森林与水源、牲畜肉制品、奶制品、皮毛制品、有害野生动物的防备与驱赶、有害天气的规避等。农耕文化可以细分出耕田的建构、作物的培育与选种、作物的栽培、中耕管理、收割与储存、加工与食用,以及与农业生产周期匹配的二十四节气等。比如人类之所以要穿服饰,是特定民族所处生境的气候、生态环境、信仰、习惯等作用于人的大脑,然后经过人脑理性选择而建构出来的一种结果。如地处高原的游牧民族,由于气候多变化,而多以皮毛为服饰原料;滨水的赫哲族用鱼皮做服饰原料;山地民族多以植物纤维做服饰原料,因为他们时常与这些植物打交道,对植物纤维比较熟悉,而且取材便捷。有了这些理解,我们就可以把握文化的内在逻辑关系了。

文化这样一个信息系统在认识、应对社会生境时,就可以建构出与社会生境相关的文化事实出来,诸如语言、称谓、家庭、婚姻、礼仪、习俗、年节集会、社会组织、宗教信仰、伦理道德、文学艺术等等。例如苗族什么时候过祭祖大节,什么时候聚在一起唱歌、吃饭、举行仪式等都是由民族文化的信息控制的,如没有控制的话,苗族民众相互之间就不知道对方在干什么,更无法预期对方的诉求,因而也就无法完成正常的苗族社会生活过程。

基于这样的理解,笔者认为,民族学界的学者在定义文化时,似乎是把文化事实当作文化去对待了。如果以这样的范畴去定义文化的话,文化的定义还会不断地增加。因为在文化对生境的作用下,还会建构出更多的文化事实出来。因此,我们认为对文化与文化事实的区分不仅十分重要,而且十分必要。从某种意义上说,民族学研究的文化乃是特定民族的文化事实体系。

---

① 杨庭硕.生态人类学导论[M].北京:民族出版社,2007.

三、自然生境与民族文化建构

自然生境既是具体文化的生存依托,又是具体文化的加工对象,同时也是具体民族文化的制约因素。自然生境不能创造文化,但可以稳定文化的延续,使得民族文化具有稳定性,其根源就在于各种生态系统在地球表面的稳定性,民族文化的分布与特定自然生境存在着密切关系,其密切程度远远超过人类社会的其他构成单元,致使不同民族文化与相关自然生境形成了一个个较为稳定的网点。各个网点之间的关系十分复杂,但在文化的引导下表现为一种稳态延伸,这是一个可以无限延续的动态过程。在整个过程中相关体系的结构保持相对稳定,但其构成内容与结构方式却表现出千差万别。

民族文化的建构从一开始就立足于它所处的那个自然生境中展开,在其对该自然生境的选择、认知的基础上发育出一套该文化特有的信息体系,以此去规约该文化中的社会个人,使每一个社会个人的行为与所处自然生境保持一定程度的兼容。然后,随着特定文化下民族成员以其所处自然生境为参照系,对自然生境认识能力与水平的提升,而不断地去修正、完善与扩充这一信息体系,这一过程从实质上说就是文化自身发展的过程。这一步伐一旦迈出,就从自然生境中拉出了一道文化的痕迹,这一痕迹的出现也就意味着文化开始偏离其自然生境了。在经历无数的"偏离"尝试后,对失败的教训与对成功的经验进行总结,这样的尝试一旦定格,就会建构出所谓的"地方性知识体系",这才算是对偏离生境的成功。[1] 一种这样的地方性知识体系形成,对一种生境资源的认识、利用完成定型,开启适应性的演化历程,民族社会就得以繁荣昌盛。

地球上自然生境的多样性,从本质上规约了居住在地球不同地方的人们的生计方式的多样性。人类生计方式的差异性既是自然生境的客观事实,更是人类活动的必然结果。"文化成为人类的适应方式,文化为利用自然能量,为人类服务提供了技术,以及完成这种过程的社会和意识方法。"[2]可见,人类文化的多样化,既是人类对应自然生境的结果,又是人类主观能动创造发明的产物。这样的创造物是具有"类型"与"样式"差异的文化事实体系,也即是类型与样式多样的人类文明形态。在这个意义上说,没有人类文化的多样性,就不会有人类的今天和人类世界的繁荣。

由于任何"一种文化种系发生演变的原物质来源于周围文化的特点、那些文化自身和那些在其超有机体环境中可资利用或借鉴的因素。演变的进化过程便是对攫取自然资源、协调外来文化影响这些特点的适应过程。"[3]随着自然生境的变迁,其生计方式也将发生变化,而呈现出系统性差异。人类生计方式的系统性"差异在于整体定位的不同方向。它们沿着不同的道路前进,追求着不同的目的,而且,在一种社会中的目的和手段不能以另一社会的目的和手段来判断,因为从本质上讲,它们是不可比的。"[4]因此,各民族

---

[1] 罗康隆.文化适应与文化制衡:基于人类文化生态的思考[M].北京:民族出版社,2007.
[2] 托马斯·哈定,等.文化与进化[M].韩建军,商戈令,译.杭州:浙江人民出版社,1987.
[3] 托马斯·哈定,等.文化与进化[M].韩建军,商戈令,译.杭州:浙江人民出版社,1987.
[4] 露丝·本尼迪克特.文化模式[M].何锡章,黄欢,译.北京:华夏出版社,1987.

文化为适应不同自然生境所形成的特有生计方式,对于特定自然生境而言是极其有效的。这也正像涂尔干在《社会分工论》中谈到的一样,对动物来说也一样,它们之间的差别越大,就越不容易发生争斗。① 人类更是如此,如果地球上的人类都执行一种生计方式,例如都以小麦为生,或者都以水稻为生的话,其消费习俗与消费方式的统一,必然会引起地球表面生态均势的失衡,而最终将毁掉人类生存的根基。因此,自然生境的多样性,必然会模塑出人类生计方式的多样性,人类生计方式的多样性也自然会创造出利用资源的多元化途径来。

每一个民族所处的自然生境都是特定的,但在与自然生境的偏离中,逐渐地确立了本民族的生存空间体系、经济生活方式、语言系统、社会组织、习俗、宗教信仰、伦理道德规范、科学技艺等所谓的"民族知识体系"或者"地方性知识体系",即民族文化事实体系。人类的知识建构就是在这样的环境中形成的。人类在建构其知识体系时也以生境的多样化为前提。② 一方面,自然生境中遭逢自然灾变总是无法避免的,人类文化在防范自然风险上具有明显的优势。另一方面,文化可以通过改变自然资源的利用方式去避开风险。可以说,各民族在文化的指引下不断地对其自然生境进行偏离与回归,在偏离与回归中建构出特定民族的文化事实体系。特定文化事实体系一旦被建构起来,这样的文化事实体就会对其自然生境进行高效利用与精心维护。

在中国960万平方公里的大地上,有海拔最高的珠穆朗玛峰,有海拔最低的吐鲁番,有浩瀚的沙漠,有一望无际的草原,有茫茫的林海,有漫长的海岸线,有举世闻名的长江黄河,有喀斯特地貌著称的云贵高原,有河网纵横交错的江南水乡。五千年来中华民族在这片大地上来回穿梭,各民族总结凝练出了应对不同自然生境的历史经验与教训,由此建构出了多姿多彩的中华各民族文化,但我们需要明白的一点是,文化对各民族所处的自然生境来说,犹如癌细胞之于人的身体,癌细胞处于良性时对人的身体无害,而一旦这个癌细胞处于恶性时就会对人体造成伤害。因为,各民族的文化总是在偏离该民族所处的自然生境,但又在不断地回归其自然生境。正是该民族的文化在其自然生境中的偏离与回归中认识了自然自我与他者,由此建构起了独特的民族文化事实体系。

藏族为了应对与利用青藏高原环境而建构起了独特的藏族文化。藏族文化与其自然生境之间呈现出多层面整体性的综合适应状况。在生境资源利用方面,藏族文化以其特有的农牧相辅方式,从耕种和放牧的品种到耕牧制度,以至于技术传承相联系的一整套生产范式最大限度地利用气候多变的高山荒漠资源。

首先,在饮食习俗方面,藏族为克服高原气压低的环境,食物制品中采用了烘焙炊事法、乳制品的酸制法,从而达到一乳多用的效果,饮料中的酥油茶,目的在于有效地调节身体内的盐分及水分平衡,并且是调节食品营养失衡的手段之一。其次,在习俗方面,藏族为了应对严寒多变的气候,在衣着服饰上以披着式长袍为显著特征,以厚重的氆氇抗

---

① 埃米尔·涂尔干.社会分工论[M].渠东,译.北京:三联书店,2000.
② 杨庭硕,罗康隆,潘盛之.民族·文化与生境[M].贵阳:贵州人民出版社,1992.

寒;为了应对太阳照射,则多采用酥油润肤。这些习俗共同构成了足以抗拒恶劣气候的综合体系。① 再次,在宗教信仰方面,由于青藏高原严寒的气候制约了人口密度的分布,为辅助行政力量的不足,藏族的宗教信仰对其产生较大的平衡作用。② 宗教信仰的影响又在藏族衣着服饰上的噶乌得到反映。在葬习上又随各地的需要,而分别呈现了天葬、火葬、水葬、塔葬等一系列复杂丧葬制度。最后,在文学艺术方面,一方面以宗教形式发展起了锅庄、堆谐、弦子等舞蹈样式,另一方面这些舞蹈成为世俗集体活动的重要组成部分。

在藏文化的知识结构中除了各种各样教育传授上的宗教形式和相应的内容外,其知识积累偏向于对高原生态环境的认识,哲理思维偏向于对自然的综合性领悟,而不重在度量的客观精确。伦理观表面上打着宗教烙印,但却一直紧扣着对现行一切适应生境现象合理性的阐释,使藏族在充分利用自然与生物资源的同时,又能精心维护所处自然生境的安全。③

湘西苗族先民们在明代以前主要是以刀耕火种兼及狩猎采集为生。明代在湘西土家族地区强化土司制度,在湘西地区推行屯田、上缴谷米等政策,这一政策也影响到苗族地区,开启了在湘西苗族地区开辟稻田的先河。在湘西地区种植水稻最关键的就是要克服自然生境中的"水温"与"日照"问题。湘西苗族主要聚居在腊尔山与吕洞山,这里山高谷深,森林茂密,是刀耕火种与狩猎采集的好地方,但不是农耕的好地方。在这里要种植水稻,要么依山修筑层层梯田,要么在沟谷修筑水坝。这里森林密布,日照不充足;这里高山峡谷,水温很低,要种植水稻就必须克服这两大生态系统的缺陷。于是,湘西苗族在文化的作用下,为应对如此的环境,采取了如下的措施。首先砍伐森林,使开辟的农田有充足的阳光照射,以满足水稻的光合作用。其次在农田的底部铺设林木,并在铺好的林木之上填充砂石,尽量抑制地底低温泉水渗出,以缓解稻田水温过低的问题。这就是湘西苗族"铺树造田"法。以这样的方法将大片深水沼泽地改造为良田。为了实现稻田的产量稳定,还实施了复合种养、育林蓄水、施自然肥等方法,现如今已经成为我国重要的农业文化遗产。为了防治野兽尤其是野猪等大型动物前来糟蹋农作物,苗族居民开始从刀耕火种的半山腰地段往农田周围搬迁,形成定居在农田周围的村寨,以至于村寨聚落的公共空间,如道路、桥梁、水井、墓地等也开始被建构起来。苗族的住房也由原先易于搬迁的叉叉房演化过渡到稳固厚重的石板房、木屋房、泥木房。这一变迁见证了湘西苗族文化与自然生境的"偏离"—"回归"的耦合历程。④ 一旦这样的耦合关系确立后,苗族

---

① 笔者2008年8月在玛多县进行田野调查时,感受到藏族披着式长袍对当地气候的极佳适应。即使在8月,一天的气候变化也很大,太阳当空时,气温达到三十多度,人们需要把长袍脱下扎在腰间,而一旦乌云密布,马上就会刮风下雨,甚至下雪,气温骤然降到零度以下,这时则需要把长袍紧裹在身。一天气温变化甚大,如果不是披着式长袍是很难应付的。
② 笔者2008年8月与2011年8月两次到玛多县河卡寺院调查,发现河卡寺院既是幼儿园、小学、中学,又是医院、养老院,更是藏族宗教信仰的圣地。
③ 杨庭硕,田红.本土生态知识引论[M].北京:民族出版社,2010.
④ 罗康隆.论民族文化与生态系统的耦合运行[J].青海民族研究,2010(2).

的自然生境也就被模塑出来了,苗族文化就会对其中自然生境资源进行高效的利用与精心的维护。

四、社会生境与民族文化的建构

在民族文化建构的过程中,与自然生境比较起来,社会生境对民族文化建构的制约要更为直接,还缺乏稳定性。社会生境无须通过预先加工就可以直接作用于民族文化,这就是其直接性。① 然而,社会环境的变化速度比自然生境要快得多,数十年间一个民族的社会生境会大不一样,很难有上百年不变的社会生境。社会生境的作用还有很大的偶然机遇性,一场贸易的进行、一次战争的爆发、一个政策的推行、一种作物的引进、一项技术的实施等,无法以规律性加以预料,甚至难以选择,但均足以对某些文化造成难以预料的影响。从人类出现在地球上,不同民族并存就成为一种客观事实。异种文化的存在就成为该民族文化的一个特定社会生境。当然,这一种文化的作用是双向的。至于外部民族生境如何制约或促进一个民族的发展,一般而言是取决于该民族与有关不同民族的关系好坏情况。

在不同文化的相互作用与影响中实现了相关民族文化的建构。统一的多民族国家的形成过程,体现为国家政权与周边各少数民族相互影响的过程。从国家方面看,既有政治的目的,又有经济的目的,还有文化的目的等。国家政权对特定民族施加影响,既可以通过经济的因素,也可以通过非经济的因素,更多的是这些因素的综合作用,这也可以视为是特定的社会生境。因为对于接受国家政权作用的特定民族来说,也会形成一种文化应对与调适的过程。这种应对与调适的过程是在该民族自己有效生境中对外来影响发挥作用,在这一过程中,它可以动用文化中所有的能量进行积极的应对与调适,以使其在固有的文化事实体系中进行文化事实的再构造。

当然,一个民族的存在会在若干层面不同的内容上,从不同的角度对周边民族产生影响,这样的"影响域"也可以视为一种社会生境。于此,我们以滇西南的傣族为例加以说明。

首先,在民族分布方面,傣族占有了怒江、澜沧江河滩平坝地区,直接阻滞了周边各族进入同一自然生境的速度,使得这些民族的文化发展取向逆平坝而行,不得不往高山迈进,形成了该区域特定的民族分布格局。

其次,在经济活动上,傣族以经营稻作为主,其谷物产品丰裕,其盈余部分将流向周边各族,稻米成为向山地民族交换"山货"的必需物质,从而形成坝区与高地的交换市场,互通有无,建立了与山地民族的经济往来关系。

再次,在语言使用方面,由于傣族处于交通枢纽地带,经济实力雄厚,确立了以傣族语言在滇西南族际中的"介语"地位,直接引起了周边各族语言的趋同性发展取向,使得周边山地民族的语言保存有大量的傣族语言成分。

---

① 杨庭硕,罗康隆,潘盛之.民族·文化与生境[M].贵阳:贵州人民出版社,1992.

最后，在社会组织方面，历史上傣族的土司领主制度及其行政控制能力直接作用于周边各族，山地民族的头人、山官、寨老都受权于傣族土司，这些头人、山官、寨老所控制的地区通过傣族土司受辖于中央，这一局面一直持续到新中国成立前。20世纪50年代民主改革虽然废止了土司制度，但是傣族在当地的政治中枢地位却仍然持续着，发挥影响。比如，在产品上，傣族不断吸收景颇族提供的柴薪、布朗族的茶叶、汉族的工业品、阿昌族的铁器、苦聪人的猎物、佤族的山地粮食。政治上，傣族又得靠各族山官、头人、寨老去节制傣族与景颇、哈尼、基诺等民族的关系。宗教上，布朗、阿昌、德昂等民族是傣族小乘佛教的传播对象，又是傣族寺院的资助对象；景颇族、佤族的自然崇拜又渗透进傣族的佛经义理，成为傣族僧俗文学的宣讲描写对象。

清代雍正年间，在开辟千里苗疆进程中，为确保军需物资从清水江进入苗疆，在接近苗疆的清水江中游的锦屏地区的茅坪、王寨、卦治三个码头开设木行，一是"抽收捐饷"，年交白银两千两，提供军饷；①二是"例定夫役"，护送军需物资，"雍正年间，军略张（广泗）大人开辟清江（今剑河）等处，兵差过境，愈难应付，酌于木商涯（押）运之附寨，三江轮流值年，量取渔利，永资公费，沿江别寨均不准当，咨部定案，有碑存据"②。所有兵差军械辎重往返概由三寨抽夫输送，夫役之重数倍于府属差役，三寨民人不堪重负，黎平府等"奉宪""给示"三寨当江取利，以之补助夫役费用。于是贵州巡抚为例定三寨夫役，再次明确三寨轮流值年设行当江，木材贸易开始兴起。

清朝一代，清水江流域木材贸易持续稳定进行，木业兴旺不衰，中原地区"三帮""五勷"③经营木材的商人，皆溯江而上至清水江流域侗族地区，每年来茅坪、王寨、卦治三江购木植者不下千人，贩运木业极盛。据光绪初年编修的《黎平府志》记载："黎郡杉木则遍及湖广及三江等省，远省来此购买……每岁可卖二三百万金。"④由此可见当时木材贸易的繁荣景象。

由于木材贸易不仅给江淮木商带来了巨大的利润，同时也给侗族苗族群众带来了极大的实惠，这刺激了该区域侗族苗族群众对山地林木开发利用的积极性，驱使清水江沿岸的侗族苗族林农对林木人工营造的萌动，人们开始了对林地的更新，开启了人工营林业的先河。侗族苗族林农历经数百年劳动经验的积累，发展出了独特的营林地方性知识体系，包括炼山整地、育苗植树、林粮间作、抚育管理、砍伐运输等知识体系。与此同时，随着人工营林业的发展，在侗族苗族文化网络中对其文化进行构造，使侗族苗族社会建构起了适应人工营林业发展需要的新型文化。国家对地方的治理依托了宗祠文化进行

---

① 贵州省编辑组.侗族社会历史调查[M].贵阳:贵州民族出版社,1988.
② 参见贵州按察使司嘉庆二十二年复王克明上诉词批件。
③ 安徽省的徽州、江西省的临江、陕西省的西安等，分别称为徽帮、临帮、西帮，合称为"三帮"。"五勷"有三种说法：一说为湖南常德府、德山、河佛、洪江、托口[见道光七年（1827年）山客李荣魁等递交贵州布政司的呈诉词]；一说为德山、开泰、天柱、黔阳、芷江[见立于光绪二十四年（1898年），存于锦屏县城飞山宫内的"永远遵守"碑文]；一说是天柱下属的远口、垒处为一勷，白市、牛场为一勷，金子、大龙为一勷，冷水溪、碧涌为一勷，托口及辰沅为一勷，合为"五勷"。
④ （光绪）《黎平府志》。

地方的"儒化",使得清水江流域两岸至今祠堂林立,地方社会精英在"文字入疆"的引领下,以林地契约与地方教育的方式规制了地方社会,出现了市场关系中的伦理道德、语言文字、家族社区组织、土地资源配置方式、林地保护规约、民间信仰、交往行为、服饰时尚等,发生了系统的全面的文化事实体系改组,实现了文化的再构造与社会转型,这些都是人工营林业的发展所必须具备的文化支撑。

从上例可以看出,在清水江流域侗族苗族社会适应人工营林的文化构造中,国家的作用是外因也是导因,如果没有国家的作用,就难以触动清水江流域侗族苗族社会的经济结构,侗族苗族文化就会继续沿着固有的道路不断深化与发展,而难以实现与人工营林业的适应。这种文化的积极应对与文化的再构造过程中,国家政权的外来作用化为其外部的社会生境,在互动过程中实现对自己文化网络中各种因素的调整与重组,进而实现了文化的构造,使其更加能够适应变化了的社会生境。

我们再以彝族的莜麦耕种向苗族移植所引发的连锁的反应加以说明。明代以前在黔中地区的苗族主要从事刀耕火种,其生产区域主要为丛林上限与草坡交接地带,作物以小米为主。彝族乡民为了弥补刀耕火种产出食物的不足,在生计方式中还以狩猎与采集作为补充,甚至还占有很大的经济分量。明代建立后,为了管控西南地区,开通了从南京出发,经过江西、湖南,横贯贵州,进入云南的驿路,这条驿道历史上也被称为"一线道"。明朝政府为了缓解驿马供料紧张的问题,在税赋制度规定上,采取了贵州与全国有别的措施,特向贵州彝族土司征取当地特产——莜麦作为赋税,以解决驿站马匹的秣料之需。由于彝族土司的势力强大,管辖的区域也比较宽广,如此一来,莜麦成了贵州各族的等价替代物,彝族土司则向自己控制的苗族、布依族征收莜麦,从而造成了在贵州地区推广莜麦种植的客观背景。苗族因此大量种植莜麦,到清代时莜麦成了贵州苗族重要粮食作物。

莜麦的种植改变了贵州苗族尤其是黔中地区苗族原有生产和节日规律。在莜麦普遍种植前,冬天是"苗年"的年初,是苗族冬猎生产的旺季,又是苗族内部跳花活动的盛期,这一时期,苗族男青年一般合伙外出冬猎或跳花(寻找对象)。但莜麦种植后,冬季的生产项目改变了,男青年再也不能随意远去了,必须花费大量时间来种植莜麦。于是,冬狩的生产比重下降。跳花节的多场次轮换场地的习俗也发生了改变,跳花的时间就开始安排在汉历春节后和大季种植前夕。

随着历法的改变,"苗历"只记场期不记朔望的习俗也发生了变化。黔中地区部分苗族群众把跳花节定型到月望日前后举行,这主要以便夜间对歌。于是,苗族的"跳花节"转名为"跳月节"。

莜麦的种植还促进了苗族村寨居住习俗的变化。明代以前,苗族村寨流动性大,夏天需要上山进行刀耕火种,冬天则需要下到谷地进行狩猎,村寨位置乃是冬夏易地,由于冬季与夏季劳作需要,其房屋建筑也依劳作而定,体现出容易搬迁的住屋形态。而苗族莜麦种植之后,由于冬耕之需(莜麦要跨年种植),苗族村寨开始相应地固定于夏天住地,可以长年留住山上了,于是苗族村寨多建立在山上,基本形成为今天苗族居住的格局。

而苗族原来冬天的住地则演化为固定的跳花地。可见一种作物的引入,对苗族文化的建构发生了极大的转变,可以说,实现了苗族文化的演化,甚至变迁。

可见,社会生境对特定民族的影响不仅直接而且深远。但这样的影响不会打乱特定民族固有文化的结构,因为在任何一个民族文化事实体系中相应的文化因子都是要处在其他文化因子的关系网络中生存,于是这种影响的结果可以表现为本民族文化因子的重组与再造。经过本民族文化的改造,整合进本民族固有的文化事实体系之中,这引发了在应对新的社会生境时其文化要素在该民族的文化网络中实现再构造,其最终目的在于建构起更为有效的文化事实体系,以更加有效地应对自己所处的生境。

罗康隆,何治民(吉首大学历史与文化学院)

本文为国家社科基金重大项目《西南少数民族传统生态文化的文献采辑、研究与利用》(项目批准号:16ZDA157)成果之一。

文化阐释:基于深描、地方性知识和反思性的实践

引言

众所周知,人类学历来有着研究异文化的传统,不管是早期的欧美人类学家研究亚非拉世界,还是当前我国人类学界研究少数民族文化,无一不带有强烈的异域性特征。传统人类学的研究模式是作为局外人的人类学家以"他者"的身份进入到作为局内人"土著"的生活当中,通过大概一年的时间来观察、收集、学习、整理、分析"土著"的文化,撰写"民族志"的过程。这种研究模式置研究者与被研究者于一种"主——客"二元对立关系之中,建立在这种对立关系上的田野工作也就不可避免地涉及很多问题:研究者该以何种身份进入田野?是否应该对研究对象投入感情?该以何种笔调书写"土著"的文化?作为局外人的人类学家能否理解局内人的文化?由此引出一个根本性的问题,即人类学研究是否能得到有关"土著"的客观知识?特别是 1967 年发表的马林诺斯基日记以及后来爆发的几次公案所引发的伦理危机,更是将人类学在解读文化上树立的权威消解殆尽。对此,人们不禁怀疑,作为局外人的人类学家能如实记录局内人的文化吗?民族志可信吗?它到底有多少客观性和科学性?客观的知识存在吗?这些问题都直指人类学研究的根本。然而,面对这些咄咄逼人的追问,此前长期以科学标榜的人类学界囿于认识的局限无法给出令人满意的解释。在这样的背景下,格尔兹(又译为吉尔兹、格尔茨)以"深描"(Thick Description)、地方性知识以及强烈的反思性为思想利器,以全新的认知重新定义了文化以及人类学家的使命:文化是意义之网,人类学研究不是追寻科学规律而是文化的阐释。正是这样一种转变,格尔兹将人类学研究带入了阐释主义时代,使得人类学研究迎来了新的曙光。

一、语义分析:文化阐释的"深描"路径

阐释人类学的具体方法是"深描",即解释他人的解释。而描写的基础则是对语义的分析,格尔兹的文化阐释理论十分重视语义文法的分析。语言是话语表述和文化构成的基础,"语言是认知,亦是权力,知识亦然。知识是由语言构成的,我们的概念、思想、世界观无一不得之于语言。因之,我们须臾离不开语言,没有了语言,我们的思想即失去了存在的依托。"[①]因此,语言被认为是人类知识的根源,任何关于人类知识的研究都重视对语

[①] 克利福德·吉尔兹.地方性知识——阐释人类学论文集[M].王海龙,张家宣,译.北京:中央编译出版社,2001.

言的研究。

然而,掌握一个民族的语言就可以掌握一个民族的文化吗?答案显然是否定的。我们可以举一个浅显的例子,就拿中国人做英语长难句翻译来说,很多时候你会发现明明一个句子中每一个单词都认识,但是当它们组合在一起的时候就看不懂了。这是因为每种文化都有它的文化语法和表述规则,有其隐藏的背景知识,只有在理解这种背景和规则的情况下才有可能实现对这种文化的认知。而在格尔兹这里,语言不单单是指表述说话或者是书写的实体,它还有着广泛的内涵。各种身体的姿态、声光、颜色、气味等一切具有文化信息内涵的符号和话语都是一种普遍存在的语言。不理解这些语言背后的语法往往会闹出笑话。笔者初入田野的时候就闹过这样的笑话,2017年暑假,笔者在湖南靖州一个苗寨调研的时候,看到一户人家的窗户上插着一根一头系着白色塑料薄膜的棍子,由于此次的研究主题为民间信仰,因此一看到这个东西直觉就把想法引导到宗教上去了,心想这是不是有人去世的信号?结果一问主人,真相让人啼笑皆非,这个东西与宗教信仰没有任何关系,它只不过是村民插在谷仓外驱赶麻雀的物件。在这个例子中,这根系着白色薄膜的棍子无疑是一种语言符号,而它蕴含的背景知识是驱鸟的功能,局外人如果不去请教局内人而是主观臆测,就会产生理解上的谬误。

正因于此,文化阐释特别注重对文化符号进行语义分析。基于文化和民族志的语义分析,即是格尔兹突破传统人类学认知局限的关键。文化作为人类学的核心概念,怎样理解它,就决定着有怎样的人类学。自泰勒给文化下了经典的定义以来历代的人类学家都在给"文化"这个概念添枝加叶,以至于对"文化"这一概念的解释到了克拉克洪那里出现了多达二十七页的局面。格尔兹认为这样大杂烩式的解释与其说它加深了人们对概念的理解,不如说它让我们陷入了理解的困境。他认为对一个概念的理解不是在它原有的基础上添枝加叶,而是直击其本质面貌。

对于文化概念的理解,他在借用韦伯的概念的基础上对其加以深化和拓展。他认为:(1)"文化是一些由人自己编织的意义之网";(2)"文化是观念的产物,它不存在于某人的脑海中,尽管是非物质的,但却不是一种超然的实体";(3)"文化是公众的"。文化"它表示的是从历史上留下来的存在于符号中的意义模式,是以符号的形式表达的前后相袭的概念系统,借此人们交流、保存和发展对生命的知识和态度"①。可见,在他看来文化是一套表达价值观的符号系统。换言之,他承认人类学是一门理解人类文化本质的社会科学。他甚至认为民族志就像小说,因为它存在着很多人类学家自我创造的成分。也因此,人类学无法像自然科学研究一样独立于主观意识的干扰。作为一种"软科学",它只能最大限度地以一种"文化持有者内部的眼界",一种韦伯式的"移情"方法去理解和认识被研究者,这是由其特殊而复杂的研究环境与研究对象决定的。这种理解表明了他与人类学传统的科学主义决裂。

基于对文化与人类学的这种理解,他进而借用赖尔的"深描""摩洛哥抢羊"的闹剧,

---

① 克利福德·格尔兹.文化的解释[M].韩莉,译.南京:译林出版社,2014.

指出文化行为的背景性、折叠性和复杂性。在他看来不管是眨眼睛还是关于"抢羊"的例子,本质上是一次社会话语流,是一场多语言的对话,而民族志者所要做的就是追溯对话的曲线,通过"深描"把它记录下来。这种描述有如下特点:它是解释性的;它解释社会话语流(而不是一个切面);它所解释的会话以可阅读的术语记录下来;同时,它也是一种微观的描述。当然,描述并不是最终的目的,民族志者"深描"的目的,在于对社会话语流进行意义的推测。这种推测必须是简短的推测,因为一旦过于冗长,它的科学性就无法保证,通过这样的推测进而得出阐释性的结论,这就是文化分析的过程,也即是"深描"的逻辑路径。人类学家在文化阐释时至少可在如下两个层面上采用这种语义分析。

一是对抽象的核心概念进行语义分析。这种语义分析是在抽象层面进行的,也即对人类学若干重要概念的厘清,它是综合多学科的知识对概念所做的意义扩展,而这种跨学科的语义分析法正是格尔兹大力呼吁的。以人类学宗教研究为例,他指出二战后宗教研究之所以没有取得进展,原因在于人类学家们总是在有限的专业知识范围内寻找概念,用他的话来说"……实际上甚至没有一个人像这些先贤一样想到要向别处——哲学、历史、法律、文学或者是'硬'科学——寻找分析性和观念。"[1]换句话说,格尔兹对核心概念进行抽象层面的语义分析是在一个超越人类学思想边界的知识系统中,是在广泛吸收各种思想养分的基础上实现的。这样的分析在他的著作中多有体现,不管是对上述文化概念的分析,还是对宗教概念的分析,抑或是对符号概念的分析都显现出他跨学科提炼概念的思想。他对"文化"这一概念的理解就很明显借助了哲学、符号学等跨学科的内容。跨学科概念借用是学术创新的重要手段,实际上在人类学学界,很多有影响力的人类学家都善于吸收其他学科的成果。

二是对具体的公共符号进行语义分析。即探寻语言、姿态或行动等文化符号在具体生活情境中的背景知识。文化不是封闭在人脑的东西,文化体现在具体的公共符号之上,这些符号在具体的社会实践中被人们用来交流信息、表达情感,它们是活着的,抽象的概念正是建立在对这些活态的象征符号的概括与理解上形成的。因此仅在第一层次归纳理解文化的概念是不够的,因为概念一旦脱离了具体的生活情境,它就存在失真的风险。格尔兹对文化符号进行语义分析的最终目的不在于提炼抽象的概念,而是要把它放到可感知的现实世界当中去,以揭示特定的文化在特定社会中的功能和意义。因此,对文化的语义分析必须进入到第二个层次,它直抵具体的、可观察的、可感知的活态文化:诸如宗教、游戏、政治运作、社会仪式、生活常识、民间艺术等人类生活中普遍存在的、充满公共符号的文化类型。通过深入的访谈、细致的观察,以及细腻的描写来分析这些文化符号背后的语法规则,揭示这些特定文化现象在特定社会的深刻意义,这就是文化的阐释。

总之,通过对核心概念进行第一层次的语义分析,格尔兹得以重新把握了人类学研究的基本方向,使得人类学免于再次陷入自相矛盾的处境。而通过第二层次的语义分

---

[1] 克利福德·格尔兹.文化的解释[M].韩莉,译.南京:译林出版社,2014.

析,基于对活态文化的背景性挖掘,使得他的作品具有强劲的穿透力和解释力。也正是得益于这两个层次的语义分析,文化的"深描"才成为可能。

二、地方性知识:文化阐释的"深描"基础

地方性知识(local knowledge)无疑是阐释人类学的又一重要概念,它的提出是与后现代思潮息息相关的。人类学进入20世纪60年代,全球化趋势日趋明显,各文化间的交流互动日益增多,各种思想、意识在世界范围内借助信息技术广泛传播,现代化作为一种全球趋势,逐渐成为各国追逐的目标。这使得各文化间的趋同性日渐明显,同时全球性与地方性的摩擦带来了一系列新的问题,给思想界带来新考验的同时,也引发了新的思考。后现代主义正是在这样一种背景下兴起的,它的本质是对"现代主义"所建构起来的理性思维的反叛,后现代思想家本着怀疑主义与相对主义的态度对理性世界所建构起来的那些"宏大理论"、放之四海皆准的"规律""权威"进行了深刻的批评。受后现代思潮全面反思、全面批判的影响,后殖民主义学说应运而生,他们对人类学家在异域进行文化研究的客观性提出了怀疑。在他们看来,西方人类学家是带着自身文化价值去的,一些文化批评家甚至尖锐地指出,西方的话语不能阐释非西方的文化,非西方的文化必须站在文化持有者自身的立场上去书写。这些思潮对人类学界的影响体现在它催生了人类学的反思意识,而格尔兹正是人类学自我反思的先锋,地方性知识这一概念提出无疑受到这一思潮的影响。

那么地方性知识具体的涵义是什么?格尔兹并没有给出明确的定义,他关于地方性知识的阐述零散地出现在他的两本论文集《地方性知识》和《文化的解释》当中。在《地方性知识:从比较的观点看事实和法律》一文中他特别探讨了伊斯兰法律和印度教法律的地方特性,指出"……法律与人类学……两者都致力于在地方性实际状况的原则"①,又如在论文《"深描"说:迈向文化的解释理论》一文中,他认为理解一个民族的文化只有通过"……把他们置于自己的日常系统中,就会使他们变得可以理解"②。如果这还不够浅显的话,他接着的行文可能会更加明了,他说:"对于理解人类学解释是什么,以及在什么程度上它是解释,最为紧要的莫过于准确地理解'我们对其他民族符号系统构建必须以行为者为取向'这句话意味着什么——以及它不意味着什么。"③根据格尔兹的上述观点,本文从以下四个方面来理解"地方性知识",并分析其在文化阐释中的运用。

第一,地方性知识可以是文化持有者某种具体形式的知识或技能。凭借这种知识和技能,人们得以解决现实生活中的具体问题,特别是宏观世界中涉及物质需要的现实问题。例如,生活在贵州黎平黄岗社区的侗族人,他们在稻田中世代践行着一种"稻、鱼、鸭"复合种养的生计模式,在这种模式之下,每一片稻田自成一个具有修复能力的小型生

---

① 克利福德·吉尔兹.地方性知识——阐释人类学论文集[M].王海龙,张家瑄,译.北京:中央编译出版社,2001.
② 克利福德·格尔茨.文化的解释[M].韩莉,译.南京:译林出版社,2014.
③ 同上.

态系统,这样一来,不仅很好地保护了生态环境,节约了劳动力,而且还提高了单位面积的产出。① 这种凭借地方性知识解决现实问题的例子还有很多,特别是在生态人类学领域(参见罗康隆、彭书佳,2013;罗康隆、吴生军,2013 等)②,在此不再赘述。

第二,地方性知识是文化持有者内部在思维层次上的一套文化语法结构,也就是说它是一种具体知识表现下深藏的认知模式。比方说中医代表着一种具体的知识和技能,但其治疗技术和知识都是建立在阴阳五行学说这一思维认知层面上的。没有这种阴阳协调、和谐共生的整体认知,那些外在的中医知识技能也就无法发展出来,所谓皮之不存毛将焉附,正是这个道理。同样,中国的风水堪舆技术则是建立在阴阳平衡、五行相生相克以及天人合一的宇宙观念之上。

第三,地方性知识常常表现为一种集体意识。这种集体意识往往在特定文化群体的重大节日和仪式中得到充分展现。在这些仪式和庆典当中,文化共同体所公认的各种地方性知识被集中在特定的时空下展现,在仪式展演的过程中集体的情感和意志得以表达,透过这种表达,文化群体的凝聚力得到加强。这一点在很多已有的研究中得到体现,以庄孔韶的影视人类学作品《虎日》为例。《虎日》展现的是彝族的一个禁毒仪式。2002年,云南小凉山的彝族人为了表达禁毒决心,毅然恢复了传统的盟约仪式,在禁毒盟约活动中,诸如杀牛祭祖、喝血酒、盟刻、转头等仪式作为彝族人公认的地方性知识得到集中展现,透过这些公共符号所被表达出来的是一种强烈的禁毒决心,也就是一种集体意识,它将家支、核心家庭和个人紧紧联系在了一起。这种集体意识,作为一种强大的道德压力,为解决当地泛滥的毒品问题起到了很好的作用。③

第四,地方性知识更是一种文化体性。所谓"文化体性"是指表现为认识、实践、表述相融合的知识主体。因为不同的文明类型,人们属于不同的文化体系,拥有不同的价值观,在不同文化传统体系中形成了"集体"和"个性"特性,这些特性在具体的实践过程中,又形成了特殊的生命和身体表达的意义特性。④ 换言之,地方性知识既不只是具体认知,也不仅是具体的行为模式和价值取向,它更是一套囊括思维方式、行为模式、价值观念和意识形态的文化总体。这种文化总体,在格尔兹对巴厘人斗鸡的描述中得到了生动的展现,在斗鸡这个"简单"的游戏当中,巴厘人的精神气质、价值观念、行为模式都表露无遗,而这些东西恰恰反映了地方性知识的本质内涵。同样,作为一种地方性的知识,一场民族活动表达的不仅仅是一个民族的具体技能、知识、观念和行为等单独的概念,而往往表达的是一个文化总体,这种总体即是文化体性。

---

① 罗康隆,杨增辉.生计资源配置与生态环境保护——以贵州黎平黄岗侗族社区为例[J].民族研究,2011(5).
② 罗康隆,彭书佳.民族传统生计与石漠化灾变救治——以广西都安布努瑶族为例[J].吉首大学学报(社会科学版),2013(1);罗康隆,吴生军.民族文化在保护珍稀物种中的应用价值[J].广西民族大学学报(哲学社会科学版),2013(4).
③ 庄孔韶,杨洪林,富晓星.小凉山彝族"虎日"民间戒毒行动和人类学的应用实践[J].广西民族学院学报,2005(2).
④ 彭兆荣.体性民族志基于中国传统文化语法的探索[J].民族研究,2014(4).

总之，地方性知识的内涵是丰富而深刻的，也正是基于此，"深描"才得以成其"深"。事实上，尊重地方性知识一直是人类学的传统，马林诺夫斯基的"文化持有者的内部眼界"①、博厄斯的"文化相对主义"②以及韦伯式的"移情明晰"③无不是这一概念的早期形式。而格尔兹超越这些先贤的地方在于对"文化持有者内部眼界"这一概念进行了深入阐发，并让其上升为具有操作性意义的方法论。

在格尔兹之前，人类学家进入田野之前往往带着预定的理论假设，他们的目的很明确，要么是为了证明自己的理论，要么就是为了驳斥另外一些人的理论，总而言之功利性很强。这种强烈的目的性有时候会导致人类学家走向偏执，使得其有意无意中选择性地避开了那些于他不利的事实，从而损害了人类学的客观性。以米德的萨摩亚研究为例，正如弗里曼对米德的批评一样，米德在进入萨摩亚之前就卷入了当时关于人到底受文化影响多还是受生物影响多的争论中，而她本身是一个文化决定论者，因此米德进入田野后就迫切地希望证明自己观点的正确性，这导致她对那些与她的观点相反的证据视而不见，由此做出了简单的结论，最终曲解了萨摩亚的文化④。实际上，带着这种复杂情感和目的进入田野，就不可能做到以"文化持有者的内部眼界"去看待并研究其文化。

格尔兹无疑认识到了这一点，因此与过去那种先有理论再找证据的研究不同，他强调的是一种自下而上的研究路径，即在深入挖掘地方性知识的基础上做出阐释，而且这种阐释是有限度的，是在具体情境中得出来的。这种路径相对于前者无疑更具价值中立性，因为它将我们从预设目标的思维定式中释放了出来，从而放大我们的视野，减少我们的偏见。

那么具体应该怎样做呢？诚如他所言，人类学家"既不应该完全沉溺于文化持有者的心境和理解，把他的文化描写志中的巫术部分写得像是一个真正的巫师写的那样；又不能像一个对于音色没有任何真切概念的'聋子'去鉴别音色似的，把文化描写中的巫术部分写得像是一个几何学家写的那样"⑤。也就是说人类学家应该有一种自觉，应该正确处理好局内人和局外人的身份，即不能过分追求对他者的认同而忘记自身作为研究者应该保持的客观清醒。人类学田野工作需要研究者长期与研究对象生活在一起，这样的学科性质决定着人类学面临的主观情感问题比其他学科更加复杂，能不能处理好这些主观情感，关系着研究成果的质量。当然，人类学研究也不可能完全不带感情像一台照相机一样刻板地记录土著的文化，这样做无疑物化了研究对象，否定了其作为行动主体的能动性和复杂性。人类学的研究是主客双方互为主体的研究，它既反映了被研究者的文化也体现了研究者的心路，既是对"他者"的认识过程又是自我的反思过程。因此不能简单地将自己变成一个局外人、局内人或中间人，只有合理灵活地变换各种身份，才能够做到

---

① 克利福德·吉尔兹.地方性知识——阐释人类学论文集[M].王海龙,张家瑄,译.北京:中央编译出版社,2001.
② 弗朗兹·博厄斯.人类学与现代生活[M].刘莎,等,译.北京:华夏出版社,1999.
③ 贾春增.外国社会学史[M].北京:中国人民大学出版社,2000.
④ 弗里曼.米德与萨摩亚人的青春期[M].李家传,等,译.北京:光明日报出版社,1990.
⑤ 克利福德·吉尔兹.地方性知识——阐释人类学论文集[M].王海龙,张家瑄,译.北京:中央编译出版社,2001.

最大限度的客观和科学,只有在这种意义上获得的知识,才是真正的"地方性知识"。

总之,强调地方性知识既是一种文化相对主义的价值体认,也是人类学家获准进入他者世界的前提。但仅仅做到尊重文化的相对性是不够的,它还要求人类学家去深刻领会地方性知识所暗含的本土话语,并以此来阐释地方文化,一旦脱离地方性知识,人类学就失去了根基。

三、反思意识:"深描"的自觉性保障

阐释人类学的成功,除了格尔兹本人深邃的学养之外,还得益于他强烈的自我反思意识。反思人类学直到今天仍然方兴未艾,而格尔兹与人类学的反思时代有着不解的渊源,1977年出版的《摩洛哥田野作业反思》,开启了人类学的反思时代,这本书的作者保罗·拉比诺正是格尔兹的得意门生,而格尔兹本人也被公认为反思人类学的最早实践者。

首先,格尔兹的反思性体现在他对阐释人类学的学科定位之上。人类学历来自视为一门很单纯的(纯科学的、客观的)学问,为此,持这种认识的人类学家挖空心思企图以某种方式钻入人脑去构造他者的想象,企图获得被研究对象镜像过来的知识,进而来构建一套放之四海皆准的科学规律。然而,格尔兹对此却不以为然,并毫不留情地对这种野心进行了批驳,他认为:

首先,人类学家不可能成为一个土著,因为每一个土著对他们自身文化的理解都有可能不一样,对于同一个文化现象,人类学家也不可能与局内人取得同样的感知,因此人类学家不应该追求成为一个本地人,也不应该模仿本地人。[1] 文化人类学家的著述本身就是一种创造,它是一种思想实验,是在当地人的解释基础上所进行的第二级甚至是第三级阐释,因此文化人类学家对文化的阐释是一种游离于当地人感知之上的近似理解。[2] 人类学的理论建设不在于构建抽象的规律,而应尽可能地采取各种手段让文化的"深描"成为可能,以揭示其在具体个案中的社会意义,而不是超越个案进行理论的提炼企图获得放之四海皆准的解释力。[3]

换言之,他认为人类学家不可能获得完全客观的认识,人类学的阐释只在具体的情境中有效。在格尔兹看来,过去那种以寻求科学规律为目标的人类学不仅自大,而且自欺欺人,因为民族志作为具有主观性的创作,它并没有什么特权,也不是令人确信无疑的,它只不过是特殊而已,所以过高地估计它是对它的歪曲。这种全新的自我定位无疑具有拨乱反正的意义,它打破了长期盘踞于人类学家头脑中的科学实证主义之风,使得科学主义人类学自此成为历史,从而掀起了一股以文化阐释自持的人文主义之风。

其次,格尔兹的反思性还体现在他开诚布公地承认文化分析的局限性以及审慎的自

---

[1] 克利福德·格尔茨.文化的解释[M].韩莉,译.南京:译林出版社,2014.
[2] 克利福德·格尔茨.文化的解释[M].韩莉,译.南京:译林出版社,2014.
[3] 同上.

我怀疑精神。当谈到"深描"进展到何处才是个头的问题时,格尔兹表露了对文化阐释的忧虑,他认为文化就如同印度故事中驮着世界的乌龟一样①,是没有尽头的,那么对文化的分析何时是一个尽头?他表示永远也不可能弄明白。进而他承认文化分析的本质是不完全的,因为它越深入,就越不完全。同时他又警告文化分析在挖掘深层的"乌龟"时具有脱离生活实体的危险。然而,他并没有因为这种困难而陷入怀疑主义的泥潭中,相反他积极地给出药方。对于前者,他认为人类学家应该具有怀疑精神,而不是树立权威,人类学界应该保持一种开放的状态,才能使得真理越辩越明;对于后者,他认为文化分析必须立足于具体的社会情境。从这里可以看出,格尔兹在自我反思与自我怀疑中实现了某种程度上的否定之否定,得益于这种反思和怀疑,他的理论更具吸引力。这一点,格尔兹的学生拉比诺似乎深得老师的真传,拉比诺在《摩洛哥田野作业的反思》一书中以自身的田野经历为研究对象,开诚布公地展露自身在研究当中的困惑,以一部经典之作开启了反思人类学时代。正是基于他的努力,人类学的自明性才得以突显,这为后来20世纪80年代"写文化"的大讨论奠定了基础。此外,奈吉尔·巴利的《天真的人类学家》同样以真诚、客观的描述,展现了过去人类学家在田野中不被外人所知的故事,这些作品无疑对改善人类学家的形象以及人类学这门学科的权威都具有重要的意义。

最后,格尔兹主张将研究者与被研究者视为被描述的对象,成为反思人类学的最早实践者之一。在科学主义主导的民族志研究中,研究对象是不受尊重的,他们就如同科学家的小白鼠一样,被视为一种工具,只有被当成信息提供者的时候他们才存在。人类学家作为民族志创作的主体,他们的工作被想象成这样一种画面:一群没有主观价值的科学家,用一种纯客观的观察方法,以一种毫无杂念的自信,进行着一种探求文化规律的科学研究。这样一来,求知主体获得的知识以及获取知识的过程被视为是天然纯洁的、客观的,而研究对象则被视为是没有感情、没有思想、没有行动能力,并任人摆布的棋子。格尔兹对这种认识表达了批判,他认为人类学家的著述是解释他人的解释,只有"本地人"才可以作出第一层级的解释,而民族志的解释是对第一种解释的接近。这意味着,一部民族志的写就,并不只是人类学家独自的功劳,它同时也融入了文化持有者的思考,是研究者与被研究者之间的互动演进的过程。

这种认识实际上就承认了被研究主体在民族志书写中的独立性和合作性,这已然超越了传统人类学将被研究者视为工具的认识。格尔兹主张"通过他者来反思自身"的反思意识相当深刻。他强调:

用别人的眼光看我们自己可开启悟出很多瞠目的事实。承认他人也具有和我们一样的本性则是一种起码的态度。但是,在别的文化中间发现我们自己,作为一种人类生活形式地方化的地方性的例子,作为众多个案中的一个个案,作为众多世界中的一个世界来看待,这将会是一个十分难得的成就。只有这样,宏阔的胸怀,不带自吹自擂的假冒的宽容的那种客观化的胸襟才会出现。如果阐释人类学家们在这个世界上真有其位置

---

① 克利福德·格尔兹.文化的解释[M].韩莉,译.南京:译林出版社,2014.

的话,他就应该不断申述这稍纵即逝的真理。①

　　这段话意味深长,它明确昭示了格尔兹作为一个人类学家已经充分认识到研究对象的价值以及作为一个独立主体的地位。话语里透露出的谦卑姿态,体现了他与过去一些人类学家所持有的那种傲慢、高高在上、以自我为中心的态度的决裂。同时,也可以看出格尔兹反思的深刻性,如果说过去在很多人类学家眼中,研究对象只被视为落后、野蛮的学生的话,那么现在在格尔兹看来,他们应该也是老师。人类学家不仅仅只是研究他者的文化,而且应该在对他者的研究中不断反思自己,从而使自身得到某种提升。格尔兹的这种理解无疑是超前的,也正因此,他才无愧于"反思人类学"先行者的称号。总之,格尔兹在上述三个方面所展现的反思意识,无疑让阐释人类学自觉性得以显现,而获得这种自觉性恰恰是阐释人类学不断发展的基础。

四、结论与结语

　　继格尔兹之后,人类学研究出现新的思潮。对文化概念的重新界定,将人类学的使命由发现科学的文化规律转向文化的解释,这种带有人文性质的转向,实际上也就承认了人类学研究的主观性,从而很好地化解了以往标榜科学的人类学画地为牢的尴尬局面,在一定意义上也使得人类学在饱受指责的泥潭中获得了新生。而地方性知识的提出,实际上间接地批判了长期主导人类学研究中的西方话语,将视野从主流文化转向边缘文化,客观上使得非西方话语、小传统在人类学研究中得到尊重和重视,从而,也使得人类学反思性得到进一步彰显。作为研究方法"深描"的提出,使民族志叙事不再是人类学的专利,各交叉学科陆续将民族志的"深描"运用于其所在领域,使得该方法得到广泛的运用,影响波及整个人文社会科学界。

　　当然,尽管格尔兹毫无疑问配得上大师的称号,但其文化阐释理论自然也有着值得商榷的地方,本文认为存在如下两个方面。

　　一是文化阐释的尺度和标准问题。格尔兹认为人类学的阐释是解释他人的解释,是第二、第三层次的解释。既然这样,那么第一层的解释和第二、三层的阐释区别在哪里?如果说第一层的解释要比第二、第三层的阐释更加贴切具体情况,那么第二、三层的阐释的意义又在哪里呢?这些问题格尔兹似乎没有交代清楚,但格氏在行文中实际上又默认了人类学家第二、三层的阐释要优于第一层的阐释,否则的话,人类学家千里迢迢远离家乡进入一个陌生的环境去获得一种二流的阐释也就毫无意义。既然如此,那么人类学家进行文化阐释的标准是什么?在阐释的过程中如何把握主观和客观的尺度?阐释到何种程度才不被认定为过度解释?对于这些问题,格氏并没有给出一套严格的度量标准。或许这样的要求对于他而言过于苛刻,要想在主客对立的轴线上给出一个量化的标准似乎永远不太可能,因为它涉及认识论。这不仅是人类学的问题,在某种程度上也是整个社会科学的问题。然而,往往正因为这样一种标准的缺失,使得田野工作者在民族志书

---

① 克利福德·吉尔兹.地方性知识——阐释人类学论文集[M].王海龙,张家宣,译.北京:中央编译出版社,2001.

写中对客观性尺度的拿捏完全依赖于个人的素质和经验,这最终导致民族志文本的良莠不齐。更棘手的是,解决这个问题并非易事,它需要新的认识论支撑。

二是涉及人类学的使命和追求的问题。即民族志和人类学的目标在哪里?是仅仅满足于对某种特定文化的阐释,还是努力将这种阐释推而广之去获得一种对人性的认识?格尔兹的矛盾在于他一方面反对"以小见大"或"自然实验"式的归纳推理,另一方面又宣称"人类学家不研究村落,而是在村落中研究"[1],那么人类学研究的使命和意义到底在哪里?格尔兹并没有明确,对于这个问题他闪烁其词,总是展现出其一贯的矛盾态度。他一方面承认人类学研究的强烈主观性,反对传统科学民族志探求文化规律的努力;另一方面他又坚持将人类学视为一门"科学"[2]。那么,既然要成为科学,人类学就应该朝着探寻人类共同人性的使命出发,而不是仅仅停留在阐释某个特定的文化层面。这些矛盾反映出他内心的某种挣扎,他想建立一门文化阐释的科学,但又清楚文化解释的限度,同时,他又无法排除文化阐释中的主观性,更无法提供一套评价文化阐释的标准,这也正是阐释人类学的局限性。

谭卫华,李纯(湖南师范大学)

本文为湖南省社科基金课题《生态文明视野下的湖南少数民族地区乡村治理研究》(项目批准号:13YBB187);国家社科基金项目《湘桂黔边民间信仰与族际互动研究》(项目批准号:16BMZ087)阶段性成果。

---

[1] 克利福德·格尔茨.文化的解释[M].韩莉,译.南京:译林出版社,2014.
[2] 克利福德·格尔茨.文化的解释[M].韩莉,译.南京:译林出版社,2014.

生境与生计研究

逃避？规避？抑或是适应：对话"斯科特"

引言

2018年4月，中国社会科学院民族学与人类学研究所资源环境与生态人类学研究室与吉首大学历史与文化学院开展了为期一周的"生态文化研究工作坊"，此后又有三次吉首大学博士学术沙龙，其间除了对生态文化与田野调查进行了深度的交流，更多地涉及了斯科特的《逃避统治的艺术》一书的讨论。在讨论中认为，对"赞米亚"区域的研究，如果换一个视角，也许会有更多的思考。比如从生态民族学的视角出发，就会对该书的"逃避"做出更为符合该区域不同民族文化事实的阐释，也许这样的阐释更具有学术价值与学术贡献。于此，三位学者从生态民族学角度对斯科特的"逃避"进行了对话：是逃避还是规避生计风险？是逃避还是生态适应？将这些对话整理成文，以飨读者。

罗康隆（以下简称"罗"）：我想谈一谈我对斯科特这本书中逃避的理解。首先，逃避这个词成为斯科特研究赞米亚地区最为关键，也是最有学术魅力的一个词语。也成为学术家讨论的焦点。因此，本次的学术工作坊我们不妨就斯科特的"逃避"展开一场学术讨论。我先做一个引语，仅作为个人的一点见解来抛砖引玉，以引起大家的兴趣，聚焦于《逃避统治的艺术》著作中斯科特有关"逃避"的思考。

美国学者斯科特于2009年出版的 *The Art of Not Being Governed：An Anarchist History of Upland Southeast Asia* 一书，受到学术界广泛的重视，得到许多年度出版大奖的肯定[①]，多种语言的译本同时诞生。就中文译本而言，目前已有的译本包括大陆地区《逃避统治的艺术：东南亚高地的无政府主义历史》（2016，王晓毅译，三联书店），以及台湾地区《不受统治的艺术：东南亚高地无国家主义者的历史》（2018，李宗义译，五南出版社）两个版本。引用与围绕该书讨论的相关文章，难以枚举，已积了相当的数量。为什么在斯科特的诸多专著中，*The Art of Not Being Governed：An Anarchist History of Upland Southeast Asia* 受到最多的注意，会受到中国学界如此大的重视？我想国内学术界之所以对该书重视，或许就是该著作书名中"逃避"二字在吸引中国学者的眼球。因为在以往的学术研究中，站在"中原""王权的立场上"我们看到的多是"怀柔""归化""镇宁""安化""羁縻"等词

---

① 本书除了在2009年被各杂志与刊物列为最佳年度图书之外，更在2010年获得多项学术著作奖，包括福冈亚洲学术奖（Fukuoka Asian Academic Prize）、美国历史学会John K. Fairbank奖、亚洲学会Bernard Schwartz奖等。

汇,而极少用"逃避"一词来分析该区域众多族群的历史。

其实,斯科特《逃避统治的艺术》一书的见解有其贡献,但也有其限制。斯科特取得的学位是政治学博士,但是对长期在亚洲高地与岛屿进行民族志研究的斯科特而言,我认为,他的作品具有更多的"社会体制与空间的结构对比性",而缺乏纵向的"历史事实分析性"。在结构对比的过程,由于长时段的许多差异无法被共时态的结构性吸纳入他的研究之中,因为该书中有太多例外与差异,也就无法构成一种清楚的结构,于是对该区域族群的生存样态也就无从辨识。说明白一点,就是斯科特把该区域的族群规避生计风险看成为"逃避",甚至把适应"山地"文化策略也看作是"逃避统治",并且还冠以"艺术"之名。请各位就这个问题谈谈你们的看法。

杨庭硕(以下简称"杨"):熟悉中国历史,特别是西南区域史的学者,很容易从斯科特的描述中找到反证与破绽。鉴于"国家"一词的不确定性,斯科特在《逃避统治的艺术》一书中大量地使用了另一个词汇"政体"(polity),以此与国家互用,保留了对于"国家"一词的松散理解。包括具有模糊、松散政治权力的各种形态"王国"(kingdom)都是"政体"的一部分,而非一定要是大型的帝国或是晚近的民族国家。在此前提下,熟悉中国西南历史的学者可以轻易地指出,难道高地社会与高地人就缺乏对于建立"政体"的政治热忱吗?或是事实吗?当然不是。藏族形成中央集权社会的时间可以推溯到唐代之前。唐宋时期云南有南诏与大理国的建立。如果我们把"政体"的解释再放宽一些,传统彝族社会具有高度的阶序性,贵族家支通过大量捕捉奴隶形成家族性的武力,进一步加强对于其他非贵族家支和其他民族的支配。彝族这种普遍可见权力的集中性与武力的可支配性,让我们很难说传统彝族社会不具有"政体"性质。除此之外,元、明以来,西南地区土司制度的建立,大量由高地社会当地土著民族"权力者"建立的土司治理体系,也无法不被视为是一种"政体"。

舒瑜(以下简称"舒"):斯科特在本书中提出的空间概念 Zomia——"赞米亚",原本由荷兰学者 Willem van Schendel 于 2002 年提出,是一个包括喜马拉雅山西缘、西藏高原、中南半岛高地的跨国区域。斯科特进一步指出这个区域包括了东南亚诸国与我国的云南、贵州、广西和四川四个省区。① 这种地理上的亲近性引起了中国学者的关注。然而《逃避统治的艺术》一书内容对于此一地区居住两种地理区人群的政治理解,却与中国学者的认识似乎有着极大的差异。这两种人群分别是居于丘陵、山区与高原地带,即"赞米亚"地区的人群,其最重要的文化与政治特征是尚未被民族国家所完全纳入(have not yet been fully incorporated into nation-states),而处于一种非国家的前国家社会,生产条件低下、缺乏文字、流动性大等;另一种则是低地的国家社会,权力高度集中的国家不断通过战争扩张国家的版图,对于境内的人群进行服劳役、征税赋的治理。对于斯科特而言,高地的非国家社会与低地的国家社会处于一种辩证关系,高地人是因为拒绝国家治理,而选择了来到高地。换言之,高地人具有与低地人完全不同的社会组织形态。

---

① 詹姆斯·斯科特.逃避统治的艺术:东南亚高地的无政府主义历史[M].王晓毅,译.香港:三联书店,2016.

罗:斯科特本身不是人类学家民族学家,也不是历史学家,最多称得上是一个政治学学者,他对中国历史是不懂的,但斯科特也一直在声明,他这本《逃避统治的艺术》适合于18世纪以前的中国区域的研究。中国的历史进程和西方是不同的,中国历史是一个文化渐染的过程,是一个在"文化中国"的历史脉络下延展的历史,所以中国边疆的形成是一个"文化"的过程,我国是以文化来区分历史边界。不像西方那样靠战争、殖民或者其他方式来划定国家边界。正因为如此,我国的边界会因文化的影响程度而具有变动性,所以我们的边界是不断变动的。而这些变动又是由不同历史时期的政策来实现的,比如边郡制度、羁縻制度、土司制度、改土归流、土流并治等,到今天这些制度是与我们的文化综合的进程契合在一起的。正是因为这种历史背景,而斯科特对其知之甚少,或者说略知一二,因此他在这本《逃避统治的艺术》中只能是以他所熟知的西方历史观来看待赞米亚这个区域变化,因而在他的论述中对族群、政权强弱实力的消长,中国与东南亚,乃至南亚之间空间体系都显得十分模糊而不清晰。因此,我们在阅读他的这本著作时,需要用一个长时段的中国式的历史解读方式,才能把这些问题解读清楚。

而更具有诱惑性的是,斯科特在面对这一区域漫长的历史时却使用了民族学文化结构的笔法,以现今的所有民族的状况来推演到历史过程中去,导致大家在阅读时感到模糊和吃力,从公元前一下跳到18世纪,然后又到了现在。所以这个历史的维度需要自我梳理,可能才能够正确对话。

杨:所以斯科特的这本书,讨论的跨度太大,两千年的时间,中国都换了几十个王朝了。所以你在阅读该论著时,要知道这句话的背景是具体在哪个时代,哪个地点,定点定位,这样一来,所有的骗局暴露无遗。所以熟苗给娃娃祈福的挡箭碑,这种将文字神圣化的行为肯定是后期的事情。至于斯科特说部落都是模糊概念,是因为他把时空错乱了,概念当然就模糊了。将文字神圣化以后,他还讲部落,部落的概念肯定不清楚,因为它已经导向了王朝,成了王朝的臣民以后,部落在哪里?当然也就不清楚了。所以,在研究大跨度历史过程的专著时,还有一本书是濮德培的《万物并作:中西方环境史的起源与展望》,这里的万物并作讲的就是游耕文化。① 这本书同样存在这个问题。就是西方人在治学当中,特别是美国只有两百多年历史,而我们是几千年历史,他把几千年压缩到一百年,那么一切都是混乱,而且还将这种混乱说得津津有味,别人也都相信。但中国人可能不会相信,因为他所说的哪一句话,是哪个时代出来的内容,我们一清二楚。所以这个时间和空间的界定,或者是事物类型的界定非常重要。

罗:人类发展的不同时段其文化取向会有差异。就以斯科特该著作所涉及的"赞米亚"地区而言,在明代以前,中央政权对西南地区这片土地的管理,更多的是自北而南的路线。这条路线实际上是以旱地作物作为主要载体的文化交往,这个交往意味着北方旱作文化和西南地区的山地文化具有同质性,是可以有交集的。但从明代以后发生了转

---

① 濮德培.万物并作:中西方环境史的起源与展望[M].香港:三联书店,2018.

变,该区域族群和汉族文化的交流,主要是从东到西,方向发生改变。那这意味着什么呢?意味着和西南地区少数民族的文化的异质性,差距越来越大。为什么越来越大?因为刚好在东南地区,所建构的中国(华夏)文化,是以水稻农耕为基础建立起来的。经历过宋代的历史发展,水稻已经成为这个区域汉族主要的粮食作物,支撑起了国家的强大与强盛。到了明代,就达到了"苏杭熟,天下足"的程度。实际上,农耕文化已经成为基础。这个时候,进入西南的文化,与整个西南地区的文化是不对接的。那么,这时,国家的同质和地方的异质化问题出现了,国家如何对地方进行管理?通过税收是最好的办法——主要征收稻谷。因为只有稻谷才能长时间的保存,但是像芋头这种山地挖出的块根类作物弄干后,要作为税赋上交,可能就有难度,至少比谷物要难得多。既然西南地区要纳入国家地区的行政管理,从明代开始,云贵也好,湖广也好,设置了国家的行省制度体系,被纳入国家的真正版图。这里以前可能是边郡,存在羁縻、土司等形式,一旦被纳入国家统一的行政管理,这个时候就可能产生斯科特所讨论的问题了。这些族群在国家强大的政治面前,是去是留成为了一个现实问题。那么当时的选择是有很大空间的。要留下来就不得不改变自己的生活方式,就得按照汉人的方式生活,以农业或者说水稻为主;如不服从国家管理,仍然可以进行自己传统的生计。从政府的角度来说是希望将其纳入国家的统一管理之中,至少可以扩大税源,获得更多的财富。正是因为有多族群不愿意改变自己传统的生计方式,国家难以获得充足的财富,于是,国家才在赞米亚地区开始建立大量的卫所、屯田等,使得中原地区的士兵和家属进入该地区。所以,后来看西南地区这些城市的兴起,包括县城,甚至包括乡镇,实际上都是在卫所、屯田的聚居点上发展起来的。

杨:对,斯科特在《逃避统治的艺术》中错乱了时间和空间范畴的界限。我们知道文化是一个长时段、整体性、系统性的范畴,而逃避或者说民族迁徙是个短暂的时间,或者说这个逃避是针对某一个历史事件,或者是某一个"点"形成的事情,做出的一种行为。但文化是永恒的,一个族群(民族)适应了河谷平坝,对于河谷平坝该族群已经建构了非常精致的文化,你叫我逃避,逃避的结果就是饿死。同样,山地民族吃块根类作物,逃避的结果也是一样。20世纪50年代,我国土地改革时,贵阳市人民政府好心将水田分给苗族,但苗族人都不要,苗族人把分到的水田偷偷地卖给布依族人。

他把一个整体性的"面"上的立体事情,用一个简单的短暂时间过程的行动来并列,这在逻辑上是以偏概全。因为逃避是一个短暂的一个线性的过程,但是理论文化建构是一个立体的过程,线性的历史事件无法替代整个文化。因为逃避以后,他要把文化"背"着走,然后到了一个不能够适应以前文化的地方,肯定无法生存,也就说,如果不能把文化带走,作为一个族群是根本逃不掉的。

舒:我想用陶云逵在1936年的研究成果来做进一步的分析,陶云逵在《几个云南土族的现代地理分布及其人口之估计》一文中明确指出:"云南土族分布的最引人注意的一点就是在不同的高度,居住着不同的人群。这与云南地理形态很有关系,就是说在不大的区域中,地形的高度有很大的差异,这种现象为中国任何省所无,亦为全世界所少见。"①陶云逵进一步发现云南气候与海拔的关系更大,西北部的江边也会很闷热,而西南部的山巅却是较凉爽的。"这种因为高度不同而生的气候变异,以及因此而生的其他自然现象如动植物、农作方法不能一律,是促成云南各民族在垂直上分布有分别的原因之一。"②在云南西南部,摆夷住在低热但肥沃的山中平地及河畔,采用"集种法",使用水牛犁地,利用人工灌溉及筑阶形阡陌;藏缅语各族的生活样法上大体相同,在高爽但贫瘠的山头上从事"广种法"或刀耕火种,他们不会利用人工灌溉,没有阶形阡陌及犁与牛之利用。摆夷不会去争山地,他们的集种法需要平坦的地形且有川河流贯其间,在倾斜度过高的山坡则无法用其技;藏缅语族人群的广种法需要极广的区域,有森林,少莠草,山地是最合适的。他们亦不能适应低热潮湿的气候,所以摆夷与藏缅语族人群由此垂直分布而能相安无事。可见,生存方法经过长期的选择而能完全适应某种环境,要使一个人群去适应新的气候或者接受农产方法的改良,都是不易的事。③ 该区域内族群的生活样法、身体对环境的适应、农产方法等,并不是被他族所迫而不得已的选择,而是一种对所处生态环境的有效适应。

  罗:对,文化构建是一个主动过程,我认识、改造、利用这个环境,然后生生世世与所处的这个环境相依为命。但我被迫逃避,是我放弃了一切,另搞一套。另搞一套也是几十代的事情,一代人是无法完成的,不是一代人能够逃避掉的。西方人所写著作当中,像类似的这种矛盾有很多,不仅仅是这本书,而这些都是最明显最低劣的逻辑矛盾。但是外国人看不懂,因为他们不懂中国历史。比如:藏族为了应对与利用青藏高原环境而建构起了独特的藏族文化。藏族文化与其自然生境之间呈现出多层面多形式的综合适应状况。在生境资源利用方面,藏文化以其特有的农牧相辅方式,从耕种和放牧的品种到耕牧制度,以至于技术传承相联系的一整套生产方式最大限度地利用气候多变的高山荒漠资源。从习俗方面看,为了应对严寒多变的气候,衣着制度中披着式长袍,防日晒的润肤酥油,厚重多功用的毡氇,共同构成了足以抗拒恶劣气候的综合体系。④ 饮食方式中,为克服高原气压低的环境,食物制品中采用了烘焙炊事法,为保证特需维生素不至于在加工中散失,往往采用生食,乳制品的酸制法起到一乳多用的效果,饮料中的酥油茶,目的在于有效地调节身体内的盐分及水分平衡,并且是调节食品营养失衡的手段之一。严寒的气候制约了人口密度的分布,为辅助行政力量的不足,宗教信仰在行政

---

① 陶云逵.车里摆夷之生命环:陶云逵历史人类学文选[M].北京:生活·读书·新知三联书店,2017.
② 陶云逵.车里摆夷之生命环:陶云逵历史人类学文选[M].北京:生活·读书·新知三联书店,2017.
③ 陶云逵.车里摆夷之生命环:陶云逵历史人类学文选[M].北京:生活·读书·新知三联书店,2017.
④ 笔者2008年8月在玛多县进行田野调查时,感受到藏族披着式长袍对当地气候的极佳适应。即使在8月,一天的气候变化也很大,太阳当空时,气温达到三十多度,人们需要把长袍脱下扎在腰间,而一旦乌云密布,马上就会刮风下雨,甚至下雪,气温骤然降到零度以下,这时则需要把长袍紧裹在身。一天气温变化甚大,如果不是披着式长袍是很难应付的。

上产生较大的平衡作用。① 宗教的影响又在衣着上的噶乌得到反映。在葬习上又随各地的需要,而分别呈现了天葬、水葬、火葬、塔葬等一系列复杂制度。在文学艺术上,一方面以宗教形式发展起锅庄、堆谐、弦子等舞蹈样式,另一方面这些舞蹈成为世俗集体活动的重要组成部分。文学样式中的热巴、藏戏、析谢同样为僧俗并用。藏文化的知识结构中除了各种各样教育传授上的宗教形式和依附的内容外,又明显地反映出知识积累偏向于生态认识,哲理思维偏向于对自然的综合性领悟而不重在度量的客观精确。伦理观表面上打着宗教烙印,但却一直紧扣着对现行一切适应生境现象合理性的阐释,使藏族在充分利用自然与生物资源的同时,又能精心维护所处自然生境的安全。②

杨:这个说法很对,我一再强调。西南少数各民族的文化非常完备和严密,生活也极度舒适,但是从汉文化的角度来说,他们就是落后的,我们看到的史料是说他们落后,但他们是否真的落后,有待进一步研究分析。从我们田野调查来看,事实上是相当完备和精巧的。人类面对所处的自然生境与社会生境,通过人脑的处理来输出有用信息,去应对生境的变化。人类为了其生存发展延续,文化这样一个信息系统在选择、认识、应对自然生境时,就可以建构出与自然生境相关的文化事实出来,诸如狩猎文化、采集文化、刀耕火种文化、游牧文化、农耕文化,等等。在这些文化事实之下还可以细分出若干的文化要素。比如狩猎文化又可以分出辨识狩猎对象、狩猎空间、狩猎时间、狩猎工具、狩猎队伍、猎物分配、猎物食用等。采集文化也是如此,可以分出采集对象、采集空间、采集时间、采集工具、采集物的使用等。刀耕火种文化也可以细分出刀耕火种的区域、路线、时间、作物种类与匹配、作物收割、作物加工、作物食用、作物储存、种子的保存、野兽的驱赶等。游牧文化也可以细分为游牧种类与匹配、游牧线路、草原的牧草种类、森林与水源、牲畜肉制品、奶制品、皮毛制品、有害野生动物的防备与驱赶、有害天气的规避等。农耕文化可以细分出耕田的建构、作物的培育与选种、作物的栽培、中耕管理、收割与储存、加工与食用,以及与农业生产周期匹配的二十四节气等。比如人类之所以这样穿着服饰,是因为气候、习惯、信仰等作用于大脑,然后经过人脑理性选择的结果。如游牧民族多居于高原,气候多变化,因此多以皮毛为服饰原料;赫哲族用鱼皮做服饰原料,因为他们主要以渔业经济为主,便于取材;山地民族多以植物纤维做服饰原料,因为他们时常与这些植物打交道,对植物纤维比较熟悉,而且取材便捷。这无不体现出特定民族对所处生态环境的文化适应智慧。

舒:上山,就是逃避吗?其实,我们还要区分"山下""上山"与"在山"的文化内涵。我认为斯科特把赞米亚地区"在山"的族群理解为是"上山"而来的族群,其实这是一种误读。我认为"山下""上山"与"在山"都是民族文化适应其所处生态环境的结果。英国人类学家利奇(Edmund. R. Leach)1940年代在上缅甸地区所观察到的崩龙人(今称为德昂

---

① 笔者2008年8月与2011年8月两次到玛多县河卡寺院调查,发现河卡寺院既是幼儿园、小学、中学,又是医院、养老院,更是藏族宗教信仰的圣地。
② 杨庭硕,田红.本土生态知识引论[M].北京:民族出版社,2010.

族),正是在山上种植茶叶为生。典型的崩龙人是居住在东彭邦(缅甸的北部掸邦)的山地人,他们用通垭(游耕)的方式种稻,但经济上主要还是依靠种茶以从外地换取稻米和现金。崩龙人讲不同的方言,都源自通用语——崩龙语,与其他群体的语言都很不同。崩龙人虽然是山地人,但依靠长期以来确立的茶叶贸易,所达到的生活水平也与掸人相当。

在利奇看来,崩龙人的生计方式更接近于克钦人,而信仰和政治组织上又更接近掸人。他们是信仰佛教的山地人,这一点使得他们既不同于掸人,又不同于克钦人。利奇敏锐地注意到,处在掸人与克钦人之间的崩龙人,他们显著不同的生计方式就是种植茶叶。而之所以选择种植茶叶是因为这个地带谷物种植的收成很差,出于贸易的需要,栽培茶、罂粟、黄连这样的经济作物成为人们的首选。崩龙人的富足正是来自茶叶贸易,并依赖茶叶贸易换取粮食。"以前东彭的崩龙人山地邦有一条法律,贸易商队除非载着米或者盐来,否则不准进入邦内买茶。"①这一基于特定生态环境的生计选择,决定了山地的崩龙人必须得依靠谷地掸人提供的米粮为生,因此,这一生计选择其实是嵌入在区域民族关系的格局之中。缅甸境内的德昂族长期保持了种植茶叶的生计方式,时至今日,他们依然种植茶叶作为主要的经济来源。但德宏州境内德昂族的生计方式却发生了变化,茶叶不是他们主要的经济来源。根据三台山乡出冬瓜村口述史资料,从缅甸回迁后只能居住在半山区②。半山区因水田数量稀少,没有固定耕地,长期以来利用坡地择肥而开,轮荒种植,形成以旱谷生产为中心的轮作制度。旱地轮作制围绕着主要作物利用各种作物的特性进行巧妙的安排,使前后作物之间及各种作物相互之间关系协调,互相有利,以提高或恢复地力,达到多种多收、全面增产的效果。可以认为,德昂族生计方式的变迁很大程度是适应其生态、社会经济环境变化的结果。

罗:其实这样的例子比比皆是。湘西苗族先民们在明代以前主要是以刀耕火种兼及狩猎采集为生。明代在湘西土家族地区强化土司制度,在湘西地区推行屯田、上缴谷米等政策,这一政策也影响到苗族地区,开启了在湘西苗族地区开辟稻田的先河。在湘西地区种植水稻最关键的就是要克服自然生境中的"水温"与"日照"问题。湘西苗族主要聚居在腊尔山与吕洞山,这里山高谷深,森林茂密,是刀耕火种与狩猎采集的好地方,但不是农耕的好地方。在这里要种植水稻,要么要依山修筑层层梯田,要么在沟谷修筑水坝。这里由于森林密布,日照不充足;这里还有高山峡谷,水温很低;要种植水稻就必须克服这两大生态系统的缺陷。于是,湘西苗族在文化的作用下,应对如此的环境,采取了如下的措施:首先砍伐森林,使开辟的农田有充足的阳光照射,以满足水稻的光合作用。其次在农田的底部铺设林木,并在铺好的林木之上填充砂石,尽量抑制地底低温泉水渗

---

① 埃德蒙·R.利奇.缅甸高地诸政治体系——对克钦社会结构的一项研究[J].杨春宇,周歆红,译.北京:商务图书馆,2010.

② 这一口述史资料虽不能当作信史,但它揭示了其中一种可能性,还有一种可能性就是三台山乡德昂族不一定全都是从缅甸回迁来的,也有可能是战败之后就逃到半山上一直居住下来,或不同时期从不同地方逐渐迁来的,从缅甸回迁的路线只是众多迁徙路线中的一种。

出,以缓解稻田水温过低的问题。这就是湘西苗族"铺树造田"法。以这样的方法使大片深水沼泽地改造为良田。为了实现稻田的产量稳定,与此同时还实施了复合种养、育林蓄水、施自然肥等方法,现如今已经成为我国重要的农业文化遗产。为了防治野兽尤其是野猪等大型动物前来糟蹋作物,苗族居民开始从刀耕火种的半山腰地段往农田周围搬迁,形成定居在农田周围的村寨,以至于村寨聚落的公共空间,如道路、桥梁、水井、墓地等也开始被建构起来。苗族的住房也由原先易于搬迁的叉叉房演化过渡到稳固厚重的石板房、木屋房、泥木房。这一变迁见证了湘西苗族文化与自然生境的"偏离"—"回归"的耦合历程。① 一旦这样的耦合关系确立后,苗族的自然生境也就被模塑出来了。

杨:斯科特在他的著作中也谈到,"山地社会也有生产的剩余,但是他们没有用这些剩余去支持国王或和尚。由于缺少大规模、持久和吸收剩余的宗教和政治机构,所以在山地的社会学金字塔比谷地社会更扁平和地方化"。② 就是这样一个"剩余"的关键词,我们就可以看出他们的社区和社会是不贫困的。他们有生产的剩余、有财富的积累。这犹如萨林斯笔下所描述的"甜蜜的悲哀"的生活场景。这样的"生产的剩余"在赞米亚地区应该是一个普遍的现象,但并非都呈现出比谷地社会更扁平和地方化。

罗:这样的事例,我可以再举一个案例来证实。清代雍正年间,在开辟千里苗疆进程中,为确保军需物质从清水江进入苗疆,在接近苗疆的清水江中游的锦屏地区的茅坪、王寨、卦治三个码头开设木行,一是"抽收捐饷",年交白银两千两,提供军饷;③二是"例定夫役",护送军需物质,"雍正年间,军略张(广泗)大人开辟清江(今剑河)等处,兵差过境,愈难应付,酌于木商涯(押)运之附寨,三江轮流值年,量取渔利,永资公费,沿江别寨均不准当,咨部定案,有碑存据"④。所有兵差军械辎重往返概由三寨抽夫输送,夫役之重数倍于府属差役,三寨民人不堪重负,黎平府等"奉宪""给示"三寨当江取利,以之补助夫役费用。于是贵州巡抚为例定三寨夫役再次明确三寨轮流值年设行当江,木材贸易开始兴起。

清朝一代,清水江流域木材贸易持续稳定进行,木业兴旺不衰,中原地区"三帮""五勷"⑤经营木材商人,皆溯江而上至清水江流域侗族地区,每年来茅坪、王寨、卦治三江购木植者不下千人,贩运木业极盛。据光绪初年编修的《黎平府志》记载:"黎郡杉木则遍及湖广及三江等省,远省来此购买……每岁可卖二三百万金。"由此可见当时木材贸易的繁荣景象。

由于木材贸易不仅给江淮木商带来了巨大的利润,同时也给侗族苗族群众带来了极

---

① 罗康隆.论民族文化与生态系统的耦合运行[J].青海民族研究,2010(2).
② 詹姆斯.斯科特.逃避统治的艺术:东南亚高地的无政府主义历史[M].王晓毅,译.香港:三联书店,2016.
③ 贵州省编辑组.侗族社会历史调查[M].贵阳:贵州民族出版社,1988.
④ 参见贵州按察使司嘉庆二十二年复王克明上诉词批件。
⑤ 安徽省的徽州、江西省的临江、陕西省的西安等,分别称为徽帮、临帮、西帮,合称为"三帮"。"五勷"有三种说法:一说为湖南常德府、德山、河佛、洪江、托口[见道光七年(1827年)山客李荣魁等递交贵州布政司的呈诉词];一说为德山、开泰、天柱、黔阳、芷江[见立于光绪二十四年(1898年),存于锦屏县城飞山宫内的"永远遵守"碑文];一说是天柱下属的远口、垒处为一勷,白市、牛场为一勷,金子、大龙为一勷,冷水溪、碧涌为一勷,托口及辰沅为一勷,合为"五勷"。

大的实惠,这刺激了该区域侗族苗族群众对山地林木开发利用的积极性,驱使清水江沿岸的侗族苗族林农对林木人工营造的萌动,人们开始了对林地的更新,开启了人工营林业的先河。侗族苗族林农历经数百年劳动经验的积累,发展出了独特的营林地方性知识体系,包括炼山整地、育苗植树、林粮间作、抚育管理、砍伐运输等知识体系。与此同时,随着人工营林业的发展,在侗族苗族文化网络中对其文化进行构造,使侗族苗族社会建构起了适应人工营林业发展需要的新型文化。国家对地方的治理依托了宗祠文化进行地方的"儒化",使得清水江流域两岸至今祠堂林立,地方社会精英在"文字入疆"的引领下,以林地契约与地方教育的方式规制了地方社会,出现了市场关系中的伦理道德、语言文字、家族社区组织、土地资源配置方式、林地保护规约、民间信仰、交往行为、服饰时尚等,发生了系统的全面的文化事实体系改组,实现了文化的再构造与社会转型。

舒:我以滇西南多族共生为例,来说明该区域多个族群的互动关系并非是"逃避",而是一种生计互补,是一套规避生计风险的文化策略。首先,在民族分布方面,傣族占有了怒江、澜沧江河滩平坝,直接阻滞了周边各族进入同一自然生境的速度,增加了进入的难度,使得这些民族的文化发展取向逆平坝而行,往高山迈进。其次,在经济活动上,傣族的稻作经营,其产品盈余将流向周边各族,而缺乏的山地农畜资源又必然招来外族产品。再次,在语言使用方面,由于傣族处于交通枢纽地带,经济实力雄厚确立了其语言在滇西南族际中的"介语"地位,直接引起了周边各族语言的趋同性发展取向。最后,在社会组织方面,历史上傣族的土司领主制度及其行政控制能力直接作用于周边各族,当地不少民族的头人、山官都受制于傣族土司,又通过傣族土司受辖于中央,这一局面一直持续到新中国成立前。民主改革虽然废止了土司制度,但是傣族在当地的政治中枢地位却仍然持续着。其实,傣族在多方面影响着其他民族的同时,也受到了外族的多方面作用。在产品上,傣族不断吸收景颇族提供的柴薪、布朗族的茶叶、汉族的工业品、阿昌族的铁器、苦聪人的猎物、佤族的山地粮食。政治上,傣族又得靠各族山官、头人、寨老去节制傣族与景颇、哈尼、基诺等民族的关系。宗教上,布朗、阿昌、德昂等民族是傣族小乘佛教的传播对象,又是傣族寺院的资助对象;德昂族、佤族的自然崇拜又渗透进傣族的佛经义理,成为傣族僧俗文学的宣讲描写对象。

罗:看来我们要深入讨论的话题还很多,可以拿来反驳斯科特所理解"逃避"的事例不胜枚举。在赞米亚地区自然生态环境的多样性,从本质上规约了居住在该区域的族群,其生计方式不可能划一。不同民族生计方式的多样性既是一个客观的事实,又是人类活动的必然结果。生存在赞米亚地区的各个族群为了谋求自身的生存与发展,在漫长的历史过程中凭借各民族特有的智能和智能传递建构起了丰富多彩的文化,以对付赞米亚区域千差万别的自然生态环境,去实现共处该区域各民族的生存延续和发展。"文化成为人类的适应方式,文化为利用自然能量,为人类服务提供了技术,以及完成这种过程的社会和意识方法。"①也就是说,在特定文化规约下的民族生计方式也绝不是只有一种,

---

① 托马斯·哈定,等.文化与进化[M].韩建军,商戈令,译.杭州:浙江人民出版社,1987.

而是无数多种。在这个意义上说,没有文化的多样性,没有多样文化规约的人类多样化的生计方式,也就不会有人类的今天和人类世界的繁荣。

由于任何"一种文化种系发生演变的原物质来源于周围文化的特点、那些文化自身和那些在其超有机体环境中可资利用或借鉴的因素。演变的进化过程便是对攫取自然资源、协调外来文化影响这些特点的适应过程。"① 如果说文化是人类适应环境的工具的话,那么各民族文化规约下的生计方式便会随着自然生境的不同,走上不同的道路,随着自然生境的变迁,其生计方式也将发生变化,呈现出系统性差异。人类生计方式的系统性"差异在于整体定位的不同方向。它们沿着不同的道路前进,追求着不同的目的,而且,在一种社会中的目的和手段不能以另一社会的目的和手段来判断,因为从本质上讲,它们是不可比的"②。因此,各民族文化在适应不同自然生境所形成的特有生计方式,对于特定自然生境而言是极其有效的。

我们今天的讨论就此打住。期待以后有更深入的讨论。

罗康隆,杨庭硕,舒瑜

本文为国家社科基金重大项目《西南少数民族传统生态文化的文献采辑、研究与利用》(项目批准号:16ZDA157)成果之一。

---

① 托马斯·哈定,等.文化与进化[M].韩建军,商戈令,译.杭州:浙江人民出版社,1987.
② 露丝·本尼迪克特.文化模式[M].何锡章,黄欢,译.北京:华夏出版社,1987.

中国楠木产业的生态化复兴研究

引言

以农业为基础是中国政府一以贯之的基本国策,但如何落实这一基本国策却大有讲究。其间发生的误判、误读和误解,总是不断地涌现,若不能得到及时的化解,这一基本国策的落实就要受到严重的阻碍,从而在无意中泄露了我国的基础国力。总结已有的经验和教训,不难发现,世人对"广义农业"的基本认识存在着明显的偏颇,总是在习惯性思维模式的误导下,忽略了农业的生态、生命和生计属性。严重时,甚至是"好心办坏事",反而为现代农业的转型铸成大错。为了推动这一基本国策在当代的创新式落实,本文仅以我国楠木产业的生态化复兴为线索,展开历史、文化与生态三个维度的探讨。希望借此揭示,我国的楠木资源虽说在自然状况下也能正常地繁育,但相关的民族文化对其生物属性和生态需求不作出精准认识,不实施有效的管护和有序的利用,楠木资源的经营就不可能成为一项产业,对人来说也就不成为生计。如果不尊重楠木资源也是一种生命性的存在这一基本事实,楠木产业也不可能实现可持续运行。为此,要实现我国楠木产业的现代化转型,首先就得推动该产业的生态化,使之与我国当前推进的生态文明建设实现有机的对接,否则当代楠木产业的转型也就无从做起。

一、楠木的生物属性与生态

楠木又名楠树、桢楠,是樟科楠属和润楠属各树种的统称,有香楠、金丝楠、水楠等种类,主要分布于湖北西部、贵州西北部及四川、湖南等地。楠木在我国历史上一直扮演着重要的角色,因其质地坚硬、树形高大、耐腐蚀、纹路精美、清香等特点,备受世人青睐,是历代王朝修建皇宫、庙宇和制作棺椁、墓葬等优质原材料。同时,楠木还具备一定的药用功能,不少良方都需要将楠木皮或者楠木屑作为药引。

楠木是我国亚热带常绿阔叶林的代表性树种,主要分布于海拔1 500米以下的山麓地带,对立地环境极为苛刻。众所周知,优质楠木建材都是千年古树,而且高度可达三四十米,在千年的漫长生长周期内,要绝对避免雷击几乎不可能。但如果凭借经验和教训的积累,南方各民族要做到楠木不遭雷击,确实可以通过管护手段而得以实现。其关键性的操作就是要对楠木的立地位置预先作出精准的规划定位。但凡要培育优质大型建材的楠木,都必须选定生长在峡谷中的,在这样的环境下,由于有周边高山的屏蔽,无论发生多严重的雷击,只会损及山顶的其他树木,而不会损及培育中的楠木。此外,由于巨型楠木生命物质所需养分极多,根系的分布面也极广。然而楠木的根系也需要呼吸,根系过于下伸,其透气性能必然很差,还可能遭逢地下水的窒息。因而要管护巨型楠木建材,必须选定峡谷中山麓处的次生堆积层作为立地条件。因为这样的次生堆积层是山体滑坡、泥石流等自然运动的产物。在这样的次生堆积层中,土石混杂,具有良好的透气性能,土壤中地下水位较低,不会积水,才能确保楠木能够在数百年间保持旺盛的生命力,也才能长成巨型楠木。

楠木的成材速度较为缓慢,尤其是楠木幼苗,由于很小,则很难被人们所发现。淮南王刘安在其所撰《淮南子》一书中有如下记载:

藜藿之生蠕蠕然,日加数寸,不可以为栌栋;楩柟豫章之生也,七年而后知,故可以为棺舟。

这一记载显然是描述楠木幼年生长的独特生物习性。具体表现为自然长出的楠木,种子发芽后要经历七年的光阴,才能被人所观察到。对这样的记载,今天的人们受习惯性思维方式所干扰,很难作出正确的理解,甚至会误以为他是对楠木的生长一无所知才附会出来的传说。但实情却恰好相反,在纯自然状况下,楠木的种子很小,所储存的营养成分很有限。自然萌发长成幼苗后,由于被掩映在杂草灌丛之中,所以隐而不显,无法被人观察到。直到经历七年的光阴后,经过激烈的种间竞争,幸存下来的楠木才能超过杂草和灌丛,才能被人们所观察到。因而以上的记载,其实是写了实情而非虚言。但生活在南方的各民族居民,则显然不会这样一知半解。他们凭借经验的积累,只要楠木长成幼苗,就可以做到精准发现。一旦他们认定需要管护使其成材,就可以采取有效的技术操作,确保在一两年内,使其能存活并生长到一米左右的高度,也就是可以超越地表灌丛杂草的覆盖,而获得快速的成长,其具体做法说起来并不难,但却至关重要。事实上他们只需要将楠木幼苗周边的杂草灌丛拔掉,或者砍掉,让楠木幼苗能够接触较多的阳光,楠木的生物属性就可能实现快速的长高,在与其他物种的竞争中脱颖而出。这样的技术操作当然不能称为种楠木,只能称为管护楠木。有了这样的管护,人类生计所需的楠木资源就能快速生长并成材,满足人类的需要。据此可以断言,古代南方的各少数民族不是种楠木,而是管护好楠木,去完成其生计需求,而这样的生计需求除了满足当地各少数民族的生活之需外,还能成为与中原汉族交往的名贵产品。

二、中华文化对楠木资源的管护

1996年,中国政府明确规定将楠木列为濒危物种,加以依法保护。[①] 于是有关部门的研究也围绕这一需要次第展开,但形成的结论却值得商榷。时至今日,不少生物学、林业工作者依然习惯于将楠木作为野生乔木去对待。在他们看来,既然是野生树,人类与

[①]《中华人民共和国野生植物保护条例》,中华人民共和国国务院令第204号,1996年.

楠木资源的关系聚焦于如何砍伐运输利用就行了,如何对楠木资源实施管护自然无从谈起。① 但这样的认识却与中华民族的历史文献记载相左。在漫长的历史岁月中,中华各民族不仅精准地认识到楠木的生物属性和对生态背景的需求,还形成了一整套严密有效的楠木资源管护知识和技术体系,并拥有完备的制度保障,从而可以做到楠木资源的生生不息,实现可持续的利用。利用的方式与内涵丰富多彩,足以令当代人为之汗颜。因而就严格意义上讲,中华各民族对楠木资源的管护与利用,并在这一基础上形成的传统生计,本身就是一项重要的农业文化遗产,值得今天发掘、传承利用和发扬光大,使之成为生态化的现代产业。

时下,还有不少研究者断言,野生状况下的楠木会自然成为栋梁之材,根本不需要人工管护,甚至还以为人工管护对楠木成材而言,根本是无能为力的。② 然而这也是一种不符合历史事实的误判。当楠木幼树长到两三米后,同样得遭逢生态环境中的其他伴生物种种间竞争的干扰和阻碍。比如,处于共生状态的比楠木更高的乔木会屏蔽其阳光,从而极大地抑制楠木幼树的正常生长;再如,楠木幼树同样得面对虫害的侵扰,如果人类不实施人工除虫妨害的管护,那么楠木幼树要么被虫蛀,要么生长极度缓慢,这都不符合作为一项生计经营的要求。为此,相应的管护工作一项也不能少,具体技术包括有规划有节制地动用间伐手段,排除种间竞争的对手。与此同时,还需要对楠木幼树实施修剪整形,将下层的侧枝按照严格的技术规程加以修剪,确保楠木的顶芽获得充足的养料,尽可能向上生长,而少生侧枝。与此同时,也得动用人工的手段,将蛀蚀楠木的幼虫用铁钩或者用竹签杀死,或者挑出。如果能够及时发现天牛幼虫的具体位置,则需要将卵焚烧。这样的管护工作不仅繁琐,而且要求精准。与此同时,管护工作还必须是一种长周期的制度性安排,需要定时、定期巡视作出应对,而且需要持续不断地管护十多二十年,才能确保楠木幼树的树冠超越能够与之竞争的高大乔木。这样才能保证加快楠木的集材量,并确保材质的优良,以期实现更大的经济效益,同时又不损害适合楠木生长的最佳生态结构。

《溪蛮丛笑》中的"独木船"条有载,在沅江流域的各少数民族中,把一根巨型楠木挖空,就能做成独木船,估计其生长状态的楠木直径超过一米五,甚至更长,高度可达四十米以上。这样的楠木如果不事先选好合适的立地条件,并实施数百年不间断的管护是无法长成的,更无法确保材质优良。

三、中华文化对楠木资源的利用

诚如上文所言,楠木的生物属性具有一系列的独特性,因而人类在认识这些独特属性后,楠木资源的效用必然具有多重性、多样性。不管是实现什么样的利用价值,必要的知识积累,必需的劳动和与之必备的运输条件,都需要与之相匹配,否则相应的价值就无

---

① 丁鑫,肖建华,等.珍贵木材树种楠木的野生资源调查[J].植物分类与资源学报,2015(5).
② 丁鑫,肖建华,等.珍贵木材树种楠木的野生资源调查[J].植物分类与资源报,2015(5).

法体现。

(一) 做葬具用材

由于楠木材质具有耐腐蚀、坚固、精美等突出的生物优势,因而一旦条件许可,就会成为达官贵人争相选用的葬具用材。《后汉书·王充王符仲长统列传》有如下记载,就具有突出的史料价值。

> 今者京师贵戚,必欲江南檽梓豫章之木。边远下土,亦竞相放效。夫檽梓豫章,所出殊远。伐之高山,引之穷谷,入海乘淮,逆河溯洛,工匠雕刻,连累日月。会众而后动,多牛而后致。重且千斤,功将万夫。而东至乐浪,西达敦煌,费力伤农于万里之地。①

文中"檽梓豫章"的指代对象乃是后世所称的"楠木"。凭借这一记载完全可以断定,到了东汉时代,江南所产的珍贵楠木在贵族阶层已经成了普遍使用的高级棺椁葬具用材,标志着楠木产品的规模性市场流通和应用,已经达到了很高的水平。

考虑到做棺椁使用的楠木,其长度大约在两米左右,原木的直径应当在一米五以上,更由于当时的棺具是拼合而成,因而所使用的楠木材料可以分块运输。但无论怎么说,一块大型棺板,其实际所需的运输量绝对不会少于一百五十公斤左右。要将这样大的楠木构件,通过长江,经过近海,再经过淮河,进入黄河,再进洛河,最终才能抵达东汉都城洛阳,其实际运输距离至少要超过六千公里。要实现这样的长途运输,没有完备的水上交通设施,没有严密的市场机制和中转制度保证,肯定是无法实现的。以此为例,不难推知,将珍贵的楠木资源运抵位于北方黄河流域的都城,显然不是偶然事件,而是在此前就有了丰厚的历史积淀,才能达到如此规模的流通目标。

(二) 作为景观植物去利用

由于楠木的树形优美,四季常青,气味芬芳,因而除了做棺椁外,还可以作为观赏和景观植物去加以利用。当然,这样去利用的发端时间,比之于将楠木作棺椁要更为晚近得多。大致而言,应当是隋唐以后的事情。其依据在于,到了隋唐时代,一方面,城市的规模有了明显的扩大,楠木建筑的规模也随之而扩大,培植装饰用的林木也就成了社会发展的必然。另一方面,楠木产区各民族在精心管护楠木资源的知识技术之上,又得到了重大的发展,可以做到通过移栽,将野生的楠木苗木定植成活。两相作用的产物,才可能催生楠木作为景观植物加以利用这一社会事实。

关于将楠木作为景观树利用,唐宋诗文多有提及,这里仅就杜甫的《枯楠》一诗略加解读,以期呈现其农业文化遗产价值。

> 楩楠枯峥嵘,乡党皆莫记。
> 不知几百岁,惨惨无生意。
> 上枝摩皇天,下根蟠厚地。
> 巨围雷霆坼,万孔虫蚁萃。

---

① 范晔.后汉书·王充王符仲长统列传(卷四十九)[M].北京:中华书局,1965.

> 冻雨落流胶,冲风夺佳气。
> 白鹄遂不来,天鸡为愁思。
> 犹含栋梁具,无复霄汉志。
> 良工古昔少,识者出涕泪。
> 种榆水中央,成长何容易。
> 截承金露盘,裛裛不自畏。①

全诗借助楠木的不幸遭遇,以抒发杜甫对自身境遇的哀叹。但若从文化生态的视角着眼,该诗却另有深意。一方面,杜甫所歌咏的这株枯楠,不是种植在纯自然的深山老林之中,而是种植在人烟稠密的聚落之内,而且肯定是移植在特定公共建筑旁边的配景用树。这将意味着这株楠木绝对不是自然长出的遗留物,而是人工移栽定植的产物,否则的话就不可能生长在对它而言不合时宜的地点,并遭逢到如此的不幸。据此不难推知,如果当时楠木生长地带的居民不拥有移栽定植的技术,这株楠木断然不会在这样的地域长成参天大树,直至枯死。

另一方面也值得注意,在自然状况下的楠木,或者说人工管护得体的楠木,存活千年以上基本不成问题。而这株楠木虽说经历了数百岁,但却自然枯死,在这样的特定立地环境下,又缺乏人工管护,才是造成楠木悲剧的社会原因。事实上,楠木本身可以分泌多种生化物质,能够有效地抵御病虫害,而杜甫笔下的这株枯楠则是虫蚁满身,这显然是楠木已经局部枯死后,才可能呈现的状况,而不是生长状态下就呈现的事情。其教训在于,楠木作为景观树去利用,显然不是种活就了事,不断地加以管护比种树更重要。遗憾的是,这样的管护技术和知识对生活在密集区的汉族聚落民众而言,恰好是知识结构的短板,因而即便是作为景观树,也不能避免悲剧的发生。

(三)作为药材和提取香料去利用

楠木不仅是优质建材和景观树种,而且是药材,还是生产高级香料的原料来源。据此,我们不得不承认,楠木的产出和经销,并不仅仅满足了豪门贵族的消费,也会和寻常百姓发生千丝万缕的联系。唐代孙思邈所撰《千金翼方》卷三有载:

"楠材微温,主霍乱吐下不止。"②

霍乱是一种习见的消化道传染病,在没有现代医药的古代,对社会的影响极其深远,社会防御工作极其困难。以楠木屑作为防治霍乱的药物,其疗效是否有充分的保证,不是本文探讨的内容。但能够写进医典,这就可以证明远在唐代,全国范围内的药店都已经配备了楠木作备用药材。每一个普通百姓一旦生病都可能接触到楠木,其普遍性显然比制作高等建材影响面要广得多,对社会的影响力要广泛得多。这样的社会事实能够成立,完全可以从另一个侧面证实,楠木的管护与产出,已经形成了一个广泛的销售网络,足以标志着这一传统产业在全国性的确立。

---

① 彭定求.全唐诗(增订本)[M].北京:中华书局,1999.
② (唐)孙思邈所撰《千金翼方》卷三。

明代李时珍所编的《本草纲目》，对此也有明确记载：

  楠，气味辛、微温、无毒，主治足部水肿。削楠木、桐木煮水泡脚，并饮此水少许。每日如此，直至病愈。心胀腹痛，不得吐泻。取楠木削三四两，加水三升，煮开三次，饮服。耳出脓，用楠木烧存性，研末敷耳内。

  值得注意的是，在明代的这部医典中，楠木的药用效力有了更大的扩展，一些老年性疾病，也开始使用楠木屑，作为必备药材去加以广泛利用。由于老年性疾病的发病人群比流行病、传染病更广，因而凭借《本草纲目》的这一记载，我们还得承认，在明代，楠木作为药材得到了更大的普及，完全可以称得上是家喻户晓，其作为药材的存在和药用价值尽人皆知。

  总之，楠木利用价值具有多重性和广泛性，市场消费量极大，社会知名度很高，直接与不同阶层的人群发生着密切的关系，因而其相关从业群体稳定，分工明细。一千多年来，早就成了一项稳定的产业，其相关的知识和技术经过多年积累，足以称得上是一项完备的农业文化遗产。此前，将楠木生产和消费仅仅聚焦于宫廷"皇木"采办，显然有失偏颇，需要得到有力的匡正。

四、生态化乃是复兴之路

  就终极意义而言，对楠木资源的管护、获取、加工与发卖，本身就是我国的传统产业之一，同时也应当是我国重要农业文化遗产之一。其理由在于，要使楠木产出能够供人类利用的产品，本身也要经营、管护、加工、利用等不可或缺的环节。在这一点上，管护楠木与种植水稻、小麦本身并无二致，把楠木的经营排除在农业文化遗产之外，仅是当下学者的偏颇而已，必须加以匡正。既然是一种农业文化遗产，那么要产出楠木产品，人类就得精准地系统把握楠木的生物属性，同时还得凭借人类的力量改善和完备楠木生长所需的生态环境，否则的话，野生的楠木再多，也无法形成全面满足人类需要的生物产品。当然楠木是一种高大的木本植物，经营楠木的种植是要获取木材和其他副产品，而其他农业大多生产的是一年生的草本植物。但就了解其生物属性和完善生存环境而言，其实与楠木的经营并无二致，其间的差别仅体现为作为木本植物的楠木和作为一年生植物的水稻，其生物属性存在着极大的差异。因而如何种好和管好，需要采取很不相同的手段，适宜于它们生长的生态环境也迥然不同，因而完善其生态系统的做法和对策，也必然存在着极大的差异。但都要与生态系统打交道，都要在生产过程中贯穿生态化这一指导思想和相应的对策，这不存在实质性的差异。为此，深入探讨经营楠木所必须系统把握的生物属性，以及如何完善其生态环境，自然成了必不可少的内容。同时也正因为如此，当代要复兴楠木产业，当然必须走生态化之路。

  楠木是一种高大的乔木，其生长期可以长达千年，其成熟期至少也需要四十年。在这一点上，楠木与水稻、小麦显然不可同日而语，小麦和水稻的生长期也就几个月而已，以至于从种植到收割，可以按照季节的变化，周而复始地机械实行。但种植楠木则不然，其生产周期往往超出了栽培者个人的生命周期，通常是此辈种植，后辈"收割"。正是这样的差异,经营楠木其各生产环节技术的投入和操作的目标会表现得与水稻小麦互不相同,但都得围绕种植对象的生物属性而展开。首先看种植。要种植就需要利用种子,对小麦和稻米而言,种子本身就是农业产品。但楠木不同,人们利用的对象是木材,而不是种子,因而要种植种子就得专门采用种植技术。对此,当代的生物学家作了很多努力,在此,无需赘言。需要郑重指出的反倒在于,一粒小麦或一粒稻米种下后,收割时,基本大致可以收获上百粒种子,也就是种子投入的数百倍。只要顺应生物属性,几个月后,产量就可极为可观,获得满意的收成。楠木则不然,一粒种子一旦长成参天大树,只要管护得当,其收获的木材重量,要超过种子重量的数十亿倍,在这一点上,普通的草本农作物根本无法相比。

在遥远的古代,由于人类对生态系统改造的能力薄弱,楠木几乎是可以在十分接近于自然环境的条件下实现自我繁殖,以至于在楠木经营的远古时期,人们几乎可以不需有意识地种植楠木,单凭自然长出的树苗,并管护,就可以满足生产生活之需。当然如果楠木生长的区位不太理想,远古的人类也是需要加以移植的。一般而言,由于水稻和小麦的生长季仅几个月而已,整个田间管理,最大的时间跨度不过是几个月,管护的范围仅止于农田范围之内。对楠木而言则要复杂得多,难度也要大很多。管护楠木必须贯穿整个生长周期,少则几十年,多则长达数百年,而且在不同的生长阶段,管护的操作和目标会有差异,而且这样的差异几乎可以说得上是大得无法比拟。为此,要讨论楠木的管护得分阶段讨论,对其萌发期、幼苗期和成熟期,都需要成熟的管护内容和管护目标。

对于生长在纯自然环境的楠木而言,其繁殖的过程不可能由楠木本身去完成,还需要借助其他伴生物种的活动去传播种子,并实施催芽才能繁殖成苗。楠木的生物属性早就注定,在纯自然的环境下,地表的半生物种和小乔木会将楠木的幼苗彻底掩盖起来,以至于在幼苗没有长大之前人们无从发现它的存在,当然有效的管护也无法实施,对此淮南子的记载上文已有提及。有鉴于此,中国历史上的早期楠木管护,事实上是忽视了这一环节的管护。不过到了今天情况不一样,随着研究的深入,今天要搞生态化的楠木产业就可以做到花样翻新,人们只需要收集这种刚刚萌发的楠木幼苗,实施有计划的定植移栽,就可以完成播种定植这样的繁难操作,也能生产出优质楠木来。以此为例,我们完全有理由说当代的楠木可以收到更理想的经营成效。前提只需要对楠木的生长立地环境作出适合的选择。

楠木种子萌发后,在自然环境下种间生存竞争必然随之而至,很多动物会以这样的幼苗作为觅食对象。比楠木幼苗更为高大的草本植物,甚至是蕨类植物都可能将这样的楠木幼苗彻底掩盖起来,结果使得大量的楠木幼苗不可能长出来,往往在与其他幼苗的并生中自然枯死。基于上文的分析,历史上对楠木的经营在这一阶段无法实施有效的管护,一切得听命于与其他并生物种的种间竞争的结果,其结果只能是数以万计的楠木幼苗自然死去,或者是凭借其他动物的干扰替它清除了周边的植物,才有幸得以长到一米左右,可以躲避其他低矮植物的干扰。

当楠木有幸超过一米以后,低矮的灌木和草本植物不能对它造成威胁了,诚如文献所言,到这一步人类能够识别,以至于真正意义上的管护工作就可以实施了。这一阶段对楠木幼树构成威胁的伴生物种同样具有多样性和复杂性,比它高大的乔木可以极大地抑制楠木的生长,病害和虫害可以干扰到它的正常生存,大型动物的觅食也可能断送楠木幼树的生命。以至于远古时代的人们一旦认识了楠木幼树后,对楠木幼树的管护就必须随之而启动,一旦中断楠木就不可能长大成材,其具体操作从某种意义上讲,与种小麦和种水稻没有实质性的区别。对于那些与楠木争夺养料、水分、空间的伴生作物而言,人类加以芟除,也不能手软。必须选择最具培育前途的楠木幼树,要么实施移栽,要么实施间伐,这样才能确保楠木幼树能够顺利渡过难关,成长为大树。与此同时,大型动物的过往,都可能断送楠木幼树的性命。对于遭到干扰甚至损伤的幼树,人们需要扶正、修正楠木幼树才能生长。当然,防虫治病更是一项也不能少。

最后,为了楠木能够长成通直的树干,还要修枝,力争楠木侧枝尽可能减少,才能确保今后长成的楠木通直到顶。应当看到,对楠木幼树这种的修剪和管护,在当代的楠木产业振兴时,同样一项也不能拉下,只不过对楠木的定植更加规范合理,疏密适度,楠木管护难度会大大减轻,其他防范也做得更彻底。

当代的楠木产业走生态化的道路,原则上得遵循这一阶段的生物属性,这也是走生态化的具体内容。遗憾的是,当代的很多农业研究成果,受到农耕文化的习惯性干扰,总希望把管护操作一次性完成,要么主张营建楠木纯林,要么主张将伴生的其他物种尽可能一次性清除,并误以为这样的操作可以减少人力物力的投入,是一种划算的做法,却无意中违反了生态化的原则。事实上,楠木作为一种高大乔木,其生物属性中本身就具有应对环境的禀赋。然而在楠木的不同生长阶段,需要应对的干扰,其内容有很大的差异,因而使用的对象也会不同。楠木只有经过这样的"灾难"以后,生长才能健康,产出也才能做到优质。如果事前将楠木整齐划一,在生长过程中没有伴生的生物形成制衡关系,楠木幼树的生命力就会相对较弱,形成木材的纹理就达不到理想的效果。

楠木产业着生的空间也就是楠木正常生长的生态环境,也是楠木产业生态化复兴的必备内容。但这样的认识和实践操作,当下还存在着诸多的误读和误判,甚至存在不少反生态的做法,若不加以澄清,对楠木产业的现代振兴同样不利。要澄清其思路和对策上的失误,客观上具有较大的困难,其原因在于当代的自然科学工作者和产业经营者对民族文化的类型区分不甚了解,一提到农业和林业生产时,总是习惯用固定农耕文化的思维方式去处理林业问题,却很少有人注意到中国传统的楠木产业其发端和运行并不是着生于汉族的固定农耕类型文化,而是植根于游耕类型文化,农耕文化与游耕文化存在着极大的差异。具体到农业经营而言,当然包括林业在内,固定农耕的核心价值在于需要尽可能实现规模化、规范化的单一作物种植,而且需要尽可能做到人类对农业的生态环境事实操作和优化,仅仅注重满足农作物的需要,而不注重其他伴生物种的需要,希望能够产出规格划一、质量整齐的单一农产品。相比之下,游耕文明的价值则不同,这一类型的文化总是尽可能地追求通过生物之间的生存制衡去减轻劳动力的投入,特别是病虫害防治的投入,尽可能地追求产品的多样化,或者收获耕种季节的多样化,以利减少储存加工的困难和劳动力的投入。也正因为这一核心价值的作用,任何一种管护培育的物种,都要力争做到多层次的利用,上文的分析已经揭示了这一点。但对这一核心价值引发的当代产业振兴问题却值得进一步的深究,基于以上分析,我们不得不承认我国传统的楠木产业,完全是仿生式做法,全过程都与各种植物相伴生,人类劳动力的投入主要体现在管护上的投入,人工建构的配套装备主要集中在大型产品的运输上。然而一段时间以来,我们习惯将农业和林业区分为两个产业不同的部门,而较少关注其间的内在逻辑联系。与此同时,习惯用固定农耕的方式去管理农业、研究农业,这就造成了形成的结论和事实的操作不能满足楠木产业复兴的需求,不能为楠木生长提供合适的生态背景和自然环境,特别是不能为楠木的不同生产阶段提供互有区别的自然与生态背景,这对楠木产业振兴而言显然是有害无益的。

自从20世纪50年代以来,我国的行政建制在一定程度上模仿了欧美的做法,将农业和林业分属于两个部门,这样的处理办法与传统的产业发展不相吻合。事实上,将森林资源的管护作为专门的机构本身发端于意大利,其率先出台了森林保护法,其后在这一基础上展开的研究在19世纪形成了专门的森林学科。需要引起高度关注之处在于,欧美国家所制定的森林保护法,乃至科研成果都是立足于对已有森林资源储备而展开的探讨,是为这些新工业国家动用新的生产之用。我国的传统则不同,楠木资源的产出已经形成了传统产业,不仅如此,很多林副产业也具有同样的中国特色,茶叶、桐油、五倍子、白蜡的生产,在我国早就形成了传统产业,但这些产业要么就是用材林,要么就是人工培植的经济林,都表现为生产与利用的辩证统一。就这一意义上说,中国的涉林产业,从遥远的古代开始就具有农业生产的属性,而不是只利用不生产的天然产品获取产业。

历史记载得非常清楚,中国不仅是一个多民族的大国,而且在两千多年的历史岁月中可以有效地做到将不同的农耕文化融为一体,将涉农茶叶纳入了国家管理的体制,传统的楠木产业,历代王朝也没有排除在外。因而在中国的研究史上,农林牧副渔不是绝对孤立的产业,而是一项相生相克的生计方式继承,楠木产业能够在文献中找到相对清晰的记载。有关楠木产出的概貌,最近还能得到清晰的认识和理解,显然是治国理念的正效应产物。因而当代能兼顾林业和农业整体性管理,不仅是对历史传统的有效回应,而且对当代楠木产业的生态化作了积极的推动。

正是基于中国的传统楠木产业植根于游耕类型文化,因而从一开始就具有鲜明的仿生经营特色,对楠木资源的管护从来不需要排除相伴生的物种,而且还关注到低等生物的正面作用。因而,中国的传统楠木产业,不管规模如何扩大,生产效益影响多么深远,其生物多样性的保护、生态环境的维护与稳定一直得到了全面的贯彻落实。楠木生产的生态背景足以为楠木产业发展提供有效的支持和庇护,以至于千年以来,也能保持优质楠木建材的稳产,能够满足最高规格的需求。

当代振兴楠木产业还应当借鉴历史传统,因为楠木的生物属性和适宜的生态背景不会因为时代的推移而改变。因而传统楠木经营模式,至今还有利用价值。复兴当代的楠木产业,为此也必须走向生态化的道路,必须精选楠木生长的最佳位置。现代技术和装备的支持仅止于局部改变环境的缺陷而已，就这一意义上说，当代的楠木产业同样需要传承传统的经验和教训，最大地利用生态系统自我运行的力量，去实现产出的最大化和投资的最小化。而不能将楠木资源的培育利用与生态环境的维护隔离开来，必须实现利用与维护的完美结合。这将意味着，当代楠木产业的振兴绝不是纯粹的经济问题，更重要的在于需要生态维护的效应，这是因为楠木不仅是中国的本土物种，而且楠木生长的生态位具有独特性，可以提供多种生态公益服务，包括美化景观、提升生物多样性水平、增强生态系统的稳定和更新能力、提供娱乐的空间等，都是当代楠木产业复兴的辅助功能。而这样的功能不仅利国利民，还能直接支撑楠木产业的高效产出。

结语

生态文明建设是我国基本国策之一，在这样的社会大背景下，不管是传承和弘扬传统还是立足创新，振兴楠木产业显然都能发挥作用。其不仅符合我国的经济发展要求，还兼备生态维护的实效。为此，振兴中国的现代楠木产业，必须走生态化的道路，乃是不容置疑的选择，至于如何落实这样的理念，当代的学人，各民族居民，乃至行政部门都需要努力。

彭兵（吉首大学历史与文化学院博士研究生）

文化生态视野下民族地区乡村振兴路径选择研究

引言

发展是当今世界的重要主题,与此同时,环境保护也成了经济发展过程中不容忽视的因素。如何在经济发展的同时,兼顾生态环境的良性运行,这就是摆在学者面前的重要课题。我国经过近40年的改革开放,在经济上取得了举世瞩目的成就,城镇化水平较改革开放前有了显著的提高。然而,城镇化的发展道路,并不完全适合我国农村的实际情况,而我国80%的国土面积和人口都分布在农村地区。因此,如何在广大农村实现经济的发展,则是我国面临的重要挑战。正是在这样的背景下,我国提出了"乡村振兴"战略,目标是为了探索出适合农村社会的发展道路。如何实现这一目标?不同的学科有不同的理解。而在少数民族乡村,要想实现乡村振兴目标,当地的文化生态要素不容忽视。

一、文化生态共同体理论

生态民族学是民族学的一个分支学科,传统的民族学关注的重点是民族文化,致力于揭示人与人之间的关系。而生态民族学则将生态环境因素纳入民族文化的范畴,致力于揭示人与自然的协同进化关系。因而,在生态民族学中,最核心的概念就是"文化生态"。近些年来,特别是随着我国"生态文明建设"的实施,有关文化生态的讨论日趋激烈,似乎众多学科与文化生态都有关系。以至于,有关乡村振兴的探讨,也逐步地涉及到乡村社会的文化生态问题。在这样的学术氛围中,乡村振兴不再是一种操作范式的探讨,而是逐步演化为理论性的追问。其原因在于,在我国划定的十四个连片特困区中,集中表现为,无论是在生态的异质性还是在民族文化的差异性上,都与贫困的连片性,表现为高度的重合性。与此同时,生态文明已经确立为中国的基本国策,生态文明建设意在重新建构人与自然的和谐关系。在这样的背景下,实施乡村振兴战略,自然要与相关地区的生态维护互为关联,并对其做出深入的理论探讨。正是类似的社会背景需求,助推了生态民族学的理论建设,同时,又从中获得了一系列全新的理论支持。

生态民族学的理论与方法,最先由朱利安·斯图尔德(Julian H. Steward)提出[1]。斯图尔德借助进化生物学的"适应"理论明确地指出,人们从其自然环境中获取食物的方

---

[1] Julian H. Steward. Theory of Culture Change[M]. Urbana: University of Illinois Press, 1979.

式,对其社会生活和习惯有着直接的影响。他认为生态系统是研究人类生产和发展的最主要核心概念,特指人类群体与其自然的生存环境以及其他物种之间,相互交织在一起的复杂的关系网络。文化生态学家如同自然生态学家一样,对维持系统运转的活力非常感兴趣,力图探寻使得系统既稳定又不稳定的因素①。

斯图尔德的文化生态学理论,其学理源头为生物学的协同进化论,以及生态系统生态理论的适应理论。与前代民族学家的研究不同,斯图尔德是将文化作为适应于环境的主体去展开讨论。事实上,他赋予了文化"主观能动"等人类所特有的属性。并在这一问题上,与此前的民族学研究拉开了很大的差距。具体表现为,他不认为人类是在征服自然、改造环境,而仅是适应于生态环境。适应的结果,与其他物种一样,并不存在谁征服谁、谁改造谁的问题,而是你中有我、我中有你的相互和谐共生关系。斯图尔德同样不认为文化仅是一个简单工具,他认为,当与环境发生关系时,文化这种工具不仅体现出功能和效用,同时还体现为它可以根据环境的需要和可能,而做出能动的调适,从而使得所处的环境会打上文化的烙印。民族文化由于吸纳了环境的因素,也打上了环境的烙印。最终使得文化与环境达成一种相互制衡的耦合制衡关系。这样一来,把人简单理解为改造、利用,甚至是征服自然,就显得过时了。人与自然的协同进化关系,才足以代表其间的实质。而这样的认识和理解,很自然地成为生态民族学的基本理论,并为其后的后继者和学界同仁所接纳,并发扬光大。

斯图尔德以后,国外一批学者先后发表了一批生态民族学的研究成果。如韦达(A. P. Vayda)与拉帕波特(R. A. Rappaport)合著的《生态学——关于文化的和非文化的论述》(1968);拉帕波特的《自然、文化和生态人类学》(1971);韦达和麦凯(B. J. Mckay)合著的《生态学的新方向和生态人类学》(1975);J. W. 贝内特的《生态学的过渡:文化人类学与人类适应》(1976);D. C. 哈迪斯蒂的《生态人类学》(1977)等②。经过这些学者们的讨论研究,生态民族学的理论基本得以确立。

在我国,将生态学与民族文化结合研究的学者,有杨庭硕、尹绍亭、罗康隆等。尹绍亭先生出版了《一个充满争议的文化生态体系》(1991)、《云南刀耕火种志》(1994)、《人与森林——生态人类学视野中的刀耕火种》(2000)、《云南的烧田:人类生态学的研究》(日文版,2000)等4本专著和《基诺族刀耕火种的民族生态学研究》等十几篇论文,扭转了人们对"刀耕火种"的习惯性偏见,指出刀耕火种是少数民族文化在适应生态环境的基础上,创新的可持续的资源利用方式。

杨庭硕先生著有《相际经营原理》(1995)、《民族、文化与生境》(1992)、《生态扶贫导论》(2017)等专著,也发表了《浅析生态人类学的理论预设与实践》《树立正确的文化生态观是生态文明建设的根基》《生态文明建设与文化生态之间的区别与联系》等论文,阐述了他的文化生态的学术观点。其中,他在《相际经营原理》中,创新地将跨民族跨地区经

---

① 斯图尔德.文化变迁论[M].谭卫华,罗康隆,译.贵阳:贵州人民出版社,2013.
② R. McC・内亭.文化生态学与生态人类学[J].马宁,摘译.世界民族,1985.

济活动中的非经济因素,提炼为"相"的概念,是将西方生态民族学的理论与中国实践相结合的典范。

罗康隆先生在其《文化适应与文化制衡:基于人类生态文化的思考》(2007)、《族际关系论》(1998)、《发展与代价:中国少数民族发展问题研究》(2006)等著作中,将其生态民族学思想做了阐释,特别是他将民族文化与生态环境之间的关系,概括为"互动制衡"关系,这是他对生态民族学理论的贡献之一。此外,他还发表了《文化生态观新识》《族际文化制衡与资源利用格局》《生态民族学的当代价值》《文化特化与生态环境的适应》《论文化与其生态系统的制衡关系》《生态人类学的文化适应》《论文化适应》等一系列论文。

生态民族学主要探讨的是民族文化与所处自然与生态环境之间的关系。因此,在生态民族学的理论框架内,最核心的观点就是"文化生态"。而这个观点,恰好是当前学术界讨论最热烈的话题,同时也是存在争议最多的一个概念。学人们在讨论这一概念时,往往会将其与"生态文化"相纠结,在大多数情况下,还互相混杂。因此,有必要对这两个概念进行厘清,以便对生态民族学的理论有正确的理解。

对于文化生态与生态文化这两个概念,有学者提出过明确的区分。"生态文化是有关生态的一种文化,即人们在认识生态、适应生态的过程中所创造的一切成果。由于对人而言,适宜的生态是以绿色为主要标志的,因而在某种意义上,生态文化也可称为绿色文化。""文化生态是借用生态学的方法研究文化的一个概念,是关于文化性质、存在状态的一个概念,表征的是文化如同生命体一样也具有生态特征,文化体系作为类似于生态系统中的一个体系而存在。"①其实质是将文化生态与生态文化概念相混淆了。其实,在生态民族学看来,文化与生态是一个共同体。因为,任何一个民族文化,都是在与特定的生态环境的协同进化过程中,形成和发展起来的社会实体。其外在表现形式,被称为该民族的生境,其内在形式,则体现为文化与生态的互动制衡、相互渗透、相互关联、和谐共生关系。因而,理解为"文化的生态",还是"生态的文化",或者"文化和生态",都偏离了文化生态共同体的实质。

当然,还有学者认为,文化的落后(包括技术的、科学的、思想观念的落后等)才是贫困的根源,要想实现乡村振兴,就得改变乡村"落后"的思想观念。但问题在于,民族学的传统坚持的恰好是文化相对观。这样去评价乡村文化,显然违背了民族学的基本理论依据。加之,"先进"与"落后",通常只能在同质文化内,在共时态背景下,才具有实际意义的价值判断。但若置于跨文化和生态系统异质性的背景下,类似的判断,其结论就难以做到实事求是。生态民族学理论中,早年间提出过的"地域间断原则"和"族际间断"原则②,早就得到了学界的公认。这两大原则的基本含义是,在跨文化比较的背景下,中心与边缘,先进与落后,繁荣与停滞,在历史长河中,在空间分布上,并不会重叠在同一个空间场域,而是处在不断变化之中。文化谱系间断原则进而指出,在历史上,处于前台的民

---

① 高建明.论生态文化与文化生态[J].系统辩证学学报,2005(3).
② 托马斯·哈定,等.文化与进化[M].韩建军,商戈令,译.杭州:浙江人民出版社,1987.

族和文化,并不具有永恒性。历史上人类社会发展的辉煌,并不是由同一种文化创建出来的,而是不同民族文化之间,生生灭灭,有盛有衰,共同建立起来的。将这样的理论认识应用于乡村凋敝实质的把握,我们就不得不承认,乡村社会的凋敝,都只能是一个过程。实现乡村振兴,就如文化一样,都是其"生命"过程中,是特定时段的表现而已。这样一来,将乡村社会视为技术落后、文化落后的代名词,显然是站不住脚的。

二、文化生态理论指导下的乡村振兴路径选择

(一) 生态环境是实现乡村振兴的根基

生态系统为生态产业提供物质资源,同时也制约着生态产业的类型和规模。在乡村振兴战略实施过程中,注重生态环境因素,就是要求基层工作者要对民族地区的生态系统有充分的认识和了解。并在此基础上,充分发挥生态资源的优势,将潜在的优势资源转化成生态产业优势,形成具有市场竞争力的名优特色产品。与此同时,对生态环境不能接纳的资源利用方式和途径,则需要作出理性选择和规避。不能违反生态系统的根基作用,强生态所难,让生态屈从人们的意志,这就是时下"乡村振兴"所要求的可持续发展问题。

我们必须牢记,我国广大的民族地区,其自然结构、生态系统的变动幅度,都是人类社会无法彻底改变的客观事实。因而,当地的生态系统所展现出来的各种特殊性,比如地表崎岖不平、气候的立体分布、生态系统的主要类型等,要靠人力去加以改变,不仅难度极大,而且做成后也得不偿失,这显然不是一种可持续的发展思路。要靠彻底改造环境来实现可持续发展,显然不切实际。但如果换一种思路,顺应生态系统的既定特征,能动地选择当地少数民族同胞在历史上所取得的成功经验,吸取其他民族的经验和教训,去建构适合的生态产业。那么,就会投入少且成效大。而且一次投入,能实现超长期收效。这样做,可持续发展才能从理想变为现实。正因为是选择资源利用方式,去实现所处自然与生态系统的因地制宜,那么,时下热议的现代化问题,自然也得立足于"选择"二字去做文章。针对生态系统的特异性,发挥聪明才智,建构其适合于类似自然与生态系统的现代化新模式。就这一意义上说,只要守住青山绿水,就可以变成金山银山。而实现的方式,在于选择和当地自然生态系统相适应的最佳的技术路线。

(二) 民族文化是实现乡村振兴的工具

民族文化在与生态环境打交道的过程中,形成了稳定的资源利用方式。这种传统的资源利用方式,能最大限度地保证资源的利用与维护的统一,让生态系统始终处于一种动态平衡的状态。这就为下一步可持续脱贫,提供了来自本土知识和技术体系的借鉴。也为生态维护,提供了手段和工具。在生态扶贫工作中,重视民族文化因素,需要注意两个方面的工作。其一是,在生态产业的选择上,充分利用和创新民族传统文化。其二是,在选择扶贫产业时,注意扶贫选项中是否有与民族文化中的不兼容现象,以利于精准规避。

在少数民族乡村振兴的问题上,我们还得用好当地的民族传统文化,使其能更好地发挥工具和手段作用。事实上,在广大的少数民族乡村,为什么在历史上,会发育成多业态的农耕体制来,这本身就是当地各民族的一大创举。其中的理论依据并不复杂,因为

这里本来就是生物多样性极高的物种基因库。多样并存的物种,只要用得好,管护到位,其实不需要人类耗费太多的劳力,就可以实现资源供给及产品的丰富和持续不断。现代需要考虑的问题在于,当地自然与生态系统的本底特征不会轻易改变,是人类社会难以改变的自然事实。这将意味着,当地各民族的多业态经营的农林体制,不仅适用于历史,也适用于今天,还适用于长远未来。长远未来恰好是我们的目标。因为要实现民族地区的可持续发展,不仅要传承,要发扬光大,更要创新。少数民族聚居的乡村,历史上曾经利用过的物种,本身就极其丰富。但这还不是尽头,认识生物、驯化生物的努力要坚持下去,只需翻检下当地的物产志、贡赋志等,就可以发现有很多的利用空间。要做好这一切,民族文化不可丢失,这样的工具和手段,是在当地孕育出来的,适应当地的自然与生态特色,甚至是稍微梳理,就能做到精准把握。这是其他民族文化无法替代的,移植其他文化达不到预期认识和利用的目标。就这一意义而言,在今后的乡村振兴中,民族文化不是过时的问题,而是要如何利用的问题,更是展示其不可替代的问题。

(三)历史记忆是实现乡村振兴路径选择的指南

诚如上文所言,少数民族乡村社会中的自然与生态的无比丰富性,民族文化的有效性和丰富性,注定了少数民族乡村的可持续发展有无比丰富的可选择空间,这样的可选择空间,可以应对变动,也能满足未来人们的需求,可以保证当地的可持续发展和乡村振兴。但如何架构相应的文化制度体系,如何健全和完善民族文化的新格局,其间都存在着不断选择的问题。如果没有历史的记忆作为参照,那么所有的选择,要么就只能凭运气,要么就只能不断地尝试去做劳神费时的适应性工作。但反过来,认真认识和总结相关民族地区的特殊历史过程,情况就会大不一样。事实上,在漫长的历史过程中,当地民族有选择,有成功和失败。不论成功或失败都对当地产生着挥之不去的影响。以至于只要有了这样的参考系和评估标志,今后无论是应对环境巨变,还是要作出什么新选择,当事人都可以做到心中有数。因为他们心中的历史是其他地区历史不可替代的思考判断的依据。就这一意义上说,脱贫也仅是一个过程,而脱贫后需要做的工作,对民族地区的乡村的历史过程,做一个符合现代标准的总结,就是不可或缺的任务。总结好这一点,今后怎么走,怎么保证可持续脱贫,就有章可循,有案可选,可持续脱贫才不至于成为理想,而是可以时刻付诸实践操作的应对规范和操作规程。

结语

总而言之,在少数民族地区实践乡村振兴战略,必须应对新的挑战。凭借对生态、文化和历史的认识,可以助推民族地区的乡村的可持续发展。只要遵循这样的方法,那么就可以事在人为,就可以实现少数民族地区的乡村振兴的目标。而这正是本论文致力实现的目标,也是激励自己继续努力的方向。

何治民(吉首大学人类学与民族学研究所)

本土知识和现代技术结合的困惑：以湘西油茶为例

引言

自古以来，中国人的餐饮都离不开茶油、豆油、棕榈油和核桃油等油料作物，近年来，随着我国人口的不断增长，对油料的需求也不断增加。在湖南省湘西地区的永顺县，人们长期以来种植油茶，对茶油的需求量也很高。百姓在重大节日以及招待客人的时候，也会用茶油与一些特殊的材料搭配，形成当地的特色美食。任何一种生计方式都有其特定的制度体系来支撑①，茶油在永顺乡村社会中，长期作为重要的生计方式之一，也一直参与在乡村社会活动之中，无论是乡民的婚姻仪式、丧葬仪式还是医药方面，都有其身影。在湘西，由于茶林的减少，再加上受到其他油类的冲击，如在市场上流通的转基因油和调和油，其价格仅是茶油六分之一的售价，使得当地的人们对茶油的需求大幅下降，甚至有茶林的农户也不再去采摘茶果。每当在特定场合需要茶油时，一般也不再是如同过去自家仍有存货的状况，反而是通过其他渠道来购买。可以说，茶油的地位，在当地受到了挑战。

一、湘西茶油产业发展现状

湘西油茶产业的发展，得益于 2008 年 7 月在湖南成立的中国油茶研究中心以及同年 9 月组建的国家油茶科学中心。2008 年以后，湘西境内的油茶产业开始复苏。而近三年，以永顺为典型的湘西油茶产业，迎来了一个快速发展的高峰期。2016 年 8 月，永顺县人民政府出台了《发展油茶产业三年行动计划实施方案》，并成立了由县委牵头，政府多部门参与的油茶产业发展领导小组。隔年 2 月，又把油茶产业发展作为推动全县精准扶贫的重要抓手，列入 2017 年县十五项精准脱贫工程之一，多措并举壮大油茶产业发展。2018 年 1 月，湖南省林业厅和农业综合开发办公室联合下发了《湖南省林业厅湖南省农业综合开发办公室关于印发〈湖南省 2018 年农业综合开发林业项目申报指南〉的通知》（湖南省林业厅湖南省农业综合开发办公室湘林计〔2018〕3 号）文件。根据文件精神，永顺县沃康油茶专业合作联社抓住油茶产业发展新机遇，依托永顺县的油茶资源优势和国家对油茶产业的扶持，申报 2018 年农业综合开发林业项目，计划建设 4 200 亩油茶丰产

---

① 罗康隆.传统生计的制度保障研究——以侗族稻作梯田建构为例[J].云南社会科学,2012(2).

林示范基地,以促进永顺县油茶产业快速发展,并委托湖南省林业科学院编制《湖南省永顺县2018年农业综合开发油茶产业基地建设示范项目可行性研究报告》。

据《中国农业年鉴》(2019)统计,我国2018年油茶籽产量21.6万吨,全国总共16个产区,其中湖南省产量874 642吨,位居全国第一。《中国林业统计年鉴》(2018)年统计,油茶籽2017年产量24.3万吨。从气候与土壤条件来看,我国油茶的主产地为浙江、安徽、福建、江西、河南、湖北、广东、广西、海南、重庆、四川、贵州、云南及陕西等省市。据《中国林业统计年鉴》统计,2018年,全国油茶产业发展情况中,全国油茶种植面积合计4 071 799公顷,当年新造面积137 671公顷,当年低改面积141 882公顷,其中湖南省合计1 360 555公顷,当年新造面积41 770公顷,当年低改面积72 491公顷。而湖南省2017年总种植面积排名第三,新造面积排名第一,低改面积排名第一。在永顺,全县计划到2020年完成50万亩的油茶林产业建设,其中高坪乡计划新造1.85万亩,低改1万亩。在2018年,高坪乡新造林总计9 573.8亩,其中高坪村为539.6亩,共计92户农户种植。

在湘西地区永顺高坪村,这里的村民对原生品种称为"茶树",将杂交品种称为"油茶",这里的原生品种多为寒露籽。该品种树木可高达20米,高坪村现有油茶林中多100年以上树龄的油茶树,也不少达400年树龄的。但是现在当地的油茶林管护情况并不是很好,在高坪村寒露籽的油茶果,由于山林中树龄都过百年,所以需要爬树进行采摘。而调和植物油、大豆油等不断进入当地市场,茶油虽然价格高,但是部分农户家中茶林中油茶树密度极低,有的农户家中5亩山林,只有100棵左右的油茶树,导致占地面积大但是产量较少。这样的情况下,村民收获的茶油多是留来自用。各个农户的土地资源有限,而不同的土地资源配置方式会形成不同的利益分配格局①,那么农户间对其土地资源的规划,则呈现出不同的经济收益。自1978年植树造林以来,当地部分居民为了响应政府的号召,将油茶树较少的山林上报植树造林项目,就此在林中种植其他树种,高坪村种植的多为松树和柏树,现在这一部分的山林现已成为林地,灌木丛生,人们几乎不能再进林活动,这使得小部分油茶林被占去,至此这部分农户家的油茶再也没有产出。

进入21世纪以后,我国的农业经济已经先后不同程度地进入多重转型时期②,政府行为也一直参与其中,其导致该地区的某些文化因素发生变化,而这些变化不以当地居民的意志为转移③。在2010年以来,随着政府在当地推动烤烟种植,很多农户将茶林地进行开荒,把油茶树挖掉,改种烟草。烟草的种植是当年就能见到经济效益的,亩产可得300~400斤粗加工后干的烟草叶片,在2013—2016年盛行,这段时间也是油茶林被毁掉最多的时期。因为除自主毁掉山林改种烟草以外,未种植烟草的农户们的油茶林也有着被砍伐的风险,这是由于农户在家中粗加工烟草,烘干之后才可拿去烟草收购站进行售卖,就必须要有自己的烤烟房,而将生叶烘干需要大量的燃料和时间。烟草的粗加工,需

---

① 吴郁玲,周勇.中国土地利用比较优势与用地结构调整策略研究[J].国土资源科技管理,2010,27(6).
② 梁世夫.我国农业经济转型期政府行为研究[D].华中农业大学,2006.
③ 石芳.生态与生计:渝东南喀斯特地区农民生计可持续的人类学研究[D].西南大学,2019.

要在烤烟房做烘烤,燃料有两种,一种是煤,购买需要600元每吨,对于农户来说这样的成本是不太愿意承担的;另一种则是烧木材,有一些将油茶林改种烟草的农户,自觉既有了土地种植烟草,又有了茶树作为燃料而甚喜。我国规定不允许随意砍伐山中成材的树木,不少村民砍伐家中的油茶树作为燃料,因为油茶树的密度大,过100年的树木不过达到20厘米的直径,燃烧时间也比其他树木长很多,一房烤烟需要两天一晚,温度也需要把控好,这时油茶树便成了农户们的优先选择,同时也出现偷伐别人家油茶树的情况,油茶林的经济价值逐渐被农户们放弃。

村民Z先生接受访谈时表明,家中有一位老人70岁,育有一儿一女,儿子和女儿都在上学,儿子读高中,女儿读初中,虽然九年制义务教育在学校方面的费用支付并不多,但是他们希望存储一笔资金供小孩读到大学,希望他们能够通过读书走出大山,告别靠锄头过日子的境况。Z先生家有6亩地和10亩山,经济来源全部来自土地,没有外出务工或者其他的经济来源。在得知政府推广烟草种植,只需在冬季给政府上报可种植面积,第二年春季政府则会发放种苗、部分肥料补贴,烘干的烟草也由国家烟草公司统一收购。对于Z先生来说,这是一个好消息,在村中有部分村民从2010年便开始种植,确实有拿到政府的补助金,也将烟草销售给了国家烟草公司。他表示考虑到种植烟草有补助金和固定的销路,不用担心产出之后卖不出去,成本几乎为人力,所需开销并不大,则开始种植烟草。但是他家土地有限,家中有一块6亩的油茶林,且茶树不过200株,从他父亲继承这块油茶林以来,三十多年未移栽过新苗补种,每年只能产出30斤油,于是他花了两个月的时间整理出4亩地种植烟草。与此同时,旁边的几户邻居也同样地把油茶林改为栽种烟草,据他回忆,当时山坡上也是一片热闹,大家心中充满了期望。

2013—2016年间,干烟草叶的收购价分为上部、中部、下部,平均价格达到了13元每斤①。但是烤烟种植的劳动量非常大,Z先生说在烤烟种植的几年中,夫妇两人在秋季烟草成熟时,每天早上四五点就要去地里剥烟叶,那时山里的水泥马路还未修好,要一捆一捆地背回家,而烤烟房的火不能间断,需要24小时看护并控制温度,这都急需劳动力,以至家中老小全部都参与劳作,用Z先生自己的话说就是和"打仗"一样。种植烟草的过程中,对肥料的需求量很大,每年花在肥料和燃料的成本占了十分之一,种植过烟草的土地在2至3年之后,土壤中的养分被吸收走很多,导致土壤贫瘠,烟草长势不好,施肥也不管用,只能改种其他作物,这是由于喀斯特地区生态系统耦合协调度较低,生态环境整体比较脆弱所导致的②。烤烟种植在实践过程中,收入与成本支出不成正比,总体获益并不高,村民们深有体会,Z先生常感慨说:种烟草"老火"了,全家都跟着受累很吃亏,烟草种植中木柴的使用量很大,山里的树木供不应求,如果知道烟草只能种植几年,就不应该去砍伐这能带来长期经济收益的油茶树。

---

① 资料来源:湖南省永顺县烟草公司统计资料。
② 魏媛,王晓颖,吴长勇,等.喀斯特山区经济发展与生态环境耦合协调性评价——以贵州省为例[J].生态经济,2018,34(10).

经过烟草种植后,高坪村的山地间形成了单一作物种植,导致土壤肥力下降,生物多样性会消失,病虫害也会加重①。在 2016 年土地无法耕种烟草之后,当地政府又开始推广猕猴桃产业。由于油茶的面积减少,相关的虫害则时有发生。在当地,1998 年发生过大面积的灾害,整片油茶林的树叶都被啃食,只剩下树枝,也自然没有收获到茶油。有了这样的前车之鉴,村民们在春天的时候会去林中检查,将有虫的树枝折掉烧毁,以防病虫害的大面积发生,其实通过人为的控制虫害,也可反映出当地这类虫害的天敌较少,无法通过生物链来解决虫害问题,只有保护生物多样性,其维护环境平衡和生态系统稳定的价值才能得以体现,生物多样性是人类生存与发展不可或缺的一部分②。

二、湘西茶油产业的历史流变

对于寒露籽树种的种植,基于当地的本土知识③,村民们通常的做法是移栽林中自生树苗。往年的茶籽成熟后自然落下,未被鸟类食用或虫蛀的良好茶籽会自发生苗,苗木在 3 至 5 年即开始结籽。油茶树对土质没有要求,该地区山石多,而油茶树有着不择土的生物特性,在石缝中生存并不是难事。正是由于茶树的生长并不受当地的地理环境限制,再加上这里早晚温差大,温度弹性波动大,茶油后熟,这里的茶籽等到自然落下的话,含油量反而很高。《古丈坪厅志》中记载:"茶树结子,须急栽之,方生可不蓄,久令子落土中,两年不加锄,则隙地遍生,秧子栽之,亦可活。"由此可见,寒露籽的自生苗生命力顽强,待其自落成苗后,前两年哪怕不去进行杂草的清理,苗木生长情况依然可观,将这些苗木移栽至其他空地,一样可以活下来。现在当地居民依然沿用此方法,不去市场购买杂交品种的苗木,用茶林中自生苗来补茶林的空缺,也将苗木分享给村中或其他熟识的农户。若有人需要少量的苗木,只需知会茶林主人,再去林中挖树苗便可。

树苗的补种,在当地最好的季节则是"小阳春"④,农历十月的时候,村民选择将苗木移栽至所需之地,这时候当地的气温是比较暖和的,有利于提高苗木的存活率。在种植时会控制树木的间隔距离,鉴于寒露籽树木能长至 10 多米,所以间隔多为 3 米,若是密度控制得不好,整片茶林的结籽情况便不是太乐观。村民一般将茶树栽种在空地之后,待长大一些,又根据密度情况再做移栽。冬季需要进行修剪,控制树林密度,以防止树木过于密集,生出病害。湖南省的油茶病虫害共 162 种,其中病害 35 种,虫害 127 种⑤。对于病虫害的防治,当地村民目前没有太多的防治意识。在光绪年间,当地对油茶的虫害并没有良好的防治措施,《古丈坪厅志》中记载"有虫穿根食叶枯叶,今尚未得杀虫之法"。不同的虫有着对应的鸟类天敌,随着当地作物种植的单一化,吸引鸟类的树种减少,一些鸟类在油茶林管护中已经失去了原有的生态位,数量也相应减少,这是一个不利于油茶

---

① 张永雄.种植业单一结构对自然和社会的危害性[J].科学种养,2015(11).
② 周建波.生物多样性价值及研究现状[J].生物化工,2019,5(1).
③ 吴合显.本土知识与生态维护的关联性研究[J].贵州大学学报(社会科学版),2016,34(3).
④ "夏历"中,是把十月作为一年之开始,叫"阳",习惯上,把农历十月叫"小阳春"。
⑤ 周国英,宋光桃,李河.油茶病虫害防治现状及应对措施[J].中南林业科技大学学报,2017(6).

产出的事情,也能看到当地的茶果和落下的茶籽多有蛀虫,这便是林上管理优势下降的情况。

由于人力有限,交通不便,这里在以前种植玉米和稻谷等粮食,需要耕地,家中会圈养一两头牛来做劳力,平常则将牛放至茶树林中吃草。该地区在 2010 年以前还保持着这样的耕作系统,每家每户都养牛,将牛放养在茶树林中。基于这样的耕作需求,在林下管理方面,基本依靠牛、羊等家畜来完成,牛、羊的粪便则是很好的肥料,吃草的特性使得除草不再需要人力维护,以及这些动物在林中随意地走动,对于灌木生长的抑制,都是对茶树林的一种良性循环的管护方式。在 2000 年左右,机械设备的引进,使得耕地变得更便捷而容易,牛的需求也就降低,几乎没有农户在养牛了,至此林下管理也几乎不再依靠动物。

寒露籽树种的得名原因之一,便是由于寒露开始,这时茶果中的茶籽变黑,表示已进入采摘期,虽然这时的茶籽可采摘,但是过霜降之后待茶籽落下,茶籽出油率才是最高的。所以村民一般将较矮的树和易于采摘的茶籽,在寒露后三天开始进行采摘,过高的树上,则留果等其落下。以前农户家家户户都种植油茶,快到茶果成熟之际,家中的老者便会常去山中查看,而秋季人们常在山中忙碌收获之事,出门便开始和所遇之人聊天几句,告知他人出门之意为查看油茶林的情况,消息便会在村中不胫而走。这样做的意义不仅在于和他人熟络感情,还有另外含义,一则检查茶果的成熟情况,山地的不同朝向和海拔会影响茶果的成熟时间,二则以示巡逻之意,既能清楚地告知他人自家茶林的界限以表主人之权,又能告知他人这油茶果主人将会采摘且不定期查看,警示他人不得偷盗。

采摘茶果虽然出油率不高,但是村民们普遍会先去采摘,这样可以避免被他人偷盗。在霜降至小雪期间,都是茶树落籽期,这段时间村民一般都在树下捡籽。而等茶籽落下后,也需要每天去查看,现在高坪村的茶树林所剩不多,在这个时间段都是农闲季,没有茶树的一些老人们也会去捡茶籽,所以管护较好的农户则需要费心多加巡视。茶籽每斤可榨出 0.3 斤油,0.7 斤茶枯①,每斤茶油售价为 50~70 元,《民国永顺县志》记载:"茶油:宜寒露节后捡子榨油,其价昂贵,商贾趋之,民赖其利。桐油,膏桐树子,宜霜降后捡子榨油,昔年贱于茶油,近日谷贡为出日货大宗。菜油:即芸薹子榨成者,价劣于茶油。"可见,油茶在当地的油类食品中,经济地位一直处于最高。

据调查,当地一块管护的较好的油茶林近 15.8 亩,最高有产出 380 斤油,平均每亩 24 斤油,平均每年产出 200 斤油②。油茶不仅为食用油,而且还有其特殊的用途。茶油在这里还被称为"清亮油",因其色泽透亮而得名。茶油在婚葬仪式中,以及医药中有特殊的地位。茶籽可以医治喘急咳嗽,去痰垢,茶油则被用于身上的一些疮,起着消毒杀菌的作用。在婚礼仪式中,新房的床底下会放置一碗茶油与灯芯草制成的七子灯③,以示早

---

① 资料来源:湖南省永顺县高坪乡油茶坊统计资料。
② 资料来源:湖南省永顺县高坪乡农户口述史资料。
③ 七子灯:碗中放三分之二的茶油,由灯芯草制成特殊形状,形成三个角,三角形中间插一只灯芯,点燃灯芯,是为七子灯。

得贵子之意;在葬礼仪式中,神龛下会放置一盏茶油添置的灯,直至葬礼完成,以为逝去的人点亮前行的路。

油茶的种植方式随着社会的发展与时代背景的需求,不断地发生着变化,当地人们对油茶种植的历史记忆等本土知识主要是凭借经验和教训的积累,去健全和完善人与所处自然与生态系统的和谐关系①。在经济市场为主的社会背景下,本土知识的应用受到冲击,可以看到,在政府政策的干预下,人们更倾向于能直接体现经济收益的作物,选择性地忽略了本土知识的价值应用。

三、茶油杂交品种的实施与困惑

湖南省浏阳市国家油茶良种基地建于2001年,也是湖南省最早的一个油茶基地,于2004至2007年完成母本嫁接,2005至2008年完成父本嫁接。目前在永顺县高坪村推广的杂交油茶品种,主要有以下7种:华硕、华金、华鑫、湘林1号、湘林63号、湘林97号和湘林210号。杂交品种三年后挂果,第七年进入盛产期,杂交品种在示范基地仅18年的培育史,与原生品种现有400年还在结茶果的情况对比,其盛产期及生命周期具体为多少年,现在还无资料可查,也不得而知。

至2019年,永顺县有1个深加工工厂即湘西沃康油茶生物科技有限公司,并成立永顺县沃康油茶专业合作联社,集生产、研发、销售于一体。永顺县沃康油茶专业合作联社于2017年正式投入生产,企业占地面积300亩。该联社由湘西沃康油茶生物科技有限公司、永顺县大云富硒油茶专业合作社、永顺县大坝乡沐浴油茶专业合作社、沙坝镇彭溪峪油茶专业合作社、永顺县首车诚信油茶专业合作社等37家成员社发起设立,永顺县林业局已与湖南省林业科学院建立起长期合作关系,技术支持主要来源于该院,国家林业局油茶研究开发中心挂靠该院。永顺县的油茶造林工程总投资金额为1 000万元,根据《财政部关于印发〈农业综合开发资金若干投入比例的规定〉的通知》(财发〔2010〕46号)及《湖南省财政厅关于调整农业综合开发地方财政配套政策的通知》(湘财农综〔2010〕9号)文件规定,永顺县隶属于湘西土家族苗族自治州,最终资金配比申请为:中央财政资金360万元,占比36%;地方财政配套资金140万元,占比14%;自筹资金来源500万元,占比50%,根据国家有关规定,项目建设投资由永顺县沃康油茶专业合作联社统一计划管理。

在永顺县高坪村,由于寒露籽的品种种植面积大幅下降,政府部门在此进行了杂交品种的推广,于2013年开始发苗栽种,采取自愿报名的方式。截至2018年,共93户农户种植杂交品种油茶,第三方验收评估油茶种植产业,抽查新造林11户共48.3亩,其中2户不合格,原因分别为栽植柚子和无苗,低改抽查7户,均因未松土导致需整改②。据采

---

① 杨庭硕.本土知识的发掘在农业文化遗产认证中的参考价值[J].中国农业大学学报(社会科学版),2016,33(3).
② 资料来源:湖南省永顺县高坪乡林业站统计资料。

访,村民 Z 先生表示,由于烟草无法再种植,猕猴桃只能种植在泥土较多的地方,原本的山林较远,种植猕猴桃的话不便于管理,没有其他作物能够很好地产生经济效益,政府推广的油茶刚好符合需求,而且原本就是油茶林,所以还是选择将油茶种植在这里。他反馈种植烟草的几年太辛苦,家中年轻人都不在家里,劳动力不足,家中小孩现在都已完婚,家庭经济负担也不那么大了,还是选择种植杂交品种,树矮便于采摘,而且前三年的管护中,政府免费发放苗木,每年还有资金的补助,与其闲置山地,不如种植油茶,政府政策比较好,没有损失,在这样的背景下,选择了将家中偏僻的山地再次种回油茶,但是品种已经发生了改变。

杂交品种油茶每亩可种植 80~120 株,合理施肥可以显著促进油茶幼树的营养生长[1][2],杂交品种的幼苗,在第一年承受不了施肥,主要以保证成活为目标,第二、三年只能施氮肥,肥料不足或施肥过量都会对油茶的产量造成不利影响[3]。一般开春施肥一次,以促使发芽;清明施肥一次,以生长苗木,这时候为雨季,可以作为壮苗肥,缺少水分高温情况就不能施肥,因为高温条件下土壤溶解不了肥料。三年之后,土壤对氮磷钾都有需求,除草共分为两次,在春季除草一次,秋天除草一次。不少村民在外地务工,只能春节期间再回来维护,以致很多苗木生长情况并不乐观,也有部分不能通过政府评估验收。

村民 B 先生说,他从 2009 年开始种植杂交品种,现在这一批油茶的挂果情况已经很可观,他总共种植了两块田,一块 0.9 亩,一块 1.6 亩,平均每亩种植 100 株,间隔 2 米×3 米,苗木现在基本达到了 2~3 米高。由于这边降雨量的影响,容易干旱,虽然油茶苗的成活率很高,却也达不到 100%,2018 年 5 月政府发了一次苗,在当地来说,这个时间太晚了,已经过了雨季,据了解这一批的成活率非常低,需要营养袋才能救活。目前村民 B 先生种植的杂交品种,其茶果的大小和本地茶籽基本一致,一块地中有超过 4 个品种,由于政府发苗的时候是统一发的,也分不清苗木的具体品种,所以田中现在茶树结的果子大小不一,挂果率也不一样,好一点的品种也分不出具体是哪一个品种。他种植的油茶从第七年开始盛产,每亩收获 20 斤油,但是挂果的第一年自己都没有采摘到,想留久一点使得果子成熟度高一些,保障出油率,但是出现了被人偷盗的现象,后几年便在茶果成熟之时,就采摘回家。他总结出来的种植经验为:在前三年护苗过程中不能打除草剂,到了夏季还要管抗旱,防止因为干旱茶树苗被干死,到了产茶果的时候,摘完茶果就要把地打理好,除草、翻地等工作都要做完。

由于喀斯特地区山地固水能力不强,水资源的匮乏,以及村民们对杂交品种的种植,难以按照林科所所提供的资料进行规范管护。在种植过程中,对于具体的种植标准,例如树苗的间隔、挖坑的深度、浇灌及肥料的合理使用,都很难严格去操作,第一批下种后的成活率不高,以致在当地,已经收获杂交品种油茶的农户并不多。油茶林的种植地通

---

[1] 潘晓杰,侯红波,廖芳,等.配方施肥对油茶中幼林营养生长的影响[J].中南林学院学报,2003,23(2).
[2] 胡冬南,游美红,袁生贵,等.不同配方施肥对幼龄油茶的影响[J].西北林学院学报,2005,20(1).
[3] 李安亮,陈永忠,王瑞.油茶施肥技术研究进展[J].中国农学通报,2015,31(31).

常都在山上,距离较远,看护不便,鲜有收获的几户又面临着偷盗的风险,不得不提前采摘,未等茶果自然裂开落下茶籽,只在寒露节时,检查茶籽刚开始变黑,便都采摘回家。这样的行为,使得出油率受到了一定的限制。这同时也在说明村规民约在当地,由于社会结构的变迁,受到了挑战,如何确保油茶能够做到茶籽落下时,再捡籽回家,这也是当地农民的一大困惑,这样的困惑也阻碍了油茶产业的推广和发展。

四、结语与讨论

美国生态人类学家斯图尔德说:文化生态学所呈现的问题主要是人类社会对其环境的调适,究竟是需要一套特殊的行为模式,还是在某种范围之内好几套模式都可以适用? 武陵山区的环境是不适合大田农业的耕种方式,土家族属于游耕民族,一直采取的是农牧兼营的生计方式①②。

现在当地村民对于油茶林的管护,不论是原生品种还是杂交品种,都有着一些共性,比如除草都选择用草甘膦,而在更早以前,油茶林的锄草任务,是村中农户放牛、羊这类食草动物来此放牧而代替的。由于山林中还有板栗树、核桃树等其他经济作物,山中鸟类、蛇也较多,对虫害与鼠害的控制得当,人与动植物之间形成了生态互惠的原则。在传统油茶种植中,并没有现代技术管理,油茶的产量也是很高的,原生品种的油茶每亩管护好也是能高产至20斤每亩。这也能凸显出现代技术就管理而管理,未考虑人与动植物之间的相互依赖性,而以作物的单一产量作为衡定标准,这样的理念与传统经营是有冲突的,传统经营强调的是多种经营进行管护、多种方法进行管护、多时段地进行管护,且不仅体现在油茶这一种传统产业当中,那么解决传统经营和现代技术协调的问题,才能解决当地农民所需。

茶油在永顺乡村的社会中,无论是饮食、宗教信仰还是医药,都是不可或缺的。对于油茶的种植,在其种植和管护过程中,最基本的要求就是做到生计、生态与生命的和谐,三者耦合才是有效的③④。只注重产量,不注重生态,只凭借现代技术进行传统产业的发展,并非是最有效的,而需要加以整合使得当地生态环境得到保护。

在我国乡村振兴中,需要考虑的不仅是眼前的短期利益,更应注意一个产业的发展需要有延续性和累积性,喀斯特地区应注重将农民生计可持续作为目标⑤。油茶作为传统作物,正是符合当地生态环境与经济发展的作物。原生品种的油茶是一个百年产业,杂交品种的不确定因素相对较多,可将现代技术管理与传统技术管理相结合,在减少劳

---

① 王韵.当代土家族地区生计方式变迁研究[D].吉首大学,2016.
② 姜爱,刘伦文.人地关系与土家族生计变迁六十年——湘西龙山县草果村的再研究[J].西南民族大学学报(人文社会科学版),2013,34(3).
③ 罗康隆.跨文化视野中的人类生态安全观——基于中国少数民族生态文化的分析[J].云南社会科学,2010(6).
④ 罗康隆.文化特化与生态环境的适应——以贵州省黎平县黄岗侗族社区糯稻品种的特化为例[J].云南社会科学,2014(2).
⑤ 石芳.生态与生计:渝东南喀斯特地区农民生计可持续的人类学研究[D].西南大学,2019.

动力的情况下,扶持原生品种的产业发展,与加工工厂结合研发新的产品,将产品的品质和销路打开,也能为当地的生态建设作贡献。目前政府大力支持,产业链配套也相对完善,已基本解决生产问题,若油茶管护好得到高产,经济效益得到提升,劳动力也能得到回归。这样便能做到产业兴旺与生态建设兼顾,使油茶林的价值得到最好的发挥。

杨文君(吉首大学历史与文化学院硕士研究生)

本文系国家社科基金重大项目《西南少数民族传统生态文化的文献采辑、研究与利用》(项目批准号:16ZDA157)成果之一。

生境与生态文明研究

生态文明作为一种人类文明类型的思考

一、倡导与探索

自党在十七大首次明确将生态文明建设列入全面建设小康社会的目标,到党的十八大又正式将生态文明建设纳入中国特色社会主义事业五位一体总体布局,生态文明已成为家喻户晓的概念,引起了国内学术界的关注和热议。目前,对生态文明这一概念的解读主要有两种观点占主流。一是"类型说",即把生态文明作为与农业文明、工业文明相对应的一种新的文明形态,是人类文明发展的新阶段,也被划分为广义的"生态文明"。另则是"要素说",即将生态文明与物质文明、精神文明、政治文明并列,成为社会主义现代文明体系的核心要素,相对应地被划分为狭义的"生态文明"。

对"生态文明"的不同解读方式都有各自的理论和实践背景,这也恰好反映了生态文明的提出及构建将是一个不断深化认知的过程。在现有的认知水平和新文明还未成为事实的前提下,我们进行生态文明建设是建立在对工业文明反思基础上的一种探索。针对工业文明所引发的全球性生态危机与环境污染,人与自然关系的重新定位成为当务之急。在此情况下"生态文明"最初被提出来后,更多地是寄希望于通过政策、制度、新科技等自上而下的显性手段来直接规约人的行为,以在短时间内能改善人与自然的关系。此早期阶段的生态文明建设直接表现为摸索、寻找解决环境生态问题的途径或方法,自然需要以物质文明、精神文明和政治文明为重要条件。因此从狭义上来看,生态文明与物质文明、精神文明、政治文明并列,成为社会主义现代文明体系的核心要素,相辅相成、不可偏废。但随着认知在生态文明建设的具体实践中的不断提高,开始意识到生态文明的建设不仅仅是自上而下,还需要自下而上与之相对接,必须要深入到每一个社会成员的内心、深入到社会的方方面面,包括意识、理念、行为、政治、制度、文化、生活、生产等,进行一场巨大的变革。如党的十八大就已强调生态文明必须放在突出地位,融入经济建设、政治建设、文化建设、社会建设各方面和全过程;十九大又进一步将建设生态文明提升为"千年大计",即是对生态文明认知与把握的不断深入。若只将这场变革理解为人与自然关系的修复与调整或是重建的生态层面,是不够的。要争取这场变革的胜利,必须将生态文明的指导地位强化。而广义的"类型论"更具有说服力,当把生态文明作为一种人类文明类型时,生态文明所具有的统领地位和整体性特征得以展现。超越工业文明的生态文明,必然要求与之相适应的并能随其发展而不断提升的物质文明、精神文明和政治文明。社会文明建设的其他内容,例如物质文明,则不具有统领地位,处在生态文明规定下的从属地位。显然,狭义的生态文明已不能满足生态文明建设进一步深化的要求。虽然生态文明作为要素或人与自然的相处之道是古已有之的,但时至今日才正式提出"生态文明"的概念,显然不是偶然或巧合,而是遵循历史发展的必然。首先工业文明在给人类带来飞速发展的同时也使得前所未有的生态危机爆发并波及全球,这是导致人与自然关系高度紧张从而提出"生态文明"的显性因子。但仅凭显性因子还不足以促成"生态文明"的构建。人类社会自身的发展,包括经验的积累、认知能力的大幅度提升,则是促使人类有足够的能力和动力既向前看也向后看的重要基础,也是"生态文明"得以提出的隐形因子。"向前"是我们人类社会必须走可持续发展之路,这也是人类最初聚集起来为生存、繁衍和发展形成组织、制度和社会的根本。这一生存、繁衍和发展的目的始终贯穿人类社会,要求其连绵不绝;"向后"是人类实现走可持续发展之路的必然途径,我们需要在之前的行为与经历中反思,或者更准确地说是从过去提炼出人与自然的相处之道,并使之形成一整套认知体系用于指导今天的生态文明建设。从这里可以看到,今天"生态文明"的提出是人类社会发展到一定阶段,在厚重的历史和足够丰富的经验以及较高的认知能力的基础上提出的对人与自然关系的思考,其实质是一定的历史积累下的特定产物,是站在整个人类文明的高度所提出的。其不同于前文明中的生态文明要素,是人类社会跨越到新的文明高度的目标。生态文明的本质是要超越工业文明,带领人类进入更高阶段的文明,这才是生态文明建设的目标。因而,生态文明不能降格为具体的生态行动,而是要用生态文明的核心价值去规范具体的建设。① 将生态文明作为一种人类文明类型进行探索,是人类对已有的文明形态特别是工业文明进行深刻反思的结果,是我们为追求更高阶段文明的新目标。正如习近平同志所指出:"生态文明是人类社会进步的重大成果。人类经历了原始文明、农业文明、工业文明,生态文明是工业文明发展到一定阶段的产物,是实现人与自然和谐发展的新要求。"②这是人类文明形态和文明发展理念、道路和模式的重大进步。

生态文明建设是一个从工业文明转换到生态文明的行动过程,而在这一过程中的所有具体行动和行为都必须有一个生态文明的核心价值去引导和规范,需要将生态文明作为一种新的文明形态的目标去加以对待。如果狭义的理解生态文明建设为具体的生态建设行动,则难以真正达到生态文明建设的目的,更不可能有效解决人与自然的矛盾。超越工业文明,带领人类进入更高阶段的文明的目标必须要深入且准确地把握好,才能使我们的探索保持在正确的方向和道路上。若对目标的理解含糊甚至偏颇较大,必使得探索偏离轨道,背离原本的初心。因此,生态文明作为一种人类文明类型是当下亟待研究的课题,对当前生态文明建设和中国梦的实现意义重大,是构建人类命运共同体,带领人类迈向新纪元的关键。长期致力于国际环保的专家、英国国际环境与发展研究所主任卡米拉·图尔明也表示:"生态文明的概念包含了每一个人,可以帮助我们思考如何在地

---

① 罗康隆,吴合显.近年来国内关于生态文明的探讨[J].湖北民族学院学报(哲学社会科学版),2017(2).
② 习近平总书记系列重要讲话读本[M].北京:学习出版社,人民出版社,2014.

球上以一种新方式生活,是一个我们需要以不同方式做事情的新纪元。"

二、生态与文明的耦合

"生态"与"文明"本身就是充满矛盾的,它俩的结合——"生态文明"可谓是一个相互作用的矛盾统一体。首先,文明的出现必然会使人类偏离自然生态系统。人类在社会实践活动中为生存和发展创造了文明,使人类脱离野蛮状态,建立了复杂而严密的社会组织体系,完成了人类对非人动物之自然生存状态的超越。这也决定了文明与自然之间必然存在着张力。从原始文明到现代文明的漫长演变过程中,各地方的文明都在缓慢的生态破坏中不断开拓可利用的资源和土地。只是前文明没有让人们清晰地看到地球的生态极限而已。① 例如农业文明看似对生态系统是十分友好的,但从另一角度看,耕地的开垦就是对生物多样性的破坏。所以说任何文明都是对抗自然的结果表达,因此,文明先天具有反自然的性质。② 但是文明的出现只是改变了与自然的交往方式,并没有改变人是自然界的一部分并始终依存于自然的现实。正如马克思所述:"自然界,就它自身不是人的身体而言,是人的无机的身体。人靠自然界生活。"人是自然界的产物,先天拥有着自然的属性,其生存和发展必须通过外在的自然提供物质和能量,这也使得人始终同自然之间保持着物质、能量和信息的交流。所以,"自然界是人为了不致死亡而必须与之处于持续不断的交互作用过程的人的身体"③。"我们连同我们的肉、血和头脑都是属于自然界和存在于自然之中的"④。因此,文明作为人类在社会实践中创造的伟大成果,目的是促使人类更好的生存、发展和繁衍,而绝不会毁灭自己的"无机身体"。从这一点来看,文明又天生拥有一种拉力,一种使人类回归自然的力量。回顾人类的文明发展史,就会轻而易举地发现,人类是一直关注着并呼吁维护人与自然的和谐关系的,出现了诸如"天人合一""万物有灵"等生态自然观,生态文明也因此在一些研究者的视域中被定义为人类各历史发展阶段就一直存在的文明要素。

生态与文明就是这样一个相互作用的矛盾统一体。人类为求发展在创造文明的过程中会不断偏离生态系统,特别是当人类想超越自然并征服它时,自然绝不会听任摆布,甚至将一些人类文明毁灭;而人类在文明的积累与不断发展中又会认识到人类与自然的血肉联系,这样正确认识的形成将有助于自然生态系统的新平衡,反过来,良好的生态环境又将促进人类文明的发展。人类文明与自然生态系统间这种"偏离"—"回归"的耦合关系,是我们探索人与自然和谐、进行生态文明建设的认识前提。否则,我们就只是在盲目地追求人与自然的和谐,不仅不能达到真正的和谐,反而容易陷入极端的思想:或者是倡议回到原始社会,采取禁欲式的原始生活以减少对自然的伤害;或者干脆认为人与自然永远不可能和谐,文明的存在就一定会对自然进行改造和不同程度的破坏,影响自然

---

① 卢风.地方性知识、传统、科学与生态文明——兼评田松的《神灵世界的余韵》[J].思想战线,2010(1).
② 曾建平.生态文明的三种阐释[J].鄱阳湖学刊,2009(1).
③ 马克思.1844年经济学哲学手稿[M].北京:人民出版社,1979.
④ 中共中央马克思恩格斯列宁斯大林著作编译局.马克思恩格斯全集[M].北京:人民出版社,1984.

原本运行的规律。要避免以上这些典型的认识误区,好好理清并理解分析生态与文明的耦合关系显得尤为重要。我们应肯定"偏离"的存在具有积极的意义。如果不存在这样的偏离,人类就变得和普通物种一样,绝对不可能有人类社会的繁荣昌盛,更不会有人类对这种偏离过程所形成的科学知识积累。① 所以人与自然的和谐一定是建立在这种"偏离"之上,即肯定了文明,包括工业文明对人类社会的发展都是具有重要意义的。其次,由于自然是人的无机的身体,文明天生拥有的拉力会控制和回归这种偏离,使之不至于毁灭自己赖以为生的生态系统。而人类的文明是在通过认识自然规律、利用自然规律并尊重自然规律的过程中不断积淀下来的,人类改造自然的能力实质就是对自然规律的认知与利用。因此,人与自然的和谐,须通过人类对自然规律认知与利用程度的提高,即人类文明程度的提高来寻找一个生态平衡点。生态文明作为一种更高阶的人类文明类型,正是在这样的需求下应运而生。从生态文明的视角出发,人类必须确立与自然万物互利共生的大生命观,既不能像古代文化那样抑制人的主体性发挥,沉沦于自然本体论而不顾认识论;也不能像近代机械文化那样无限自负地扩张人类的理性,痴迷于人的本体论和认识论而无视自然。而是应以更具长远眼光和更符合全球整体利益的视角来处理人与自然的关系,把自然界整体的稳定和平衡作为自己主体行为的绝对限度,尽可能地在自然能力承受的限度内开发和利用资源。② 文明以自然生态系统为蓝本,在"偏离"的过程中建构了人类社会,使得人类社会具有一定的独立性。环望周边,我们就会发现身处的已不是原生生态系统,而是人为加工过的次生生态系统。在这个次生生态系统中要想获得一定程度的"回归",控制"偏离"的程度,就只能靠人类自身的文明。所以生态文明强调人的自律与自觉,不仅要求人类改造自然的范围、方式和程度应当有一种自我约束,更需要人发挥主观能动性,通过更好地认识自然规律、运用自然规律以促使与自然之间保持一种可持续发展的良好状态。

三、人与人的和谐为生态文明应具有的重要特征

生态文明作为一种人类文明类型,不仅仅是追求人与自然的和谐,也追求人与人的和谐,其本质要求应是实现人与自然和人与人双重和谐的目标。为了生存、发展和繁衍,人类同自然界进行物质交换,并生产物质生活资料,而在生产过程中,必促使人与人结成一定的关系,进行不同的分工和协作。从这方面看,现实生活中存在两种最重要的关系:一方面是在生产中形成的改造自然的能力,即生产力,反映的是人与自然的关系;另一方面是在生产中结成的生产关系或者说是人与人的交往关系。③ 这两种关系是相互制约、相互影响和相互促进的。首先,人与自然的关系起着决定的作用。若人与自然的关系不和谐,人类便会失去赖以生存的自然生态系统,人与人的关系便无从谈起。只有人与自然的关系处理得当,才会有人类社会的发展。当然,人与人的关系也会通过人类的社会

---

① 罗康隆.生态人类学理论探索[M].长沙:湖南人民出版社,2017.
② 李贵成,夏承海.着力构建人与自然和谐共生的生命共同体[J].理论导刊,2018(11).
③ 郭水兰.人与自然关系实质的探讨[J].学术论坛,2007(6).

活动反过来影响人与自然的关系。从历时态的角度看,人与人的关系表现为人类之间的代际关系,如当代人与后代人的关系。当代人和后代人共同地享有地球资源与生态环境,当代人对自然生态资源的利用不能妨碍或透支后代人的自然生态资源的利用。若当代人不能处理好代际关系,不能意识到自己对后代人的责任与担当,而对自然生态资源的利用毫无节制或不合理支配,必将破坏人类与自然的关系,使人类遭受大自然的惩罚。只是这种惩罚可能不会明显降临到当代人身上,但必会威胁到整个人类的生存!恩格斯在《自然辩证法》中就记录了美索不达米亚、希腊、小亚细亚等地居民为开垦耕地而将森林砍伐殆尽,最终使这些地方变为荒芜之地的经典案例。历史上由毁林开荒所造成的荒漠化问题至今还困扰着人类的发展。从共时态的角度看,人与人的关系又表现为代内关系。如当代人在利用自然生态资源满足自身利益时要机会均等并且权利与责任要合理匹配,或从整体上看,这种代内关系亦可以表现为不同国家、地区、城乡之间的生态公正。例如发达国家与发展中国家之间存在着国际生态殖民主义,因经济发展不平衡,发达国家掠夺发展中国家的资源并转移污染等。可见,当今的气候变暖、环境污染、物种锐减、土地沙化等一系列全球性环境和资源问题的产生都和人与人之间的利益关系密不可分,实质上是人们在满足自身需求和获取利益过程中形成的不合理社会关系甚至是利益对抗关系,映射在人与自然关系上的最终表现。从"机械团体"到"有机团体",社会的分工与细化使得人与人之间的合作与依赖程度加深,人与人之间的和谐成为整个社会正常运行的基础,并且影响着人与自然关系展开的方式和前景。全球的生态危机,已不能使任何一个地区、一个国家或一个人独善其身,只有人类共同携手才能有效解决。人类急需在人与人、人与自然的关系处理上,形成统一的共识,才能从根本上实现人与自然的和谐相处。

人与人的和谐更是人类文明发展到更高阶段的一个本质需求。文明是人为更好生存、发展和繁衍而创造出来的,这里的"人"应指的是每一个人,而在同一个空间和有限的自然资源环境下,人与人在生活、生产实践中能否处理好物质生产资料的占有、使用及分配等问题,显得尤为重要。这涉及人生活在这个相同且有限的生态圈内,能否拥有平等、公正的生存权和发展权等作为一个人应该享有的基本权利。人与人的关系最基本的是生产关系,包括生产资料所有制的形式、人们在生产中的地位和相互关系、产品分配的形式等。其中,生产资料所有制的形式是最基本的,起决定作用。而随着私有制的产生,资源占有、分配的不公平,造成了人与人之间的压迫和不平等。强势人群为获得更多资源,凭借本身拥有的资源优势,获得权利和资本,压迫弱势人群以掠夺更多的资源,特别是在工业文明时代资本主义的海外掠夺最为典型。这也使得社会出现两极分化,富有的人会更加富裕,而贫穷的人只会更加贫困潦倒。并且,在资源的掠夺中,因为掠夺的成本较低,导致掠夺者可以随意地挥霍资源;也由于掠夺资源的所在地与掠夺者的居住生活地不是属于同一地区,掠夺者根本不会关心被掠夺资源所在地区的生态环境问题,同时,只要能获取到更多的财富和利益,不会顾虑该地区的生态环境问题。这里还必须加以说明一点,由于私有制的产生,物质利益至上观点的影响,使得在一段时间内,很多人把物质财富的增长放在第一位,不惜以牺牲自我生存的环境为代价的情况也较为突出,这样的错误必然要为之付出沉重的代价。这让我们清楚认识到人类要发展,就必须处理好人与人的关系,特别是生产关系,合理处理好物质生存资料的占有、使用和分配问题。人类已有的文明包括工业文明中所发展起来的生产关系已不适应人类发展的需求,对更高阶段文明的追求,实质也是对更高层次的生产关系的追求,亦是对人与人的和谐的追求。

我们不能仅站在人与自然关系的视角而简单地把生态文明与良好的生态环境画等号,不能一味强调生态环境的保护而忽视了人与人的和谐对生态文明所起的支撑作用。良好的生态环境与人类文明的发展不是简单的因果关系或对立关系,生态环境的良好并不能直接为人类带来文明与发展,而人类的文明与发展也不一定要以牺牲环境为代价。在这中间有一座桥梁,发挥着至关重要的作用。这道桥梁便是物质生产活动,它是人类社会最基本的存在方式,是人类社会赖以存在和发展的基础。通过物质生产活动,才能将生态资源转化为人类社会发展所需的能量。而不同的自然环境中孕育出的物质生产方式是不一样的。各个民族依据他们由生态环境决定的各自不同的生计方式,生成相应的资源管理制度,选择各自的社会组织形式和信仰、行为规范等。这使得各民族间在行为、信仰及价值观念等方面必然存在差异,由此而引发民族间的冲突也得以解释。加之不同的物质生产方式给各民族所创造的财富是不一样的,伴随人口的增加,在有限的生态资源圈内,各民族为自身的发展争夺资源及控制资源的利用和管理方式,使得人与人之间的矛盾有增无减。若放任人与人之间的这一矛盾让其越演越烈,最终将会导致生态资源被不合理利用,成为人与人之间矛盾冲突的牺牲品。当然这也包括民族内部人与人之间为资源的分配、占有及使用等利益问题衍化出的冲突矛盾。所以说"一切生产都是个人在一定社会形式中并借这种社会形式而进行的对自然的占有"。① 人类在一定的社会关系范围内进行生产活动,并最终作用于自然。不合理的社会关系必然影响人与自然关系的和谐。对此,生态文明作为一种更高阶段的人类文明类型,人与人的和谐应成为其重要的内容和特征。

四、生态文明与具体的多元文化事实

在自然生态系统中,不同物种相互共存,它们之间存在着相生相克的相互制约关系,这种关系可以保持整个生态系统的稳定,不会因某种生物过分的发展而导致其他物种的灭绝。这种生态法则对我们理解生态文明有很大帮助。② 一方面是在处理人与自然的关系时,要注重保护生物的多样性,认识到不同的动物和植物对人的生存和发展具有重要的意义。另一方面还需要深化到人类社会,这里的多样性则具体表现为文化的多样性。文化是人类求生存、发展、延续的人为信息系统,在不同的自然环境背景下各民族自会形成不同的文化。民族与民族之间在文化的控制下实现其制衡,以调制人类社会内的物质

---

① 马克思,恩格斯.马克思恩格斯选集:第 2 卷[M].北京:人民出版社,1995.
② 雍际春.人地关系与生态文明研究[M].北京:中国社会科学出版社,2009.

与能量有序而稳态运行。① 人类文明发展的历史,其实质就是不同文化系统间相互影响、彼此渗透的过程。文明形态之所以能够具有生命力,能发展与延续,能再生与重建,主要是由其内在的活生生的文化精神或文化模式支撑的。② 首先表现为民族文化是在各自不同的生态系统中为求生存、发展,不断反复磨合总结出来的结晶。在生活生产中经反复"试验",各相应生态系统中生存下来的民族都会形成一套对当地资源的认知体系与利用方式,这些恰是能够实现因地制宜地利用生态资源的最佳选择。如刀耕火种作为山地民族的一种生计,是他们对山地森林环境的适应方式,是森林孕育的农耕文化。其森林资源观会形成与之相适应的独特的农业技术体系。如利用水冬瓜树提高地力、进行粮林轮作或混林农业等③,都是针对所处生态环境的特点,让生计活动的建立能使周围环境中可利用的资源得到最大限度的利用,同时又保证了生态环境的稳定持续。

其次,对该地区生态资源认知与利用的这套体系中,蕴藏的实则就是相关民族文化在世代调适与积累中发育起来的生态智慧与生态技能,能有效规避该生态系统的"脆弱环节"。在我们生存所面对的生态系统结构中存在着一些较为特殊的地带,一般表现为抵抗外界干扰能力低、自身的稳定性差等。但当我们从文化的视野去审视,就会发现对某一种人类文化而言似乎很脆弱的生态结构,对另一种文化而言也许并不那么脆弱。脆弱与不脆弱的关键在于人类凭借什么样的文化,用什么样的方式去利用它,或者如何对它构成冲击。④ 在人类历史上经常会出现一些外来强势民族将自己的文化强行在某一地区推行,致使错误地使用了不适应所处生态环境的文化价值观和资源利用办法,从而导致了人类活动与所处自然生态系统的不相兼容。可见,相关民族文化与自然生态系统的对应格局发生错位,极易导致该民族文化的非正常运行,在所处生境被压缩的情况下发生掠夺式的利用,冲击该生态系统的"脆弱环节",从而对相关生态系统造成损害。

再者,不同文化规约下的民族对生态资源的利用方式不同,能起到相互制衡作用,并且可避免因某几种资源的枯竭而导致资源危机。当前人类所面临的一些自然资源危机,不可否认其与人类在资源利用方式上趋于单一化有很大的关系。地球上丰富多样的生态系统蕴藏着千姿百态的生态资源,因此也要求人类用多种多样的方式加以利用这些资源保持生态平衡,使得生态系统能够稳态延续。特别是在应对生态灾变时,多元文化下的人类将拥有更强的防御力和恢复力,即使灾后生态系统发生改变,凭借不同的文化相互借鉴,也能及时随生态环境的变化而变化,找到相适应的资源利用方式而得以继续生存、发展和繁衍下去。

此外,民族文化的多样性对当今的生态维护也具有重要意义,能有效避免在生态资源维护上出现用单一文化的思维模式应对地球千差万别的生态系统及生态资源实际的

---

① 罗康隆.论民族文化与生态系统的耦合运行[J].青海民族研究,2010(2).
② 衣俊卿.论哲学视野中的文化模式[J].北方论丛,2001(1).
③ 尹绍亭.人与森林:生态人类学视野中的刀耕火种[M].昆明:云南教育出版社,2000.
④ 杨庭硕,吕永锋.人类的根基[M].昆明:云南大学出版社,2004.

偏颇。通过各民族提供多种多样的生态智慧方案,在相互借鉴资源的利用、管理及生态的维护基础上使人类能更好地生存于不同的生态系统,并同时维护生态系统的平衡。

人类在历史的长河中已经历了不同的文明形态,但不论哪一种文明之内都包含着不胜枚举的具体民族文化,那么生态文明作为一种全新的人类文明类型也不例外。理由全在于人类依然得"寄生"在地球生命体系中,最终都得接受自然与生态系统本身就多样并存的这一客观事实。① 此外,每种文化要素都有实现其文明价值的特殊功能,以满足人类群体的需要。以马林诺夫斯基为代表的功能主义学派将这种需要分为基本的和次生的两个层次。基本需要一般是建立在生理需求基础之上的,包括摄取营养、生殖繁衍、身体舒适、生命安全等;次生需要一般是建立在社会需求基础之上的,如劳动协作、信息传递、社会交往、契约保障、情感慰藉等等。人类正是在满足基本需要的过程中不断产生出次生需要,从而向文化提出越来越多的文明需求。② 文化的多元并存格局可以说既是接受一个个特定自然与生态系统的节制和规约的结果,更是人类社会不断向更高文明阶段获得可持续发展的鲜活血液。人类社会要实现可持续发展,就必须确保文化多样性与生态系统多样性的制衡共存,确保人类文化行为与所处生态系统的耦合运行。

文明的产生是以文化的产生为基础的。自从人类产生以来,人类在实践过程中创造了许许多多形式各异的文化成果,它涵盖了物质的、精神的和政治的成果。这些成果中既有精华、进步、推动人类社会前进的不朽的内容,又不乏糟粕、落后、与人类进步相悖的成分。③ 对于能推动人类发展的优秀的文化,我们应给予肯定并发扬,包括工业文明内发展起来的进步文化。因此,从具体的多元文化事实来看,作为新文明形态的生态文明不是复古,更不是无中生有的创新,而是在总结人类已有的文明基础上的新型的文明形态。生态危机也提示我们,人类更需要认识自己,认识我们这个物种在生态圈中的地位与作用,认识我们自己在上万年的集体生存中获得的经验。为走向生态文明,我们必须向各种传统学习。用美国思想家伯利的话说,我们必须向"原住民"学习,如重温"西雅图酋长的宣言"。另一方面,为超越现代文明就必须对现代文明的成就有所继承,我们也必须继承现代工业文明的积极成果。例如工业类型文化给新的生态维护铺垫了坚实的物质基础,使人类社会有可能高起点地去应对艰巨的生态恢复问题。④ 社会文明形态的形成、发育和演替过程是渐进的,在这个过程中并不是单独一种文明孤立存在,而是表现为几种文明交叉重叠,其中总有一种文明形态起着主导作用,而其他形态居次要地位。适者生存的生态背景至今没有改变,一些低等植物、微生物不能也没有被淘汰,是因为它们支持着高等生物的生存。反思人类社会,低等文明形态中的各种具体文化事实就犹如自然界的低等植物、微生物一般,其生存范围是文化定义的,是在长期的磨合中形成的,其对应

---

① 杨庭硕,彭兵.生态文明建设与文化生态之间的区别与联系[J].云南师范大学学报(哲学社会科学版),2015(4).
② 陈炎."文明"与"文化"[J].学术月刊,2002(2).
③ 杨海蛟,王琦.论文明与文化[J].学习与探索,2006(1).
④ 罗康隆.全球化背景下的人类生态维护理念[J].民族论坛,2012(6).

的生态背景也必然是高度稳定,只要适合它生存的环境没有发生质的改变,那么这些低等文明形态中的各种具体文化事实就依旧有其存在的价值,是新文明形态的生态文明需要提炼和汲取的精华。正如露丝在《文化模式》一书中指出,不同的文化并无优劣高低之分。所以,生态文明应是在人类历史已有的五大文明的积淀基础上取其精华、去其糟粕而成型的第六种文明,文化的多样性为生态文明建设提供了历史的和文化的储备。

五、社会主义与生态文明

一部人类文明的发展史,就是一部人与自然的关系史。因此,每一次文明的跃迁都是人与自然关系的重新调整,这势必影响着人类社会形态的变化。如农业文明带动了封建主义的产生,工业文明推动了资本主义的兴起。① 故而从社会方面来说,文明不仅是物质上的、精神上的、制度上的成果,而且也是意识形态的成果。那么生态文明作为一种人类的文明类型,将引导人类社会向何处发展呢?从生态文明提出的大背景来看,在三百年的工业文明发展中,生产力迅速发展,人类社会日新月异。但人与自然的关系在"人类征服自然"的主导理念下已变得扭曲并急速恶化,一系列全球性的生态危机不断向人类社会袭来。同时,伴随生存环境的恶化,人类社会自身的矛盾也被不断凸显出来,如对自然资源的掠夺与竞争越演越烈,资本迅速向少数人集中,贫富差距不断拉大等。工业文明社会所积累的矛盾,已无法在其文明模式的范围内解决。为延续人类社会的生存与发展,人类需要重新认识人与自然的关系,重新调整人与自然的相处之道,以及重新审视人类的生存理念和行为准则。为此,生态文明作为一个新的文明形态被提出来。② 这也注定了生态文明必须要超越工业文明,才能实现所肩负的重要使命——人与自然的和谐发展。而工业文明所造成的人与自然关系的对抗,其根源是资本主义生产关系。所以,生态文明要实现对工业文明的超越,在生产关系上,必然要求对资本主义的扬弃,社会主义与共产主义生产关系的建立便也就顺理成章了。③

在马克思主义的科学社会主义观中,虽然找不到"生态文明"的字眼,但实际上"生态文明"的观点早已包含在其著作与思想中。社会主义是在对资本主义的考察、反思与批判中构想处理、构建起来、实践开来的,生态文明则是在对工业文明的考察、反思与批判中被提出、预期和展望的。社会主义着眼于资本主义经济危机的周期性和不可避免性,以及由此引发的种种社会问题和人与人之间关系的不平等;生态文明聚焦于工业文明所造成的生态危机的常态性和不可杜绝性,以及由此导致的种种社会问题和人与自然之间关系的不和谐。而经济危机和生态危机均根源于资本的逐利性和由此而选择的私有制,资本主义与工业文明的结合不是历史的偶然,科学社会主义与生态文明具有内在一致性也自然不是历史的巧合。目前已有学者在多方面进行了论证,如在目标奋斗上的一致

---

① 潘岳.以生态文明推动构建人类命运共同体[J].人民论坛,2018(30).
② 薛建明,仇桂且.生态文明与中国现代化转型研究[M].北京:光明日报出版社,2014.
③ 赖章盛.关于生态文明社会形态的哲学思考[J].云南民族大学学报(哲学社会科学版),2009(5).

性——全面文明、在关系处理上的一致性——和谐发展、在价值追求上的一致性——公平公正、在社会发展观上的一致性——可持续发展等。① 这也说明社会主义与生态文明是能够互为基础、协同发展的。马克思认为未来社会人与自然的关系是"社会化的人,联合起来的生产者,将合理地调节他们和自然之间的物质变换,把它置于他们的共同控制之下,而不让它作为一种盲目的力量来统治自己;靠消耗最小的力量,在最无愧于和最适合于他们的人类本性的条件下来进行这种物质变换",即共产主义是"人和自然界之间、人和人之间的矛盾的真正解决"。而资本主义追求的个人主义和消费主义必然导致生态危机,②加剧人与自然关系的恶化,并且使人满足各方面需要的手段在相当大的程度上异化为对财富的追逐,我们很难寄希望于该国家或地区的人能自觉地从工业文明转向生态文明。资本的逐利性和由此而选择的私有制,在迅速积累物质财富的同时,带来的是社会的全面异化、自然生态的严重污染破坏以及人的畸形发展。资本主义与生态文明的不相兼容,要求人类重新认识和调节人与自然的关系,就必须从整体上调整社会结构,从变革人类不合理的社会形态入手。

我国社会主义建设事业已经取得伟大成就,但不可否认在其迅速的发展过程中出现了很多问题,这些问题是人与自然、人与人和人与社会的关系不和谐的具体化表现。面对这些问题的矛盾,国家一直非常重视,不断地投入人力、物力、资金等,可效果似乎没有预想的好。在不断的摸索中我们开始认识到,中国的现代化之路已经无法复制西方发达国家曾经走过的传统工业化之路,如仍然遵循工业文明的思维与模式进行建设,虽有可能缓解其中的一些矛盾,实则却无法根本性转变或解决社会基本矛盾。③ 正如生态文明本应在首先爆发生态危机的发达国家首先兴起,但事实却是作为发展中国家的中国首先提出。原因就是在工业文明发展了300多年的资本主义国家,在思维与模式上因为工业文明的巨大惯性而无法在短时间内摆脱和跳出原来的框架。他们更多的是依靠其在工业文明发展中积累的巨大能量,如强大的技术资金等来缓解本国的生态危机,甚至通过不断向不发达地区转移生态成本来缓解国内的矛盾。由此,中国应清醒地认识到,要想可持续的发展就必须探索新的经济发展模式和文明发展方式,必须跳出工业文明"人征服自然"的思维模式,着眼于通过实现人与自然的和谐来推进人的全面发展。目前,中国还处于社会主义初级阶段,要实现社会文明的跃迁还有一段漫长且曲折的道路。而在这条道路上,中国最急需最急迫的就是要将生态文明与共产主义相结合作为共同的目标坚定不移。这也就是要求把生态文明作为一种人类文明类型,从整个人类的文明高度来统筹生态系统平衡与人类社会发展之间的关系,朝着马克思所描绘的"真正的共同体"迈进。

杨浏熹(吉首大学历史与文化学院博士研究生)

---

① 李屏南.生态文明与社会主义关系新议[J].理论探讨,2008(3).
② 张云飞.在多元格局中平稳前行的国际生态主义[J].人民论坛,2019(1).
③ 余谋昌.生态文明是人类新文明[J].理论视野,2007(12).

以林为友:生态文明视域下拉祜族的地方性森林文化知识

一、问题的提出

在文化人类学研究中,有人认为那些处于偏远地区的人的直接贡献是微小的,但是现在转身往回看,事实并非如此,他们对于人类的可持续发展作出了巨大贡献,也提供了弥足珍贵的生态智慧,对于当代生态文明建设具有巨大贡献和意义。

本文致力于探讨云南省普洱市澜沧拉祜族自治县勐炳村拉祜族的森林文化知识,指出拉祜族的地方性森林文化知识与拉祜族的"厄萨"信仰和万物有灵的崇拜有很大的关系。对于迁徙游耕的拉祜族来说,长期的迁徙让其认识到自己与森林亲密无间的关系。拉祜族崇拜森林、敬畏森林,森林也赐予拉祜族无限的"财富"。我暂且把拉祜族和森林的友好关系定义为"以林为友",森林是拉祜族的"朋友",或者说是"家人"。拉祜族一方面敬畏森林,因为森林里的山神是最大的神,拉祜族有很多与森林相关的禁忌约束民众;另一方面拉祜族又与森林保持亲密的距离,因为森林就是拉祜族的"家园",作为迁徙民族的拉祜族,一直以来就是生活在山林之中,生产生活均离不开森林。在与森林朝夕相处的过程中,拉祜族与森林之间早已形成了互相离不开的关系,森林需要拉祜族不断地维护其生态系统的完整,拉祜族需要森林提供源源不尽的各类资源,这种相处就像是两个"老朋友"之间的默契。拉祜族在历史的过程中所形成的地方性森林文化知识是需要当代的我们去积极探索的,这种地方性森林文化知识中蕴含着丰富的生态智慧,对于当下生态文明建设来说是无比宝贵的。

二、核心概念界定和拉祜族村寨勐炳村基本介绍

(一)地方性知识

格尔兹在自己的著述中第一次提到"地方性知识"这一学术概念。地方性知识又叫乡土知识,也是本土知识、民间知识和传统知识的别称,是传统社区基于生产生活、智力活动总结创造的关于自然与社会的实践经验与认知体系。[①] 地方性知识是一个与普适性知识相对立的学术概念。叶舒宪沿用西方学者的地方性知识研究传统,细致梳理人类学

---

① 克利福德·格尔茨.地方性知识——阐释人类学论文集[M].杨德睿,译.上海:商务印书馆,2014.

意义上的地方性知识,构建了典型的地方性知识观。① 杨庭硕等将本土知识归结为各民族在特定自然、社会环境下与之互动并构建的知识体系,具有明显的地方性和归属性。② 盛晓明认为"地方性知识"应理解为知识总是在特定情境中生成并得到维护的,对知识的考察与其关注普遍的准则,不如着眼于知识形成的具体情境。③ 吴彤借鉴后现代科学哲学理论,提出地方性知识的生产有其条件,一般都具有事实条件约束,不具备数理形式化条件和不具备实验室条件。④ 地方性知识不仅是一套经验信息系统,它还创构了村民的日常生活世界,融入村民的地方想象。"地方性知识是各民族对所在地的悉心观察和经验积累所形成的具体的知识信息系统,其主体是乡村社会中的乡民。"⑤地方性知识以生态认知、观念、智慧、行为、实践等为研究对象,通过田野调查研究,发掘活生生存在于民间社会中丰富多彩的人与自然和谐共生的传统知识,彰显其宝贵的价值和功能,为当代生态危机开具治理良方。

不同地域、不同族群在适应不同生境的过程中,承袭历史植根故土,因地制宜地积累和存储多样的地方性生态知识。地方性生态知识既具学术性,又具应用性,尤其对于中国这样一个文化和生态多样性十分突出的国度,活态的传统生态知识的传承无疑更显重要。无论过去、现在还是未来,人与人、人与自然的和谐共生都是终极追求的目标,所谓生态文明其核心的内涵就在于此。

(二)地方性森林文化知识

一切本土生态知识都是特定民族文化在世代调适与积累中发育起来的生态智慧与生态技能,都系统地包容在特定族群的文化之中,本土性生态知识的本质在于对生态环境的高效利用与精心维护。⑥ 在长期的生产生活中,我国少数民族在自己的生境上根据自身经验总结和创造了丰富多彩的地方性森林文化知识,它是与群众的生产生活紧密相连的。地方性森林文化知识是民众的地方性知识的一种,它在森林生产及农林生活中发挥着重要的作用,与现在占主流的科学知识相比,它的传承有着自己的特点。⑦ 尹绍亭通过研究云南少数民族利用森林的传统方式——刀耕火种,认为当代的刀耕火种是亚热带、热带山地民族对于其所处生态环境的适应利用方式,是一笔珍贵的历史文化遗产。⑧ 许再富以西双版纳为案例,探讨了民族森林文化与生物多样性有效管理之间的关系,指出民族森林文化是维持生物多样性的最重要因素,现代的生物多样性管理也离不开民族

---

① 次仁多吉,翟源静.论地方性知识的生成、运行及其权力关联[J].思想战线,2011(6).
② 杨庭硕,田红.本土生态知识引论[M].北京:民族出版社,2010.
③ 盛晓明.地方性知识构造[J].哲学研究,2000(12).
④ 吴彤.再论两种地方性知识——现代科学与本土自然知识地方性本性的差异[J].自然辩证法研究,2014(8).
⑤ 秦红增.试论乡村社会两类知识体系的冲突[J].开放时代,2005(3).
⑥ 罗康隆.地方性生态知识对区域生态资源维护与利用的价值[J].中南民族大学学报(社会科学版),2010(3).
⑦ 袁涓文.贵州传统森林管理知识的传承研究——以苗族、侗族和布依族为例[J].农业考古,2012(4).
⑧ 尹绍亭.人与森林——生态人类学视野中的刀耕火种[M].昆明:云南教育出版社,2000.

森林文化。[①] 周鸿等将云南山地民族的森林文化称为神山森林文化,认为这种森林文化体现一种敬畏生命的生态伦理学,有着深刻的自然保护意义。[②] 杨玉、赵德光则以西南边疆民族为中心探讨了神山森林文化对生态资源保护的作用。西南边疆各民族在与当地环境的不断适应过程中创造了以神山崇拜为核心的森林文化,神山森林文化是一种人与自然和谐共进的传统生态文化模式,它维系了山地农业的生态平衡系统,又保护了大片原始森林,保存了大量的原生物种,对西南边疆的生态资源有重要的保护意义。[③] 这足以看出这种独特的民族森林文化对于一个民族发展的意义。

(三) 拉祜族村寨之勐炳村

勐炳村,隶属于普洱市澜沧拉祜族自治县南岭乡,由6个自然村寨、20个村民小组组成。勐炳村是一个以拉祜族为主,汉、佤、哈尼、彝等多个民族聚居的村寨,以拉祜纳支系为主。本文主要以勐炳村为田野调查地点,全寨共有119户,357人,95%均为拉祜族。勐炳村位于南岭乡西北部,距离县城74公里,距离南岭乡政府15公里,东南与南现村山水相邻,西与芒弄村、富邦乡多依林村接壤,北与本乡谦哲村相邻,地势北高南低。勐炳村的海拔约为1 300米至1 800米,年温差较小,年平均气温约为16摄氏度,基本冬无严寒,夏无酷暑,四季如春,雨量充沛,但分布并不是很均匀。勐炳村有一山、一坝和一河,分别是勐炳梁子、勐炳坝子和勐炳小河,这一山、一坝和一河是勐炳村民众赖以生存的土地和水利资源,由于山高水高的地理自然优势,勐炳村民享受着丰富的水利资源。勐炳村的粮食作物主要为水稻和旱稻、玉米等;经济作物主要为茶叶、黄豆、蚕豆、豌豆、花生、荞等;水果类主要有桃、梨、李子、香蕉、野生桄榄等。

勐炳村内有一所小学即勐炳村小学,两个茶叶初制厂即勐炳茶厂和龙潭茶厂,现有茶园面积1 899亩,茶叶总产量134 400公斤。2013年末,勐炳村全寨耕地总面积1 263亩,其中水田415亩,旱田848亩,农作物播种面积955亩,年粮食总产量17.6万公斤,农民人均产粮315公斤,经济总收入60.3万元,农民人均年纯收入1 530元。勐炳村属南亚雨林气候,森林植被保护良好,还保留着大片原始森林。2013年国家投入补助资金15.2万元,实施退耕还林面积538亩,涉及94户,目前全寨森林覆盖率达90%以上。[④] 森林资源是拉祜族村民不可多得的再生资源,热爱森林资源,与树木和谐生存是拉祜族人民的天性。勐炳村是典型的拉祜族村寨,属于南亚雨林气候,树种以常绿阔叶林为主,主要有锥栗、麻栗、红毛、西南桦、橄榄、水冬瓜等树种,竹类主要有大苦竹、甜竹、小黄竹、金竹、刺竹、野竹等竹种,藤类主要有铁藤、抓地藤、刺藤、藤篾等,森林植被保护比较好,除却勐炳后山,还有周围的芹菜塘后山、龙潭后山等都保留着大片原始森林,山上森林植

[①] 许再富.民族森林文化与生物多样性有效管理——以西双版纳为案例[C]//许智宏.面向21世纪的中国生物多样性保护——第三届全国生物多样性保护与持续利用研讨会论文集.北京:中国林业出版社,2000.
[②] 周鸿,赵德光,吕汇慧.神山森林文化传统的生态伦理学意义[J].生态学杂志,2002(4).
[③] 杨玉,赵德光.试论神山森林文化对生态资源的保护作用——以西南边疆民族为中心[J].中央民族大学学报(自然科学版),2004(4).
[④] 南岭乡勐炳村龙潭老寨[EB/OL].http://www.pelcxxw.cn.

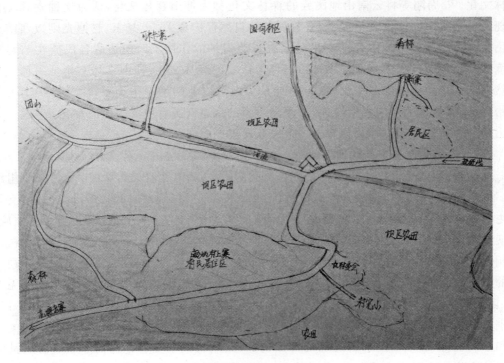

勐炳村地理区位手绘图

被覆盖率高达95%以上。①

三、神山圣水中蕴含的地方性森林文化知识

拉祜族居住地区自古就有茂密的森林分布,自从拉祜族产生就在利用森林,在利用森林的过程中又产生了保护森林的意识并付诸实践,利用与保护森林成为拉祜族森林文化的主线。拉祜族认为人及其居住的环境是由自然成分和人为成分两部分组成的,这两部分相互制衡,就像是杜杉杉教授所讲的"筷子成双"不可分割的状态,在这两部分中,森林扮演着非常重要的角色,有了森林才会有水、动物和植物,水灌溉着田,田才能够产出粮食,有了粮食才能养活人,森林直接产生的动物和植物可供人食用,就这样形成了以森林为首的自然生态等级顺序。勐炳村拉祜族与森林为友的土地利用,使得寨子里形成了耕种和采集狩猎的领地区域,领地区域分为神山林、坟山林、自然林等,这种围绕着森林而展开的土地利用,使得勐炳村所拥有的林木保持着长长久久的葱郁。

杨庭硕教授在其《本土生态知识引论》中指出:"近年来,通过众多民族学家的不断努力,各民族的本土生态知识、技术与技能得到了不断的挖掘、整理和解读,证明了各民族的本土生态知识、技术与技能不仅不是落后的代名词,而且还能够帮助我们解决已经露

---

① 南岭乡勐炳村龙潭老寨[EB/OL].http://www.pelcxxw.cn.

头的生态灾变,也可以发现还没有露头的生态问题。"①勐炳村独特的意识形态及教育方式,直接间接地对勐炳村拉祜族自觉地保护和爱护森林有重要作用,合理调配和利用森林资源,使得森林资源永续利用的观念虽尚未上升到理论高度,但已具有实践基础,对林木具有深厚的感情也是拉祜族保护森林良好的一大因素。勐炳村拉祜族村寨的林地共分为自林地、神山林、坟地林、水源林、风景林和公用林六种,这六类林地中只有自林地是分配到家庭,可以由家庭自由支配,主要供应家庭的薪柴,一般砍柴时间是每年的十一月和十二月,虽然自由支配,但是一般情况下也是无人砍伐的。其他林地均为公共的林地。下面对勐炳村拉祜族在森林资源管理方面比较能够体现乡规民约的传统民族生态知识做一些说明。

(一)神山林

万物有灵观,又称"泛灵论",是一种有关灵魂的讨论和对精神生命的研究。泰勒在《原始文化》一书中认为:"万物有灵观是指各个生物的灵魂在肉体死亡或消灭后能够继续存在,并且以此推及的各个精灵本身可以上升为诸神,神灵控制着物质世界的现象和人的今生来世的生活,人与神灵是相通的。事实上万物有灵观构成了原始人的哲学基础,也是文明民族的基础,充分发展后的万物有灵观在理论上表现为信仰的形式,在实践中则表现为崇拜的形式。"②拉祜族信奉万物有灵,把山、河、树、木和动植物等一切大自然中所存在的物体都看成崇拜的对象,正是在这种宗教思想的影响下,拉祜族渐渐地对一些自然物体奉若神灵,形成以"厄萨"为核心的信仰观,在社会生活中占着非常重要的作用和地位。

勐炳村拉祜族的"神山林"在寨子的上方,这样意味着其管着寨子的头,也是寨子的象征。"神山林"对勐炳村拉祜族来说是神圣不可侵犯的,它已经是"神"的化身和休息地,"神山林"中最高大的树木被村民们尊为"神树",每到重要的节日庆典时节,勐炳村的每户人家均会在神树的周围点上香蜡,再祭献上米饭、菜等,用此种办法来求得庄稼的五谷丰登和人畜的平安健康。"神山林"内树木植被禁止一般的民众无故地砍伐滥用,同时也不允许人们随便进入和一些不文明的行为做法等,另外,也非常地忌讳和不允许人们在神山林中打猎,以免得罪神灵,使得自身或者寨子遭殃。在神山林中还建有一个小房子,当地人称为"山神庙",每年的"扩塔节"大年和小年时,勐炳村的拉祜族村民会在"摩巴"的带领下,带上粑粑和蜡条,前来"山神庙"进行拜年,祈祷山神"厄萨"在新的一年能够保佑家人身体健康、事事顺利,保佑生产生活风调雨顺、五谷丰登。而且,若是寨子想换地方定居,首先必须由寨子里的老人和摩巴看地点,经过占卜和祭祀,确定神山林的位置后,才能进行寨子的搬迁。

(二)坟地林

勐炳村的拉祜族有两片坟地林,一个是正常死亡的公共墓地,一个为非正常死亡的零散墓地,从方位上看,这两个地方分别位于勐炳村的西北和西南,当勐炳村的拉祜族村

---

① 杨庭硕,田红.本土生态知识引论[M].北京:民族出版社,2010.
② 爱德华·泰勒.原始文化[M].连树声,译.上海:上海文艺出版社,1992.

民去世后基本都是葬在这两个地方。有关于坟地林的禁忌就是其中的树木不能作为柴烧或因为其他什么用途而砍伐，否则被认为不吉利。勐炳村的拉祜族认为人的去世分为"正常死亡"①和"非正常死亡"②。勐炳村的拉祜族认为活着的人和死去的人生活在不同的世界里，这两个世界的分隔是一扇象征性的寨门。当人去世的时候，全寨人要一起为他或她送葬，有一些人送到寨子门口的一个路口，有一些人则会一路送到坟地林，送到坟地林的这些人，要在进入坟地的最后一个路口中央烧一个火堆，两边放上一些树枝，以此来代表死者世界的寨门。当埋葬完毕，要回到寨子的时候，这些人要在坟地林里顺手折一个树枝，这个树枝代表的自己的灵魂，意为从死者世界中拉回自己的灵魂。对于坟地林，并不是一直处于一种绝对的恐惧和危险之中，平时村民们是可以出入正常死亡者的坟地林。但从实际情况来看，除了清明节和非去不可之外，平时并没有村民敢前往坟地林。

（三）水源林

水源林主要位于河流的源头和河流两岸，直到现在，勐炳村河流的源头还是丰富的水源林，传统习惯法规定水源林里的树木是一定不能砍伐的，因为这关系到整个寨子的水源安全。勐炳村的拉祜族认为河流由"水神"管辖，传说水神对于人们在水源林里滥砍滥伐并没有约束和控制，只是村民所砍伐的树木植被及树叶不可落入水中，一旦落入水中就会使得水神生气，结果可能会害得大家没水喝或者饮水有问题等。根据勐炳村拉祜族的习惯法，水源林中直径二十厘米以上的树是不能砍的。当到了勐炳村水源林的现场即可看到，现实中的水源林一般都在河流两岸的峭壁上，而峭壁都是由石头组成，而石头又恰恰是石神的所在地。勐炳村的拉祜族既害怕得罪水神，又害怕得罪石神，也为了保护自己寨子的水资源安全饮用，因此是大家一起共同维护水源林的茂盛，最终使得水源的河流两岸大面积的森林得以保存。

在勐炳村关于森林植被资源管理的乡规民约实施过程中，难免会出现各种各样的山林纠纷现象，这时一般由摩巴及行政管理人员，包括村长和管理林业的人员等各方面的代表组成"山林纠纷处理小组"。"山林纠纷处理小组"对于纠纷处理的决定具有较强的权威性和公信力，加上拉祜族传统的物权观念对公私财物历来界限分明，所以勐炳村拉祜族的成文或不成文的护山育林公约，总会得到大家的默认。正如勐炳村拉祜族村民W说：森林树木茂盛了，我们拉祜族也会多子多孙，人丁兴旺，我们生活需要山神的保护。我们活着的人离不开森林，即使是过世的人也需要森林的保护，所以坟地上的树木不可随便砍伐，就算是落到地上的树枝我们也不会去拣。③ 对于集体林的管理，勐炳村拉祜族采取以保护为主的原则，而私有承包林则是以利用为主。勐炳村的集体林采用由专门的一名护林员H专门看管的办法，护林员H定期对集体林进行走访和巡视，平均每周一

---

① 正常死亡：指到了一定年纪在家中发生的正常死亡，如老死。
② 非正常死亡：指并没有到一定年纪在家中或者在外面发生的非正常死亡，如因难产而死、摔死、枪刀致死等。
③ 访谈对象：W，女，拉祜族，1971年生，访谈时间为2016年8月26日。

次,至于神林的保护则是由全村人自觉维护,一般来说并没有民众胆敢私自冒犯。勐炳村的拉祜神林文化在保护森林、维系农田生态系统平衡、保护生物多样性等方面具有积极的促进作用,森林植被在勐炳村拉祜人的日常生活和历史民族文化中同样占据重要位置,而拉祜人对森林植被的守护和爱惜主要得益于漫长的历史进程中一点点汇聚积累而成的传统生态知识,表现在勐炳村拉祜人森林保护观念中即神林文化。

神圣森林为拉祜族民众的一种公共资源,因而整个勐炳村的村民都会将一系列的关于森林的乡规民约熟记于心,但并不是所有的森林都是神圣不可砍伐的,拉祜族民众在日常生活中还需要一些基本的薪柴,这也就有了分配到私人的薪柴林。薪柴林也不是说就可以滥砍滥伐,其中也是存在着一定的无形约束,拉祜族民众还是要想办法使自己家的薪柴林能够一直长存。私有林除了做薪柴之外,也会做建筑使用,勐炳村的村民在使用私有林时通常会把树木的根部留下,和封山育林的道理一样,因为接下的年岁里这些被遗留下来的小树根会保留住并慢慢地长出新芽,由于发达的根系不断,因此成长的速度也很是喜人,差不多十年,又是一条"好汉",事实证明勐炳村拉祜族的这种做法很是合情合理。试想一下,如果勐炳村的拉祜族像其他有的民族一样,伐树之后并连根拔起,待到第二年的春季再进行栽培,首先成活率就很难保证,其次也很难与周围强壮的植被竞争营养,成长的速度自然也慢下来,所以勐炳村拉祜族这一伐树的方法非常值得借鉴。

四、林下动植物资源中蕴含的森林文化知识

"人类及其行为与动植物和自然地域的面貌一道,构成了生态系统不可分割的一部分。"① 任何一个生物物种的存活条件都是极其错综复杂的,任何一个条件的稀缺都足以影响该物种的顺利存活和繁衍后代,因而生物物种的多样并存并不是生物物种数量的简单相加,而是围绕着生存条件的相互依赖和交互制约,使物种多样性的并存结成一个立体的网络。② 澜沧拉祜族自治县的勐炳村地处滇西南山区,由于高达95%的森林覆盖率,万亩的原始森林环绕,如此优越的自然环境和区位优势,其中必然居住着不同寻常的动植物。

森林作为勐炳村拉祜族传统文化的主题成为贯穿于其传统生态知识发展的主线。在远古的传说和历史中,森林是勐炳村拉祜族的避难所和庇护所,是食物和其他生存必需品的来源,可以说,森林就是勐炳村拉祜族的家。勐炳村拉祜族通过对私有林的乔木层和林下层管理,人为地改变了森林场域中动植物品类和结构组成,同时也使得森林资源中的营养和能量在潜移默化中注入林下层种植的作物中,使得私有林中木材、可食植物、薪柴和药材等产出更多,从而提高和增加私有林的经济效益。勐炳村拉祜族对林下层的管理主要是采取立体林业模式,即在林下层种植草果、石斛等阴性植物,以及采集蕨

---

① 罗伯特·F.墨菲.文化与社会人类学引论[M].王卓君,吕迺基,译.北京:商务印书馆,2004.
② 杨庭硕,吕永锋.人类的根基[M].昆明:云南大学出版社,2004.

类、菌类等野生食用植物。通过这种立体林业模式，勐炳村的拉祜族民众可通过森林资源来收获更多的"宝贝"，从而最大限度地探索其中的瑰宝。

（一）森林中的"动物王国"

云南省素有"动物王国"之称，那么，勐炳村大片的神山林和原始森林中不仅有拉祜族民众不敢进入的神秘地，还有森林里各类动物的威吓。勐炳村神山林里草木繁盛，里面蕴含着丰富的物种，大量的鸟类、昆虫和一些小的哺乳动物均有在此生活繁衍，如比较常见的鹌鹑、蜜蜂、野猪等。所以，作为狩猎民族的拉祜族过去长期深居山林之间，必有其食用的各类猎物，与山林为伴的生活经验也让拉祜族非常"享受"看着身边的小动物们慢慢长大成为自己的美食，但拉祜族绝不是一个残忍到赶尽杀绝地步的民族，在拉祜族看来，动物和人一样都是有灵魂的，每年对于动物的捕猎都有时间的限制，只在每年冬季的十月至十二月，人们才会进入山林进行捕猎。对神山林里的动物更多的是一半敬畏到祭拜，一半生活所迫的无奈。勐炳村拉祜族在"万物有灵"的信念影响下，具有了善待一草一木、一鸟一兽和一山一水的思想意识，因此，使得勐炳村森林里的动物资源丰富繁多。

勐炳村的拉祜族在长期的狩猎生活中，已经非常熟悉兽禽的习性，因而才创造了不同的捕猎工具，积累了丰富的捕猎手法和技巧。拉祜族的捕猎工具主要是弩和箭。弩可分为大弩和小弩，用挺直坚硬而富有弹性的木料制成，可以用手端平着发射，也可以在地上找个东西支起来进行发射，一般来说大弩打野兽，小弩打飞禽。箭是一种涂抹上药的箭，猎物如果被射中基本上就活不了了，即使是跑掉了，也很快就会倒地。① 除此之外，还有镖竿、套网、铁夹和火枪等，同时根据狩猎对象的生活习性、凶猛程度等则会采取不同的狩猎方式，如追捕、绳套、网扑等都是行之有效的。

（二）"植物王国"里的瑰宝

1. 日常生活中所需要的竹类

竹子全身都是宝，用途极其广泛，可以说与人民生活息息相关。生活在普洱市澜沧拉祜族自治县的拉祜族通过对竹类资源的长久观察和使用，已经形成了一系列在日常生活中如何使用竹子的地方性知识。众所周知，竹类生长迅速，通过对竹类资源的充分利用，可以减少对森林木材类产品的利用，保护森林资源。勐炳村拉祜族居住的地方生长着丰富的竹类，品种多样，如毛竹、佛肚竹、金竹、薄竹、麻竹、棉竹、龙竹、苦竹、刺竹、滑竹、香竹等多种。除了能将部分竹笋加工为笋干和酸笋食用之外，勐炳村拉祜族对竹类有着更为广泛的利用，可以用作竹制建材、竹制炊具、竹制乐器和竹制工具等。勐炳村拉祜族的竹类材料具体用在建筑中的表现，有用竹子做的竹墙、用竹子做的竹门等。表现在竹制炊具中，有用竹子做的竹筒、竹盆、竹碗、竹壶、竹杯、竹勺、竹筷、竹漏勺、竹桶、饭篓、篾盒等。表现在竹制乐器中，有用竹子做的直箫、三弦、口弦和响篾等。表现在竹制工具中，有用竹子做的背篓、花篮、竹扇、竹鞋、斗笠和竹床等。

---

① 王正华,和少英.拉祜族文化史[M].昆明:云南民族出版社,1999.

2. 采集饱腹的野生食物

丰富的食源性野生生物资源的采集是勐炳村拉祜族社区重要的食物来源,其能够有效缓解粮食生产的压力,避免过度开垦耕地,保护了当地生态环境。长期生活在大山和森林中的拉祜族,历经采集游猎的千百年历史,潜移默化中积累了有关利用动植物资源方面不可多得的传统知识。"哪里有野菜哪里安家,哪里有猎物哪里住下。"这句俗语就是对拉祜族迁徙历史的生活写照。因此,勐炳村拉祜族食用野生植物的知识异常丰富。勐炳村拉祜族喜食蕨苗、梨花、树花、小红菜等野生植物。采集是过去勐炳村拉祜族获得美味的重要方式,人们主要采集林中丰富的菌子、果子等野生食物,众所周知,大自然也会常常给人们开玩笑,譬如说有些菌类看似非常精美,但是体内却蕴藏着剧毒,这不可避免地也会给人们的生活带来痛苦。有遗失也会有收获,随着岁月的探索,勐炳村拉祜族已经积累了丰富的辨别食物种类的知识。

一般来说,并不是一年四季随时都可通过采集饱腹,还需要借助其他的生产和生活方式获得食物,因此,拉祜族学会依据植物的生长规律和季节的变化进行采集。平时经常采集的野菜、野粮主要有阿伤、毛苏、苦卡拉、阿那、尼查查、山药、香耳朵菜、牛皮菜、酸荞菜、狗皮树、芭蕉、南北羌、米瓜叶、双羌草、毛丛叶、波麻叶、水木藤、马蹄叶等二十几种。野菌也是重要的采集种类,拉祜族的原始森林中生长着各类野菌,可根据季节变化进行采集。菌子种类繁多,经常采食的野菌有喇菌、鸡枞、木耳、大红菌、黑火炭菌、菜油菌、奶浆菌、米汤菌、松毛菌、黄皮鸡枞、萝卜鸡枞、红鸡枞、蚂蚁股堆鸡枞、紫枞花、马皮坡等十几种。[①] 拉祜族四周的森林中野果很多,每年春夏秋季满山遍野树果累累。采食的野果也达几十种,主要有杨梅、波门果、杨石果、山梨子果、黄波果、麻娘果、猴子头果、橄榄果、野酸果、达普王果、尼子果、山挑果、山茶果、白葡果、酒醉果、蛇皮果等。[②] 获取林中资源作为食物,是勐炳村拉祜族的传统生产生活技能,也是勐炳村拉祜族利用自然资源的生态文化传统知识。

(三)山林中的传统民间药材

拉祜族创世史诗《牡帕密帕》第二十七部分《药》中讲到拉祜族祖先扎迪娜迪房子后面有一颗果子树,树上结满了果子,"厄萨"知道后告诉扎迪娜迪树上的果子不能吃,吃了的话人会生病,还会死人。然而扎迪娜迪不信,还把果子给吃了,于是人就开始有病了,"厄萨"知道后给人类种了一棵药树,药树能给人治病还能使人起死回生。人类为了得到这棵树就开始争抢,还为此打了起来,这种情况被月亮看到了,月亮就把这棵药树带走了。后来人们看到月亮里的那棵树就是药树,而且还看到了有人在舂药。[③] 这虽然只是神话传说故事,但其在某种程度上也可说明拉祜族人民从树木草根中探索为人治病药物的情况。

---

① 李金明.拉祜族苦聪人林中资源利用的传统知识调研[J].云南社会科学,2013(4).
② 政协澜沧拉祜族自治县委员会.拉祜族简史[M].昆明:云南民族出版社,2003.
③ 刘辉豪.牡帕密帕[M].昆明:云南人民出版社,1979.

勐炳村拉祜族长期的"万物有灵"信仰一直支配着勐炳村拉祜族民众的社会生活,凡是遇到各种自然灾害和疾病等都认为是触犯某位神灵,如从山里劳作或者砍树归来生病,若是头疼、发烧会认为是触犯了山神或树神。对于人的各种疾病,勐炳村拉祜族人认为都是触犯了神灵所致,只有进行祭祀神灵才能消灾免难、解脱病痛。

勐炳村拉祜族在历史上长期从事狩猎采集生活,对山里各种树木和草本植物均较为熟悉,在与各种疾病抗争的过程中逐步认识了某些树木和植物根、茎、叶等的作用,可以治疗和缓解一般常见病,如头疼、发热、腹泻、眼睛红肿等,一般来说,基本每个成年人都知道几种常见病和简单的外伤处理的药物和办法,并注意采集备用。在探索草药治病的过程中,尤以"摩巴"的探索最积极,因为"摩巴"为了显示给病人送鬼打卦和祭祀神灵的效用,便开始重视和钻研草药,广泛搜集民间草药偏方,在给病人进行送鬼打卦和祭祀神灵的过程中,也给病人服用草药,双管齐下,使一些病能够得以治疗,病人得以康复,起到神药两解的作用。虽然一些"摩巴"已经会运用一些草药进行治病,但仍没有摆脱神灵的束缚,仍然沿袭祭祀送鬼打卦的习俗。

勐炳村拉祜族民间医生认为:秋天和冬天的时候,植物还在"睡觉",这时候植物的根和茎的药效是最好的;春天和夏天的时候,植物都处在疯狂的生长期,这时候植物的花朵和叶子药性是最好的。还有一个规律就是,块根类的要多使根,根须类的要多使地上部分,对于一些小灌木则是整个都用,若是开花鲜艳的植物就要多用其花蕾。① 这些看似只是拉祜族民间的一些经验总结,但是这些经验均是千百年来拉祜族从具体的实践案例中总结得出,虽不可避免地具有一些不足,但是不可否认它也是拉祜族医药知识逐渐科学化的开始。

人类社会所面对的生存背景永远具有双重性,即生物性和社会性,生活在其间的个人对这两个侧面都必须认知并加以有效利用。于是,为了满足人类社会生活的需要而建构起来的文化,自然必须兼容生物性和社会性这两个方面,加之民族文化是一个自我完整的系统,因而民族文化中的生物性建构和社会性建构不仅同时并存,而且必须相互耦合。

五、结语

森林是人类的发源地,是人类文明史上的起点。人类的一些文明,因森林而兴,随森林而亡,如玛雅文明。森林不只是人类食物、燃料、木材、避险、狩猎的来源或场所,它也是人类情感交流最重要的互动对象。② 此外,森林还在地方性知识、民间信仰、村规民约等形成和发展过程中起着十分重要的作用。在各地域、各民族的传统知识的宝库中,尚存在大量富有生命力的文化生态资源,其价值和效益是一般科学技术无法取代的,值得进一步挖掘、传承和开发。生态文明建设是在当代特殊的语境中产生的特殊话语,这一

---

① 访谈对象:S,男,拉祜族,1957年生,勐炳村大摩巴,访谈时间为2016年9月1日。
② 秦红增.试论乡村社会两类知识体系的冲突[J].开放时代,2005(3).

特殊话语在今天之所以受到重视,就是因为它关系到人类和地球的生命安全。

  山地环境的生物多样性决定着拉祜族森林文化的产生和形成。拉祜族地区的山地环境为森林的存在提供了生境,大量森林的存在是森林文化产生的前提条件。拉祜族在认识、利用、保护森林的过程中,形成了积淀深厚、内涵丰富的地方性森林文化知识。拉祜族的森林文化知识表现在拉祜族对森林资源的管理和利用过程中,对于森林资源的管理和利用是拉祜族民众生产和生活的必备技能。文章从神山圣水的信仰层面和林下经济作物的实用层面分析拉祜族的地方性森林文化知识,森林是拉祜族生产生活的基础,载负着拉祜族的生存所需,拉祜族护卫着森林的延续,在历史长河中演绎着林人共生的文化特质。笔者认为,保护少数民族聚居地的森林资源必须从该民族的地方性森林文化知识出发,深入研究当地居民的生态观、价值取向等文化背景,探讨该民族文化与自然资源保护以及合理利用的内在关系,才能提出更好的缓解和解决矛盾冲突的办法。改善和建设生态环境不仅仅是政府的责任和义务,同时也是全体公民的责任和义务,生态文明建设需要全民参与。生态文明建设的终极目标是人与自然的和谐共生,从而使人类社会真正可持续发展。拉祜族传统森林文化中蕴含的人与自然和谐的思想,不仅对拉祜族地区实现人与森林、人与自然和谐具有积极作用,对于其他少数民族地区生态文明建设也具有一定的启示意义。

孔秀丽(吉首大学历史与文化学院博士研究生)

  本文系国家社科基金重大项目《西南少数民族传统生态文化的文献采集、研究与利用》(项目批准号:16ZDA157)阶段性成果。

礼失而求诸野:耒耜之耕在西南喀斯特山区的延续与创新

——以"百苗图"中"克孟牯羊苗"为例

一、先秦时代的耒耜之耕

中国是一个有着悠久历史的农业大国,农业的演进和发展与国家的盛衰息息相关。耒耜伴随农业生产而产生,是先秦时期的主要旱地农耕工具。作为一套旱地翻耕农具,有时单称为"耒"或"耜",但有时也合称为"耒耜"。

耒,是用于旱地翻耕的重要农具,其基本形制就是将一根制成弧形的木棍,顶端装上手柄,下端烧成或削成尖状。然后在木棍的中部,附一根横木,以供脚踏,使尖端深插入土中,以实现翻耕土地的效用。① 耒的主要用途是方便人们在地面上戳出洞穴便于播种。这种农具在历史文献中最早的记载出自《易经》:"包牺氏没,神农氏作。斫木为耜,揉木为耒。耒耨之利,以教天下。"② 由于这一记载过于简略,单凭字面猜测,只能从中发现耜和耒是两种效能相近,但形制有所不同的农具。耜的形制是直柄,而耒的形制是曲柄,因而在翻土时,耒可以将整个土地翻转,而耜却只能插入很深的土中,翻动较大的土块,但不能翻转土块。只有将这两种农具配合使用,才能达到"播厥百谷"③的农耕效果。神农氏"以教天下"的内容,就是依靠这两种农具的配合,实现了早期的旱地农业耕作。除此之外,几乎所有的先秦典籍都提到了这两种农具,但对这两种农具的实际操作和效用,大多语焉不详。这就给后世的研究者提供了大量的想象空间,以至于尽管后世对这两种农具的研究颇多,成果也极为丰硕,但却说法不一,难以达成共识。就笔者浅见,类似研究的缺失恰好在于,大家都高度关注这两种农具的形制和操作细节,但对这样的农具适用于什么样的生态系统、适合于种植什么样的农作物,却关注不够,因而很难切中这两种农具效用的核心价值。

众所周知,古华夏居民的生息地是黄土高原,而黄土高原是由新生代后期强劲的西北风携带的泥沙堆积而成,因而土质疏松,在干旱环境下,土壤呈碱性。同样,因为距海较远,降雨量偏少,而且雨季滞后于天气的回暖季节,因而在这样的环境下发育出来的生

---

① 王文涛.两汉的耒耜类农具[J].农业考古,1995(3).
② 周易·系辞下[M].长沙:岳麓书社,1991.
③ 张凌翔解译.诗经全鉴[M].北京:中国纺织出版社,2015.

态系统,属于学术界所称的"疏树草地生态系统"。在这样的生态系统下,经过多年的历史积淀,土壤表层会形成风化壳,而且具有保湿、保温的效用。植物的种子落在风化壳上,就可以借助风化壳的这一效能,长出茂盛的牧草来,从而形成众多大型食草动物的乐园。而耒耜之耕这一旱地农耕体制,就是针对这个生态系统孕育而来,因而对这样的生态系统具有很高的适应性。

《诗经》等先秦典籍,虽然频繁提到"播厥百谷",但"百谷"到底指代哪些农作物却说法不一。不过,考虑到生态系统对早期农耕的关键制约作用,我们可以做到较为肯定的指出,当时所称的"百谷",肯定具有如下一些特点:一是,它肯定是当地的土产物种,而不可能是引种而来的外来物种;二是所种植的物种,肯定是从草本植物或藤本植物驯化而来,主要种植一年生的作物。结合后世对五谷的考证,大致可以判断为麻、黍、稷、麦、菽。而五谷中的"黍"和"稷",是今天所称小米一类的作物。这类作物种子颗粒小,耐旱耐碱,只能在疏松土壤中种植。因为它们最适合于黄土高原生长,又因为他们是黄土高原的原生物种,而且耐贮存,便于运输,因而成了古华夏居民种植的主要作物。早期政权的建立,都需要仰仗此类农作物,因而也才使得"社稷"成了国家的象征。据此我们有理由认定,耒耜之耕的主种作物,应该就是这两种农作物,而耒耜的形制和效用,肯定和这两种农作物密切相关。"麦",原产于地中海,据新疆地区考古的研究发现表明,距今 8 000 年以前,新疆地区的各古代民族就已经大量种植小麦①,因而我们认为,耒耜之耕所称的"播厥百谷"中的"百谷",也必然包括"麦"。但必须注意的是,麦的颗粒比粟类作物的颗粒要大得多,麦粒的麸皮很厚,和粟类作物一样,很耐贮存和运输。其差异在于,麦类作物需要在相对湿润的地区种植。因而耒耜之中的耒,很显然不适用于种植麦类作物,但耜却有利于种之。至于"菽",则是指豆科植物。豆科植物的特点在于,相较于粟类作物而言颗粒更大,下种时,掘土的深度较深,面积较大。比较耒和耜,同样可以发现,耜更适用于种"菽"。

至于"麻",其指代的对象,学术界至今尚无定说。考虑到黄土高原生态系统的特异性,我们只能认定,此处的"麻",显然是指能够在干旱地点种植的纤维、粮食兼用农作物,可能指亚麻、大麻、苎麻等。这样的农作物,种子颗粒很小,是典型的干旱农作物。相比之下,耒更适合种"麻",而耜则不适合耕种。

明辨了耒耜之耕所适用的生态系统和种植对象后,再回到先秦典籍,那么耒耜之耕操作的细节和效用也就可望迎刃而解。有幸的是,《周礼·考工记》对"耒"做了如下记载:"车人为耒,庛长尺有一寸,中直者三尺有三寸,上句者二尺有二寸。自其庛,缘其外,以至于首,以弦其内,六尺有六寸,与步相中也。"②据杨宽等人考证战国时期的尺度,一尺约 23 厘米③,而按《考工记》所记载的尺寸,耒耜三部当合 150 厘米。(参见图 1)

---

① 杜景智.新疆冬小麦地方品种的特性和利用[J].新疆农业科学,1987(4).
② 陈戍国点校.周礼·仪礼·礼记[M].长沙:岳麓书社,2006.
③ 杨宽.中国历代尺度考[M].北京:商务印书馆,1938.

结合先秦记载和现代人的考订后不难看出,"耒"的形制特点在于,有一个弯曲的长柄,其耕作的刃口呈三角尖形。单凭这一形制就可以指出,用这样的农具翻地,只能够翻起 0.5 立方分米左右的尖角形的土块来。更因为它有曲柄,从而可以做到将整个土块翻转。这将意味着,利用这种农具翻耕后的播种对象,肯定是那些颗粒很小的农作物,如粟、稷、麻等。由于种子太小,根本不能数颗粒,播种人一次性播种几颗到十几颗种子,以至于成活后必须间苗。结合黄土高原生态系统的特殊性,进而我们可以注意到,用耒翻土后,就可以直接播种于掘出的小土坑中。更

图 1 戴震《考工记图》的耒图

由于地表和风化壳,翻土后,风化壳会翻转覆盖到地表。而下层的松软沙土,播种后稍加操作,就可以将播下的种子掩埋 2~4 厘米深,从而确保播下的种子不会被鸟兽偷食,但其间的科学性和合理性远远不止于此。

上文已经提及,黄土高原的雨季总是滞后于天气的回暖,因而即令有风化壳保湿、保暖,表层土依然十分干燥。好在粟、稷等作物本身就极为耐旱,只需少量的水就可发芽。在这样的土壤结构中,由于早春季节昼夜温差极大,白天时气温高,土温偏低而稳定;夜晚时,气温骤降,于是土温反而比气温还高。深藏于地下的地下水,以气态形式上升到地表后,遇到寒冷的气温就会凝结成露水,富集在地表下 2~3 厘米的沙土中。凭借上文分析不难看出,用耒种植"粟"等作物,能够播种的深度正好是这个位置,以至于播下的种子可以在这样的小土坑中顺利萌芽并快速长大。凭借人类制造出的这种小环境,播种下来的"粟"几乎比周边的杂草,提早半个月至一个月萌发长大。这就有助于极大地抑制杂草的干扰,其间的原理在于,与"粟"并存的土著草本植物,其种子的颗粒也和"粟"一样很小,它们都是依靠风力或者动物去散播种子,散播的结果都会落在风化壳顶上,而在昼夜温差变化极大的背景下,表层土极为干燥,所以都不会萌发。播种后,即令杂草的种子落入了种"粟"的小坑,还是会因为表层土干燥不会萌发。这就使得"粟"和杂草之间,拉开了生长季节的时间差,因而"粟"得以免受杂草的干扰,等到雨季来临时,粟类作物已经长大长高,即使是杂草生长出来,也不会对粟类作物的生长造成较大干扰。

《考工记·匠人》里记载:"耜广五寸,二耜为耦,一耦之伐,广尺深尺谓之甽"。① 此处的"广五寸"是指耜的刃口较宽,而且配以直柄。这就表明,用耜进行耕作,可以挖掘较深、较宽的小土坑,但却无法将整个土块翻转,也就意味着,用耜实施播种的种植对象,必须是那些颗粒较大的农作物。因为只有这样的农作物被深埋后,在种子萌发后仍然能够顺利出土,而播种时由于种子颗粒大,因而可以准确计量播种个数。由此看来,播种的对象显然是麦、菽等作物,甚至还包括《诗经》中提到的瓜类作物。其间的科学性同样在于,与农作物相伴的杂草,种子颗粒很小,在耕作过程中很难被埋入土坑中,因而也不会萌

---

① 潘伟.中国传统农器古今图谱[M].桂林:广西师范大学出版社,2015.

发。加上颗粒大的农作物,营养储集丰富,萌发后生长速度很快,以至于杂草同样不会对这类作物造成危害。

要理解这套农具的科学性和合理性,《诗经》中"三之日于耜,四之日举趾"①的记载可资参考。对于诗中的"举趾"二字,前人的研究大多理解为开始从事农田耕作。但结合上文分析后,笔者认为,此处的"举趾"乃是耒耜之耕的一种必备操作。其含义是用脚,翻开土块的下层沙土,回填入播种后的土坑中,将播下的种子埋入 2～3 厘米深的位置。另外,借助此地液态水资源的富集作用,播下的种子能够顺利出芽,巧妙避开了缺水这一环节。

总之,"耒耜之耕"有其适应的特定生态系统,也有其最佳的种植对象。离开了这样的生态环境和种植对象,"耒耜"就无用武之地了。当代众多学者的研究中,最令人称道的贡献在于,对"耒耜"这两种农具的后世演化脉络,做了精准的分析和说明。但引发演化的导因则可以做进一步揭示。大致而言,都与所应对的生态环境和种植对象的变化有直接或间接联系,只要把握这样的分析思路,"耒耜之耕"在国内不同时间、不同地点的传承和沿用,都可以做出合理的解读。例如西南喀斯特山区"耜"的使用,及其利用的延续和创新,就是一个很好的佐证。

二、西南喀斯特山区的耒耜之耕

"百苗图"系清代陈浩所纂《八十二种苗图并说》一系列抄本的总称,是贵州省重要的民族志典籍,也是后人研究贵州各民族文化不可多得的历史民族图志。"百苗图"中第四十四幅图的"克孟牯羊苗",属于苗族黔中南支系麻山亚支系,有关这部分苗族的最早记载,可以上溯到明中期成书的《贵州图经新志》,但明代后期田汝成所著的《炎徼纪闻》一书的记载最为系统,其原文如下:"其在金筑者,有克孟、牯羊二种,择悬崖凿窍而居,不设茵第。构竹梯上下,高者百仞。耕不挽犁,以钱镈发土,耰而不耘。"②在"百苗图"的各个抄本中的记载为:"耕不用牛,以铁镈代犁,耰而不耘。"③文中的"克孟"是这个苗族群体的自称音译,其中"克"为词头,表示人的类属,"孟"即苗族或人的意思。"牯羊"则是地名的反切音译,在当地的苗语中意思是山谷,整个名词的含义是居住在山谷中的苗族。这里仅以田汝成所著《炎徼纪闻》的记载展开讨论,而有关农具形制的探讨,则以"百苗图"中"克孟牯羊苗"的绘图所见农具为依据。

钱镈二字连用,由来已久,但历代学者对其效用却说法不一。有人认为是除草工具,有人认为是翻田工具,也有人认为既是除草工具又是翻田工具。但考虑到下文明确提及其效用是"发土",加之还有"不耘"二字做例证,更能证明这一农具与除草无关。据此,笔

---

① 《微经典》编委会.诗经・尚书・礼记・左传[M].南京:江苏凤凰美术出版社,2015.
② (明)田汝成.炎徼纪闻校注[M].欧薇薇,校注.南宁:广西人民出版社,2007.
③ 李汉林.百苗图校释[M].贵阳:贵州民族出版社,2001.

者认为此处的钱镈,乃是一种挖土成坑的农具。不过,田汝成的原文对这个工具的形制却无一字说明,故只能借助"百苗图"提供证据。

前人对"耰"的理解,有如下记载:"古农具名,行如榔头,用来击碎土块,平整土地。播种后,用耰平土,掩盖种子。"由此看来,"耰"这种农具的农事操作是将土块打碎,以提高土壤的透气性能,又能够将播下的种子覆盖。"不耘"则是指不从事中耕除草,也能够获得收成。这样的行文,同样因为文字说明过于苟简,长期以来,研究者都难以猜度,为何能做到这一步?

总之,对这一文字的理解,至今仍然是一个谜。但如果换一个视角,从生态适应和种植对象的生物属性相互匹配的思路出发,这样的记载,依然可以得到令人信服的表述。

原来,"克孟牯羊苗"的生息地带是喀斯特峰丛洼地的分布区,地表崎岖不平,石山林立,底部土层较厚,甚至会形成溶蚀湖。由于这里的土壤都是石灰岩风化而来,土壤颗粒很小,质地紧密,透水、透气性能差,而且往往土石间杂,因而"耕不挽犁",其实是一件很自然的事情。之所以要以钱镈发土,而不用锄头,原因全在于,在土石相间的环境下,锄头容易损坏,但钱镈却可以翻动石头夹缝中的土,因而以钱镈翻土,同样是一件很自然的事情。再加上土质黏重,如果不松土,就不能将播下的种子覆盖,农事操作中需要"耰",也是情理之中的事情。至于为何"不耘"就可以获得收成,则与种植对象直接相关。不过,原文对此也不置一词,以至于对"不耘"二字的理解还需要另加分析。

凭借日本学者枯田蔓的研究,笔者有幸注意到,在我国西南地区各少数民族中,汉族地区的农耕技术未传入前,他们种植的粮食作物不是禾本科类农作物,而是芋头、山药、葛藤等块根粮食作物,或者是高大的桄榔木类作物。[1] 对前三类作物而言,其食用部分是它们的块跟,种植时所用的种子并不是真正的植物种子,而是从块根作物上切下来的块根切块。这样的块根切块,形体大,营养物质含量丰富,种下后,一旦出芽,生长极为迅速。而依靠种子长出的杂草,生长速度比此类农作物的速度慢得多,加上这样的粮食作物,叶片高大,大多数还是藤蔓状,即使长出杂草,藤蔓也可以攀缘杂草,蔓延生长,杂草也就干扰不了这类作物的生长。同样因为种植的对象是块根类作物,所以用钱镈发土后,种下块根后必须打碎黏重的土块,盖住种下的块根切片,这样才能保证不被鸟兽偷食。这样一来,才能准确理解田汝成原文的正确含义。所谓"不耘",是因为这样的农作物根本无需除草。至于田汝成原文中的钱镈,到底是什么样的农具?后人的研究同样说法不一,但"百苗图"提供的绘画却让我们看到这种工具的形制结构。请参见下图(图2—图7)。

---

[1] 吴合显."野生稻"转性研究:日本学者的利弊得失[J].原生态民族文化学刊,2015(1).

图 2　"刘甲本"①　　　　　　图 3　"博甲本"②　　　　　　图 4　"刘乙本"③

图 5　民院本④

---

① 《七十二苗全图》简称"刘甲本",该本现由贵州省收藏家刘雍先生收藏。
② 《黔苗图说》简称"博甲本",该本现存贵州省博物馆。
③ 《黔苗图说四十幅》简称"刘乙本",该本由刘雍在北京购得,收藏家中。
④ 《百苗图》(残本)简称"民院本",该本是贵州省都匀市黄氏家族藏本。

图6　台甲本①

图7　I.H.E.C., Paris②

由于所附各抄本绘图客观上存在着较大差异，为此笔者借助实测放大的手段，将钱镈这种农具的形制和结构复原如下。（参见图8）

图8　实测放大的钱镈(手绘版)

此处所称的钱镈，与先秦时期耒耜之耕中的"耜"相比较，不难发现，无论是形制、结构还是尺寸，乃至其效用，都极为相似，可以视为先秦耒耜之耕在西南苗族中的部分延续使用。换句话说，这里的苗族通过文化传播的手段，从中原汉族手中获知了这一农具，通过消化吸收，这一农具在喀斯特山区获得了广泛沿用，并一直延续到今天。

笔者通过田野调查发现，当地苗族使用的钱镈或称耜，与先秦时期的耜也确实存在着一定差别。一是，它较为笨重，可以将黏重的土挖得较深；二是配有坚实的铁刃，而不是用骨、石作刃，因而即使撞击到石块，也不容易损坏；三是，用这样的农具耕作，可以挖成较大的坑，可以将大型的块根切块整体埋入地下。这三点在效用上，显然更适用于种植块根类作物，而不是像先秦时期的耜一样，主要用于种植种子类的农作物。因而，此处的钱镈，显然不是机械照搬耜而来，而是做了重大创新后，才成为当地少数民族的耕作利器。需要补充的是，对桄榔木的种植则是例外。桄榔木根本不需要挖坑，只需要将种子埋入地表的苔藓层下即可。由于生物属性导致桄榔木通常长得极为高大，所有杂草、灌木，甚至是一般乔木，都不会对它构成妨碍。不过，这不是本文讨论的对象，故在此粗略带过。

---

①《苗蛮图册》简称"台甲本"，现存台湾历史语言研究所。
② 该本是刘雍与法兰西博物馆作私人资料交往时复制而来，复制件现由刘雍收藏。

三、稳定沿用的生态解读

"克孟牯羊苗""在广顺州之金筑司"①,据考证,其定居地主要位于今天贵州省的麻山地区,即贵州省黔南布依族苗族自治州的惠水县、长顺县、罗甸县,安顺地区的紫云苗族布依族自治县和黔西南布依族自治州的望谟县等五县交界接壤处。

从地形地貌来看,麻山地区位于蒙江、盘江诸水系的分水岭,地形陡峭,沟谷纵横,地表支离破碎,加上是高度发育的喀斯特山区,地下伏流和溶洞纵横交错,而且通过无数的垂直裂缝与地表相通。地表布满了大大小小的溶蚀洼地,洼地间有陡峭的环形石山相隔。在每个洼地最低处都有地漏斗与地下溶洞相通。② 在自然状况下,由于地漏斗开口很小,很容易被下泻的石块和树干杂物堵塞,从而在洼地底部形成大小不等的溶蚀湖和浅水沼泽地。

在这样的地质地貌结构下,孕育出来的生态系统也具有其特异性,学术界将这样的生态系统称为"藤乔丛林生态系统",其基本含义是指,高大乔木的种子落到了含土的溶蚀坑的顶端,然后顺利长成参天大树。但这样的大树,受地理环境所限,总是东一棵西一棵,不能连片生长。不过一旦长大,就可以长成参天大树。如果部分杂草种子或者藤蔓植物的种子,有幸落到了含土的溶蚀坑的顶端,也能够顺利生长发育,但接下去的后果却大不一样。凡是有块根的藤蔓植物,一旦成活后,就能够顺着石壁蔓延生长,或者攀爬大树向上生长,以至于在这样的生态系统中,乔木和藤蔓植物可以同时并存,相得益彰。但对于一年生的草本植物则不然,这类植物有幸成活后,虽然也可以结果实,但其种子要想落到合适的生长位置就千难万难,特别是在长大后的藤蔓植物的干扰下,一年生的草本植物的数量和规模就会日趋萎缩,导致在这样的生态系统中,高大的乔木和匍匐生长的藤蔓植物同时并存,而一年生的草本植物则极为稀少。也正是由于这样的特点,才将这样的生态系统称为"藤乔丛林"。

凭借《炎徼纪闻》和"百苗图"的记载,就不难发现,在这样的生态系统中,要种植一年生的禾本科粮食作物极其困难。一则是因为要砍掉那些千年古树,劳神费时,砍下后空出来的土地资源也极为狭窄零碎,种一年生的粮食作物根本不划算。与此同时,还要将原来的藤蔓作物连根拔出。由于地下根是嵌在石缝中,要挖掘断根,使之不复发,同样也是千难万难。清除后得到的土地资源,同样也是凤毛麟角,根本于农耕无补。为了适应这样特殊的无机环境和生态结构,最理想的办法莫过于采用仿生种植法,也就是选择当地已有的块根物种,在丛林中种植,同样可以获得丰富的粮食来源。因而当地的苗族,大量种植芋头、山药等块根作物作为粮食来源,恰好是适应于所处环境的杰作。而种植这样的作物,古代的耜或者文献中所称的钱镈,恰好大有用武之地。因为种植块根类作物,只需要将块根埋入土中即可,根本不需要全面翻犁松土,也不需要除草。正是因为种植对

---

① 李汉林.百苗图校释[M].贵阳:贵州民族出版社,2001.
② 刘燕华,李秀彬.脆弱生态环境与可持续发展[M].北京:商务印书馆,2001.

象发生了这样的变化,古代的耜才能得到延续使用。而这样的使用,也是适应环境的杰作。

田野调查获知,当地苗族用钱镈种植块根作物的实情大致如下:他们将收获的块根作物,截取下方80%的块根充作粮食使用,然后将块根顶端带叶的部分,用石灰或者草木灰涂抹切口后,在原地种下,来年就可以收获到同样的块根。其具体种植的地点,可以是大树下的腐殖质层中,也可以是有土的溶蚀坑顶部,还可以是藤蔓植物荫蔽下的枯枝落叶层中,甚至可以把块根种到大树的枝丫缝隙中,都可以长出块根来。但是,要收获块根,或者说,收割的同时又要种植块根,那么钱镈恰好是最理想的农具,因为它可以很方便地将块根作物从地下挖出。由此看来,当地苗族乡民继承弘扬了耜,淘汰了耒,其实是一种富于远见的选择。既然不能种一年生植物,那么耒就无用武之地了。不过,即使沿用了耜,但他们也不是机械照搬,而是做出创新。就这个意义上说,礼失而求诸野,同样也不是照搬照抄。在野求到的耒,肯定是变态了的耒。

四、创新利用的文化解读

诚如上文所言,即令在喀斯特山区找到了耜的遗迹,但由于生态环境有别,种植对象有别,民族文化也各不相同。这里的钱镈与古代的耜仅是形制相近而已,显然也存在着一定的区别。而这样的区别,又必然体现为当地苗族对农具使用的创新和发扬。对此,相关的文字记载,显然无能为力。但当地的田野调查,却能对创新之处娓娓道来。其间的创新之处有四个方面。

第一,从"百苗图"附图所见,钱镈的形制大体上与古代的耜相似,但在当地看了实物后,却发现两种农具在形制上存在着一定的差异。目前当地的苗族将这样的农具称为"翻锹",与古代耜的形制区别在于,"翻锹"的柄是曲线形的,这点和耒相似,但弯的幅度不如耒那样大。当然,这样的差别在"百苗图"绘图中无法得到反映,但观察当地乡民的耕作后(见图9)却发现,这样一个小的幅度,是非常有利的。它可以很方便地将夹在土中的石块敲出来,从而形成较大的坑,以便种植块根作物。

图9 "刘乙本"①
踏锹翻耕

第二,实物中的"翻锹",极为坚固笨重,通常都有好几十斤,这就需要强壮的劳动力才能提起挖下去,这是古代的耜不可能有的特点。其创新的目的在于,古代的耜是对付松软的沙土,而这里要对付的是石灰岩风化而成的黏质黄壤。如果"翻锹"不足够牢实厚重,就无法翻动夹在石头中的土壤,而且翻动后要形成较大的坑,才能把整体的块根种到土里去。

第三,这里看见的"翻锹",刃口是用坚硬的铁灌制而成,极为厚重牢实,刃口的上端附有一个筒型的铁管,以便将木柄插入其中。做出这样的创新,不仅有利于挖土,而且在

---

① 该本现存于贵州省博物馆。

挖土中碰到石头时，刃口也不会损坏，并且还可以将坑挖得较深较大。当然在收割时，也很容易将整块的块根掘出，以供食用。

第四，不管是文献还是此前的调查，都没有注意到当地苗族使用这样的工具去种植块根作物，还有它的特殊创新价值。那就是，他们不是随便在任何地段，都种植块根作物作粮食使用，而是选择山麓地带的次生土石堆积带去种植块根作物。这样的次生堆积是山体滑坡、山体崩塌，逐渐积累而成。其间的石块体积都不大，而且土和石混在一起。在这样的环境下，不管块根植物的根深入得有多远，要全株挖出来都是可能做到的。而种下后，藤蔓甚至可以爬上山顶，以确保块根长得肥大。只要借助"翻锹"，就可以顺利种植和收割。"翻锹"使用的土地资源环境，与黄土高原截然不同。其创新的要害就在于，明确规定了这种农具适合使用的最佳地段，同时又能利用石化山体的空间，能够提高产量。

五、结语

借助意大利所藏"百苗图"各抄本所提供的新资料和新信息，我们不仅可以深化对"百苗图"所载内容的理解，而且还可以对此前研究作出重大反思。特别是对民族文化与所处生态环境的适应，作出进一步的再认识。诚如古人所言，"礼失而求诸野"，但如何去求，却并不是一件轻而易举的事情。

基于以上考虑，我们完全有理由相信，文化并不是一成不变的，在人的聪明才智下，不管是从外地引进什么样的技术、工具和技能，都不会依葫芦画瓢。其中必然包含着一系列的创新，因而接纳与创新，其实是辩证统一的。接纳可以得到延续，创新可以确保延续生效，两者都不能偏废。只有这样去理解礼失而求诸野，才符合事物的本质。

张宝元（吉首大学历史与文化学院硕士研究生）

生境与历史研究

环境史研究的新视野

侯甬坚先生的访谈录，一经问世，引起了学界的普遍关注与响应，其间见仁见智之处不胜枚举。笔者拜读后，感触良多，收获丰硕。不过，在笔者看来，民族学，特别是生态民族学对侯先生见解的回应也许会发挥始料未及的影响。特别是对所谓"生境民族学"学科的理论建构，更具直接与关键。为此，不得不略呈浅见，以求正于海内外贤达，不当之处，敬祈批评指正。

一、一万年太久，只争朝夕

侯甬坚先生在访谈中，旗帜鲜明地指出，环境史研究需要启用万年尺度。因为正是在万年尺度范围内，人与环境的关系，曾经发生过实质性的大逆转。而环境史的研究，正是针对这一大逆转延伸而来。诚如侯先生指出，这样的时间跨度范围，远远超出了历史研究所及的范围，因为在这一时段内，至少有一半时间没有文字记载，这一时段很自然超出了历史研究范围。而凭借环境考古学的研究，当然地质学家和生物学家很自然地要参与其中。遗憾之处仅在于，民族学在这一过程中到底能发挥什么样的作用，此前的学界同仁鲜有论及，但在笔者看来，这样的认识和理解反倒至关重要，因而有必要做深层次的分析。此前的研究恰好由于当代学科体系传统思路所累，跨学科的对话做得很不充分。具体的一万年尺度而言，考古学、历史学、地质学和生物学都在发生，且不同学科面对的都是同一个自然和同一个人类社会，但不同学科的发生都有各自的话语和系统，在具体研究中总是说不到一起，而最终的结论却能做到殊途同归。所谓一万年尺度，在地质学家看来，代表的是新生代全新世的时间跨度，人类社会所处的环境，大格局与今天人们所见大致相似，但与此前的地球环境面貌却存在着极大的反差。从地质学家的角度看，提出一万年尺度，可以做到珠联璧合。考古学家则另有自己的思路，他们将这样的尺度理解为所称的"新石器时代"以来，直到今天的人类社会。这样的认识在时间跨度上，与全新世基本吻合。但考古学家更关注的是，远古时代人类留下的遗物和遗址。至于这样的遗物、遗迹和遗址在不同的自然与生态背景下会呈现什么样的差异，环境对人类社会会产生什么样的制约和模塑作用，人类在其间又发挥什么样的反作用，却要受到学科所累。这是因为考古发现根本无法避免其偶然性的存在。展开全球范围内的对比研究，得等待时间和机会的降临，最终使得考古学，甚至是环境考古学，对资料积累而言功不可没。但如何展开全局性的综合分析，实现高屋建瓴式的综合分析，却表现得力不从心。生物学家通过物种分类手段所展开研究,可以清晰地告诉大家,一万年间地球上生物发生了哪些不容忽视的变化。但这样的变化中,哪些是自然进化所使然,哪些是人类干预的产物,却总是纠缠不清。甚至达尔文早就提出人工选择概念后的一百多年间,依然无法从生物分类谱系中看出畜牧业和农业在人类社会确立后,对生物物种构成变化,到底如何发挥其直接作用和间接影响,依然只能做出含糊其辞的附加说明,很难做出专门性的研究。历史学家则过分依赖文本记载,但一万年尺度中的前五千年,肯定找不到文字记录的痕迹,即使到了后五千年,虽然可以找到文字记录的痕迹,但这样的记录和痕迹在地球上的分布却极不均衡。所谓四大古国当然都有其文字记载,但遗憾之处在于,在全球范围内,要找到相同的文字记载,最终只能望洋兴叹。不过,哪怕只有两三千年的文字记载,都保存了很多可以信其有,也可以信其无地涉及更古的传说内容。这样的记载,在过分审慎的历史学家眼中,通常都不敢轻信其佐证价值。这样的佐证价值要加以实证,其他学科同样都感到束手无策。这就使得要展开跨学科的整合分析,一万年的环境史确实表现得"一万年太久"。各种理论的推测和分析,总会感到力不从心。说它太久,恰好切合了当代科学研究的实情。不过,如果把民族学放进去,情况可能会大不一样,这似乎是突破眼前困境的一线生机。

民族学关注的是人类自己所建构的文化,而且也属于人类自身的再造物。因而其资料的获取和逻辑分析,可以从人自身找到突破口,发现其他学科无法获取的资料。甚至可以从文化自身的特点出发,去上溯推测人与自然关系的时间逻辑顺序。以至于可以将其他学科研究成果,做到各尽其能,殊途同归。相比于"一万年太久"而言,几乎可以做到"只争朝夕"这一承诺。所争之处仅在于,研究的观念和思路必须改变。从关注物到关注人,从关注人到关注人类标志性的再造品——民族文化。

民族学家创造了一个其他学科不屑于接纳的概念——民族文化,他们将民族文化理解为,人类社会独有的原创性产品。他们都认定,只要分析不同的民族文化,就能谱写出人类社会的演进历程。于是,在一万年的时间区段,将人类社会区分为狩猎采集、游耕、游牧、固定农耕和工业文明五大文明类型。而在一万年尺度框架内,恰好表现为从狩猎采集向其他四大文明的巨变的时间尺度上相重合。其后的民族学研究者则沿着这样的思路,致力于研究不同民族文化的标志性区别。怀特主张用人均占有的数量级去界定这五大文化类型的本质性差异,这当然是一个比较模糊的界定,而且他没有考虑到自然与生态背景的差异,将会对文化可能发挥什么样的关键作用,至于民族学家只能自己对自己说话,而无法与其他学科对接。斯图尔德则是在怀特研究的基础上,结合了博厄斯的历史特殊论,将环境与适应的概念应用于不同文化类型界定的分析,并开创了生态民族学这一分支学科。对民族学而言,斯图尔德将民族和环境结合了,对其他学科而言,则是找到了一把可以与其他学科对话的钥匙。其最终结果就会表现为,当人类处于狩猎采集文化类型下时,也就是考古学家所称旧石器时代时,或者是地质学家所称的全新世时代时,人类和环境的关系鲜明地表现为,人类社会总是在极其有限的空间范围内,均衡地消费环境恩赐给人类的各种产品。但距今一万年以后,情况则大不一样,人类不是等待消费来自大自然的产品,而是凭借特有的文化,形成强大的社会合力,去能动地生产其需要的产品。人类所需要的产品,事实上自始至终都掌控在自己手中,纯自然的无机环境和自然环境都在人类创建的文化下得到了认知、加工和利用,而且人类也开始理性地承担起维护环境的天职。这样的逆转,不仅对人类,对环境而言都产生了始料未及的系统性的巨变。因而,这一意义上而言,将环境史研究定义在一万年的尺度上,不仅与其他学科做到无缝对接,学科间的对话也将变为可能。

    对民族学自身而言,动物的驯化和植物的栽培,却标志着人类社会进入新纪元,这就是摩尔根将其称为文明时代的依据所在,也是考古学家所称新石器时代发端的依据所在,更是侯甬坚先生将侯仁之先生倡导的,将地质史上的"全新世"改称为"人类世"的依据所在。对地质学家而言,"全新世"的生态结构的研究,也就同时进入了高潮。他们也注意到,自此以后,环境的变迁虽然依旧受自然力的作用,但人类改造环境的证据却成了挥之不去的影子,以至于仅仅研究自然因素,不考虑人类社会的因素,已经变得力不从心了。这样的殊途同归最终都得承认这样一个不争事实,在一万年以前,虽然人类已经来到地球,但却是环境在最大限度上掌控着人类,甚至人类的文化也不得不打上鲜明的环境烙印,但在一万年以内,情况则大不相同,人类所处的自然环境,已经变得越来越远离其固有的自然属性,越来越打上鲜明的文化烙印。人类社会的存在已经改变了环境的演化过程,以至于不管是有意还是无意,人类存在所造成的环境影响都会使得环境的演化不再是单由自然因素说话,而是由人类社会来说话。而且这样的逆转,在当代依然处在持续推进之中,以至于只需关注到这一巨变,就可望做到不同学科在其研究的终点上,可以实现有效的对接。在实现这样的对接后,我们又不得不进而承认环境与文化的关系,在一万年前,是环境在模塑文化,在一万年之内则主要是文化在模塑环境。自然虽然在其间依然发挥其作用,但这样的作用相比于人类的作用而言,则表现为逐步萎缩的大趋势。就整个学理的发展总趋势而言,称之为"一万年太久,只争朝夕"一点都不为过。这是笔者高度认同侯甬坚先生观点的理由所在,是从民族学的视角去支持侯先生的观点。不过目标不仅限于方便与其他学科对话,对民族学自身而言,也需要作出顺应时代潮流的创新。斯图尔德所开创的生态民族学,具体到环境史研究的一万年跨度而言,改称为"生境民族学",似乎更贴近事实。这样一来,称为生态民族学,显然是针对整个人类历史而言而提出的民族学分支学科,而生境民族学则是针对一万年时间跨度研究需要而提出的民族学分支学科。这是因为,所谓生态,其实是指纯自然的客观存在,改称为生境,则是更多关注到人类凭借文化改造自然的最终结果。

二、他山之石可以攻玉,离经叛道恰好是至理名言

    侯甬坚先生是地道的关中人,不管是之前热衷于历史地理学的研究,还是当今热衷于环境史的研究,他都立足于关中的实情说事。其间令人感佩之处正好在于,他注意到人与自然的真善美,绝非一成不变的人性表达,而且注意到,在不同的背景、不同时代、不同资源利用方式下,评议真善美的标准,事实上一直在悄然中发生着重大的改变。在那

些立足于人性说事的学者们看来,这样的提法确实难以接受,若听侯先生的娓娓道来,就不得不承认,这样的改变绝非偶然,而是一万年时段的不断变化,而且至今还在不断变化中。

战国时代,秦国名相商鞅公布了"徕民令",这显然是一个众人皆知的历史事实。但在侯甬坚先生的口中,却另有新意。"徕民令"一经公布,关东六国的民众蜂拥而至,开辟草莱,建构良田。这样一来,原有的环境必然发生重大的改观,而改观的结果,对秦国的强大,对民众生活的提高,都是大好事。但对于环境而言,却很难说都是好事,而不会产生负效应。其间的问题在于,对关中地区来说,就当时的技术而言,最容易开辟良田的地区,必然是泾河、渭河两岸的洪泛带。因为在这样的地带,很难长出连片的温带落叶林,在季节性的洪水侵扰下,即令是百年古树,也不可能长成合抱粗的高大乔木。这本来是生态学家研究的自然现象,但对当时的人类而言,砍小树,掘草根,肯定比砍伐茂密的森林容易做得到。其间的问题在于,开辟良田后,干旱时,必须开辟沟渠,洪涝时又必须修筑堤防,不仅劳动力的投入会成倍增加,自然风险发生的频度和烈度也会随之而猛增。这将意味着,从不同的角度入手,真善美与假恶丑不能一概而言,要分别而论。在这个问题上,祸福相依,始终像影子一样,与人类相生相伴。

别的且不说,只需简单对比一下西周时代传承至今的《诗经》所反映的内容,就会很自然地认同侯先生所言,实属高见。此前研究《诗经》的学者,更多关注的是文字的优美、诗意的表达,绝少关注感情和文字所植根的黄土高原大背景。通览与黄土高原相关的诗作,西周时代的华夏居民频繁利用高度重视的自然环境,不是"隰"而是"原",也就是黄土高原的台面。生态学家告诉我们,黄土高原台面自然发育出来的生态系统,是他们所称的疏树草地生态系统,这样疏树草地的系统虽然可以长出千年的古树来,但却不能连片,而是东一株东一株地分布。除了巨型大树外,当然可以长出与榛相似的低矮灌丛。这样的生态系统用于种植粟、稷一类的旱地农作物,可以做到投工少,收获多,即令广种薄收,由于其分布地域太广,至少不低于数十万平方公里,农作物要支撑一个强大的帝国,完全不成问题。相比之下,要在今天的关中平原种植粟,那就麻烦了,除了要修筑水利工程外,由于粟受不了水淹以及地下水的侵蚀,往往需要起垄种植,才能确保稳产。就这一意义而言,《诗经·公刘》中称的收获的粮食千箱万箱,并非虚言,而是事实。同样的,"徕民令"推行后,关中平原草莱被良田置换,秦国获得了足够的实力,足以席卷天下,也是事实。但依托的生态系统,却互有区别。能够支撑什么样的帝国王朝,也大小有别。在公刘时代,可以做到小邦林立,但却不能做到统一天下。"徕民令"执行后,可以做到超级帝国的确立,但却难以掌控黄土高原台面的高效利用。西周时代依托为命脉的黄土高原台面,在汉代成为游牧民族和农耕民族拉锯战的战场,也因此而定型。其间的好恶美丑肯定得分别而论,不得混为一谈。要化解其间的纠葛与纷扰,很有必要听听农史专家们如何说。

农史专家高度关注农业起源问题,具体到中国而言,对粟类作物的研究,中国学者可谓独树一帜了。而整个黄土高原恰好是粟的原产地和主产区,至今依然。相比之下,国外学者更多关注小麦、水稻和玉米的起源。只要做一个简单比较,就不难认定,中外学者在研究农业起源时,研究对象早就分道扬镳了。而造成这种分道扬镳的内在原因,恰好是在于他们所依附的自然与生态背景各不相同。有所欠缺之处仅在于,中国的农史专家们都热衷于关注农具的演进、耕作体制的演进,但却不同程度地忽视了安身立命的环境到底是什么,也不屑于关注是什么样的民族文化创新出农业来,更不关注是什么样的力量和机制驱使人类要走向农业。但如果回到侯先生的关注点中,那么就可以找到更多证据,表明评价标准的变迁在其间发挥了少量的关键作用,是什么样的力量塑造了评价标准的变迁?因而也就造就了资源利用方式的大逆转,最终在无意识的情况下悄悄改变了相关地区的生态变迁。也就是人在利用自然的同时,也改造了自然。因而,农业的起源其实是一种文化事实,正好是不同文化的冲突和自我防卫的紧迫需求,才迫使某些民族和文化要走向定居,要走向高密度的资源利用,要走向粮食的超长期大批量的储备,最终使得人类社会从小邦林立走向帝国大统。其间经济基础发挥了关键作用,而走向农耕社会正好体现为经济基础的创新。秦朝能够统一天下,所建构的生态系统好就好在凭借对关中平原自然的改造,能够做到人口的高度密集,粮食的超长期大规模储备,对人的控制可以做到极致,这才能最终做到号令天下。其间的根源正在于其资源利用的彻底改变,从游耕文化转型为固定农耕文化。就这一意义上说,关中可以作为一面镜子,可以折射出人间的沧桑巨变。至于修白渠、郑国渠、六辅渠等不过是这一文化巨变的派生产物而已。农史专家恰好对这样的表象特别关注,对由此引发的正面和负面的影响却疏于关照。但这恰好是众多学科在评价标准上相互抵触的总根源所在。要知道,时代不同、环境不同、文化不同,是非标准也会不同。还是侯先生说得对,在不同的人看来,关中既可以定义为安乐窝,也可以说不那么好。同样一个关中,不是自然界发生了什么变化,而是人类社会在发生变化。社会变化了,对其正效应可以捧上天,对负效应可以置之不顾,反之亦然。变的是标准,而不是环境本身。

　　同样是侯先生的话,明确指出清末民初是关中平原最遭难的时代,连年的战争、政治的动荡,造成了民不聊生,灾害连连。侯先生十分清醒,正确指出战争总是时断时续,总是在交通沿线开战,绝不会跑到荒山野坝去开战,攻城略地都在人口密集带,掠的也是人口密集带。相比之下,自然环境并没有变,即使有冲击,也极其有限。但发生灾荒,却也是历史实情。至于到底是什么关键环节遭到破坏,侯先生没有明说。但马克思对亚细亚历史的探讨却可资借鉴。马克思明确指出,历史上超强的亚细亚各大帝国为了稳定税收、控制人口,都要兴建大型的水利工程,相应的制度设置、伦理道德规约、生活习俗等都得随着水利工程而转移。一旦这样的帝国被战争所摧毁,战争的直接破坏并不明显,最多是烧几个城池,杀掉一批人而已,但却可以导致这一帝国在其后的几百年间烟消火灭。其间的原因在于,这些帝国凭借其社会合力建构起来的水利工程,一旦没有人用,没有人修,那么原先的美好和辉煌就会消失得无影无踪,沦落为荒草遍地的不毛之地。以此观之,关中之兴,兴在人,关中之衰,也衰在人。清末民初的关中大萧条,如果不抓住关中庞大水利工程的盛衰,其实很难找准其间的主因。否则的话,我们会被表象所迷惑,误认为是全球气候变迁种下的恶果,而不是从人的身上去找原因。能够做到这一点,那么以人为本的环境史研究也就不可或缺了。就这一意义上说,一万年间的黄土高原和关中史,即令是生态史,或者是环境史,其间的主要动因和动力,不是来自自然,而是来自人类社会。从好的一面讲,人可以作孽,也可以作福,解铃还须系铃人,找到主因,对策也就在其中了。重建现代化的关中,肯定不是难事。从坏的一面看,也不容低估,那就是不同的学科总是习惯于以学科思路去搜集资料、提出问题、解决问题,却没有注意到人类社会是一个整体,环境也是一个整体。在这一系统中,能动的一面在于人,而不在于物。在学科领域的今天,如果不在这一领域中达成共识,那么不同的研究结论就很难做到侯先生期望的理想目标,实现真正意义上的高屋建瓴的整合。

三、花开花落寻常事,宫闱庆果天下闻

竺可桢先生一生从事物候学的探讨,著作等身,对深化国人对这一领域的认识曾发挥过不可估量的作用。但在侯甬坚先生看来,人类能够感知的自然变化并非均衡地存在。凡属人类可以感知的范围,人类都可以做出合适的应对,从而造福社会。但对人类难以察觉的变化,即令其影响和作用与人类的发展休戚相关,人类也会表现得视而不见、充耳不闻。即令是人类可以察觉的自然变化,一旦受到社会习惯的干扰,人类也会变得耳不聪、目不明,从而错过大好的良机。在文献典籍的记载中,更会因此而缺载。自从地质科学引入中国后,全球性的气候变迁还是引起了社会各界的普遍关注,更是为自然科学者津津乐道的话题。对科学发展而言,这当然是一件大好事。但在这样的研究过程中,如果忽视了人类感知的"度"和"域",那么过犹不及的谬误也就会找上门来。

诚如侯先生所言,全球性气候即令是进入冰河期或者间冰期,"全年平均下来也就1摄氏度至2摄氏度的温差,气温有波动但真的不是很大"。对人类而言,如果不是借助当代温计,单凭身体体感,根本无法察觉温度一两摄氏度的变化。人类足迹都不能感知,要做出积极的应对也就无从谈起了。更何况在实际的社会生活中,能够专注于这样变化的人毕竟是少之又少。即使注意到这样的变化,要形成全社会的合力去加以应对,更是无从谈起。这正像花开花落一样,年年岁岁都会发生,人们早已习以为常,花开花落提早或推迟两天,如果不是专门研究者,谁也不会加以认真对待。这将意味着,人类对大范围的气候变化认知,往往是社会生活中的盲区。物候学家将这样的气候变化作为研究对象,去展开深入研究和探讨,这当然无可厚非。但对这样变化的成因如何才能做出正确的判断,则事关大体,马虎不得。这就为学界提供了一个极其敏感的关键问题,那就是导致物候偏离常态的原因何在,应当如何去加以分析和认定,这才是物候学研究值得重点关注的关键问题。综合排比有关物候研究的典型个案后,如下几则个案,从侯先生的立场看来,确实值得深究。其一是,唐玄宗开元年间大明宫御花园中作为景观树的芭蕉树结了果,京城上下都认定为祥瑞之兆,并举行了隆重庆典。这件事在《唐书》中得到了记载。物候学家也得以借此证明,唐代时,全球进入了间冰期。习惯性认为长安也出现了暖冬,以至在长安从来不能结果的芭蕉,也结出了果。我们不得不承认,相关的记载和反

映的事实都无可挑剔,但得出的结论却不敢苟同。侯先生对此也有重大的保留,不过侯先生是从这一个案的有限性和全球气候变暖的无限性提出质疑,认为,即令出现这样的史实,也不能代表全球气候变暖,因为这仅是一个个案。事实上,也就是在这次庆典之后的数十年后,白居易的《夜雪》却提出了反证:"已讶衾枕冷,复见窗户明。夜深知雪重,时闻折竹声。"两相比较,所谓全球进入了间冰期,可能在几十年内就翻个底朝天吗?这样的个案比较所形成的结论,恐怕地质学家同样不敢苟同。

还是侯先生说得对,全球气候变化的速度是极其缓慢的,在短期内人们是无法察觉到的。这是因为人类生命很短,能记录的变化也极其有限,如果不能借助大尺度上获取的个案资料做支撑,认定中国历史上的哪一个王朝进入冰河期或者间冰期,都肯定难以服人。相反地,对于这些物候变化的例外,多追究一下人类的原因,特别是不经意的行为所引发的后果,更有助于准确解读诸如此类物候异常的直接原因。只要研究思路稍加调整,疑问其实不难化解。芭蕉结果不是发生在野外,而是发生在宫墙之内,这一事实不容忽视。既然是在宫闱之内,四周必然高墙耸立,宫内鳞次栉比,在有限范围内被人为的建筑划分为七大八小的微型空间。凛洌的寒风不能在这样的空间里长驱直入,再加上在冬天,所有宫廷建筑都要生火取暖,热量的散逸缓慢。一旦这株芭蕉树种植在避风的地方,能连续几年熬过冷洌的冬天,也就不足为奇了。于是,芭蕉树结果自然成了稀罕事,值得朝野上下共同庆贺。但一旦冷静下来,我们不得不承认,天道远而人道迩。多找一找人类无意识建构起来的小气候的原因,类似的物候例外现象其实不足为怪,也应当理解为寻常事,根本无法代表所谓的天意,也不足以说明全球性的气候变迁。在这一问题上,侯先生的观点和立场确实值得学界同仁三思。

其二,物候学家又举了南宋初年的实例,其中最有代表性的例证莫过于金宋之间签订绍兴合约之际,宋高宗派出使臣沿着运河北上,准备前往汴京签约。但运河水面结冰,官船过不去,不得不征发百姓将河面冰层击破,官船才得以勉强前行。连接黄河到淮河的运河河段结冰不能通船,这也被物候学家解读为北宋末到南宋初全球进入冰河期的证据。但这一次类似的例证还不少,有人又举北宋靖康年间金朝的铁骑是马踏黄河而进入汴京城,而导致北宋灭亡。金朝铁骑能马踏黄河,不就是黄河河面结上了坚冰吗?这一切当然都是事实,但结冰的范围依然不能代表全球的大尺度气候变迁。当代气象学家用所注意到的厄尔尼诺现象去解释这样的短期内的气候异常,反倒具有更强的说服力。事实上,就在20世纪60年代,华北平原发大水,出现了全民抗洪的英勇场景,与此同时,远在内陆腹地的乌审召也连降暴雨,当年的降雨量超过了1 000毫米,是常年降雨量的两倍多,而且降雨极为集中,以致乌审召乡民精心培育的沙柳和红柳这样的喜湿物种都被淹死,幸亏乌审召的僧侣号召乡民将淹死的沙柳和红柳枝条砍下来,就地插入还湿润的沙地上,被毁的红柳林和沙柳林才得以安然存在,一番辛苦才不至于打水漂。如果把这样的例证都指认为全球气候变冷,那不用说学者,一般的民众也难以接受,解读为厄尔尼诺现象的派生产物,反倒能被社会所接受。然而,由于物候学家的社会声望,以及他们引经据典,很容易激活世人的情绪,以致世人宁可信其真,而不敢疑其伪。在侯先生看来,这才是研究环境史的学人们必须慎之又慎的所在。

不仅中国学界如此,日本学界也经常犯同样的错误。日本的知名学者安田喜宪和佐藤洋一郎在探讨稻作文化的起源问题的过程中,也曾引用地质学家的结论,认定野生稻本身通常都不结实,而是靠营养繁殖去传宗接代。在这样的情况下,人类当然不会有意识地种植水稻用于食用,稻作文化的产生也就无从谈起了。可是,在距今一万年左右的时间内,全球范围都进入了冰河期,分布在长江流域湿地生态系统中的野生稻,因为受到寒冷的刺激而普遍结实。远古的人类正是借助了这样的机遇开创了稻作文化。他们所引的考古遗迹遍布中国南方各地,河姆渡文化、良渚文化、城头山文化都在他们的资料收集范围之中。其说服力不可谓不强了,可是安田喜宪其后所做的实验却提供了反证。他将从西贡采集到的野生稻秧苗搬运到位于泰国曼谷的实验室中,用花盆栽培这些野生稻,结果始料不及的事情发生了,花盆中的野生稻全部结实了。说起来这反倒又一次证明天道远而人道迩。野生稻的生物属性固然是需要接受刺激,才会结实。但要靠天道提供这样的有效刺激,正可谓是踏破铁鞋无觅处了。但如果换成人道来处置,则易如反掌,种在花盆里就能结实。从这样的例证出发,反倒可以得到更接近真实的推理,当今世界的所有物种都是用种子播种,水稻却需要插秧,将这样的操作理解为人为提供了有效刺激,不就更足以说明人类干预的便捷可寻吗?时下关于稻作文化的考古遗址得到科学发掘的例证越来越多,除了中国的钱塘江河口外,在马来西亚、印尼、菲律宾所发现的远古稻作遗址都存在分布上的共性特点,都是分布在海水涨潮所及的河口地带,也就是海洋学家所称的汽水带,以至于在这样的地区不需要插秧,直接播种也能种好水稻。以河姆渡文化所处的地理区位而言,其实并不难弄清其间的原因,海水的倒灌所提供的咸水刺激,也可以成为刺激水稻结实的条件。有了这样的认识后,稻作文化的起源大可不必拘泥于是否处在冰河期,聪明的人类只要认识到水稻的特性后,用人为办法刺激水稻结实,不就更具有说服力吗?干吗一定要靠天吃饭。因此,侯甬坚先生强调一万年研究尺度中,要重点关注人类活动的影响,实属真知灼见。但我们更乐于补充,重点关注人类无意识行为所引发的物候变迁,更有助于研究思路和研究方法的拨乱反正。

四、高山景行,君子之赞,鬼斧神工,百姓之举

侯先生当然不是专业的民族学家,但他却是富有感佩情怀的环境史专家。以至于他第一次接触元阳哈尼族梯田时,就发出了"他们的智慧深深吸引了我,所以我对少数民族心怀崇敬和感激之情"这样的感佩之语。时下,不同学科的专家面对哈尼族梯田的宏伟气势,有的是赞扬其工程的浩繁与精巧,有的则是歌颂哈尼乡民的聪明睿智。但大多数情况下,都是为这一工程的独特性,特别是为其能在高海拔的山区种植水稻而感到惊叹,而少有人像侯先生那样,是带着同情心去看待这样的世界级的文化遗产。事实也正是如此,在两千米的海拔高度,还能实现水稻的稳产高产,这不仅突破了水稻生物属性的极限,也突破了人类改造自然的瓶颈。但重要的是,侯先生表达的是由衷的同情心。言下

之意,始终觉得这样去开垦梯田,生产的成本大得难以想象。如果不是为环境所迫,这样去创造奇迹确实很难理解。

不错,水稻有其自身的生物属性,它需要持续的高温和丰沛的水资源。然而,谁都知道,水往低处流,留不住水,也就种不成水稻。解决不了高山区的偏冷气候,也种不出水稻。而这一切在哈尼族乡民中都得到了化解,因而最值得钦佩的,不仅是一个工程浩繁的问题,而是哈尼乡民如何成功克服不利环境所表达出来的聪明和智慧,也就是民族学家所称的文化对所处环境的适应问题。也是出于同样的情况,侯先生对黄土高原历史上的大面积的梯土开辟,也表达了充分的理解和表述,并转引了陈寅恪先生的"了解之同情"的名言[1]。但到了当代,他却做出了积极的回应,他坚持认为,在平原和山区中开辟农田,是农民生活所迫。但是在陡坡山区开荒则是生态安全的隐患,因而在确保耕地安全的前提下,对陡坡山区需要退耕还林,对缓坡梯田则应当保留下来,确保粮食安全,但需要做好相应的生态安全管护工作。其根本性的原则思路在于,维护生态安全,目的也是为了全民的福祉,因而生态维护和开发利用理应做到辩证统一,两者都不可偏废。一段时间以来,不少自然科学者都习惯于认定人口压力通常都是对生态维护做出不利影响的关键原因,但却很少有人注意到即使在利用的过程中,也能兼顾到生态安全,也是可以做到而且可以做好的事情。在这一意义上,元阳梯田的开辟是这一工作的典范,投工投时虽然不小,但却杜绝了水土流失的隐患,间接地发挥了维护江河季节性水平衡的利人利己作用,同时又提升了相关地区的生物多样性水平和碳汇储集水平。就这一意义上说,一味地赞扬元阳梯田雄伟壮观,就不免失于浮泛了。事实上,在中国南方大地上,与元阳梯田相类似的梯田还有很多,遗憾之处恰好在于,由此而连带发挥的水资源平衡的生态效应至今还没有引起学界同仁和有关部门的关注。而中国恰好是一个水资源匮乏的国家,随着城镇化和现代化水平的加深,水资源的匮乏必将发挥重要影响,水资源质量的提升必将具有燃眉之急。如何让重要农业文化遗产在这一方面也能发挥积极的作用,不仅侯先生有这样的远见,我们也有相类似的同感。

不过,重要农业文化遗产创新利用的空间事实上还大得很。比如农耕体制的改变和调整,也可以收到一箭双雕的实效,既能增加粮食的产量,同时也能兼收生态维护的实效。这就要求我们突破习惯性的思维框架。其间的理由很简单,据中国文献典籍记载,在历史上曾经充当粮食作物的物种就不下百余种,水稻、小米、小麦以至后来传入的玉米和马铃薯,只是极其有限的物种。不是因为这些作物产量高,产出稳定,或者劳动力投入少,更不是因为这些作物好吃,中国居民喜欢吃。其背后还有重要的原因,那就是在历史条件下,国家需要实现实货平衡,也就是货币和粮价的平衡,就不得不要求国家能够掌控的耕地和粮食保持高度稳定,以致越是容易运输、容易贮存、容易分享的粮种,越是容易被国家选定为法定税赋粮种。小米、小麦、稻米、大豆种植规模之所以被推广到极限,完全是国家税赋政策稳定执行后的结果,其他粮种在历史上被淘汰,不是因为不好吃,而是

---

[1] 陈寅恪.冯友兰中国哲学史上册审查报告[M]//陈美延.陈寅恪集.北京:三联书店,2009.

达不到超长期贮存的要求,而无法得到推广。可是到了今天,肯定要另当别论了,由于交通条件的改善,加工贮存技术的飞速发展,不管什么样的粮食作物,只要借助现代化的装备、技术和交通设施,都可以便捷地送到消费者的手中,也可以兑现超长期的文明贮存。有的粮食作物甚至可以真正兑现藏粮于地,需要食用时立即可以收割。比如桄榔粉、葛粉就可以做到这一点。然而,由于此前的农史研究眼界过于狭隘,仅仅关注有限的作物,而没有注意到还有更多的植物品种,恰好比水稻和小麦更有价值的粮食作物,而且更能应对现代化的农作物。以致与此相关的农业文化遗产至今没有纳入农业文化遗产的保护,去加以创新利用。这才是今后农业文化遗产申报值得尽快弥补的疏漏。只要这样的农作物得到重新开发利用,不仅退耕还林可以做好,粮食安全也能得到保障,各族民众的可持续脱贫也可以做到水到渠成。在保护农业文化遗产的同时,中国的生态建设也将翻开新的一页。那么,我们感佩的将不仅是各族民众的辛劳与创举,而是更应该谢谢他们传承下来的遗产所能形成的财富。

五、天时地利人和,贵在人之所为,不在物之本性

东北大平原的黑土地,最适宜一年生的草本农作物的生长,同时又是中国传统五方五色观念中的北方的标志性土色。近半个世纪以来,随着北大荒的规模性垦殖,黑土地确实呈现出变薄的趋势。环境专家们对这样的环境变迁不无忧虑,实属情有可原。不足之处仅在于,没有注意到历史的必然性,更是忽略了人类的创造力。对于前者,侯先生表达了重大的保留意见,"把北大荒建设为全国大粮仓的历史任务,某种程度上可以说全国人民均深受其惠",而且是历史的必然。这充分体现了侯先生的高尚的史德操守。对于后者,笔者则另有话要说。人类之于环境,从来就不是凭借其生物本能去与之打交道,而是在发挥聪明才智的基础上,能动地应对客观存在的物性,在满足人类需求的同时,也确保环境的维护,以此确保人类的可持续发展。成败的关键在于人,而不是在于物,特别是人的主观能动性。在漫长的历史岁月中,人类有意识无意识引发的生态效应,几乎是史不绝书,但在其后的发展中,都得到了有效的化解。就这一意义上说,抱着怀旧之情,去看待怀旧的变迁,显然不能视为一种有作为的思想方法。侯先生在上文提及的人类对关中平原的改造,就是一个鲜明的例证。元阳梯田也是一个成功的典范,人类要做的事关键在于从历史中吸取教训,接下来才实现创新内容。古人有云,圣人出黄河清。当代经过半个世纪的努力,黄土高原的恶性水土流失已经得到了根治,黄河三门峡以下的河段基本实现了清水常在。就这一意义上说,当代也是圣人辈出的时代,一点也不为过。然而,鉴于大自然的复杂性,与大自然打交道,任何事都不可能一蹴而就。旧的问题解决了,新的问题又会冒出来,新一轮的创新也会随之而启动。而每一次的创新,都标志着人与自然和谐关系的进一步落地。对北大荒而言,也理应做到如是观。面对50年代的中国,人力物力匮乏,又顶着外部势力的封锁前行。出于化解眼前粮食紧迫的需求,大规模的引进外来的成熟技术,尽可能地实现机械化耕作和大面积的单一作物的栽培,其实是一种义无旋踵的被迫选择。其历史功绩不容低估,但由此派生的生态副作用也需要保

持必要的警觉。具体到黑土地的退变而言,充其量仅是一个过度利用的问题,而不是一种不可逆转的永久性生态灾变。其间的原委在于,欧美国家之所以使用拖拉机实施单一作物种植,其生态根据在于,其规模都没有北大荒大,而习惯于种植的主粮作物又不能很好地对地表实施庇护,从而引发为大气底层气温的升高,加速腐殖质的降解。在短期内虽然可以获得丰厚的报偿,但对土地肥力而言却种下了寅吃卯粮的祸根。其实能否靠人类的聪明才智加以逆转,完全没有必要从外国引进所谓先进技术,只需专注于我国本土知识的发掘和利用,就可以做到从容应对了。在我国西南的彝族地区,实施的是农牧复合经济,耕地和牧场都可以做到有序的转型利用,即使是种植农作物时,也实施多物种复合种植,庄稼收获时,粮食作物的杆蒿马上就可以转换为牲畜的食物。以致地表的自然升温能够降到最低限度,土壤有机物的可持续积淀可以在人为的干预下得到加速。加之北大荒在历史上就是蒙古族和通古斯各民族的牧场和渔猎场,只需根据国内的市场需求,有序地有节制地改变资源利用方式,黑土地有机质的积累就可以在高效利用的常态下得以实现。因而,对这样的土地退变,不能做夸大式的渲染,而应当采取积极的应对措施,利用我们的聪明才智,去化解虽已露头的土地退变,有关生态难题都可以得到一一化解。而且,在恢复的同时,并不会影响到对土地资源的高效利用。

还有,环境学家认为,随着大量农田的开辟,某些东北地区特有的生物资源也遭逢了濒临灭绝的困境,其中说得最多的就是大马哈鱼的繁殖问题。这当然是一个需要认真正确应对的生态难题,但却不是不能化解的永久性退变。要知道,大马哈鱼的生物属性不能改变也不需要改变的,但利用人类的聪明智慧,在有限的河流区段,为大马哈鱼营造高效的繁殖场所,在现代技术支持下,完全不成难题。如果再辅以人工授精的方法,大马哈鱼的种群数量就可以做到在短期内明显增加,人类也可以从中获得丰厚报偿。相反地,如果被动设防,一切都要恢复原貌,这反倒是一种愚蠢之举。我们必须牢记,生物的生命本性在于,各个生命环节都不能叫停,更不能中断。但每个生命环节所要求的生命条件并不会表现为漫天要价,所需要的劳力和智力投入对人类社会所能提供而言毕竟是个小数,关键不在乎代价的大小,而在乎人类能不能想到需要这样做。比如大马哈鱼幼年期的饵料,事实上表现为幼鱼"亲长"产卵后留下的遗体直接成了饵料的培养基,从人类的伦理观而言,这简直就是富有牺牲精神的最高伦理典范。但这对生态保护而言,却不足为怪。要紧的是,即令人工繁殖的幼鱼遭逢了饵料匮乏的困境,用人工手段解决饵料难题,对人类社会而言,几乎可以说是易如反掌。这也是我国广西壮族地区的本土知识,壮族民众在采集淡水鱼类的幼鱼时,在早期只能用肩挑背驮去贩卖鱼苗。贩卖的周期需要超过一周或者更长,没有新鲜饵料的供应,幼鱼必然会饿死大半。局外人完全没有想到的是,在无法获取幼鱼饵料的情况下,竟然可以用鸭血为幼鱼提供饵料。血液中的红细胞和白细胞能够以活态存活于水中,满足幼鱼捕食活饵料的需求。在当时的技术条件下,壮族民众当然需要背着活鸭子去贩卖鱼苗,有需要时取一点活鸭血即可。而今科学技术大发展,运输条件也变得日新月异,凭借现代技术将能够利用的生物鲜血冷冻贮存起来,运到大马哈鱼的繁殖场,几乎可以是不费吹灰之力。而大马哈鱼的繁殖成功,却可以坐收立竿见影之效。学界同仁们与其哀叹大马哈鱼的退变,倒不如在中国传统文化中,找一点启示与见解,推动传统与科学的结合。能动化解所面临的生态难题,更有助于生态问题的解决。要等到环境的自然复位,是一个长期积累的事情,即令当下恢复生态,也救不了生命不可中断之急。在这个问题上,相信人类的创造性和能动性,才是正确的思路和方法。

不错,在此前的一长段时间内,我们过于关注北大仓的主粮的产量,而不同程度地忽视了生态产业之间的有效平衡。事实上,对于北大荒这样的草甸草原生态系统而言,其综合产出能力极高,农林牧副渔本身就可以综合产出,在高效产出的同时,也就能化解当今看到的各式各样的难题。但是由此而发生的思维方式上的短路,却更值得警惕,那就是忽视了人的创造力和能动性,犯下了见物不见人的误判。北大仓建成后,由于是照搬了外国的成熟技术和装备、单一作物的规模种植,在不经意间造成这种情况,但这仅是一个认识问题,改弦更张也不是难事,更何况有稳定的社会主义制度保障,只需在北大仓的基础上,实施统一规划,完善与健全产业布局,适合在这里经营的产业完全可以做到多业态的经营。相比之下,那些误以为任何意义上的人类干预都是破坏行为,都对生态有损,反倒值得扬弃。要知道,人贵为万物之灵,人类发出的干预既然会造成副作用,只需改弦更张,就可以反向利用,解铃还须系铃人这句老话至今还未失去其哲理意义。人之所以能做好事,也可能做坏事,前提只有一个,那仅仅是因为认识不足,进而表现为应对无方。人本身就具有认知能力,也具有创造的潜能,获得了新的认知后,只需认识到此前之所以过,今天之所以对,问题不就解决了吗? 然而,关键的是,要看重的是人,不能将人类的干预一棍子打死,需要具体地分析是什么样的干预、什么样的认知水平的干预、干预的实效如何等,并正确地裁断,这才是最要紧的事情。

发生在北大仓周边的小兴安岭的林场恢复,在这一争议中表现得特别显眼。此前有不少环境专家做出了过于悲观的认定。认为要靠自然力量恢复小兴安岭的林海,至少要一百年的光阴,于是相应的对策就是把人腾空,把林区封闭起来,不允许人进入,更不容许利用森林,甚至动用严禁条例,对砍伐实施惩处。但数十年过去后,在复核其恢复成效时,结果并不令人满意。具体表现为,自然长出的树木有的地方过密,有的地方过疏,伴生物种极其单调,物种之间的依存关系无法得到彰显,以致长得过密的地方树高和树径高度划一。这显然是生物之间种间竞争自然选择的必然表现,而且这样的自然选择和种群竞争还将持续下去,以致人类需要的生态恢复反而被自然规律所牵制,无法实现快速的恢复。同样的,只需要做出相应的观念改变,引入西方流行的适度干预理论,对自然长成的苗木实施有目的的间伐与移栽补种,可预期的成效就能实现,所需时间只要以前的一半就可以到位。对北大仓的整体性生态恢复,同样需要作出这样的观念转变。

利用与维护本身就是一对孪生兄弟,但在学科林立的今天,不同学科的学人事实上很难避免顾此失彼,而真正需要的恰好是辩证统一。对已经建成的北大仓而言,尽管暴露出这样或那样的生态问题,但我们应该牢记,这都是人可以做出来的事情,也是人可以改变的事情。多一点历史唯物主义,多一点辩证法,有关的生态难题肯定不是无解的死结,而是可以在短期内兑现的生态承诺。这才是侯先生立场观念的核心所在。

杨庭硕识。

杨庭硕(吉首大学历史与文化学院终身教授)

吉首大学校园环境口述史访谈资料与解读

引言

"口述史"研究以挖掘和研究人们头脑中的记忆为主要任务,是一种记载、研究、传承历史的方法。因此,被称为"人类口头遗产"和"非物质文化遗产"。[1] 无论在中国还是在西方,它都有其悠久的历史。而作为现代意义上的口述史研究,始于20世纪40年代的美国。直到20世纪80年代,美国的口述史研究才获得了迅猛的发展。其研究范围涉及社会生活各个领域。在此期间,美国催生了一批口述史专家和专业研究团队,口述史志和专著如雨后春笋般不断涌现。

中国作为现代意义的口述史研究相对美国起步较晚,发端于改革开放之后,具体时间可追溯到20世纪90年代。中国的口述史学在理论和实践两方面均取得一定的成果。口述史的研究机构相继成立,口述史理论著作和相关口述史的论文相继出版和发表。经过几十年努力,中国的口述史学理论获得长足发展。然而就目前国内口述史研究而言,"介绍西方研究的多,具有独到研究的少","零星研究的多,系统研究的少"[2]。

鉴于此,吉首大学成立了以罗康隆教授为首的口述史研究团队,承担"吉首大学近百年环境变迁口述史研究"课题,课题组成员主要包括2018级10名博士研究生。2018年秋,在罗康隆教授的组织下,课题组邀请了吉首大学校园原址(原吉首县吉首乡雅溪村)村民、村支书、退休教师等10多人作为访谈对象。调研活动以让访谈对象在快乐的记忆中回顾吉首大学近百年环境变迁史为宗旨,试图在生态文明建设背景下创建一个"生态校园"的样本工程。此次调研涉及吉首大学校园环境近百年的景观、动物、植物、农、林、牧、渔和手艺知识等方面的具体访谈内容。不同调查组分别访问了吉首乡雅溪村原住居民杜必成、高隆岗、邓光明、罗齐华等10人。其中,邵晓飞、曹改平作为课题组成员对吉首大学退休教师姚金泉做了详细的口述史访谈。本文基于生态人类学视角,依据姚金泉老师口述史访谈资料,结合史料及典籍考证,从时间和空间两个维度解读吉首大学近百年环境变迁史。

其一,近百年吉首大学校园环境"景观"变迁史,即从明、清时期的镇溪军民千户所、

---

[1] 叶永烈.口述历史的理论与实务:来自海峡两岸的探讨[M].上海:上海人民出版社,2013.
[2] 姚力.我国口述史学的困境与前景[J].当代中国史研究,2005(1).

宗教祭祀圣地(三王庙)到新中国成立后的刑场设置、劳改农场和监狱的兴建,体现了不同时期的雅溪村由"景观"变迁而引发的生态变迁。

其二,通过姚老师对雅溪村近百年的动物活动区域和植物种类分布区域的叙说,做出相关动物、植物类及生态环境变迁史的详细解读,探讨动、植物生态环境变迁原因。如,明、清时期雅溪村的犀牛、大象、狼的出没以及中生代底层溶洞出现的鲉鱼等海洋性生物。

其三,通过姚老师对近百年雅溪村农、林、牧、副、渔业等各行业生计模式的追溯,由明、清时期的游耕生计模式到新中国成立初期直至现在的固定农耕,解读其历史上生态环境变迁过程,折射出雅溪村历史上不同时期的生计变迁模式。

2018年10月18日,课题组成员在姚金泉、罗齐华等老师的带领下,对吉首大学校园及周边生态环境进行田野勘察,并指证了吉首大学校园及周边的相关布局。由于课题组成员学业繁忙,时间又紧迫,口述史调查研究在断断续续中进行。因而只能对现有的有限口述史资料进行解读,未完待续。我们殷切期待后期口述史研究能够进一步完善。文中难免会有些疏漏之处,还望各位同仁和专家批评指教。

访谈对象姚金泉:男,79岁,土家族,职称,副教授,吉首大学退休教师。1940年,生于乾城县(今吉首市)雅溪村营盘寨佃农之家,上学前在家放牛、种田。1950年秋至1956年秋在雅溪小学读书。1956年秋至1962年秋在湘西州民族中学读书。1962年秋至1963年秋,在雅溪大队第七生产队务农。1963年9月至1968年9月,在中央民族学院(今中央民族大学)历史系历史专业读书。1965年8月至1966年8月在广西三江侗族自治县"社教"。1968年10月至1970年3月在6954部队420团锻炼,接受解放军的"再教育"。1970年3月至1976年秋在吉首民族师范学校(今吉首大学师范学院)任教。1977年秋至1979年8月在湘西州教育局工作。1979年9月至1982年8月在吉首民族师范学校任教。1982年9月至1990年8月在湘西州民族中学任教。1990年9月至2004年在吉首大学历史系(历史与文化学院)任教。退休后,于2004年9月至2011年8月任校教学督导员。

学术指导:罗康隆

访谈地点:吉首大学商学院会议室

访谈时间:2018年10月13日

访谈人:邵晓飞,吉首大学2018级博士研究生;曹改平,吉首大学2018级博士研究生

一、景观

邵晓飞(以下简称"邵"):您所住的村寨过去叫什么名字?苗语或土家语叫什么名字?这个名称有什么来历?原所属乡镇叫什么名字?

姚金泉(以下简称"姚"):我住的村寨名叫鸦溪村营盘寨。土语叫"鸦溪"。该村之所以称为营盘寨,是因为清代时,游击将军的衙门就设置在这个村寨,还建立防卫用的营

盘,营盘遗址至今尚存。游击将军的后裔,名叫李少先,目前还健在。李少先家中,还收藏有一柄大长刀,一个人抬不动。据说,这是当年游击将军衙门的仪仗用刀。当下的鸦溪行政村由五个自然村构成,它们分别是:营盘寨、罗家寨、方家寨、五方园、杨家寨。鸦溪社区过去溪流纵横,沿河树林密布有很多乌鸦和喜鹊栖息,故名"鸦溪"。烟草公司在当年鸦溪的两岸,目前已改建成湘西州烟草公司办公所在地,位于吉首大学南门外半公里处。原先"土人"每年在竹王祠举行的祭祀活动较多。竹王祠外,建有一个尼姑庵,名叫竹园庵,庵内供奉观世音菩萨。这座庵为1946年国民政府时期兴建鸦溪小学时建立的。1958年人民公社化后,为了拓展晒谷坪空间摧毁了这座竹园庵。1965年,鸦溪小学迁到了罗家寨中的罗家祠堂,继续办学。

20世纪40年代,吉首大学校园区,包括鸦溪村寨在内有三多:狼多、乌鸦多、乱坟多。过去,医疗技术差,孩童死亡率高,小孩的尸体多数掩埋于此地。天黑,经常可以听到狼叫,狼刨开坟墓,把小孩的尸体拖走。狼多,自然会引来成群的乌鸦,与狼分食尸体。现今寨陇还有一个地名叫老鸦山,也是因为乌鸦多而得名。营盘寨还有一个教仗坪,位于现在湘西自治州的荣复医院。这里是当年游击衙门的练兵场,遗址至今尚存。我的祖母是杨家寨人。鸦溪河,由北向南流,源头在现今砂子坳的龙潭,最后流入万溶江。杨家寨有个叫杨家坪的冷水井,在干旱季节,也会突然涌出潮水。传说,有人看到犀牛(即黑水牛)在井里翻身。清末名将罗荣光,出生在乾城鸦溪村。传说,他是犀牛转生。当前,吉首大学校长办公楼叫凤凰楼,但在早年,此处叫"转潭"。

【注释】

1."土语叫'鸦溪'"句。

此处,"鸦溪"是指目前,属吉首市吉首乡管辖。吉首大学校园南部辖区即图书馆及风雨桥以南地段,系从该村村民的承包地划拨而来。故吉首大学校园生态变迁与该村先民的管护利用直接关联。姚老师的回忆,足以反映20世纪以来吉首大学校园的生态变迁的实情,环境口述史资料来源可靠。此处,"土语"是指汉语的俗名,"鸦溪"是历史上因乌鸦成群而得名,名字来由见下文,其后,因为乌鸦在汉族文化中被认为不吉利,故,文本资料用谐音方式改称为"雅溪"。

2."游击将军的衙门就设置在这个村寨……营盘遗址至今尚存"句。

此处"游击将军"是指清代中级武官。清朝绿营兵军官的"游击",秩从三品,位次参将,为将军、督、抚、提、镇分领营兵,也有充各镇中军官者。游击将军衙门设置在鸦溪,整个鸦溪村都属于该游击将军驻军设防区。"绿营规制,始自前明。清顺治初,天下已定,始建各省营制。"①经查阅相关典籍编制,我们得知游击将军驻军的设防区为镇溪守御千户所。千户所有"绿营八旗"把手,在清代康熙年间被撤废。此处设有机关下属编制,该编制在辛亥革命时被撤废。绿营八旗存在期间,此地不仅有汉族军士常驻,也招募当地乡民协防。军队的存在和其资源利用方式都必然影响、干扰到当地生态变迁。特别是柴薪采伐,影响最为直接。

---

① 赵尔巽.清史稿·地理志[M].北京:中华书局,1977.

3."李少先家中,还收藏有一柄大长刀"句。

此处"李少先"则是指上文提到的"游击将军"的后裔。此处的"大刀"据姚老师回忆一个人抬不动,显然不能互动作战,因而是仪仗兵器,此文物保存足以佐证清代驻军规模,并可以此为依据推测对当地生态环境变迁的规模。

4."当下的雅溪行政村由五个自然村构成,它们分别是:营盘寨、罗家寨、方家寨、五方园、杨家寨"句。

此处雅溪行政村下辖的五个村寨,并不是游击衙门存在时期的下辖地,仅是防区的有限部分。从名称可知营盘寨是上文提及的游击衙门所在地,"营盘"这一名称在清代泛指军队驻军地。凡有"营盘"称谓的地方都设有城墙,在形制上以等而下之,塘、保、汛、哨,明显有别。上文提到的李氏后代就生活在此寨。罗家寨因驻扎在寨里的绿营八旗兵丁姓罗,并世袭驻守这一地区而得名。第二次鸦片战争期间,全寨直接奉清廷之命前往天津大沽口抗击英法联军的侵略。罗荣光在这次战役中战功显赫,闻名全国,并成为罗氏后裔炫耀光荣的资本。罗家寨在吉首城区扩大建设中被撤废,该寨旧址(现吉首市职业中专附属幼儿园)还建有罗氏宗族祠堂,并附会了多种传说和故事。下文提及的"犀牛"在该寨出没,就是一例,从中可以透露出当地生态变迁信息。方家寨因绿营八旗兵丁姓方而得名。五方园因明代镇溪千户所按照明代规制设置了社稷坛而得名。在中国历代王朝中,各级行政单位需设置社稷坛,并按制度定期祭祀。社稷坛由青、红、白、黑、黄五种颜色的土壤拼合而成,象征四方和中土,外形呈正方形,中央黄土呈圆形,故而民间俗称五方园。除了五方园之外,还要配置山川坛、厉坛等等。清代康熙年间,镇溪千户所被撤废后,此地由新建的乾州厅直接管辖,上述各基础设施也随之报废。具体到当地生态变迁而言,在整个明代此处是一个神圣的区域,有专人管护,其生态背景与明代的规制保持一致,其生态实情不难准确考知。当代所观察到的生态背景,则是清代时改为民用留下的后果。目前,该村残留下的古柏树,应当是有效管护下的明代祭祀附属地的遗物。根据姚老师回忆,古树在20世纪50年代被砍掉。结合当地自然背景和生态学的研究,不难确定社稷坛创设之前,这里的生态系统应是常绿阔叶林生态系统。在纯自然环境下。这里不可能生长出柏树。故被砍的柏树肯定是当年为祭坛而配景设计的树种。杨家寨也是因为当年的绿营八旗兵丁驻军姓杨而得名。

5."鸦溪社区过去溪流纵横,沿河树林密布有很多乌鸦和喜鹊栖息,故名'鸦溪'"句。

此处"鸦溪社区"是指当下鸦溪村行政区管辖范围,按照地理区位、地形、地貌可知,这片区域在未经人类大规模改造以前,应当是一片山间河流的洪泛地带,属于典型的湿地生态系统。但镇溪千户所设立以后,由于要建设各种祭坛,因而必须开渠排水,以免涨水时,危及祭坛用地,从而导致整个水位明显下降,才会长出高大乔木。清代设置游击衙门后,为了增强防卫,又将残留下的湿地用于设置堤防。缩短河面,掏深河床,实指形成的护城河,从而导致湿地范围进一步萎缩。不能排干的地带,则人为设置为荷塘。当代,在城区扩大建设过程中,这片荷塘被彻底填埋。目前,在旧址上建立民营小区,由于不了解此前的生态史的过程,以至于现在所建的高楼出现塌陷或地基沉陷等险情。姚老师回忆"溪流纵横",仅是生态变迁的萎缩结果。

6."烟草公司在当年雅溪的两岸"句。

此处"烟草公司"即指湘西州烟草公司办公大楼。具体在今吉首大学西大门外人民南路西侧。

7."现今寨陇还有一个地名叫老鸦山"句。

"寨陇"是从苗语意译出来的地名,遵从苗语的语法惯例,其含义是"龙寨"。在明、清两代及以前,此处应该是苗族心目中的神林,也是祖宗灵魂的栖息地。其具体位置在今吉首大学校园外正东方向山脊背面,目前仍是苗族居民点。"老鸦山",字面含义是因为此处乌鸦很多而得名。但,乌鸦多与苗族的神灵并不合拍,因而,推测"老鸦山"不是出自苗语,而是从土家语意译而来。在土家族的心目中,特别是土家族的水手心目中,乌鸦是神鸟,可以预卜凶吉,因而十分看重乌鸦的栖息地,"老鸦山"地名极可能因为信仰而来。

这片神林中有许多乌鸦和喜鹊等林栖鸟类,有大量的喜鹊则表明,此处在20世纪有连片树林。所在位置,肯定不属于上文提及的湿地生态范围内。乌鸦也是典型食腐鸟类。大量的乌鸦筑巢栖息,足以表明周边地区这些动物尸体经常出现。因而,所栖息森林不是人居地带,也不是经济林区,而是荒郊地带。

8."我住的村寨名叫鸦溪村营盘寨……但在早年,此处叫'转潭'"段。

此两段文字叙述存在时间和空间上的跳跃,这是姚老师在幼年时期的记忆,是对明代寺庙、祠院、祠堂的建置情况的追忆,理解时需要知道时空差异。

9."原先'土人'每年在竹王祠举行的祭祀活动较多"句。

此处"土人"指在当地定居的各族居民。竹王祠指祭祀"竹王"三个儿子的祠堂。该祠堂主殿至今保存完好,后经重修,并更名为三王庙或天王庙,其所在位置距离吉首大学西南方向两公里半。学界有一种观点认为"竹王"信仰是苗族的信仰之一,起源的族群归属为苗族。民国时期,凌纯声与芮逸夫在《湘西苗族调查报告》中表示湘西"天王"信仰就是"竹王"信仰,湘西"天王"属于苗家人信仰的神,得出湘西红苗是"竹王"的后代。① 有关"竹王"传说在东晋常璩《华阳国志》卷四《南中志》就有如下记载:"有竹王者,兴于遯水。有一女子浣于水滨,有三节大竹流入女子足间,推之不肯去,闻有儿声,取持归,破之,得一男儿,长养,有才武,遂雄夷狄,氏以竹为姓,捐所破竹于野,成竹林,今竹王祠竹林是也。"② 据传说,有个妇女在遯水边洗衣服。忽然,有一段大竹子被流水冲到脚边,旋转徘徊不离去,始终没有被水冲走,还能隐隐听到婴儿啼哭声。这个妇女感到非常惊讶,于是将竹筒捡起来带回家,破开一看,果然,有一个婴儿在其中。后来她把婴儿抚养成人,这个婴儿长大后文武双全,赢得当地民众的拥戴,并在当地称王。他是从竹中而来,故而被民众称为"竹王"。时逢汉武帝开辟西南夷,"竹王"归顺了西汉王朝,并到长安拜谒汉武帝。汉武帝封他为当地的诸侯王。因其封地在夜郎,文献称其为"夜郎王"。后来汉武帝又将他处死,引发当地各族民众的反抗。汉武帝最后只好把"竹王"的三个儿子都封为诸侯,让他们世袭代表朝廷统治夜郎地区。事后,三个儿子为父亲修建了纪念祠,后世,将类似的祠堂泛称为"竹王祠"或"三王庙"。建立在吉首大学校园区周边的三王庙就是其中之一。最早记录有关湘西天王庙的文献为成书于明嘉靖年间的《湖广图经志书》。其卷十七《辰州府·山川·泸溪县》中有这样的记载:"鸦溪,在县西北镇溪千户所

---

① 凌纯声,芮逸夫.湘西苗族调查报告[M].北京:民族出版社,2003.
② 任乃强.华阳国志校补图注[M].上海:上海古籍出版社,1987.

西一十五里,水自崇山发源,其流台武溪。鸦溪中有石穴者七,渊深莫测,名为龙井,溪之傍有鸦溪神庙。其神为白帝天王。每岁六月巳日起至巳日止,忌穿红、张伞、吹响器。山林溪涧,虽有禽兽行走并鱼跳跃,人不得名,亦不敢取。"由此可见,史料不仅反映了明代鸦溪天王庙的地理位置、祭祀情况及竹王信仰在民间社会的影响,而且也反映了当时的生态环境状况。又如乾隆《泸溪县志》记载:"鸦溪……名为龙井溪,旁有庙,其神相传为白帝天王……后因三省大兵征剿红苗,伐树过庙,祀事稍息。至我朝顺治十三年六月内显灵于邑,邑人士遂于城北荒茅岭立塑像祀之。"①乾隆二十年刻本《泸溪县志》所记载泸溪县的鸦溪,所指的就是今天吉首市的雅溪。明代,鸦溪隶属于泸溪,清康熙四十三年改土归流时,乾州设厅,原镇溪千户所划归乾州厅,改为鸦溪,民国后乾州厅改为乾城县,新中国成立后改为吉首县,行政区划未变。从《泸溪县志》记载可知,在"三省大兵征剿红苗"以前,鸦溪就有了天王庙。

  根据文献记载,并结合中国历代王朝疆域变迁,最终,不难考订吉首大学校园周边三王庙兴建时间很晚。应当是明初设置镇溪守御千户所配套建设的纪念祠堂。祠堂的位置与《后汉书》《华阳国志》的记载的腾水地望不符。建筑这祠堂的目的,不在于怀古,而是借助于这座祠堂的建立,去联络当地土家族、苗族的情感,以利于在精神层面,强化当地各族居民对朝廷的认同。也正因为用意如此,明、清两朝的地方官员每年在按照朝廷定制祭祀当地的社稷坛、山川坛、厉坛的同时,也要按时祭祀这座三王庙,并有意识地吸引各族民众参与祭祀。

  姚老师在下文所说活动很多,就是指这一历史传统在当代的延伸。在他记忆中,童年时代(20世纪40年代),三王庙的实际分布范围非常广,今天吉首大学校园内的风雨湖、凤凰楼、图书馆、沈从文纪念馆、齐鲁大楼(第十教学楼)和第一、第二、第三教学楼,都是三王庙的管辖区。雅溪的村民,虽然在这个地方开垦田地,但是产品的剩余部分都要卖给三王庙,供接待香客之用。这种隶属关系,直到土地改革才结束。其中,最值得注意的是,今吉首大学风雨湖的南段、音舞学院(第四教学楼)附近的水域,在20世纪四五十年代,依然被称为"转潭"。启用这一名称表面上是指小河的流水在此处要旋转、徘徊,最后再流走。但真实的用意是,以此象征"竹王"诞生时,徘徊不离去的这个故事情节,意在表明这条小河就是传说中的遯水,因而,也是三王庙配置的祭祀对象。建三王庙是刻意模仿的结果。姚老师只记得少年时代在这里游泳、玩耍,水虽然不深,但水温有差异,潭中底部拱出水面,形成小岛,游泳累了,可以在这里休息。但,为何流水会旋转,姚老师也说不清楚原因。当下,由于建设了水坝,校园风雨湖的水面在上升,"转潭"已经全部被淹没。此外,在吉首大学西门、南门的周边地区,当年三王庙的附属建筑全部被改建为机关、商场或民居。值得注意的是,吉首大学校园区相当一部分区域,处在三王庙的控管区内。因而,吉首大学内的古井生态变迁,必然与三王庙的兴废息息相关。大体而言,辛亥革命以前,吉首大学校园相关生态背景,其景观配置与三王庙的置景保持一致,而不是纯粹的自然生态景观。辛亥革命后,三王庙败落,三王庙管辖范围周边地带包括吉首大学校园在内,逐步脱控于政府和民间,被改作他用。比如,在今天吉首大学校园区修筑公路,兴建劳改农场和监狱,开辟果园、农场等,甚至充当过刑场等。由此导致的人为生态变迁,从中也可以逐一考证。

---

① 顾奎光修,李勇纂.(乾隆)《泸溪县志》[M].乾隆二十年刻本.

10."竹王祠外,建有一个尼姑庵,名叫竹园庵。庵内供奉观世音菩萨"句。

此处称为"竹园庵",显然是附会"竹王"故事而来。也可以从中认定,这座竹园庵就是三王庙的附属建筑之一。其用意是纪念那位捡到"竹王"并抚养"竹王"成人的妇女。其遗址在吉首大学以南的小溪桥附近。这儿在三王庙的兴盛时代,显然是三王庙的周边地带。"供奉观世音菩萨",这一侍奉对象的用意,显然是借助于佛教的教义,向民众暗示"竹王"故事所述的内容。这些都是观世音菩萨用法力制造出的结果。按照湘西地区类似的佛教寺院共有的惯例,在竹园庵中正中供奉的是观世音菩萨,右侧下方则是"竹王"养母的站立像。

11."20世纪40年代,吉首大学校园区,包括鸦溪村寨在内有三多……也是因为乌鸦多而得名"句。

此段谈话的内容主要是介绍姚老师在幼年时代吉首大学校园区的生态景观,呈现这一段生态景观的社会背景。辛亥革命之后,其失去了政治后台之后,呈现为快速败落,难以管控周边地带,才使得原先神圣的三王庙禁地蜕变为乱葬岗,并因此引来狼群和鸦群来觅食,从而呈现为无人管辖的荒郊野景。

12."天黑,经常可以听到狼叫,狼刨开坟墓,把小孩的尸体拖走"句。

此处"狼刨开坟墓"的描述符合狼的生物属性。但如果不是无主坟墓,安葬的较为正规,狼就不可能盗食尸体。因而,乱坟和婴儿的坟墓,在此地大量出现,恰好是当地社会变迁引发生态变迁的一项鲜明标志。

13."营盘寨还有个教仗坪,位于现在湘西自治州荣复医院。这里是当年游击衙门的练兵场,遗址至今尚存"句。

"教仗坪"沿用这个地名的汉语说法,"教仗(校场)"原意是指游击将军训练军队的场地。但当地苗族乡民众多,汉语地名也相应翻译成苗语。其后,又从苗语翻译成汉语,成为模棱两可的地名。地名中"教(校)"字苗语含义是"打斗"的意思,"仗"指平坦的地面,而"坪"则是翻译附加的汉语语词。"湘西自治州荣复医院"具体位置在吉首大学南门外偏东两公里处,这里"衙门"是指清代游击将军衙门。

14."鸦溪河,由北向南流,源头在现今砂子坳的龙潭,最后流入万溶江"句。

砂子坳,因当地出产山砂而得名。在当地俗语中,"龙潭"一词经常用来泛指地下暗河的出口。而此处的"龙潭"则是鸦溪河的主源,具体位置在吉首大学北门外,北偏西一公里半。"万溶江"在鸦溪河的下游,最后,汇入峒河。峒河为沅江的支流,在泸溪县境汇入沅江。

15."杨家寨有个叫杨家坪的冷水井,在干旱季节,也会突然涌出潮水"句。

"杨家寨"是指在吉首大学南门外民营小区东面山路,面朝鸦溪。"杨家坪"是指鸦溪社区杨家寨的公共空间。"冷水井"也是俗语所称的龙潭之一。由于井水从地下河流出,因而水冰凉,故名"冷水井"。其地下暗河的水源来自上文提及的寨陇山体的地漏斗。这里是地下暗河的出口,因而水位会出现暴涨暴落的景象。

16."传说,有人看到犀牛(即黑水牛)在井里翻身。清末名将罗荣光,出生在乾城鸦溪村。传说,他是犀牛转生"句。

罗荣光(1833—1900),字耀庭,土家族,湖南乾城(今湖南省吉首市)人。咸丰初年以武童入曾国藩的湘军,任把总职,后因与太平军作战有功,累升总兵。罗荣光任天津总兵镇守京津门户之大沽口炮台长达24年,被誉为"天下第一海防"。光绪二十六年(1900),英、德、俄、法、美、日、意、奥等八国组成的侵略联军,发动了侵华战争。67岁高龄的罗荣光率领部下顽强抵抗。他们在侵略者的强大进攻面前誓死不屈,用鲜血和生命谱写了一曲中华民族的爱国主义颂歌。①"犀牛"是一种热带动物,当前吉首地区早已不见这种动物存活,但根据乡民的记忆和描述,其指代对象可以认定是真正意义上的犀牛。下文又提及清代名将罗荣光是犀牛转世,这就足以佐证在清末时期此地确有活态犀牛存在,这应当是生态剧变的又一佐证。"乾城"是指当前鸦溪村和吉首大学校园区,20世纪以前,曾是"乾州厅"的辖地。20世纪50年代,国家将吉首设为湘西土家族苗族自治州首府后,鸦溪、砂子坳连同吉首大学校园才正式划归吉首市管辖。因而在清代典籍中,作者都是将罗荣光的出生地表述为乾城鸦溪人。姚老师在此处也是依据清代典籍所作的表述。

17."当前,吉首大学校长办公楼叫凤凰楼,但在早年,此处叫'转潭'"句。

"凤凰楼",指现吉首大学校长办公室。"转潭"即上文提及的流水旋转的深潭,而今该潭已经被风雨湖淹没。

邵:在您多少岁的时候,您所属村的名称发生了变更?后来发生过几次变更?(具体在您多大年纪)原所属乡镇名称有所变化?您所属村的区域又有什么变化?

姚:国民政府时期,雅溪村归属乾州管辖。新中国成立初期,乾州与吉首分分合合。1953年,我在乾州小溪桥加入新民主主义青年团。1957年,这里划归吉首管辖。在竹园庵周围有一些古树,如枫香树、楠竹和桂竹等。比如,像桂竹这种竹子竹笋苦,外观像楠竹。在财校附近有口冷水井,井底下经常活跃着许多阴河鱼。有一种鱼,在我们土语中叫"鲉鱼",青白色,圆筒形。通常在立夏之前,就能看到鲉鱼。立夏之后,涨大水,就看不到鲉鱼了。村民们喜欢下大雨之前,"装篓"捕鱼。后来,财校把这洞口填平掩埋。砂子坳介于雅溪和寨陇之间。

【注释】

1."国民政府时期,雅溪村归属乾州管辖"句。

姚老师此处所说的"国民政府时期"主要是指抗日战争到1949年以前,雅溪村的行政归属。诚如上文所言,有明一代雅溪地区都是天王庙的管辖区。在行政归属上,它是镇溪千户所的设防区和代管地。当时,乾州还属于苗疆生界,没有设置行政机构。由周边的土司和卫所负责招抚。参与此项招抚工作的包括永顺宣慰司、保靖宣慰司、竿子坪长官司、五寨长官司。具体到雅溪而言,负责招抚的卫所就是镇溪千户所。因而,在雅溪苗区生活的居民称为镇苗。雅溪苗区生活的居民或竿子坪长官司招抚的苗族,合称"镇竿苗",大致而言,明代乾州以及吉首范围内的苗族都可以合称"镇竿苗"。明万历年间,蔡复一组织修建的边墙"南长城"习称苗疆"边墙"。据清人严如熤《苗防备览·述往录》记载,明万历四十三年(1615),辰沅兵备参政蔡复一认为营哨罗布,但苗路崎岖,难以阻遏窥觎,请求发帑金四万多,筑沿边土墙,上自铜仁,下至保靖,长三百余里。天启二年(1622),辰沅兵备道副使胡一鸿命令游击邓祖禹又

---

① 陈廷亮.罗荣光与大沽炮台保卫战[J].民族论坛,1988(3).

修建了自镇溪至喜鹊营边墙六十余里。所谓"苗疆",古籍中是这样界定的:沅江以西,酉水以南,辰水以北,湘黔交界以东广大地区,相当于今松桃、铜仁一部和湖南凤凰、花垣、吉首、保靖、古丈、泸溪、麻阳全部或大部。后世学者称沿边土墙为"南长城",由于吉首、乾州在南长城以内,因而得以编辑"里甲",当时,吉首、乾州编为四个"里",合称"内四里"或"南四里"。需要注意的是,编入"里"的都是汉族民众或者是归顺朝廷的熟苗,而未归顺的依然称为"镇竿苗"。明洪武三十年(1397)置镇溪军民千户所。清康熙四十三年(1704),清廷罢废了镇溪军民千户所。改土归流时,又在乾州创设了乾州直隶厅。原镇溪千户所划归乾州厅,由乾州直隶厅管辖,这一格局,一直延续到清末。鉴于乾州管辖范围较宽,民族构成各不相同。后为了便于管理,从乾州直隶厅的北部,划拨一片土地来创设吉首县。该县统辖的居民,主要是汉族,也就是明代镇溪千户所屯军的后裔。此前,雅溪地区并不是镇溪所的直接辖区,而是招抚对象,其民族构成主要是苗族。这样的管辖格局,一直延续到1949年。这是姚老师的亲身经历,下文揭示了他的亲身感受。此处"乾州",当时称之为"乾州县"。

2."新中国成立初期,乾州与吉首分分合合"句。

"分分合合",此处含义是,吉首和乾州两县,有时合并成一个县,有时又分为两个县。1949年11月5日,乾城县和平解放。1950年8月,县人民政府机关迁至所里。1953年2月25日,所里沿苗语更名为吉首,乾城县更名为吉首县。1982年8月3日,经国务院批准,撤销吉首县,设立吉首市,辖地不变,隶属湘西土家族苗族自治州。

3."1953年,我在乾州小溪桥加入新民主主义青年团"句。

"在乾州小溪桥",这一表述的含义是指姚老师在"小溪桥"加入新民主主义青年团,而在当时雅溪村是由乾州管,所以团籍归乾州管。

4."1957年,这里划归吉首管辖"句。

"划归吉首管辖",此处的"吉首"是指吉首县。1957年,当地政府根据国家的决策在湘西创设了湘西土家族苗族自治州,选定吉首为该州的首府。当时为了扩大首府的管辖范围,一并将雅溪村划归吉首管辖。

5."在竹园庵周围有一些古树,如枫香树、楠竹和桂竹等。比如,像桂竹这种竹子竹笋苦,外观像南竹"句。

此处"枫香树"属于金缕梅科,是祖母树,也是苗族崇拜的对象、苗族村寨的保护神。因而,这片枫香林,绝非自然形成。而是苗族为了祭祀竹王祠有意培植的树林,故与当地自然长出的常绿阔叶树明显有别。在20世纪中叶以前,这一带古枫香树,其树龄理应超过六七百年,应当是当地苗族培植的产物,与镇溪千户所设防有关。此处"桂竹",根据姚老师此后补充说明得知。之所以称为"桂竹",是因为从广西桂林移栽而来,属于雅溪地区的外来物种。竹园庵之所以要特意种植这种高大、竹笋味苦的竹子,用意显然是为了附会观世音菩萨的驻地紫竹园。栽培这样的竹子,更符合供奉观世音菩萨的心理需要。也因为竹笋味苦,不容易遭乡民或其他人盗采,有利于寺院景观的管护。"桂竹"和"楠竹"一样高大,与枫香树混合栽种,有助于增添竹园庵庄严肃穆的景观氛围。这种"桂竹"至今还可以提供外来物种被引进雅溪地带的物证。

6."在财校附近有口冷水井,井底下经常活跃着许多阴河鱼"句。

此处"冷水井"位于财校校园区域,距离吉首大学南大门一里半的山路。水源来自寨陇山脊的地漏斗。因为是地下暗河的出口,水温很低,故称为"冷水井"。吉首大学处于喀斯特山区,类似的水井很多,上文提到的"龙潭"也是如此。

7."有一种鱼,在我们土语中叫'鲉鱼',青白色,圆筒形"句。

"鲉鱼",是鲉形目鲉科的一种,约50种,通称鲉。体长约达300毫米,头大,侧扁。吻圆钝,背面中央隆起。广布于各热带暖水海区,为浅地海底层中小型鱼类,栖息于沙底、岩礁、珊瑚和海藻丛中,体态与环境相似,具有保护色。①

诚如海洋鱼类学家所言,姚老师及乡民所食用的这种鱼,确实是鲉科鱼类,但这种海洋性鱼类,为何能在内陆喀斯特溶洞生存,这是一个亟待生物学深入探讨的科研课题。

对于当前吉首大学校园区活态生存鱼种,生物学家尚未做出科学的报告。因而有理由怀疑我国的鱼类学家,至今还没有注意这特殊鱼种案例。它也许是我国亟待拯救的濒危物种。吉首校园区的生态维护工作,理应引起高度重视。根据已公布的生物和地质资料推测,我们初步认定鲉鱼之所以会在喀斯特溶洞中生存,与地质运动中的中生代、新生代地壳运动相关联。据查,在广西、贵州、湖南南部的喀斯特山区,田野调查中的乡民也提到这种特殊的鱼,而且说这种鱼的味道鲜美。也有人报道过云南抚仙湖中也生长过深水海洋区的相似鱼种。据此,我们有理由认定,这些鱼类是在云贵高原成陆过程中,原海洋中生活的鱼类被陆地隔断,不能入海,因而形成的变种。故,不管其中哪一种都很可能是我国大陆上濒危的物种,具体到吉首大学校园区的鱼种而言,很可能在中生代与新生代的过渡区,由于海底的石灰岩被抬升成陆后,才与海洋隔断,原来的海洋鱼类,再也回不到海洋了。更鉴于鲉鱼本身属于底栖鱼类,比较耐寒,不耐热,因而可以在石灰岩溶洞中成活,并适应了新的生活环境。又据,在地质考察时发现,吉首大学校园河床底部岩石和石灰岩底下的岩层,都属于古生代的灰绿叶岩或玄武岩。灰绿叶岩含有较多从海洋带来的盐分。因而,吉首大学校园周边的溶洞暗河开口中流出的水中含有少量的食盐。乡民在放牛时,往往将牛赶到这边喂水,就不再喂盐了。这就足以表明当地的鲉鱼在洞穴底部的水域生存,可以获得与海洋相似的生存条件。它们在这样不利的生活环境生存数亿年,繁衍子孙,确实具有一定可能性。把它们作为中生代海洋鱼类的活化鳃鲉属类,去展开科学研究和验证,确实具有很高的必要性。目前,探索任务是尽快获取活标本,以便展开动物分类学的鉴定。

8."通常在立夏之前……就看不到鲉鱼了"句。

这段文字所表述的鲉鱼的行为方式,也与海洋的鲉鱼极为相似。也足以佐证它们极有可能是海洋鱼种的活化石。其间的依据在于,溶洞中的某些部分水压可能会很大,能够满足深水鲉鱼的生存。它们可以凭借掉落的水中的有机物维持生存,但是,无法免除洞外的气候变化造成的干扰。这是因为,水的比重在4摄氏度时密度最大。立夏以前,外面的水温比洞内的水温低很多,一旦外部低温的水流进地下溶洞后,那么接近4摄氏度低温淡水就会很自然沉淀到这种鲉鱼密集生活的溶洞底部。温水水域的鱼类受到低温的刺激,就会很自然地上升到相对温暖的水域。加之,低温淡水还会稀释洞底水体的盐分,也会刺激鲉鱼上浮。因而,鲉

---

① https://baike.baidu.com/item/%E9%B2%89%E9%B1%BC/1957212?fr=aladdin.

鱼在这样的季节被迫游出洞外,从而被当地苗族发现和捕获。但是,立夏之后则不同,洞里的温度一旦保持稳定,洞外的温度急剧攀升。无论下多大的雨,水温都会高于洞里的水温,暗河流动的热水都是从表层流过。鲉鱼习惯于栖息在水中含盐分的洞里,水井不会受到干扰。立夏之后,鲉鱼不再出洞。总之,这种鲉鱼的生活规律足以证明,它们是中生代海洋鲉鱼的变种活化石。显然,对此需要展开更深入的探讨。它肯定是我国境内喀斯特山区处于濒危状态的鱼类,更需要加以保护。

9."村民们喜欢下大雨前,'装篾'捕鱼"句。

此处"篾"又称"须笼",是一种竹编捕鱼工具。外形酷似尖顶瓶,口小肚大,底部用绳索捆牢密封,也可以打开放鱼。捕鱼时,将洞口对准水流方向,沉入水中用石块固定下来。鲉鱼顺水流动会很自然落入其中。由于洞口装有尖利的竹质倒须,一旦鲉鱼进入篾就无法逃出。等到装满鲉鱼之后,村民就将篾取出,解其底部的绳索,将抓到的鱼倒入盆中,鱼就全部被捕获。

10."砂子坳介于雅溪和寨陇之间"句。

此处砂子坳是指吉首大学现有校园的北部片区,是从原砂子坳村承包地划拨而来。有关这一地区的生态变迁,详见下文访谈口述史材料。

邵:您村的村路是在什么时候修建的?过去叫什么地名?现在是在什么位置(砂子坳校区的具体位置及附近)?在什么条件下修的?村附近有公路吗?哪年修建的?谁承办的?参与的是些什么人?现在是什么位置(砂子坳校区的具体位置)?

姚:以前的村路都是石板路,每个村寨都有石板路。抗战期间,国民政府从乾州到吉首中间修了一条路:唐家岭—南门—营盘。姚姓,属于外来人口,从四川秀山搬迁而至。天王庙就设在现今民营小区。这一地段有个叫"长运坳"的山坳,曾经竖立一块碑,名曰"下马碑"。没有修路之前,过往的行人都要下马祭拜。石板路,由明代镇溪所修建。天王庙在现今"李氏兄弟"饭店附近,是祖灵所在地。拜亭里有天王庙,里面有戏台、厢房、天王庙殿、菩萨、娘娘。营盘寨的西林寺在现今民营小区入口处,曾是尼姑居住的地方。人们常说,这里是船舱地,两头高中间低。营盘分上面街、下面街,村路没有名称,现今,从吉首到乾州赶集途经此地。

【注释】

1."以前的村路都是石板路,每个村寨都有石板路"句。

姚老师所说的"以前"需要精准时空定位分析。其一,鉴于在明代时这一地区,只有镇溪千户所这一机构设置。而千户所的职能只管军事设防和驻军操练,规模性基础建设不是它们的职能,因而技术性设置不可能在明代启动,没有其机构出现时,不可能动工修路。各个村寨不可能通石板路。其二,虽然千户所在此地设天王庙,但是天王庙只是一个宗教祭祀机构。它的职能是管辖祭祀和所辖土地范围。为了更好地展开宗教活动,他们当然也会修路,但即使修路,也不能超过当时的技术条件和资金支持。因而,天王庙不可能使村村通石板路,最多在它寺院范围内修路而已。上述两项前提都注定了要保证村村通石板路在明代无法实现。其三,鉴于雅溪所在地在明代要么是天王庙祭祀用地,要么是镇溪所的祭祀用地。在祭祀用地内,按照朝廷规制不允许建立村落。村落不允许建设,那么村与村的石板路的建设更是无从谈起。其四,从雅溪村村寨范围内古村寨的名称看,带有明显的汉姓特色。雅溪村寨都没有苗语地名。这就足以表明这个村寨的确立和正式建立的时间只能是清康熙朝撤卫置县以后(撤卫所,设置县),让明代汉族屯军从军籍改为"民籍"后,才得以在这一地区建设村寨。有了村寨,才能聚集资金修石板路。因此,姚老师说"村村通石板路"是在清代后期发生的事情。其五,明、清除了汉族屯军外,当然也有大量的苗族在这里生息繁衍。但是,苗族从事的是游耕生计,村寨根本不需要绝对固定。当然更不需要修筑高质量的石板路。因此,当地苗族乡民统称的"石板路",显然是依附汉族村寨参与的修路。而且,这样参与的前提是,他们学会种稻田,施行固定的农耕后,才可以做到。

基于上述五个方面的客观事实。姚老师此处所说的"以前",其实是指清代中期以后的事情。石板路的范围仅涉及各村寨的路,至于从吉首通向乾州的石板路,穿过雅溪,最早修成的时间绝对不会早于清康熙末年"乾州厅"设置之前。而且,最后修成这段石板驿路的时间或许持续了很久,甚至可能延续一百多年时间才得以修完。因此,这里在清康熙朝之前都是土路。

2. "抗战期间,国民政府从乾州到吉首中间修了一条路"句。

此处"抗战期间",姚老师指的是1938年以后发生的事情。当时,美国政府支持中国抗战。为了绕开日本对中国沿海的封锁,国民政府被迫修建横贯西南可以通汽车的公路,史称"滇缅公路"或"史蒂芬公路"。但是,实际修筑范围超出滇缅范围。其中四川、贵州、湖南都被卷入其中。乡民所说的这条公路,其实也是"史蒂芬公路"的一条支线。路基是此前清代所修的石板路。仅是在这一基础上,修平加宽而已。确保两辆汽车可以并行,这就是当时修路的最高标准。值得注意的是,姚老师所说的路,恰好从今吉首大学校园区北门到南门纵贯而过,直抵乾州。这条公路也是湘西最早通汽车的公路。

3. "唐家岭—南门—营盘"句。

此处"唐家岭"并不是高大的山岭,仅是吉首大学桥园内风雨湖东岸的小丘。目前,已经被人工炸平,变成现在的第一教学楼、第二教学楼和沈从文广场。而此前的公路,就是在唐家岭东侧,从图书馆经过。吉首大学建校后,这条公路才改道从吉首大学西大门外穿过。早年修公路,之所以从东侧过,是沿用明、清两代的驿道为地基修成,目的是减少修路成本。但是,当时修的公路坡大、弯急,通行很困难。此处称为唐家岭,但是,没有村寨也没有姓唐的人家居住,为何称为唐家岭?此事有待考查,值得深究。

4. "姚姓,属于外来人口,从四川秀山撤迁而至"句。

这段话是姚老师叙述的他的家事。和上下文都不衔接,是插入语。姚姓的家族在当地影响不大。但是,这个姓氏值得注意,秀山地区的土司姓杨不姓姚。但是,在侗语和布依语中,都将苗族称为"尤"。"尤"字和"姚"字的汉语读音很接近,翻译汉语时可以通假使用。而且,在苗语中"杨"字的读音,其含义是指椿树。这种树在苗族观念中是指"祖公树"。椿树和枫香树一样很受崇拜。苗族中姓"杨"的人家,大多数姓氏是因为这个名称翻译而来。瑶族中启用"杨"作汉姓的人家,都是从这个字音译而来。姚老师现在的民族身份是土家族,但在土家族姓氏中很少有启用"杨"或"姚"的姓氏。依此看来,其家世可能出自苗族。

5. "天王庙就设在现今民营小区。在这一地段有个叫'长运坳'的山坳,曾经竖立一块碑,名曰'下马碑'。没有修路之前,过往的行人都要下马祭拜"句。

此处文字和上文脱节,改变了话语,转述天王庙的配置,意在表述早年天王庙门前的配套设置。此处"长运坳"位于吉首大学校园区,南门外向南一里路,现今民营小区一带,这是早年的驿路,需要穿越山坳。现代修公路时,山坳已经被平毁。目前,已经看不到痕迹。显然,修长运坳是追求好运气的意愿,具体位置就在今天的公路边。长运坳的西面,早年是荷花池塘,目前已填平,建设成为民营小区。

此处"下马碑",是历朝政府相沿未改的祠庙的营建规制。在祠庙大门前左右两侧,树立一块下马碑,提醒过往行人、客人特别是香客。但凡走到下马碑前,行人必须下马、下轿步行穿过,以表示对相关祠庙所供奉神灵的崇敬。因此,哪怕已经毁损的祠庙,只要找准下马碑的位置,就可以大致推测原有祠庙大门的位置,进而推算出相关祠庙的规模和范围。雅溪天王庙前的下马碑具有同等功能。凭借姚老师这一准确的说明,就不难推测明、清两代天王庙的范围比现在天王庙的范围要大很多。其大门的位置在今天民营小区到小溪桥位置之间。实际的控制范围覆盖了今天公路西侧的整个山坳。今天的天王庙所占范围不到此前的四分之一,而当前重修天王庙的位置更偏西。原有天王庙大殿的旧址位于下文提及的"李氏兄弟"饭店。

"下马祭拜",这是姚老师凭借少年时代记忆做出的描述。据此,可以推知,直到20世纪40年代,下马碑还依然存在。明、清两代沿袭天王庙管辖范围还没有受到重大的冲击。乡民对天王庙的崇敬,使香源未改。

6. "石板路,由明代镇溪所修建"句。

此处姚老师表述的时间有些含混不清,镇溪千户所在清初时已经被撤废。明代镇溪所的祠庙建筑群已经被平毁,改为游击衙门的设防区。更重要的是,不管是镇溪所,还是清代游击将军的管辖,都是军事建制。他们根本没有能力,也没有职责,要全面铺设石板路。因而,姚老师以上表述不能反映历史过程和全貌,只能反映移民村落确立后的派生物。石板路铺设的时间不会早于明代中期。

7. "天王庙在现今'李氏兄弟'饭店附近,是祖灵所在地"句。

姚老师这一补充说明颇有价值。这表明明代镇溪千户所修建天王庙大殿的具体位置,就在今吉首大学校园区南面2 000米左右。经纬度为:北纬N28°17′23″,东经E109°43′13″。据姚老师回忆,当时天王庙大殿占地面积超过1 000平方米。天王庙四面有防风火高墙,进入头门后,院内就有戏台,左右两边均为厢房。前厅设有三大间,石台上建有三间正殿。天王庙大殿内的神台上供白脸、红脸、黑脸三尊天王神像。后殿供奉太后娘娘的神像。(邵晓飞按:此段话是指姚老师生活年代,大致应该是新中国成立前,雅溪天王庙结构的整体布局。)

8. "拜亭里有天王庙,里有戏台、厢房、天王庙殿"句。

此处是指姚老师凭借记忆复述了天王庙的建筑结构。戏台的建筑通常设在主殿的前面,其功能是在庙会期间供香客和民众欣赏。按照一般祠庙的规制,厢房的功用是接待香客之用,处于进大门后的两侧。上文提及的戏台实际上位于大门主殿、左右厢房之间。"天王庙殿",就是指主殿。据乡民回忆和当前重修天王庙的规制可以得知,天王庙中主要供奉对象是夜郎王的三兄弟,也就是"竹王"三个儿子。值得注意的是,这样的建筑规制与明、清两代其他的祠庙都不同。它供奉的是传说中"竹王"三个儿子,而不是像佛教、道教那样,供奉菩萨、太上老君。这与内地祠庙的供奉体系有明显差异。这足以表明天王庙的信仰是具有鲜明的民族文化特色的信仰体系。

此处的"娘娘"是娘娘殿的省称。供奉对象就是夜郎王传说中那位从竹筒中捡到"竹王"的妇女。但是,经过明、清两代封建王朝的渲染,娘娘殿供奉的对象演变成一位苗族妇女的形象。在天王庙的兴盛时代,一般不允许男性的香客进入,这里主要是女香客拜祭娘娘,目的是求子。"菩萨"是指娘娘殿中供奉的观音菩萨,而真正供奉对象"娘娘"的雕像,却在菩萨右手的下侧。这样的布局是对佛教崇拜的结果。

9."营盘寨的西林寺在现今民营小区入口处,曾是尼姑住的地方"句。

诚如上文所言,此处"营盘寨"是指当年的游击将军衙门所在地。清朝在这一地区设置游击衙门,这是在雍正王朝改土归流之后才有的事。依据在于改土归流前,这一地区的驻军除了镇溪所外,朝廷并没有派其他驻军。军事防务是由永顺、保靖两土司担承。改土归流后,担承职责落空,朝廷才得以在这儿派驻常驻兵源,"营盘"的设置才成为可能。西林寺旧址在今民营小区的入口。此处,"营盘的西林寺",寺院名称很可能来自清代名臣鄂尔泰。鄂尔泰,字西林。从营盘以西的位置与西林寺院相互配置的这一格局可以看出,此处的营盘显然是清雍正改土归流之际才正式建立。营盘的选址目的在于严密地管控驿路的安全,并弹压周边的苗族。

湖广土司的改土归流是在总督迈柱的主持下进行的,湖广土司改流的步骤是先湘西后鄂西,然后逐步推行。当时,湖广总督迈柱是鄂尔泰的岳父。迈柱根据鄂尔泰指定政策,采取在土司中寻找劣迹的办法推行改土归流政策。① 清政府对湘西地区的土司实施改土归流,并按照当时的朝廷决策,强化对湘西的行政建制,加强驻防兵力。在此处设立游击衙门,就是整个布防的一个部分。相关军人的调拨显然与鄂尔泰的属下有关。因而,把这些配套设施叫"西林寺"。

上文提到罗家寨、杨家寨等寨名,应是在这一时期作为一个布防整体而兴建。更值得注意的是,选择这一地段配置军营,其历史的渊源在于,明代镇溪所存在时这里是祭祀用地。"镇溪军民千户所"罢废之后,因没有上层的管理机构,管理失效。土地划拨建立军队易于操作,因而才选中这个地方。

10."人们常说,这里是船舱地,两头高中间低"句。

此处是一项比喻的内容,意在形象地说明营盘的位置。所谓"两头高"是指南北两个方向的地势较高。而营盘所在位置,正好处在最底部,且人口居住密集,所以比喻为船舱。营盘东西两侧的山林,被形象比喻为船帮或船舷。需要注意的是,人口能够高度密集肯定是固定农耕定型以后,才可能出现的现象。这当然与当地政府需要密集驻军,控制周边苗族有直接关联。

11."营盘寨分上面街、下面街,村路没有名称,现今,从吉首到乾州赶集途经此地"句。

此处"营盘寨"在兵营前头穿过的一段路,地势较高。当时是国家驿路的一段,处在游击

---

① 瞿州莲.永顺土司改土归流的"历史真实"——以湘西地区碑刻、地方志为中心的历史人类学考察[J].西南民族大学学报(人文社会科学版),2011(8).

衙门地段,所以叫上面街,指兵营区南段。下面街处于北端。其实,北端的地势低于兵营的叫下面街。过去军人密集居住此地,时常与苗族居民进行物质交易,自然形成集市。因而,这一段通道称为"街道"。即使在偏僻荒凉、远离城市的地方也取名为"街",原因在于这是一个集镇。此处,"村路没有名称"这一提法可能是姚老师的误判。诚如上文所言,这段路在明、清两代都是国家驿道的一部分。因而,在当时驿站使用时,乡民很自然把它称为"官道""铺道"或者"马道"。称为"官道"是国家出资修建的直通大道,官员来往都要通过。所谓"铺道"是因为明清两代的驻军官兵要巡回稽查,稽查过程是分段执行,其交接处都来自不同编制的巡查官,都要进行交接。在交接处,都要设置"铺",所以,称为"铺道"。所谓"马道",是因为要传递当地的官方文书,都有快马,要启动快马穿行,所以,称为"马道"。其后,即使改变为现在的公路,也把修建的公路称为"马路"即由此而来。至于姚老师说"村路没有名称",是因为到了姚老师的幼年时代,驿道早已废除达半个世纪之久。原有的名称自然被遗忘殆尽。"此地",是说古代的驿道虽然早已废弃,但是因为原来的驿道直接联通唐家岭至乾州县城,距离较近,因而乡民们赶集仍然使用这条路。

邵:村里总共有几条河流?分别叫什么名字?流向哪里?有哪些河流已经被填平或消失了?大概什么时候消失的?现有的河流有几条?具体在什么位置?现在(砂子坳校区的具体地名)?

姚:主要的河流,就是雅溪其他有三条河流:排骨溪,在现今大汉集团民居地区。冲木溪,在现今湘西自治州烟草公司。大冲溪,在天王庙附近。排骨溪、冲木溪、大冲溪,三条河流到张二桥汇合。张二桥有三拱三块,最后,流入雅溪村寨。雅溪村寨小溪多,是以阴河水源为主。

【注释】

1."主要的河流,就是雅溪"句。

这是一条由北向南纵贯吉首大学校园区的河流,也是当地最大的一条河流。时下,因吉首大学校园区本身处于狭长的盆地底部,四面环山,故而雅溪才会形成这样的格局。四周山岭都是中生代石灰岩山岭,但是盆地底部却是古生代灰绿叶岩,风化后形成土层,并零星分布着许多石灰岩的残体。零星分布的石灰岩拱出地表,导致在吉首大学校园周边地区被称为"山坳"的地名几乎是星罗棋布。鉴于盆地底部相对平缓,雅溪的水流很浅,在建校以前,基本没有架桥,乡民来往雅溪两侧都是踏着河中石头而过。在吉首大学校园体育馆附近,雅溪河有一座唯一的小木桥,是由三根木棍并排扎成,在吉首大学建校时已经被拆毁,穿过校园区的小溪也被埋入公路的底部。时下,其水流从地下注入风雨湖。吉首大学校园区北部辖地是从此前的砂子坳村耕地划拨而来。砂子坳村的大寨旧址就在吉首大学校园区的北门外。

2."排骨溪,在现今大汉集团民居地区"句。

排骨溪从东面向西流入雅溪河流。排骨溪从名称可以看出是一条典型的汉语河流名称。其含义是这条小溪上流水源有多处,流出地表后形成平行排列的小溪。一串或是一组小溪并行排列,汇合后才注入雅溪,即今天的民营小区。实际上,这条溪汇入此前的莲花塘。至于排骨溪上流水的源头就涉及上文提及的冷水井一类的溶洞出口。这样的溶洞出口很多,都是沿着吉首大学校区东南方向的"羊儿眷"(过去乡民自己命名的山岭名)的山岭分布。上文提及的冷水井也是排骨溪的源头,其中最靠北的溶洞口就在吉首大学科技楼底下,溶洞流出的水绕过唐家岭后再汇入莲花塘(今民营小区)。姚老师下文所提"阴河水源为主"就是根据这段描述得出的结论。

3."冲木溪,在现今湘西自治州烟草公司"句。

"冲木溪",也是典型汉语地名,含义是在发大水时,可以用于运输木材。这条小溪的源头在今天的湘泉集团厂区的山冲。冲木溪从西南方向流入东北方向,途经中桥、张二桥,最终整个水流从现在铁路桥下穿过,汇入雅溪,位置就在现今烟草公司的大路上。

4."大冲溪,在天王庙附近"句。

此处,大冲溪是一条更靠南的小溪,流经的位置在原天王庙范围的最南边。从西北方向流入东南方向,最后汇入鸦溪河。据姚老师介绍,在20世纪中期以前,这条河流两岸都有大量苗族定居。根据他们记录的区位不难推测,这些村寨是以明、清两代朝廷为了管护天王庙提供劳力支持,而以行政力量驱使苗族定居形成的。政府在调动这些苗族时,当地民族民众肯定享受了税赋免征的优惠政策。

5."三条河流到张二桥汇合。张二桥有三拱三块。最后,流入雅溪村寨"句。

此处,张二桥在今天湘西自治州烟草公司附近的斑马线上,整个河流被埋入公路建筑底下,在城市建设时被拆毁。据姚老师介绍,张二桥原先是石器建筑,有三个桥拱,桥面由三条桥石盖成,桥宽面积大约十二米。在古代修筑这样的石桥,投劳和投工都很大。由此可以推断,它应当是天王庙的附属建筑。

6."雅溪村寨小溪多,是以阴河水源为主"句。

阴河,此处指地下伏流。地下伏流主要指岩溶地貌长期发育的必然产物。不同之处在于,吉首大学所在地这片区域底层是古生代,盆地底部是古生代底层,周边山体才是石灰岩地层。因而,岩溶发育与在山体上或洼地的底部、盆地没有关系。盆地底部没有暗河,山体有阴河。而且,暗河的出口都处在石灰岩的交接地段。因而,所有暗河的出口包括冷水井、龙潭等几乎处在同一个水平面上,都位于石灰岩山体的山洞。

邵:你们村过去(具体时间)总共有几口古井?位于你们村的什么位置?什么时候修建的?这几口古井有多长的历史?当时修建的情形还有记忆吗?现存古井还有几口?您还能想起这几口古井的名称吗?现村里人还在用吗?

姚:水井是以寨命名,寨寨都有水井。比如,五方园、杨家寨等都有水井,但是现在下口塘和杨家寨水井水质很差。龙井坝下面的泉水涌出来,位置应该在现今民营小区地带,水大的时候可以碾米。天王在小暑节过生日。六月间,村民在天王庙烧香、杀猪、唱戏等,戏的主要内容有汉戏、阳戏、辰河高腔。过年以及整个腊月间都有活动。四川、贵州及周边的百姓都聚集天王庙,热闹非凡。由于三兄弟平苗有功,逐渐得到皇帝的加封和赏赐。宋朝时期的白马渡河底流沙多,水量丰富,溪水主要用于稻田灌溉。雅溪水旱无忧,鸭、鹅多,阴河多、流沙多,我经常下河捕鱼捞虾。地形特征:砂子坳和雅溪是一个盆地,为九龙藏宝之地,像一个扁担挑两个箩筐。此地烧石灰,我从砂子坳挑石灰到太平变成白嘴。砂子坳是分水岭。女人都愿意嫁到雅溪,因水田好,走路一脚平路,有好田、好水、好山。新中国成立以后,外县的姑娘争相嫁到雅溪,足以证明这里是富裕之地。当年每人可分两亩稻田,还能再分一部分田给周边的小村庄。每口井,可分为三口小井,分别用于洗菜、洗衣服、洗澡,可谓村村有井。据说下口塘的井含盐,村民经常放牛喝水,后来遭堵口。龙潭,现今位于校外铁路后面,靠近砂子坳。转潭,现今凤凰楼,水往转潭流。王潭,在杨家坪,现今高速公路收费站。冷水井,原财校那里,靠右手边。猴儿井,猴子喝水的地方。

【注释】

1."水井是以寨命名,寨寨都有水井。比如:五方园、杨家寨等都有水井,但是现在下口塘和杨家寨水井水质很差"句。

由于村寨是以姓氏命名,水井又以村寨命名,这就足以证明村寨和水井是同步建立,即清朝改土归流以后设置游击衙门一次性开挖建成。下口塘井位置处在雅溪河的西侧,距离现吉首大学校园300米左右的火车铁路桥西南方向。这口水井是打穿古生代底层浸出来的水,本来水质好,但是由于周边地区大量的建筑民居,水质明显下降,不堪入目。此处"杨家寨水井"的具体位置在距离现在吉首大学起航宾馆100米处,人民南路旁下面,但是由于周边地区大量的建筑民居,水质也受到严重污染。

2."龙井坝下面的泉水涌出来,位置应该在现今民营小区地带"句。

此处所说"龙井坝"是指在溶洞地下暗河出口处修成的水坝,将地下暗河流出的水富集起来以便饮用。此处的龙井坝也是位于吉首大学校园区的东面山路暗河出口,即现民营小区的仓库。"泉水涌出",这些描述完全符合地下暗河的规律。水大可以碾米,这标志着当地曾经修过水碾。

3."天王在小暑节过生日"句。

这里是说天王庙所供奉的"竹王"在小暑节那天出生。也就是上文提到的妇女捡到竹筒中婴儿的时候正是小暑节。所以,但凡每年的小暑节,天王庙在这一天都要举行隆重的庆典。

4."六月间,村民在天王庙烧香、杀猪、唱戏等"句。

"六月间"是指姚老师重新提过去的具体时间。"小暑节"本身就处在农历六月间。因而给"竹王"过生日,实际上要持续一个月,整个六月都要有庙会,只不过小暑节那天最隆重而已。"杀猪"专指用活猪祭献天王,向"竹王"献祭。此处,"唱戏"是在天王庙的戏台所唱的剧目,以下有说明。大致而言,在整个湘西地区、怀化地区流行的民间戏剧都可能在这里上演,请到哪个戏班就唱哪个戏班的戏。"汉戏",此处是指"川戏"和"京剧"。"阳戏"是湘西地区的一种地方戏种,主要盛行于沅江的下游一带。此处,"辰河高腔"也是湘西的地方剧种,主要在泸溪一带流行,唱戏的曲调、音调很高,所以称为"辰河高腔"。

5."过节以及整个腊月间都有活动"句。

"都有活动",此处是指天王庙的庆典活动。

6."四川、贵州及周边的百姓都聚集天王庙,热闹非凡"句。

此处"热闹非凡"是指前来拜祭的香客很多,甚至来自邻省的香客都汇集在这里。可见,当时天王庙的庆典在整个湘西地区社会影响力极大。吉首大学建校以前,天王庙的庙会活动对当地民众的生活和物质的交流发挥过相当大的作用。当前,虽然天王庙的祭祀规模不如以前,但是天王庙的实际社会影响力依然存在。

7."由于三兄弟平苗有功,逐渐得到皇帝的加封和赏赐"句。

此处"三兄弟"是指天王庙所供奉的对象竹王(天王)所生的三个儿子。"平苗有功",这些是当地民众附会之说,不足凭信。但是需要注意的是,在清代,不论是在改土归流时,还是黔江苗民动乱之时,清朝的地方官每逢战争爆发前,都要郑重其事地来祭拜天王庙,希望三兄弟安抚苗民归顺朝廷,确保战斗的胜利。这样的信仰性操作本身就不符合逻辑,但是确实巧妙利用了当地苗族崇拜"竹王"的心理,也能收到军事上的时效。这样的宗教信仰是一种社会事实,虽然在各地都有类似的信仰内容,但是所祭祀的神各不相同。神与战争的关系虽然不符合逻辑,但是的确反映了当时乡民的生活现实。

8."宋朝时期的白马渡"句。

此处"白马渡"这一名称有其来历。源于东汉时期,意思是用"白马"将佛经拖入中原,与传播佛教直接相关联。因而,在全国范围内称为"白马渡"的地名几乎遍布各地。苗族学者石启贵在其所编著的《湘西苗族调查报告》中描述了相关的故事,但是这样的故事仅是全国范围类似故事的其中之一,并不是湘西苗族地区特有的信仰事实。事实上,苗族至今还没有完全接受佛教,仅是在苗族社会生活中渗进了不少有关佛教信仰的内容而已。因此,石启贵的相关记载都不能视为相关信史,而只能作为社会现象的后期解说而已,只能是附会上去。在介绍雅溪村水井时,插入有关天王庙的信仰,并非姚老师随意为之。姚老师的用意是在告诉我们,在天王庙的重大祭典时,即在今吉首大学校区附近,要汇集数以万计的各地民众。从当地的水井提供饮用水满足这一需要,在他看来这是很不容易做到的事情。言下之意,姚老师强调这里水井水质优良,水量丰富。

9."河底流沙多,水量丰富,溪水主要满足稻田灌溉"句。

此处是指雅溪村的河流在暴雨季节流沙很多。因而,这些溪流经常改道,河底的流沙多。但这些溪流提供水源非常丰富,可以满足于农田灌溉。

10."雅溪水旱无忧,鸭、鹅多,阴河多、流沙多,我经常下河捕鱼捞虾"句。

此处"水旱无忧",是上文提及这个地方(雅溪)象征"船仓"的位置,阴河流出的水都会到这里汇集,因而周围不会有干旱发生。雅溪河涨水后,直接排往万溶江,也不会富集在此地,所以是名副其实的"水旱无忧"。此处"鸭、鹅多",这说明在历史上,当地居民能够充分利用有利条件大规模饲养鸭、鹅致力供养天王庙的消耗需要。其实,也是满足天王庙祭祀的消耗需要。"流沙",至于这一地区流沙多,这是因为下暴雨时,从山顶冲下来的泥沙中颗粒小的泥土被流水带走,剩下来的粗砂只会在雅溪附近河床沉淀,颗粒也会随之在河床沉淀。经过流水的推动,这些砂砾会移动位置,其位置也会不断变化。因此,在姚老师表述中有"流沙"这一说法。"捕鱼捞虾",也是当地老乡谋生的手段。因为在这样的生态环境中,明河与暗河相通,虽然溪流很短,但水产很丰富。

11."砂子坳和雅溪是一个盆地,为九龙藏宝之地"句。

此处"九龙"是指九条河流汇集到雅溪,周边的宝和福气都富集在这里,于是这里被周边地区视为"风水宝地"。

12."像一个扁担挑两个箩筐"句。

此处,以唐家岭的地形为比喻,说它像一根扁担,一头挑着雅溪,一头挑着砂子坳。福气都到了这两个地方了。两个箩筐是比喻砂子坳和雅溪。

13."此地烧石灰,我从砂子坳挑石灰到太平变成白嘴"句。

此句为姚老师讲述少年时代的经历。"烧石灰"源于周围整个山体都是石灰岩,那么"烧石灰"自然就成为雅溪当地的一大支柱产业。此处,"太平"是指吉首市管辖的太平镇,位于吉首市东部,镇政府所在地距市区14.5公里,北与马颈坳镇相连,东与丹青镇交界,西南两方与镇溪街道、河溪镇相邻。1956年设太平乡,1961年设太平公社,1984年撤社复乡。此处,"变成白嘴",意思是说石灰粉末扑了满身、满脸,连嘴上也盖满了石灰粉。这个地方(雅溪)以烧石灰为产业。烧石灰肯定会消耗大量木材,雅溪周边,早年森林较多,这样石灰产业才得以发展起来。石灰不值钱,但"挑功"值钱。

14."砂子坳是分水岭"句。

此处"分水岭"是指砂子坳所管辖的范围,处于吉首到乾州之间水路的"分水岭"。以下表述说明砂子坳要比雅溪要贫困。

15."女人都愿意嫁到雅溪,因水田好,走路一脚平路,好田、好水、好山"句。

此处"一脚平路"的"一脚"这种量词的使用方法由苗语音译而来,意思是到处都是平路。雅溪很平,但砂子坳地表起伏,路不平。

16."新中国成立以后,外县的姑娘争相嫁到雅溪,足以证明这里是富裕之地"句。

姚老师特意强调新中国成立以后,有其重要的时代意义。因为在新中国成立前苗族和土家族之间通婚的事例很少。人们都在周边地区按姑舅表婚执行通婚,通常不会有人远嫁外地。新中国成立以后,各民族实现人人平等、男女平等,跨民族、跨地区婚姻才普遍实行,才可能会有羡慕雅溪的女人嫁到这里。当然,新中国成立以前的社会背景也不同。由于雅溪地区这些人家都是汉族屯军的后代,身价高,不屑与其他周边的人通婚。而且,汉族屯军的后代也不愿意让富裕被别人占有,不愿意与别人分享财富。新中国成立以后,全国实施土地改革政策,地主和富农被打倒,这种歧视外地人或其外族人的观念也才得以改变。此处"外县",兼指泸溪、乾城、凤凰等县。

17."当年每人可分两亩稻田"句。

"当年"指土地改革之际,以下分田指土地改革的平分土地。每个人都可以平均分两亩好水田,山林不包括在其中。

18."再分一部分田给周边的小村庄"句。

此处"再分一部分田",意思是说每人分了两亩好水田后,还有很多剩余水田。雅溪村人就按土改的精神,将多出来的田送给砂子坳村寨的其他人耕种(包括砂子坳、寨陇、大冲一带的人)。从这一表述,我们可以看出土改之时实际上是田多人少。尽管雅溪很富裕,仍然田多人少,耕地多,生活富裕。

19."每口井,可分为三口小井,分别用于洗菜、洗衣服、洗澡"句。

意指从井水流出的水依次流到三个人工修筑的水池。第一个水池用来洗菜。第二个水池用来洗衣服。第三个水池用来洗澡。这是一种经过严密制度设计后,集体动工兴建的传统供水设施,目的是确保饮用水的绝对清洁。这些水井在用水方面有等次的划分,或对其他方面的用途作了明确的划分。

20."据说下口塘的井含盐"句。

此处绝非夸张,而是确有其事。因为他们所说的下口塘井,所处位置在盆地的底部。除了表层的河流冲积的泥沙外,下面就属于古生代地层。因为这口井打穿了古生代地层,所以地层里面的盐分被溶解出来,但是含盐量不高,达不到采盐的目的。井水供牛饮水,却能够代替给牛喂盐。所以,这口井成了周边村寨放牛的人每天必须来的地方。值得注意的是,这一片地区的水井只要打到一定的深度,都会碰到盐层,都具有同等功效。与此相反,凡是从溶洞流出的泉水都不含盐。这就意味着,雅溪这个地方有两种水:一种是淡水,一种是含盐的水。

21."村民经常放牛喝水,后来遭堵口"句。

此处"堵口"是说,在后来的城市建设中,下口塘的井被封,后来埋到现今公路(路基)下面。

22."龙潭,现今位于校外铁路后面,靠近砂子坳"句。

此处"龙潭"指上文提及的雅溪水源出水口,位于今砂子坳区校园外的过路天桥旁边。"后面靠近砂子坳",具体位置在现在湘西自治州路桥公司及其单位附近。姚老师年轻的时候,砂子坳分为两个小寨:一个在今吉首大学北门外,另外一个在今铁路的西面一侧,两地相距将近两里路。此处"靠近砂子坳"是指靠近铁路西侧的那个寨子,是砂子坳的其中一个寨子。龙潭水从砂子坳的溶洞中涌出。

23."王潭,在杨家坪,现今高速公路收费站"句。

此处,"王潭"是另外一个阴河出口的水井,位置在吉首大学南门外高速路口收费站旁边,吉首大学校园区东面山处。

24."猴儿井,猴子喝水的地方"句。

"猴儿井",从这名称可知,当年这个地区的野生猕猴比较多。这口井远离村寨,靠近森林,所以经常有猴子在这里喝水,乡民才称之为"猴儿井"。

邵:你们村里有几棵大树(风景树)?大树叫什么名字?苗语或土家语叫什么?本地话叫什么名字?在现在什么位置(砂子坳校区及附近)?估计有多少年了?从什么时候(具体时间)没有的?

姚:五方园寨和方家寨都有。飞山庙坐落在五方园寨,是纪念飞山将军兴建的寺庙,有高耸的房屋,那里还有一棵大枫香树,大枫香树可以几人合抱,已经有上百年历史。枫香树的木材可用于制造油房的榨油工具。罗荣光老家附近也有一棵枫香树。罗家祠堂里,有两人合抱的桂花树和松树。杨家寨有一个大竹园,里面有桂竹,村寨后门外竹与树交相辉映。营盘寨游击衙门口,有一棵两人抱的大青树。我弟弟(树宝)在现今高速公路路口的那棵古树下搭桥。"树宝"(土语 piaai)是指把弟弟寄养给大树,希望弟弟平安长大。所以,给弟弟取名字叫树宝。古树上绑有红色布条,树洞内有青蛇。许多人家的小孩不好养,要在神树下寄养。寄养通常由巫师把小孩的名字写在纸上,由算命先生算好生辰八字,再进行祭拜。寄养的对象为树。我弟弟姚树宝拜祭了树,是为了寻求心理安慰。

这种树通常位于寨口或者寨内。竹园庵靠近方家寨。雅溪的两边是石堤,有座石拱桥名曰"张二桥"。青树作为护堤树,有两人合抱那么大,小青树有刺,叶子常绿。罗家井、杨家井、罗家寨有杨柳树。国民政府时期,当地麻质草鞋远近闻名。有一位马劲坳的金姓老板,来雅溪地区收购草鞋。罗家寨的寡妇家有一个女儿,这位商人调戏她女儿。于是,本寨家族的人把金老板绑在"歪脖子"树下。后来,五方园的保长保了他。新中国成立前,同姓人不得通婚,族规严厉。否则,要被绑上石磨沉潭。"打草鞋"是当地的副业,一般在插完秧农闲时劳作。几乎每家都有青麻。种植麻园,一般有三道麻。古树消失的时间大概在新中国成立以后,砍伐较为严重。"大跃进"时期,政府兴建公共食堂,村民就近取柴。村里的橘子树、柚子树等果树都遭到砍伐。土地改革时期,破除封建迷信。天王庙被拆,大王爷和三王爷被捣毁。苗民围攻天王庙时,部分苗民躲进天王庙避难。后来,当地政府重修天王庙。雅溪的原住民以土家族为主,即"土人"。"竹王祠"一带汉化较为严重,大概有6~7户苗族。现在,马劲坳有少部分土家族提前一天过年,名曰"赶年"。据说,明代实行卫所制度,由于中央王朝腐败不堪,无法调动中央军队,明政府遂派遣永堡土兵赴江浙抗倭。土兵准备坨坨肉和干粮,提前过年。历史上,永堡土司常年向中央王朝贡楠木。因此,现在吉首大学师范学院还有楠木坪和桃子坪,檀木岭则位于现今师范学院。

【注释】

1."五方园寨和方家寨都有"句。

此处"都有"是指这些寨子都有年代久远的大古树。此处大古树主要指枫香树和楠木树。枫香树主要分布在"五方园"寨的飞山庙庙宇背后,作为苗族崇拜的"神树"。在姚老师记忆中,大部分大枫香树可以几人合抱,已经有上百年历史。楠木树被当地人称为"梛木树",分布在竹园庵的周围。由此可见,当年栽种风景树其目的主要是为了宗教祭祀。

2."飞山庙坐落在五方园寨,是纪念飞山将军兴建的寺庙"句。

"飞山庙",是我国西南地区,尤其是云贵高原东部,一种带普遍性的祠庙,历史上几乎相关地区各府、各州乃至于各乡都建有飞山庙。纪念的对象就是下文提到的飞山将军。飞山将军不是传说中的人物,而是真实的历史人物。据传,其真实姓名叫杨再思,是五代十国时期的人。据《靖州乡土志·政迹》记载:杨再思生于唐朝咸通十年(869),淮南人(今安徽寿县)。唐昭宗时由淮南迁辰(今沅陵县),结营靖州(今靖县、通道、会同、绥宁、黎平、锦屏等县)飞山,与李克用同受昭宗绢诏征兵,道长梗阻,众奉为诚州(靖州)刺史,威名日著,称令公焉。奉唐正朔。卒于后周显德四年(957),寿89岁。① 公元十世纪,中国境内相继兴起了五个小的王朝,即后梁、后唐、后晋、后汉、后周。而在唐末、五代及宋初,各地还分流了前蜀、后蜀、南吴、南唐、吴越、闽、马楚、南汉、南平(荆南)、北汉等十个小国家。其中这十个小国家的之中的南唐

---

① 杨进飞.飞山庙[J].安徽史学,1989(1).

国为李昪所建,马楚国为马殷所建,南汉国为刘隐所建。杨再思所建的侗族地方政权存在于五代十国时期,管辖范围介于以上三个小国之间,大致范围包括今天的湖南、广西和贵州的毗邻地带,还涉及今天的广西桂林的北部,湖南省的怀化和永州、邵阳,贵州黔东南自治州等地区。由于周边的小国家都无暇顾及,也无力去征服它,这样它才得以长期维持。就实质而言,它实际上是中国侗族最早建立的成熟地方政权。据文献转述的资料得知,杨再思共有十个儿子。晚年,他将统治的地域分为十个部分,交由十个儿子分别来管辖,合称"十庄院"。"十庄院"的名字在宋代朱辅的《溪蛮丛笑》中有所提及。其统治中心在今湖南通道县坪坦乡的皇都村。宋朝统一全国后,这个侗族小政权随即被宋朝吞并。宋朝为了更好地对侗族地区实施统治,对他的十个儿子及其后裔进行优待并继续任用。今天的湖南、湖北、重庆、贵州、广西等地,很多基层行政建制都用他的后裔充当世袭长官,替朝廷统辖各族居民。此后,为杨再思所建的祠庙一概称为飞山庙,这才形成了飞山庙遍及各地的局面。杨再思的后代被分散到各地,不仅在宋朝如此,在元代统一全国时他的不少后代还被任命为各级土司。目前,在湖南、贵州境内很多杨姓人家都自称杨再思的后代,杨再思所规定的九个字辈的排序沿用至今。因而,在相关地区的杨姓村寨,很多人指认为自己就是杨再思的后代。

4. "有高耸的房屋,在那里还有一棵大枫香树"句。

此处"高耸的房屋"应是飞山庙。凭借姚老师的叙述,这个飞山庙在姚老师的少年时代依然存在。但在当下,已经被拆毁。此处"大枫香树",肯定是飞山庙配套的置景用树。培植枫香树的目的是为了迎合苗族的信仰需求,有利于对苗族实行统治。姚老师说这棵枫香树只有上百年历史可能有误。按照飞山庙建造的时间推测,此树应当与镇溪所一道栽种,理应有六七百年的历史。这棵古树受到当地行政部门的保护才会传承至今,至于将它砍掉做榨油的"油榨",是"文化大革命"期间社会大背景的产物。

5. "罗荣光老家附近也有一棵枫香树"句。

此处是指雅溪地区罗家寨,鉴于"枫树"是苗族的神树,罗家寨种枫树置景,显然与苗族感情有关。这棵枫树的种植和管护,显然与罗家寨的存在是同步的。因而,在姚老师能够记忆的年代,这棵树理应有两百多年的历史,可以称得上老枫树了。

6. "罗家祠堂里,有两人合抱的桂花树和松树"句。

据传,这个罗家祠堂是罗荣光在清代咸丰年间修建。因而,下文提及的"桂花树"也应当由建祠堂栽种,将近有两百多年的历史。桂花树属木樨科植物,是亚热带常绿阔叶林常见树种。这株桂花树有意种在罗家祠堂,显然是置景用树。桂花树得到了该村寨罗姓家族的管护,才能成活两百多年。由此推断,到姚老师记事年代,古树早已有两百多年的树龄,即有合抱粗符合常理。松树则是外来树种,也是为了罗家祠堂的置景而特意栽培的树,但是松树种植在亚热带常绿阔叶林,从生态环境维护的角度来说,具有负效应。此处桂花树是当地本土树种,也是当地民众惯用的置景观赏树。建祠堂时把它移植到建祠堂里,显然是有意而为之。松树虽然不是本地树种,但是松树能培植祠堂中,也是有意为之。

7. "杨家寨有一个大竹园,里面有桂竹,村寨后门外竹与树交相辉映"句。

此处显然是范围较广的竹林所在地,也是人工培植的置景用植物。桂竹也是外来物种。这些都足以证明凡属置景用树都与外来物种的人为移植有关,可以与自然生态系统发育的植物严格区分开来。

此处"后门",是指杨家寨的后门。"竹与树交相辉映",其含义是既有竹林又有高大乔木。这样的景观也是人为培植的结果,不是自然生长的结果。此处"竹子"是当地的土生物种。竹与树的交错种植显然是该寨村民长期管护的结果。

8."营盘寨游击衙门口,有一棵两人抱的大青树"句。

此处"大青树"属桑科,榕属,又名高山榕、大叶榕、高榕,高25~30米。生长于海拔500米至2 200米的地区,一般生长在石灰岩山地或栽于寺庙内。由此可知,大青树也是人工培植的置景树。总之,在村寨附近但凡能够发现合抱粗的大树肯定不是自然生长的结果,而是人工培植的产物。这样的奇形大树,如果没有相关人群的管护和制度保证,肯定不会成为百年老树。如果在自然状态下,它们早已被人类砍伐掉。这些大树能够保存数百年,恰好证明它不是野生树种,而是人为培植的树种。这是探讨生态史需要高度注意,并严格区分开的客观事实。

9."在现今高速公路路口的那棵古树下搭桥"句。

此处"搭桥"是指苗族祈求儿子免除一切灾祸的宗教信仰。具体仪式如下:通常在河边、沟边或是水沟上,用木头架设一座独木桥。请苗族的巴岱祭祀,以便把小孩的灵魂接引到小孩住的村寨来。据说,只要灵魂归家,以后小孩就不再生病。自此以后,每年农历二月二家长就会把自己的小孩带到那座象征性的桥上上香、献祭等。目的是让小孩灵魂不会走错路,这样小孩就会获得平安。这样的仪式在湖南、贵州、广西各民族的信仰中十分普遍。

10."树宝"(土语piaai)是指把弟弟寄养给大树,希望弟弟平安长大。所以,给弟弟取名字叫树宝"句。

此处"树宝"是指姚老师弟弟的名字。之所以取这个名字,是因为他是这个树的干儿子,这样生命才会有保障。他弟弟拜祭的这棵古树下文会有具体交代。古树有青蛇出没,这是常见的自然现象不足为奇。但是在信仰古树有神灵的人的心目中,却认为这是个奇迹,是这些树木具有灵性的物证。姚老师在这里强调的是人们对这样的古树顶礼膜拜。此处"寄养"的意思是让神树认领自己的小孩为干儿子。

11."古树上绑有红色布条"句。

此处"绑有红布条",指在祭拜古树的仪式中,照理都要给树拴上红布条。此处强调树上挂满红布条就足以证明不仅姚老师的弟弟拜祭了这棵古树,而且更多的人家也把孩子拜祭给这棵古树作干儿子,这足以证明乡民对古树的信仰之深。这是在苗族地区常可以观察到的人文景观。如果这棵古树挂满了红布条,就证明这是人民心目中崇拜的神树。"绑有红布条"是另外一种宗教仪式。小孩父母在小孩生病时,就要请汉族的道士,也就是下文提到的算命先生,凭借小孩的生辰八字进行卜算。如果哪棵古树被认定适合做小孩的干爹,就需请"巴岱"做法事,正式将小孩拜祭给古树做干儿子。举行仪式时,除了献祭之外,由巴岱说明举行仪式的意图后,还要将小孩的生辰八字写在纸上,再钉到树上,以此象征大树已经知道它的干儿子是谁。其后,还要把准备好的红布条捆在树上,以此象征把小孩的灵魂交给大树。此后,每年农历二月二,也像上文提及的"搭桥"那样,人们也要来祭祀,答谢古树庇护小孩之恩惠。

12."树洞内有青蛇"句。

这棵古树已经被乡民认定为神树,因而树上的青蛇获得灵性,同样受到乡民的保护。这些动物都可以在神树中一并获得保护而自由生存。这样的宗教仪式,看上去有点荒谬,但普遍执行后,可以起到保护生物多样性的作用。其功能相当于现在建立自然保护区。不仅大树得到保护,而且连大树周边一草一木、各种小动物,乡民都不会轻易触动。

13."许多人家的小孩不好养"句。

"不好养",此处含义是讲小孩经常生病,或者经常遇到意外而受伤,都泛称为"不好养"。

14."寄养通常由巫师把小孩的名字写在纸上,由算命先生算好生辰八字,再进行祭拜"句。

此处"寄养",是指祭拜古树为干爹的意思,由古树保佑儿子成人。此处"巫师"是指苗族的鬼师,也就是苗族语言中的巴岱雄。苗族信仰他们,并且相信他们。类似这样庄重的拜祭仪式必须由他们主持。此处"算命先生"是指道士一类的术士。这些宗教职业者不是苗族,而是汉族。他们凭借道教、巫术中的内容来祭菩萨。仅从这件小事情中就可以看出,汉族、苗族、土家族相互融合、相互支撑、相互制约的和谐关系,而不是由哪个民族主宰信仰。

15."我弟弟姚树宝拜祭了树,是为了寻求心理安慰"句。

此处"寻求心理安慰"是姚老师的解释。上文已经提到,它是多民族文化交流交融的结果,其间的逻辑关系很难理顺。在多民族杂居的背景下,多余的解释都失去意义。关键是乡民相信这样做可以保护小孩的平安。其信仰根基源于多民族并存的社会基础。姚老师在行文中又提及拜祭人和树都具有同等价值。表面上看似乎很简单,其实这恰好是一元神宗教信仰和自然崇拜相互融合的产物。在万物有灵的信仰中,树和人具有同样的性质、禀赋,因而拜祭树或人可以收到同样的功效。

16."这种树通常位于寨口或者寨内"句。

"这种树",是指乡民认定的神树。"寨口"是指通向村寨的路口。这个位置通常有土地庙、神树、神塘等。它们都是保护村寨的宗教信仰规制。"位于寨口或者寨内",这是"万物有灵"信仰的逻辑推导的结果。位于寨口或寨内的树,最先感知妖魔进入村寨。它能够为人提供保护。这正是在类似的信仰基础上,神树所处位置,具有神圣性的理由所在。毋庸置疑,这样的古树肯定是百年老树,在现代观念中肯定是文物保护对象。对于信仰与生态保护机缘性的合拍,这是一个有趣的例证。

17."雅溪的两边是石堤"句。

此处"石堤"是指用石块砌成的河堤。由于用石块修建河堤,劳动力和资金投入极大。因而,修筑石堤的时间应该是罗家寨等其他村寨确立后的事情。此前不可能修筑这条河堤,但问题是小溪水两边修建石堤后,河道很难自由改道,河床必然被冲刷后加深。原有的周边湿地生态系统因失水而萎缩,从而导致从湿地生态系统逐步地演化成森林生态系统。这样的生态改变却是修筑堤防无法预测到的事实。从这个实例可以看出,人类对生态环境的影响在绝大多数情况下是无意识行为,相关人群很难清醒意识到,因而也很难承担其责任。湘西地区生态变迁的类似情况很多,但此前被人们忽视,这是需要注意的内容。

过去,在涨水季节,公共住房、农田被淹没。值得注意的是,要修筑这类大型堤防工程,单靠村民集资难以完成。建成这样的堤坝一方面标志着周边的农田得到连片开垦,防水灾已成重大的社会问题;另一方面也标志着雅溪各村寨建设时得到了朝廷的资助和支持。修筑这样的"堤"显然是国家和军队资助的产物。

18."古树消失的时间……后来,重修天王庙"句。

以上的故事深刻揭示了村寨的信仰与外部环境存在密切的联系。湘西各地佛教祠院较多,自雍正改土归流以来,政府没有加以触动。故而今天古树依然长青,但是有关部门套用成熟的经验强行在这里推行,恰好是一个重要的例证,我们能够有意识制止迷信的泛滥,就应该有相应的能力治理外来事物的干扰。

19."青树作为护堤树,有两人合抱那么大,小青树有刺,叶子常绿"句。

此处"护堤树",就是指沿河栽种,靠树根控制土壤以免被河水冲走而栽培的树。这种青树肯定是在修筑石堤时一并栽种的。以青树为护堤树,说明青树是耐潮湿、耐水淹的树种。

20."罗家井、杨家井、罗家寨有杨柳树"句。

此处,这些井名都是因村寨而得名,显然是和村寨一并修建的饮水设施,修建的时间大约在清代雍正前。此处"杨柳树"是指垂柳,一种耐湿的树种。因而,通常用作护堤树、护河树、置景树、护塘树。柳树与芦苇合并种植效果更好。此外,垂柳被称为"杨柳"是隋朝以后才有的称呼。隋炀帝姓"杨",却非常喜欢柳树。开槽运河时,栽培了大量柳树护堤。皇帝给这种树赐姓为杨,后世将这种树称为"杨柳树"。

21."国民政府时期,当地麻质草鞋远近闻名"句。

"当地"二字专指雅溪一带的罗家寨,并非指整个雅溪地区。"麻质草鞋",是用麻纤维编织的草鞋。草鞋本来用糯米草编织。用麻编织的草鞋是非常精致的草鞋,往往价格很高。当时交通不便,出门都得跋山涉水,如果穿其他类型的鞋经常被打湿,穿草鞋比较方便。当时人人穿草鞋,致使草鞋在当地生产量和销售量都很大。当时,罗家寨成了专业生产麻质草鞋的村寨。由此看来,制作麻质草鞋需要大量的麻作原料。据此不难推测,雅溪地区可能大面积种植麻。这也是一项不容忽视的生态变迁事实。

22."有一位马劲坳的金姓老板,来雅溪地区收购草鞋"句。

此处"马颈坳"位于吉首大学老校区以东,与古丈县交界。"金姓老板",此处不是指代大商人,而是指在各乡场间转卖商品的小商贩。

23."本寨家族的人把金老板绑在'歪脖子'树下"句。

此处"本寨家族的人",是指罗家寨的头人。据此可知,当时的家族结构依然十分有效,而且是按照汉族的习惯法来惩处金老板。此处的歪脖子树,意思是指树干扭曲,歪朝向一边。这显然是未经修整过的普通的无用杂树。罗家寨族人将他捆在非正常的树上,其目的是要彰显他的罪行,以此贬低金老板的身份,意在表明他是外乡人,本家族人不得说情。

24."后来,五方园的保长保了他"句。

此处的表述需要做补充说明。当时雅溪编制是一个保,只有一个保长,由县政府委任。从名义上他是国家最基层的官员,他也是以这样的身份出面做担保。同时,又是以"五方园"的家族成员身份做"保"。这就符合当地习惯法的要求。他出生在"五方园"寨,村民称他是"五方园"的保长。实际上他是整个雅溪村寨的保长。

25."新中国成立前,同姓人不得通婚,族规严厉。否则,要被绑上石磨沉潭"句。

"同姓不得通婚",这是汉族习惯法所规定的内容。苗族和土家族则没有这样的规定。因而,这习惯法的存在进一步表明,雅溪各寨村民大体上是汉族屯军的后裔。此处"同姓不能通婚",理解这段文字有三种环境,其一,是苗族启用汉姓汉名;其二,是苗族和汉族利用自然生态系统相互区别;其三,此处讲的通婚是三者交互在一起。从清初典籍深层分析,发现这里的地区此前是苗族的游耕区。当代解放军战士对其进行有效监督利用,显然也不改变其做法,但都需要信息知识,这是不容回避的事。最后,值得一提的是,这些村寨所属位置都与清代的驿路、交通直接关联。显然汉族地区的居民和官员要赢得最大利益,只能压低、窒息少数民族的产业。从结果来看,先前的影响并不大,但如何坚持,从后果看,苗族的观点与汉族的观点同时存在明显差异。相比之下,苗族对他们的知识和经验其效用更大、更直接。"绑上石磨沉潭"中的"沉潭"也是汉族习惯法。在新中国成立前,家族族长可以有权执行这样的刑法,国民政府通常不宜过问。

26."'打草鞋'是当地的副业,一般在插完秧农闲时劳作。几乎每家都有青麻"句。

青麻学名叫苘麻。中国古代种植青麻要开辟麻园,既可以分苑栽,也可以同时栽,还可以播种栽培。通常当地分苑栽麻。

27."'大跃进'时期,政府兴建公共食堂,村民就近取柴。村里的橘子树、柚子树等果树都遭到砍伐"句。

1958年到1960年称为"大跃进"时期。此处"公共食堂"是指1958年全国普遍建设的食堂。将所有村寨都合并编为人民公社,实施集体生产和集体生活,吃饭都在集体食堂。此处"就近取柴",意思是把村边的所有树砍下来做柴火烧。橘子树和柚子树属于芸香科植物,是当地土生物种,也是雅溪大量栽培的果树。"果树都遭到砍伐",说明这样的果树在当时有较高的经济价值。按常理乡民不会随意砍伐,不应当随意砍掉当柴烧,但是如果考虑到当时的社会背景,这样的特殊现象就不难理解。原来在土地改革时,大家只是把村属的耕地平分到农户,而当地各家族村寨零星种植的果树在土地改革前本来是由各家族人管护。可是,在土改时这样的零散产业并没有落实到农户,到了人民公社时期归集体所有,结果出现果子有人采果、树无人看护的怪象。这才会导致有价值的经济果树被砍,用来烧火的特殊事件。这样的事件对当地生态环境的破坏、改变及影响较为深远。

28."土地改革时期,破除封建迷信、天王庙被拆,大王爷和三王爷被捣毁"句。

此处"破除迷信",是指20世纪50年代初至60年代中期,我国发生的全国性政治运动时的事件。在这场运动中,很多庙宇、祠堂等古建筑都被拆毁,各种神像都被砸烂。"大王爷和三王爷",此处是指天王庙神台上被供奉"竹王"的儿子的神像。其中,大王神、三王神的神像被捣毁,二王神的神像被乡民藏起来,幸免于难。下文交代了神像被乡民藏起来的原因。

29."苗民围攻天王庙时,部分苗民躲进天王庙避难"句。

"苗民围攻天王庙",此处的苗民是指黔江苗民起义时反抗清廷的苗民。天王庙由朝廷所建,因而苗民也曾经包围过天王庙。此处"避难",是因为起义的苗民也敬奉天王、信仰天王神,所以他们并没有捣毁天王庙,也不进攻天王庙,没有参加起义的苗民躲在里面才能获得安全。这部分苗民的后裔感激天王庙的保护,在政治运动捣毁过程中把二王爷的神像藏起来。

据传,后来重修天王庙时,二王爷的神像被找出来重新加以供奉。

30."后来,当地政府重修天王庙"句。

"后来",此处是指"文化大革命"结束后到 20 世纪 80 年代。此处"重修天王庙",是指 20 世纪 80 年代,湘西自治州民宗局根据苗族、土家族乡民的要求组织重新修复天王庙,后来因资金不够,加上天王庙旧址的土地被很多其他单位占用,导致此次修复规模很小,主殿仅向西偏移了一里多的路程。总的规模比原来的规模要小很多,其他配套设施已经无法修复。

31."现在,马劲坳有少部分土家族提前一天过年,名曰'赶年'"句。

在土家族历史文化研究中早已有之,并无特别。更重要的是这资料对探讨吉首大学校园区的生态变迁没有意义。

32."贡楠木"词。

(邵晓飞按:明代历史上永顺土司向朝廷进贡楠木,在永顺《宣慰司志》和《历代稽勋录》中均有记载。)

明武宗正德中,永顺土司彭世麒著永顺《宣慰司志》有如下记载:正德十年(1515),致仕宣慰彭世麒献大木三十,次者二百,亲督运至京,子明辅所进如之。赐敕褒谕,赏进奏人钞千贯。十三年(1518),世麒献大楠本四百七十,子明辅亦进大木备营建。诏世麒升都指挥使,赏蟒衣三袭,仍致仕。明辅授正三品散官,赏飞鱼服三袭,赐敕奖励,仍令镇巡官宴劳之。时政出权幸,恩泽皆由于干请。于是,郴州民颂世麒征贼时号令严明,其土官彭芳等亦颂世麒功,乞蟒衣玉带。兵部格不可,乃已。世麒辞赏,请立坊,赐名曰表劳。现存史料和宗谱记载完全可以提供一个清晰脉络。明正德元年(1506),永顺宣慰使彭世麒贡大楠木 200 根。明正德十年(1515),彭世麒献大楠木 30 根,次者 200 根,亲督运至京,子明辅所进同。明正德十三年(1518),彭世麒进献大楠木 470 根,明辅亦献大楠木备营造官殿。清康熙十九年(1680),营建太和殿,彭廷椿把数百根大楠木交辰州府运京。正如一首佚名诗所云:"楠木叶香自动风,森森独秀五溪中。北京营造太和殿,采伐栋梁立首功。"又据《历代稽勋录》记载:"是年朝廷营建……采取合式大木七百余根奏献。"①此处"合式大木"是指营建宫殿的大型楠木木材。

33."现在吉首大学师范学院还有楠木坪和桃子坪,檀木岭则位于今师范学院"句。

楠木坪在吉首市河溪镇,至今仍有大量活态楠木群落生长。此处是当年永顺土司进贡楠木的基地。长期以来,楠木没有人修剪,致使这里的楠木至今无法成材。除此之外,保靖县白云山、永顺县万坪镇这两处是当年楠木生产基地的遗址,也有大量的活态楠木成活。现今吉首大学校区当年也曾经充当过楠木生产基地。此处的"桃子坪"现在位于吉首大学西大门正对面的铁路边三公里,姚老师是想表达当年桃子坪也有楠木生长。

"檀木岭",此处的檀木其实也是指楠木,只是此处生产的楠木在明代是镇溪所的设防区,不属于土司进贡楠木的基地。"吉首大学师范学院"的前身是"潕溪书院",该书院于明代后期创办,一直沿用到清代。这是当地私人创办的书院,但一直得到明、清两朝政府支持和补贴。这些地区生长的楠木应当是当年的镇溪千户所招抚苗民管护的产物。总之,楠木是吉首大学校园区早就有的珍贵树种,是各族居民管护的产物,是人工林而非天然林。事实上,天然长出

---

① 刘绰先撰,彭肇植传抄,游俊笺正《历代稽勋录笺正》[M].贵阳:贵州人民出版社,2013。

的楠木很难作为木材使用,只能做小规格的雕刻或小型家具等小规格的优质木材,不能充当优质建材。向朝廷供奉的"皇木"不是取材于天然楠木,而是人工培植的楠木。至于吉首大学校园区在明清时期培育出来的楠木应当是在清末民初遭到盗伐而绝迹。值得一提的是,这个镇溪千户所和老天王庙的建材都是取自当地的楠木。

邵:您家有放牧(放牛、放羊等)的地方吗?主要是些什么人在放牧的?经常在什么地方放牧(地名)?现在在什么位置(砂子坳校区及附近)?

姚:吉首大学后山的当头山,靠近寨陇。牧羊人遇见豹子就用背篓罩住头逃跑,以免受伤害。村民放牛、羊,狼喜欢吃羊。牛不怕狼和虎。为了防止野兽,大人放羊,小孩放牛。

20世纪50年代初,我弟弟(姚树宝)放牛的时候,遭遇金钱豹。有村民喊:"老二快下山。"当时,我弟弟只有7岁,我只有10岁。我心里明白,如果弟弟掉头就跑,金钱豹肯定会追上他,必然会遭殃。我猛然想起父母告诉我们遭遇了金钱豹,不能掉头就跑,要轻轻避开它的视线,缓慢离开它才行。于是我灵机一动对着我弟弟大喊:"老二快回来,妈妈做了好吃的东西等你来吃。"弟弟听了我的话后,既舍不得牛羊又舍不得好吃的东西,只好依依不舍地下山来,才得以幸免于难。后来,大人告诉我们我做得很对,因为金钱豹怕牛,又舍不得到口的食物,它一定会左顾右盼不敢下手,这样弟弟才得以安全回家。这件事情至今历历在目,的确是一次死里逃生的故事。

黄牛用来犁地。土人不吃牛肉。白水牛一般每家有三头。1951年高级合作社时期,牛进田踩踏稻谷,引起斗殴事件。20世纪50年代,国家允许私人放牧。集体化以后,合作社派专职人员放牧,每家饲养2~3头牛。牛一般在半山坡,树木太密,牛不去。山地陡坡,容易造成牛的伤亡。冬天天气寒冷,村民到寨陇坡割草喂牛吃。罗家寨盛产桐油。

【注释】

1."吉首大学后山的当头山,靠近寨陇"句。

此处"当头山"出自苗语,"当",即"环首刀","头"的含义是耕作、工作的意思,整个名称含义是从事刀耕火种的山。

2."牧羊人遇见豹子就用背篓罩住头逃跑,以免受伤害"句。

此处"罩住头逃跑",是当地乡民靠经验积累的本土知识。如果用背篓把头罩住,人的外形发生很大变化。豹子对没有见过的情况,不敢轻易发动攻击,人方可安全逃脱。

3."村民放牛、羊,狼喜欢吃羊"句。

此处"狼喜欢吃羊",也是当地乡民的本土知识。乡民都认为狼具有群居性。它们会成群围攻小羊,从羊群中把小羊叼走。在这个地方(吉首大学校园区)放羊,必须要大人带武器才能确保羊群的安全。

4."牛不怕狼和虎"句。

这也是乡民经验的总结。他们都知道在正常情况下,狼、虎都不会主动攻击牛。牛的力气大,其他野兽攻击牛会受伤,这些猛兽会躲开牛。

5. "弟弟听了我的话后……只好依依不舍地下山来,才得以幸免于难"句。

这段话是姚老师的亲身经历,说得很生动。其大意是,事情已经很紧急了,不能把身边有豹子的事情让他弟弟知道。如果弟弟知道后,会惊慌逃跑,豹子就乘机发动攻击,他弟弟的命会保不住。因而,他是大声呼唤自己的弟弟,叫他别管牛羊了,回家吃好东西。他弟弟就能从容不迫地走下山来。豹子看身边有牛、羊,也不敢轻易追人。因而,弟弟才得以安全逃脱。这个故事的发生时间大概为1948年。

6. "黄牛用来犁地"句。

此处"犁地",是指犁旱地而不是犁水田。犁旱地主要是为了种植麻和玉米。类似的耕地当时遍及整个吉首大学校园区。

7. "土人不吃牛肉"句。

此处"土人"指当地的乡民,不能简单理解为土家族。此处"不吃牛肉",不是生活习俗,而是国家、朝廷法令严令禁止宰杀耕牛。这样的禁令,在明清时代和在民国时代、新中国成立初期,都得到了遵循。

8. "白水牛一般每家有三头"句。

中国土产的水牛都是青黑色的,没有白色的水牛。因而,此处提及白水牛不是一个简单的环境思想,而可能是从印度引进的牛种(包括从今天的孟加拉国引进的牛种)。为何在民国年间引进这样的牛种,可能与国民政府农业复兴政策有关。有关科研部门试引新物种,但试引的后果不理想。

9. "1951年高级合作社时期"句。

此处"高级合作社",是插入性叙述。时间应该是1953年,而不是1951年。当时已经举办了高级合作社,但不是所有农户都加入高级合作社,这才引发社员与非社员之间的劳动用地纠纷。土地改革以前,牧场耕地区域有严格的划分,各家族组织在其间起到调节作用。牧场与耕地有严格划分,族长会起到调节作用。土改以后,族长被打倒,家族组织不复存在。耕地分到各家各户,从而加剧了牧场与耕地相互交错的频度。举办高级合作社时,乡民们有的加入合作社,有的没有加入合作社。如果没有加入高级合作社,乡民喂牛时不小心吃了合作社社员的庄稼,不仅会发生纠纷,而且社员相关部门会袒护社员。于是,这样的纠纷会愈演愈烈,人为放大,最终酿成重大社会问题。1958年成立人民公社后,当地类似的纠纷随之化解。下一步调查要重点追踪具体的纠纷冲突过程,探讨纠纷发生的社会原因。

10. "合作社派专职人员放牧"句。

此处说明武陵山区本来就是农牧兼营区,是历史上积淀下来的牛和山羊生产基地。当时放牧以山羊为主,因而,合作社时期政府非常重视畜牧业的发展,派专门的科技人员指导高级社放牧,以便产出更多的黄牛和水牛满足平原地区的耕牛需求。下文提到每家要喂2至3头牛,均由政府规定。

11. "牛一般在半山坡,树木太密,牛不去。山地陡坡"句。

此内容是姚老师在描述当地居民有关养牛、放牧的本土知识和技术内容,清晰且很有价值。大意是当地放牛都在后山坡面的草地生态系统中,牛群不会进森林。牛踏进森林会得病,而且找不到草吃。这里的牧场和干旱草原的牧场完全不同。人要不断砍伐树林,避免转化为森林,要不断地砍树修剪树枝,以免其长成参天大树。乡民必须不断修剪乔木,否则就无法放牛。换句话说,这里的牧场属于人为建构。土地改革时,这些牧场也没有办法分到各家各户,导致土地改革后牧场管护无主,才会发生上文提到的农牧争地的重大社会问题。与此同时,当地喂养的山羊进食对象是小乔木和灌木,如果不实施人工修剪,连山羊也找不到食物。值得注意的是,当时乡民采用刀耕火种的生计方式,有规律地用火焚烧山,也是建构人工牧场的有效手段之一。总之,这一地区土家族、苗族和汉族在生产体制上极为相似,都是实施农牧兼营。除了村寨保留的风水林外,其他地区的土地资源要么作为耕地,要么作为牧场。这二者都不是自然生态系统,而是人为建构的次生生态系统。

12. "村民到寨陇坡割草喂牛吃"句。

此处"寨陇坡"位于吉首大学东部后山脊地段。此前是苗族的刀耕火种区。这一地带牧草长势喜人,是当地冬季食草的主要来源。

13. "罗家寨产桐油"句。

"罗家寨产桐油"是指清代道光以后才出现的规模性经济产业,产出的桐油主要销往国外,也是当地乡民的一项致富门道。值得一提的是,桐油林是在结果之前可以放牧。油桐树可以修剪,而且不会种得很密,地上能长出草。因而,可以兼做牧场使用。以上提到的事实大致可以恢复吉首大学建校以前当地生态系统的基本面貌。

邵:你们村寨有土地公吗?或什么庙宇吗?原来在什么位置?什么时候修建?现在是什么位置(砂子坳校区及附近)?后来村里还有"土地公"吗?村里人有什么看法?

姚:每个寨都有土地公和土地婆,根据姓氏排列,土地堂有罗姓、杨姓,还有其他杂姓。村民通常逢年过节,如鬼节、初一、十五祭拜土地公和土地婆,庆丰收和保平安。庙宇一般建在村头和村尾。新中国成立以后,土改时期,农会捣毁庙宇。改革开放以后,庙宇又得到重建。村里原来有一位富农曾经烧了菩萨,后来被批斗。人们都说他遭到报应。

【注释】

1. "根据姓氏排列,土地堂有罗姓、杨姓,还有其他杂姓"句。

"根据姓氏排列",此处需要强调当地村寨按照姓氏一次性建成,以这种方式建成的村寨具有典型的家族特征。土地庙自然要建在村口,以保护家族的吉祥安康。

2. "如鬼节、初一、十五祭拜土地公和土地婆,庆丰收和保平安"句。

此处"鬼节"叫中元节,为农历七月十四,以祭祀祖先为主。这个节日是来自佛教的盂兰盆会,取材于目莲救母的故事。这本来是汉族地区的习俗,被屯军带到当地。"初一、十五",是指每月的初一和十五。在汉族地区的佛教净土中,规定初一、十五要吃素、念经。这种信仰也是汉族屯军对当地造成影响的结果,后改为祭祀土地菩萨。

3. "改革开放以后,庙宇又得到重建"句。

以上信仰属于汉族屯军所带来的佛教信仰内容。其实,当地有佛教寺院,也就是上文提到的西林寺、竹园庵。只是这两个庙宇都附属于天王庙。佛教信仰的主要内容反而让当地乡民感到陌生,无法做出准确的说明,这应当是当地宗教信仰的特点之一,表现为政府主导下的"竹王"信仰与佛教相互渗透。

邵：在您记忆中你们村发生过几次自然灾害？分别是在什么时间？

姚：旱灾主要发生在六月天，主要是指旱地遭受旱灾，水田不会遭灾。旱田在现今民营小区附近。有句谚语"田里谷子黄，屋里饿死娘"。1954年大水灾，堤被冲垮。杨家坪的田被淹三天三夜。当时，国家贫穷，没有救灾物资。湖南滨湖地区主要是靠自救。后来，农民种春小麦补救谷子歉收。苞谷、绿豆和豇豆适合旱地种植。

【注释】

1."旱田在现今民营小区附近"句。

此处是指民营小区周边的山坡的旱地分布广泛。

2."旱灾主要发生在六月天"句。

此处"六月天"是当地气象特色之一。盛夏时节会有连续半个月或一个月不等的无雨期。旱地的草本作物会遭灾害，但木本作物和水田不会遭灾。

3."田里谷子黄，屋里饿死娘"句。

这句谚语在整个湘西地区得到广泛流传。可是，时下学者对内容的解读却大相径庭。有人把它理解为受旱灾谷子黄了，没有结籽。因此，把老娘饿死。姚老师此处的表述错用了这一概念。整个事件很清楚，姚老师在上文反复强调雅溪地区水旱无忧，即使遭逢六月大旱，谷子也不会受到旱灾。这与谚语表达的内容文不对题。事实上，这句谚语表达的内容与改土归流后特殊的社会现实相关联。改土归流前，整个湘西地区很少种植稻谷，乡民都是靠种葛藤、红稗等度日，根本不以稻谷为主食。只有镇溪所屯军的"屯放地"才开辟稻田，产品主要供军用，根本不交税。这与饿死老娘风马牛不相及。改土归流以后，随着府、县、厅等基层建置的设置，按照全国统一政令，要以稻谷为税收粮种。当地苗族、土家族乡民才被迫开辟稻田，种植水稻。由于受地理环境所限，能开辟稻田的土地资源极为有限，即使开辟了稻田交了税以后，自己也不敢食用。因而这段谚语反映了阶级压迫的痛苦，与受自然灾害闹饥荒完全无关。况且，谚语分明说的是谷子黄，而不是说稻草黄。既然谷子黄，说明水稻已经成熟，而不是受旱，丰收了怎么还会闹饥荒。此前研究者的误读导致姚老师也产生误读，才曲解了谚语的原意。在此需要郑重匡正，不可误信。总之，这段谚语与姚老师表述的受灾荒无关，纯属误用，不得为据。

4."1954年大水灾，堤被冲垮"句。

指那一年发生全国性大水灾，连武汉街区都被淹没，堤被冲垮，并非特指湘西受灾。此处专指雅溪修筑的石堤被冲毁，杨家坪的稻田在雅溪两岸，被淹了三天三夜。

5."苞谷、绿豆和豇豆……"句。

这三种作物是当地传统的旱地作物，早年也作为粮食作物种植。水稻即使绝收，这些旱地作物仍然可以解决饥荒问题。姚老师记忆很深刻，除了1954年以外雅溪地区几乎没有遭受过水灾。

二、动物

邵：在您人生历程中，在你们雅溪村见过哪些动物？

姚：山里野生动物和农民饲养的家畜是这里的两大类型动物。狼是最多的一种野生动物。新中国成立前，狼成群结队地在吉首大学校园区内游荡觅食，在杨家坪一带活动频繁，下面的一些例子都是我亲身经历有关狼的事。

（1）1947年，我当时只有五六岁，父母在杨家坪一处叫冲塘角的田地里干农活，我在田埂边上晒太阳睡觉。父母把我唤醒，看到一只狼蹲在地上四周观望，我们和狼相距只有100～200米远。狼对我们对视几分钟，就跑到我家屋的后山坡上了。

（2）新中国成立前（1946年，夏天），我家屋后即杨家坪的冲塘角的苏姓老太太放牛的时候也见过狼。1947年，我家屋的后山陡坡地上有狼窝，母狼在狼窝下崽。村民时常掏狼窝，狼窝进口太小，只有小孩才能进去。我和村里一个小孩抬着一根矛钎进洞掏狼窝。由于洞口小，只能爬行，当时没有照明工具，我被狼仔咬伤。后来大人用石头把洞口封死，狼仔死了。

（3）20世纪50年代，我在寨陇坡的窑洼口处看到黄狗和黑狗与一只狼打架，结果狗打赢了，狼就跑了。

（4）20世纪初期、中期，在天黑或晚上，我在杨家寨水井边洗澡时，就经常能听到狼在村口嚎叫。

（5）1946年的一天晚上，拜亭有一只狼进寨把小孩拖走。据说，狼"换口"就会把小孩咬死。寨子里有个从四川来落户的外地人，有一天狼把他的孩子叼走了，老婆喊他追狼，目的是不让狼"换口"，以免小孩被狼吃掉。小孩的父亲因恐惧拒绝追狼，结果小孩被狼吃掉了。大家都说他心狠，他一生无儿无女，整日抽鸦片。猫儿岭是埋死人的地方，尤其是夭折的小孩大部分被掩埋于此，寨里人经常可以听到狼嚎。小孩埋得浅，狼刨开小孩尸体时，乌鸦紧随狼后，给大家报信有野兽来了。

（6）杨家寨，有姓"杨"村民在当头山割牛草的时候遇见豹子，他用背篓罩住头，悄悄跑开。村民放牧都不敢去森林茂密的地方，怕豺狼和豹子，都在空旷的地方放牛。

（7）20世纪40年代初，这里只有过山虎，没有常住的老虎。虎可能向贵州大山深处走了。有人在罗家寨和寨陇看到过过山虎。罗应刚以前当过小学老师，曾用枪打过过山老虎。

（8）21世纪初，有一种野生肉食性动物体形较大，天黑时常在41栋后山嚎叫。大家怀疑可能是牛羚，因为叫的声音类似于山羊。

（9）现今州博物馆珍藏的犀牛牙齿化石，有人说是黑水牛。它生活在亚热带地区，角长在鼻子上。新中国成立前，有位姓杨的村民看到过犀牛。

（10）在我小的时候野猪很多，也是乡民们主要打猎的对象。当地乡民将打野猪称为"赶仗"，通常用网或绳套在野猪必经之路上捕获猎物。他们不仅是为了食用，更重要的是为了控制野猪种群，以免其伤害庄稼。

（11）野兔早年较多，吉首大学后山上的草根常被兔子吃掉，仅凭草根被吃就可以判断是兔子干的事情。俗话说"狡兔三窟"，兔子的窝遍布吉首大学校园整个山坡。下雪天和结冰的时候，乡民们集体出动打野兔。

(12)村民们会用绳子套黄鼠狼。

【注释】

1."山里野生动物和农民饲养的家畜是这里的两大类型动物"句。

此处"野生动物",在当地乡民观念中,但凡不是人类饲养的动物,一概视为野生动物。但问题在于,有些动物人既可以饲养,也可以放生。比如,蜜蜂就是如此,再如,野猪和家猪交配后生下的幼仔。这些动物通常在山里活动,乡民也会将它们饲养起来。加之,当地乡民喜欢养鸟,主要抓野生的鸟喂养。比如,画眉、八哥等,喂养一段时间后也可以把它们放野。稻田里养鱼更是如此,鱼苗从河里弄来,逃出稻田后也会变成野生鱼。在这个问题上最难解开的死结在于雅溪的乡民绝大部分是屯军的后裔,他们荷载的是汉文化,从事固定农耕。与此同时,他们又与苗族、土家族相依相伴。土家族从事畜牧或游耕,荷载的是游耕文化。两者之间在划分野生和家养的本质上存在明显差异。长期生活以后,汉族和苗族、土家族观念时常交织在一起,因而在当地造成家养和野生的区别。这些差异只要落实到具体动物身上,一般很难严格区分开来。这显然是探讨吉首大学校园区生态变迁口述史时需要引起高度注意的问题。不能轻易相信某一个民族的看法,也不能轻易简单地下结论。

2."狼是最多的一种野生动物"句。

"狼",是食肉目,犬科动物。人类家养的狗就是从狼驯化而来的,两者在动物谱系上极为接近。就雅溪地区而言,狼和狗之间交配,生下杂种是经常发生的事情。乡民捕获狼仔的目的也是用来饲养,而不是用来吃肉,是为了提高猎犬狩猎的品性。

3."新中国成立前,狼成群结队……"句。

此处"成群结队",是指狼的生活习性。狼在觅食时通常不会单独行动,而是两三只甚至五六十只进行集体觅食。主要攻击对象是小型动物及人类饲养家畜的幼仔等。乡民喂养的羊和猪最容易被攻击。此外,狼群也会觅食各种动物尸体,包括人的尸体。当地乡民既讨厌又害怕狼,这成了日常生活的重大问题。姚老师提供有关少年时代经常和狼打交道的资料不仅生动具体,而且还有很多内容是当代人需要获知的内容。因此,这些资料对环境变迁研究有较高价值。

4."1947年,我当时只有五六岁……看到一只狼……相距只有100~200米远"句。

按照狼的生活属性,应该成群而来。看到的这只单独的狼,显然是一只失群的狼。结合当时的背景,这是狼群规模极度萎缩一种表现。"相距只有100~200米远",在这样的机遇下,狼没有发动攻击,只有三种可能:其一,时间是在白天,狼对人惧怕以至于不敢攻击;其二,它可能已经吃饱,并不急于觅食,因此,狼看见小孩也不屑于攻击;其三,这是一只失去狼群的孤狼,本身就很胆怯。加上姚老师日常生活中的耳濡目染,对狼的生物属性有所了解,对狼没有做出过激行为,并没有使狼感到威胁,自然就没有受到攻击。上述三个方面的原因可能同时并存,才会出现这样人狼遭遇,人能安全返回的状况。

5."新中国成立前(1946年,夏天),我家屋后即杨家坪的冲塘角的苏姓老太太放牛的时候也见过狼"句。

据姚老师记忆,一匹孤狼在姚老师家附近四处觅食。当时苏姓老太太在田埂上放牛,隔壁家的罗姓老汉带着自家一只黑狗在山坡上放羊。羊群从山坡上走下来和牛相遇了。牛看见了狼,并没有作任何反应而是继续在田埂上吃草,而羊群早早就躲在牛群背后。黑狗对着这只孤狼不停叫着,狗的叫声吸引了村里忙农活的人。由于村里来的人多,加上牛群居多,这一匹孤狼惧怕,仓皇逃跑。其实,当天苏老太太和罗老汉在放牧之前早就商量好,要一起放牧,以防狼的攻击。

由此可见,当时乡民早已掌握了一套成熟的"三畜并存"放牧法。新中国成立前,狼经常出没在杨家寨吃羊或家禽。为了消除隐患,乡民充分利用生物之间的制衡关系,总结出狗、牛、羊的"三畜并存"放牧法来对付狼群的攻击。狗伴随主人放羊起到预警作用,如果狗遇见狼,狗会叫,必然吸引村民跑过来追打狼群。如果狗遇见孤狼,还可以让狗去打头阵与狼交锋。牛群可以起到震慑狼群的作用,充当羊群的保护墙,使狼群不敢轻易接近羊群,而羊群由此受到保护。

6."1947年,我家屋的后山陡坡地上有狼窝,母狼在狼窝下崽"句。

此处"后山陡坡"是指杨家坪冲塘角,狼窝在后山坡石灰岩石斜缝里。据姚老师回忆,1946年至1948年,狼出没在杨家坪村寨里。有些村民为了追踪狼窝,会经常尾随孤狼进洞。村民发现大部分狼窝都建在十分隐蔽的杨家坪后山坡石灰岩石斜缝里,一般人是很不容易发现的。杨家坪的一个"杨"姓村民说,当时他在杨家坪后山坡,统计狼窝多达20多处。由此可见,吉首大学校园区还有较多狼窝存在,当时的生态环境适合狼的生存,狼的种群规模并不小。

7."村民时常掏狼窝"句。

"经常掏狼窝"中的"掏"字,就是把整个狼窝全部掏空。包括狼仔和狼窝里的东西全部挖出来叫掏。既然这是村民经常做的事情,那么至少表明,当时狼窝不止一个,而是很多。这就说明狼群很大,还有一定的规模。据姚老师回忆,1947年,雅溪村的农户家晚上经常丢失羊、鸡、鸭之类的家禽,甚至有伤着小孩的事情发生。有时,村民还能遇见狼叼着羊往村外跑。为此,在这一年之内,雅溪村组织村民们掏狼窝不下五六次。每次掏狼窝人数,包括小孩在内达100多人。至于乡民如何掏狼窝,请参见下文的说法。

8."狼窝进口太小,只有小孩才能进去"句。

诚如上文所言,狼窝所在地肯定很隐蔽。据姚老师回忆,当时姚老师和儿时伙伴只有五六岁,身高1米左右。由此可见狼窝进口是非常狭窄的,进口宽度不足40厘米。

9."抬着一根茅钎进洞掏狼窝"句。

此处"茅钎",是指大人分发给小孩的自卫工具。如果遇到危险,小孩可以用这种工具抵御狼。所谓的"茅钎"是由金属制成,是指金属棍有锐利的尖头,可以刺伤狼和狼仔。从"我和村里一个小孩"看出,这狼窝并不算太小,才能够容得下两个小孩,其内部的宽度应该超过80厘米,长度可能超过2米。很有可能是一个石灰岩山洞或溶洞坑。

10."洞口小,只能爬行,当时没有照明工具,我被狼仔咬伤"句。

此处"洞口小",根据上下文可以推测,这儿不仅是指洞口,而且兼指进洞后的通道。小孩能够爬行,高度和宽度至少超过40厘米。在喀斯特山区这样的溶洞应该非常多,由此推断,当地的狼窝显然不止一处。"我被狼仔咬伤",狼仔既然是正在哺乳期,那么主动攻击人的可能性不大。小孩被狼仔咬伤,说明狼仔可能已经快断奶。由此看来,小孩被咬伤可能与狼仔关系较大。乡民们也许是鉴于这样的狼仔抓来喂不活,才放弃继续掏下去,这才是乡民后来放弃掏狼窝的真正原因。

11. "后来大人用石头把洞口封死,狼仔死了"句。

这个真实故事表明,乡民掏狼窝确实是一项经常性活动。也就是说,在姚老师的少年时代,吉首大学校园区的狼窝很多。乡民们经常掏狼窝,意在控制狼窝的数量,以免伤人或家禽。再则,驯化以后的"狼"可以提高狩猎猎犬的性能。这就说明,在当时乡民的生计活动中,狩猎是一项非常重要的内容。从中可以看出,在乡民的观念中,不是等着狼来咬自己,而是对狼构成了一种复杂的制衡关系。乡民能够从容应对狼群存在的副作用,仅凭这样的故事,就不能简单地认定乡民是躲避狼,只会逃跑。这样的误判在此前经常发生。这样的故事恰好是反驳此前误判的证据。

12. "20世纪50年代,我在寨陇坡的窑洼口处看到黄狗和黑狗与一只狼打架,结果狗打赢了,狼就跑了"句。

"寨陇坡的窑洼口处",指现在吉首大学东面后山坡的小地名。据姚老师回忆,此时杨家坪已经开始有劳改农场了,姚老师经常在窑洼口处附近割茅草。此处"窑洼口",是烧砖瓦、石灰用的窑,在窑的下面通常都要挖出一个洼地,以便人站着添加燃料或取出产品,这样的位置称为"窑洼口"。在吉首大学校园区,稳定的建筑物砖瓦窑是20世纪50年代军分区设置的情况。当时,军分区还兼管监狱和犯人,当时因犯进行劳动改造时烧制砖瓦窑,窑瓦口才能够长出草。说明这些"窑"存在很长时间,只有劳改农场才可能做到这一步。姚老师能够去割草表明年纪已经不小,由此推断,这件事发生的时间大约在20世纪50年代中期,可能是1955年到1956年的事情。此处,"狗打赢了",姚老师可能在白天清晨割草,这是乡民劳作的一般规律。清晨的草有脆性容易割,太阳升高以后变软就不好割。此时发生狼与狗打架的事件,显然狼不是为了觅食而撞上狗,很有可能是回狼窝时被狗拦截。在这种情况下,狼是很胆怯的,狗会轻而易举打赢它。看来狼并没有受伤,只是落荒而逃。一只孤狼在吉首大学校园区出现,从另外层次说明随着吉首大学校园区常住人口的急剧增加,特别是大量的犯人长期定居于此。狼群活动已经受到很大的限制,狼群规模可能已经逐步萎缩,才会发生姚老师所看见的一幕。从另一个侧面讲,吉首大学校园区直到20世纪50年代,仍有不少野狼存在,这是一个不争的历史事实。由于劳改队建立在吉首大学校园区,劳改农场起到决定作用。当时,军分区的武装部队把狼当成食物,通常会用枪射杀捕获狼。这就是狼群急剧萎缩的重要原因。

13. "20世纪初期、中期,在天黑或晚上,我在杨家寨水井边洗澡时,就经常能听到狼在村口嚎叫"句。

据姚老师回忆,狼的嚎叫声是从杨家寨对面山上的猫儿岭发出来的。"猫儿岭"这个地方就处在吉首大学校园区南门外2公里处,现位于当地合院居民小区。过去非正常死亡的人都埋在这里。"猫儿岭"下文有交代,因此不在这里赘述。除此之外,姚老师还说其他寨子,如方家寨、五方园等寨子里的村民,晚上也同样能听到狼的嚎叫。白天,村民会发现在杨家寨宅门口,有狼的粪便存在。由此可见,当时狼群在整个雅溪村的活动区域是非常广泛的。虽然此事发生在姚老师身上,但是反映了吉首大学校园的整体的生态面貌。

14. "1946年的一天晚上,拜亭有一只狼进寨把小孩拖走"句。

此处"拜亭"是在方家寨附近,因而这个故事发生在方家寨,此地距吉首大学校园区南门不到两里路。"一只狼进寨把小孩拖走",虽然狼凶猛,但是狼也怕人,一般不会轻易进村拖小孩。应当看到这样事情不会经常反生,纯属偶然事件。否则,当地乡民早已不敢居住此地,或者想出对策应付狼。根据这只狼的行为方式不难猜测,这可能是只哺乳期的母狼,由于极度饥饿才冒险进村。当然,小孩能被拖走也与人有关。这是孩子的父母不了解狼的习性,缺乏防范意识,才会酿成这样的悲剧。文中交代其父母是外来户,就足以说明这问题的实质。就足以表明这是一件偶发事情,不是狼与人关系的常态。

15. "据说,狼'换口'就会把小孩咬死"句。

"据说"是指以下的内容代表着当地乡民对狼生物属性的把握。这是本地人与"狼"长期共处后积累的本土知识和技术,也是研究生态史所需要掌握的内容。"换口"此处是特指狼一类的食肉动物,第一次咬住猎物后拖走,拖累了以后,就地放下。休息一会儿,再第二次咬住猎物拖走。这种事情一旦发生后,如果有人跟着狼穷追猛打,那么狼就没有换口的机会,被拖的小孩也不会丧命。因为狼群始终找不到休息和换口的位置,自然不敢换口,小孩也不会丧命。如果人追得很紧,狼实在拖不住了,就会放下小孩自己逃跑,那么小孩就可以获得安全。最多只是在拖住的时候,有些擦伤而已。"把小孩咬死",是指狼在拖住小孩时,因为进村后怕人,所以狼就能够迅速将小孩拖走。当时,狼只不过是随意咬住小孩的某个部位,拖走就跑,即使小孩被咬伤也不会很重。在成人的逼迫下,如果狼跑出村寨较远的距离,感到安全时,休息后换嘴,那么狼拖住小孩时,再次咬住小孩下口就很重了。而且,狼是找准小孩颈部下口,这次就可能把小孩颈动脉咬断,小孩即使抢回来,也活不了。应该看到,猛兽要认真、有准备地攻击猎物,照理都会咬住猎物的颈部,精准动物的位置。一旦咬住了血管,动物就会失去抵抗能力,狼就可以安全进食。对付小孩,狼也会如此。姚老师把当地了解的本土知识集中浓缩为"换口",只要狼有机会"换口",小孩就没有命了。因为刚开始狼的第一口只是咬住小孩的衣服,拖走就行,嘴巴没有机会吃,所以小孩处于安全状态。

16. "老婆喊他追狼,目的是不让狼'换口',以免小孩被狼吃掉。小孩的父亲因恐惧拒绝追狼"句。

孩子的父亲对狼的生物属性不了解而且很害怕,自然不敢去追。由此看来,人与狼打交道的关键因素在于人的知识。只要具备这样的能力,小孩就不会被狼吃掉。当地乡民能够在这儿安心定居,正是有了这样的知识储备,才可能在人与狼之间保持平衡。类似悲剧的出现,关键是人的失误,不能责怪某个人。

17. "大家都说他心狠"句。

"说他心狠",这是当地乡民对外来落户父亲的评议。按照当地人的知识和行为方式,任何人都会追赶狼救孩子,他却不去。因而,在当地的乡民看来,这是不合情理的事情。但实际上,他根本不了解狼的属性,才导致他没有勇气去追狼。勇气是来自经验和知识,而不是莽撞鲁莽行为。此后,这个四川人一辈子无儿无女,大家都说是报应。

18. "猫儿岭是埋死人的地方"句。

"猫儿岭",而今改为"磨岩岭",位于吉首大学校园区南门外2公里处,现在位于当地合院居民小区。此处曾经是当地屯军后裔所在地。其原来含义是指当地老虎经常出没的地方。乡民不敢直接称"虎",于是把它改称为"猫"。单从这个地名可以看出,在更早时代,也就是20世纪初,当地还有老虎经常出没。这也是吉首大学校园区生态变迁的重要信息。我们调查此地时,姚老师在指认该地方时,却说是"磨岩岭",并补充说明"猫儿岭"和"磨岩岭"同指此处。由此看来,当地乡民为了避讳通过谐音的方式改为"磨岩岭"。"埋死人的地方",凭借姚老师这一表述方式可以知道,这里不是家畜放牧地而是乱葬岗。乱葬岗是埋葬非正常死亡人的地方。考虑到附近游击衙门的兵营,战争死亡的人必然很多,那么处决俘虏的机会也很多。这块地早年的使用显然是应对这样的需要而规划设置。当然,也因为这样的社会原因才成为狼偷食尸体的场所,这也是情理之中的事情。据姚老师回忆,他们的父辈经常叙说猫儿岭出现过山虎的故事。

19."乌鸦紧随狼后,给大家报信有野兽来了"句。

此处"报信"用语,表达了当地乡民的另一套本土知识。那就是狼与乌鸦具有共生关系。狼觅食时会留下很多残渣,而乌鸦在尸体未腐烂时仅靠嘴无法进食,既不能把皮肤撕开,也不能吃到肉。乌鸦紧随狼后,狼在吞食尸体后,尸体已经被扯碎,乌鸦才能进食。这样的物种间合作关系导致了狼走到哪儿,乌鸦就会飞到哪儿,目的是为了觅食求生。但人类认识了这样的共生关系后,听到乌鸦叫声,就可以预测周围有狼,便事先防范。有了这样的知识后,虽然狼就在人的身边生存,人也不会感到不安,并因此对乌鸦有依赖感,甚至把乌鸦神化。这样的信仰在其他汉族地区难以碰到,应该将其视为当地乡民特殊的生态感受。大概在20世纪50年代初,基本上没有狼在村寨出没。究其原因,是湘西自治州建州时,放炮毁坏了森林。

20."杨家寨,有姓'杨'村民在当头山割牛草的时候遇见豹子,他用背篓罩住头,悄悄跑开"句。

此处"他用背篓罩住头",也是对付猛兽的另一对策。从表面上看,背篓肯定挡不住豹子的利牙和利爪,似乎罩不罩头没有任何意义。但当地的本土知识却不这样看,这是因为猛兽攻击其他动物时,它不会随便下口乱咬。其行为习惯为用两爪抓住猎物的前肩胛骨,再把猎物压倒在地上,然后用利牙对准颈椎动脉位置下一口。如果有幸咬住颈椎动脉,那么被攻击的猎物就可能在几分钟内毙命。其他动物只知道拼命逃命,不会做出明智的对策,所以被金钱豹攻击的机会就会很大。人则不然,用挡不住尖牙利爪的背篓罩住了头,颈椎动脉就不会暴露在豹子的视野下。再加上人的外形突然发生改变,又会引起豹子的警觉,使它不会果断发动攻击,看似不经意的行为,人却得到安全。由上观之,杨姓村民这一做法看似简单,事实上却凝聚了当地乡民对付猛兽切实可行的本土知识。直到今天,这些经验仍然值得人类吸取和利用。

此处"悄悄跑开",也是应对猛兽攻击的一项非常有效的本土技能。所谓"悄悄"是指尽量不发出巨大的声响。所谓"跑开",不是拔腿就跑,而是尽量轻手轻脚地避开它的视线,逐渐移出猛兽的视线范围。这样才可以避免因剧烈的运动而刺激豹子,一旦豹子遭受刺激,就会不顾一切发动攻击,人将性命堪忧。

21."村民放牧都不敢去森林茂密的地方,怕豺狼和豹子,都在空旷的地方放牛"句。

此处"不敢去"也是一项当地乡民对豹子生物属性有价值的经验积累。豹子可以上树,倘若要规避金钱豹,关键是不能轻易进入茂密的森林。豹子如果蹲在树上从上往下攻击,你根本无法抵挡。因为,你不容易发现它,它从上往下攻击人就没有命了。此处,对于"空旷的地方放牛",有几项知识需要注意:第一,放牛对付猛兽是比较有效的手段之一。牛闻到猛兽的味道都会及时发现,可以预先提高警觉。只要观察牛的动向,就可以预知周围是否有猛兽;第二,在空旷的地域放牧,猛兽不易藏身,也容易被人发现;第三,在空旷的地方豹子发动攻击,威力不如在森林中大。人类可以从容地作出有效对策。特别值得一提的是,豹子在吃饱的情况下,即使遭遇人类也不会主动发生攻击。只要人悄悄地离开它的视线不刺激它,一般可以免遭攻击。这是乡民们通常在空旷地带放牧的依据所在。至于对付狼群,因为狼群成群行动会发出嚎叫,牛、羊不难发现。只要羊哆嗦、发抖,那就说明羊已发现狼群,人可以及早提防。若牛发现狼群以后,只会把头转向狼群来的方向,用脚对着狼群。人可以通过观看动物的反应发现狼。因此,在空旷的地方放牧比较安全。在半个世纪以前,在今天吉首大学校园区,这是居民生活的常态,也是当时的生态特点。

22. "20世纪40年代初,这里只有过山虎,没有常住的老虎"句。

值得注意的是,湖南境内苗、侗族和土家族由于经常遭受虎患,积累了丰富的对付老虎的本土知识和经验。在今湖南省新林县苗族中还珍藏有《打虎经》,主要记载有关猎户如何对付老虎的经验。据相关村民的转述,老虎觅食的距离很远,一次长途觅食,可能要走几十甚至上百公里路,沿途中如有机会它们也会捕食。但在大多数情况下,只留下爪印、粪便和尿。若没发现母老虎带小虎一同行动,没有老虎捕食的现场,只能找到虎爪、虎尿、粪便的位置,通常把它称为"过山虎"。当时,吉首大学校园区没有常驻老虎,但老虎过路是经常碰到的事情。根据姚老师叙述的方位不难判断,当时遇见的过山虎是从保靖的吕洞山走过来的,穿过吉首大学校园区,前往贵州今天的松桃森林区。在当时乡民看来,即使有一只老虎,也是过山虎。对于过山虎而言,只要你不挡它的路,不对它构成刺激,它通常不把人当作捕食对象。人即使远远看见,只要你不惊慌,也不做刺激行为,就可以获得安全。这是乡民分辨常驻虎和过山虎的依据所在,也是经验的总结。据姚老师回忆,在历史上,今天吉首大学校园区,没有听到过老虎伤人事件。这也是他们认定过山虎的又一依据。

23. "有人在罗家寨和寨陇看到过过山虎"句。

此处,"寨陇"位于今吉首大学东面山上。这一带有密林也有草地,也是乡民烧畲地、放牧地。这样的生态环境在乡民看来是老虎可以过往的地带。乡民放牛、羊,人类的频繁活动都会干扰母虎的生育,所以老虎很少在这样的地方常驻。

24. "罗应刚以前当过小学老师,曾用枪打过过山老虎"句。

此处,"用枪打过过山老虎"应发生在20世纪50年代初。小学老师能够拥有枪支是一件比较特殊的事情。20世纪50年代训练民兵,大家很有可能有枪,才可能发生这样的事情。然而,这是一项反常的举措。有经验的乡民一般避开过山虎,不会主动用枪攻击。只有不太熟悉情况的人,也不惧怕老虎反攻的人,才会贸然开枪。有经验的猎户如果真要打老虎通常都不会正面开枪,而是埋伏在老虎过往的路上等待老虎的出现,用埋伏或伏击的办法开枪。由此看来,这位老师可能自恃手中有枪,才会贸然行动。

25. "21世纪初,有一种野生肉食性动物体形较大,天黑时常在41栋后山嚎叫。大家怀疑可能是牛羚,因为叫的声音类似于山羊"句。

此处"21世纪初",据姚老师回忆搬迁新居后遇到的事情,推算的结果大致在2009年至2013年。此处"41栋"是指吉首大学41栋教师宿舍,位于吉首大学校园区东部山脉的山路旁,靠近湘西州体育中心东南角。21世纪初,这样的地区还有野生食草动物存在,这是一件值得注意的生态事实。从中也可以看出,吉首大学校园区生态有一定恢复,才会出现这些动物,可惜保护不利,被人偷猎毙命。至于是不是牛羚还有待进一步考察。

26."现今州博物馆珍藏犀牛牙齿化石,有人说是黑水牛"句。

此处"牙齿化石",讲的是实情。在吉首大学校园区考古发掘中,专家在山洞里的确发现过多种亚热带野生动物化石。除了犀牛之外,貘、象的化石都找到过。但这些动物在什么时候在这一地区借居,则无史料证据。姚老师提供的这条信息应当理解为此地有关的犀牛最后一次记载。"黑水牛",水牛本身就是黑色,犀牛也是黑色。差异在于犀牛的角长在鼻子上,皮很厚,有皮皱。水牛皮厚,但没有皮皱,且水牛的角长在脑后。当地乡民对自己喂养的水牛应当非常熟悉,绝不至于把一般的水牛误判为犀牛。因而,这一记载的可信度不能简单理解为一般性的传闻,应当是实情。

27."新中国成立前,有位姓杨的村民看到过犀牛"句。

此处"犀牛"是指在今吉首大学校长办公室附近的位置看到过犀牛。也是上文提到过的"转潭"。犀牛是哺乳类犀科的总称,是世界上最大的奇蹄目动物。栖息于低地或海拔2 000多米的高地。夜间活动,独居或结成小群。生活区域从不脱离水源。

28."在我小的时候野猪很多,也是乡民们主要打猎对象"句。

野猪是一种杂食性的动物。在茂密的森林中,食物来源反而不丰裕。乡民开辟耕地修建村落后,生态系统会变得更具多样化。加之,日常生活中乡民剩余的食物很多。特别是乡民赶庙会时,会遗弃很多食物,反而给野猪觅食带来更多的方便,从而使其种群得到飞速发展。与此同时,森林中生长的鹿科动物数量反而因此减少。这对人类而言,得失参半。虽然可以获得猎物,但是对庄稼的破坏不能低估,也时常令乡民烦恼。半个世纪以前,打野猪已经成为这一带乡民生产活动中不可缺少的一项。

29."当地乡民将打野猪称为'赶仗',通常用网或绳套在野猪必经之路上以捕获猎物"句。

据乡民观察野猪不会在村路附近常驻,而是在森林茂密的山上定居。饥饿时才下山,偷吃庄稼和人类的废弃物,但出山与归山路都是同一条路,不会走岔路。只要乡民根据野猪蹄印的走向,就能判断野猪到哪里去觅食,然后选定位置安装好网和绳套,就可以让野猪自投罗网。仅花费很小的代价,就能捉到成年的大野猪,如果捕到小野猪,往往把它放掉。

30."他们不仅是为了食用,更重要的是控制野猪种群,以免其伤害庄稼"句。

据乡民介绍,野猪的嘴是可以拱开地下红薯、葛根等植物,对这一带土地造成较大危害。凡是种植这种植物的田块,往往需要做些提防措施,防止野猪捣乱。

31."野兔早年很多,吉首大学后山上的草根常被兔子吃掉,仅凭草根被吃就可以判断是兔子干的事情"句。

"草根被啃",这是乡民观察精妙的本土知识。兔子不仅有坚硬的爪子去刨开土,啃食草根,而且特别喜欢啃食茅草根。茅草很甜,一旦根被啃,茅草叶子就会枯萎。这就成了乡民们监控野兔动向的重要标志。事实上,乡民开辟旱地种植庄稼,一旦休耕都会长出大片的茅草来,从而为野兔觅食和繁殖提供了方便。打兔子自然也成了乡民的活动项目之一,但同样不是单纯为了吃肉。野兔啃食茅草根后,还能为人类更新植被提供方便,对以后的耕作反而有利无害。因而,当地乡民绝不会想到把野兔全部打光,而是留着让它们和人类相伴,留住它们的种。

32."俗话说'狡兔三窟',兔子的窝遍布吉首大学校园整个山坡。下雪天和结冰的时候,乡民们都集体出动打野兔。"句。

"遍布吉首大学校园整个山坡",出现这样的景象并非完全是兔子自身的习性造成,也是乡民的乐见其成。吉首大学所在的喀斯特山区,土壤属于严重黄壤,透气性能差。在黄土壤上种植茶树、油茶、桐油,甚至是楠木都多有不便。兔子到处打洞,从某种意义上说帮助人类,可以增加土壤的透气性。半个多世纪以前,吉首大学校园区茶树、油茶树得到规模性种植与兔子配合密切相关。因而,乡民打野兔子都能做到适度,而不是对野兔赶尽杀绝。而仅仅在冬天下雪后,用最小的代价轻而易举捕到较多的野兔,在其他季节则自觉地确保野兔的种群规模适度。这样的共生理念直到今天仍不失其生态维护价值。

33."村民们会用绳子套黄鼠狼"句。

此处"黄鼠狼"一般指黄鼬。黄鼠狼捕食对象为啮齿类动物。对乡民而言,他们最讨厌的动物就是黄鼠狼,因为黄鼠狼经常捕食乡民饲养的家鸡。因而,乡民在鸡笼附近都要按绳套,黄鼠狼靠近鸡笼就会被抓住。乡民们不在野外捕食黄鼠狼,也是一种值得称道的做法。既保护自己的鸡,又让黄鼠狼捕食田鼠,避免鼠患成灾。这同样是很有见地的生态对策。在野外黄鼠狼很难攻击雉行目鸟类,因为这些鸟类栖息在树枝上,黄鼠狼一行动,野生的雉行目鸟类就很警觉,难以被捕获。家养的鸡则容易遭殃,因为这些鸡被关在笼子里面,一旦黄鼠狼来光顾就无处可逃,这才是乡民难以设防的软肋。也是因为这样的原因,乡民对黄鼠狼特别警觉。

邵:过去,雅溪村饲养哪些家畜?

姚:家畜主要包括黄牛、羊、猪、马。中华人民共和国成立前,通常一家可以喂几十只羊。1953—1954年,初级合作社建立。集体化以后,人民公社建立,人人都要参加集体劳动种田。于是,雅溪地区就无人敢养羊。雅溪的方家寨和吉首县(1982年设为市)太平乡土家乡民较多,土家族素有规模化养羊的传统,一家最多时喂到一百只羊。羊喜欢吃油菜,有些村民就用铁丝网围栏种菜,防止羊吃。冬天雅溪地区家家都要吃羊肉,羊的销路很好,养羊收益颇丰。湘西自治州石元章的妹妹饲养了几十只羊,家道兴旺。当前,乡民喂黄牛主要是用来吃肉。

【注释】

1."家畜主要包括黄牛、羊、猪、马"句。

湘西黄牛非常有名,是销往平原地区重要的役用家畜。湘西地区山多水田少,乡民很少喂养水牛。此处"羊"是指山羊,不是绵羊。湘西地区气候潮湿、森林茂密,不适合喂养绵羊。绵羊容易染上口蹄疫,因而这里无法饲养绵羊。羊也是销往平原地区的重要肉食用家畜。湘西的山羊也是外销肉用畜种。历史上,湘西的山羊在湖南、湖北地区也小有名气。"湘西黑猪"是名特优产品,其种源与彝族地区喂养的黑猪相近,也是放牧性的猪种,乡民通常猪、牛、羊一同放牧。直到20世纪50年代,这样的生产方式才逐步退出历史舞台。湘西黑猪施行牧放,常常会在无意中与野猪交配,生出的猪仔抗病能力强、体格健壮,能够长途奔跑,肉味鲜美。在交通不便时湘西喂养大量的马。马的种源与乌蒙马相近,属于"蛮马"的一种。近年来,随着交通的便利化,吉首大学校附近已经无人喂养马。

2."中华人民共和国成立前,通常一家可以喂几十只羊"句。

山羊的觅食对象主要是灌木,偶尔食用草类植物。要养活几十只羊,需要一百亩以上的牧场。雅溪地区即使仅只有少数人养到几十只羊,所需的牧场面积也必然大得惊人。新中国成立前的饲养能够常态化,保持如此规模,不是一件简单的事情。它是人与自然关系高度兼容的结果。一方面,这里乡民大量种植油茶、茶叶、桐油等经济树种。这些经济树种都要修剪,修剪之后的枝条、树叶,可以为山羊提供饲料。民间空地长出灌木,也能为山羊提供饲料;另一方面,在乡民的刀耕火种耕地上长出的灌木,也是山羊的好饲料。乡民还大量培植葛根和蕨类植物,也可以为山羊提供饲料;再一方面,乡民在砍伐树木出售时,森林也可以长出灌木,给山羊提供饲料。冬季的落叶也是山羊的饲料。换句话说,由于湘西地区乡民施行的农林牧副的复合产业,他们的牧场和森林融为一体,用很少的土地资源也能养活大量的山羊。这儿的土家族、苗族、汉族乡民在生产方式上非常接近,养羊成为一项主导产业并不足为怪,而且生产效益高。近年来,由于环境的改变,才会导致山羊的饲养在吉首大学校园区基本绝迹。仅吉首大学校园东面高山上,寨陇这一地带还有山羊饲养。值得注意的是,养羊不是一个孤立的产业,山羊在经济林、刀耕火种耕地中觅食,还可以帮助乡民除草施肥,这才使得当地其他产业也可以达到高效产出。

3."1953—1954年,初级合作社建立"句。

此处,"初级社合作社"是指1954年在全国推广初级社建设。当然,雅溪地区也不例外。当时,仅有少数农户加入初级社,而那些没有加入初级合作社的乡民继续养羊。

4."集体化以后,人民公社建立,人人都要参加集体劳动种田"句。

1958年在全国推广人民公社化运动,雅溪也建立了人民公社。人民公社建立后,乡民实施集体劳动,到集体食堂吃饭。劳动对象被严格限定在农田从事种植业,其他产业发展得不到集体和公社的允许。任何人要想经营其他产业都被视为走资本主义道路,要被割掉"资本主义尾巴"。养羊的产业在雅溪地区也同样被视为走资本主义道路,因而被明令禁止。由此看来,当地乡民传统农牧兼营复合生计方式受到严重的冲击。原本有利可图的油茶、茶叶、桐油种植和养羊、养牛都受到了严重影响,导致茶园、油茶林都处于闲置状态。仅有牛的数量保持稳定,没有出现大幅度减少的现象。

5."于是,雅溪地区就无人敢养羊……土家族有规模化养羊的传统"句。

"没有人敢养羊",这是姚老师对自己亲身体会所做的总结。在当时,哪家农户要是养羊就要挨批斗的。"规模化养羊",姚老师指土家族传统的农牧兼营生计方式,农田和牧场可以互换,森林和牧场可以兼容。尽管牧场面积看上去很小,但载畜量却很大,也能够实现规模化养羊。注意此处姚老师说的是整个湘西情况,不是单就雅溪而言。而且这段话他讲的时间是指新中国成立以前的情况,不是指人民公社化以后的情况。

6."雅溪的方家寨和吉首县(1982年设为市)太平乡土家乡民较多……一家最多时喂到一百只羊"句。

"雅溪的方家寨",是背靠山林、茶园和刀耕火种的地带,因而养羊的人家特别多,饲养羊的数量相当大。"一百只羊",如果单以载畜量而言,这样的表述似乎不可思议。一百只羊所需要的牧场至少要超过两百亩地。也许有人会问:养这么多的羊,有那么大牧场吗?在其他地区,甚至学者按习惯认定都觉得不可能。然而,在吉首大学所在校园区,各地居民实施农林牧副复合经营,牧场、农田和森林可以兼容,可以互换。它的潜在载畜量比一般意义单位面积载畜量要大得多。由此看来,姚老师说的是新中国成立前的实情,也是当代生态文明建设达到的规模性经营目标。

7."羊喜欢吃油菜,有些村民就用铁丝网围栏种菜,防止羊吃"。

需要注意姚老师此处所说的内容是指"文化大革命"开始到改革开放前的情况。人民公社对乡民生产活动管理有所松动,以至于雅溪地区很多传统产业得到一定程度的恢复。养羊也是其中之一。但在恢复的过程中,各类产业却遭遇意想不到的社会性障碍。此处"油菜"指在人民公社时期,乡民曾经在山区大规模种植油菜。其政策依据在于,油菜种在横田中,符合人民公社管理的需要,因而得到政策鼓励和保护。但同样可以产出食用的油茶则运气不佳。油茶在农田以外的生产可以单家独户经营,不幸成为人民公社割资本主义尾巴的对象。茶叶、果林、木材、竹材生产也是如此。对于这样的产业、项目,乡民只能偷偷地从事,不敢公开进行。但问题在于,由于林区不能给羊提供饲料,又不准在林中放羊,这才会导致羊偷食油菜,由此引发人民公社的管理与乡民之间的社会矛盾。但当时人民公社又不能组织大规模的集体生产活动,因而"羊吃油菜"又成了尖锐的矛盾。"用铁丝网围栏种菜",姚老师此处说的是有些人家的做法。当时人民公社的管理体制已经改成以"队"为基础,连片种油菜也是以"队"为基础,这里特意称为有些人家,而不是全公社。值得注意的是,用这样的方式种植油菜成本很高,管理难以到位,政策无法监管。相比之下,与其这样种油菜,倒不如管好更划算。然而,在当时背景下是不允许参与管理,那么羊与油菜引发矛盾也就在所难免。总而言之,姚老师在这段表述中信息量极为丰富。我们必须立足于当地生产传统,注意到他们是一个复合经营实体,能够精准把握其间的内在联系,才能正确理解为何养羊复兴快,而种植油茶复兴慢的真正原因。当然,其他经果产业不能恢复,羊的规模也不可能达到此前的水平。养羊的规模恢复同样举步维艰。

8."冬天雅溪地区家家都要吃羊肉,羊的销路很好,养羊收益颇丰"句。

"家家都要吃羊肉",这不仅是其民族的习惯,也是一种生产活动有序节制。冬天集中消费羊肉,特别是公羊肉,并不会影响来年接羔,又可以节约越冬草料,有利于扩大羊群。即使消费掉一半的羊只,也不会影响来年的畜群规模。这是一种既有利于生态维护,又非常合算的经营方式。恢复这样的传统生计有助于当地脱贫,也有助于生物多样性的维护。相反,如果不维持这样的饲养规律,还要管好油茶、森林和经果林,那么人类还需要投入更大劳力,代替羊群干活,反而是一件亏本的做法,也无助于乡民生活水平的提高。

9."湘西自治州石元章的妹妹饲养了几十只羊,家道兴旺"句。

此处"石元章"不是雅溪人,他是姚老师的好朋友。所以在这里姚老师以他为例来说明养羊的扶贫价值。当然,姚老师在此处讲的是21世纪养羊扶贫有成效的例子。

10."当前,乡民喂黄牛主要是用来吃肉"句。

雅溪本来很适合养牛。上文提及姚老师和他的家人放牛。到了21世纪以后,养牛规模也在急剧萎缩。这项湘西"名优特"品种名气虽在,但早已落伍,仅有少数人家偶尔饲养一两头牛。当年的养牛牧场全部被限制,造成这一景象原因不在于自然因素,而在于社会因素。一方面,平原地区都用拖拉机耕田,用不着在湘西地区买牛、用牛。牛卖不出高价,养牛的人家自然少;另外一方面,雅溪地区乡民都改行进城打工,养牛要天天照看,失去劳动力,牛也无法养;再一方面,雅溪地区乡民的承包地都变成了校园校区,有的变成住房和公路。养牛后,到处排便会引起社会公愤。养牛的人也觉得低人一等,抬不起头,不敢养。这些才是湘西名优牲畜衰败的真正原因。这样原因与当地自然背景无关,而是与人类社会生态变迁有关。至于把黄牛杀来吃肉,也是社会背景变迁所使然。大致而言,由于中国的传统以农为本,在历代王朝的法令条文中,大部分地区都有明确规定不准宰杀耕牛。极端时期,甚至达到杀牛与杀人同罪的地步。辛亥革命之后,类似的法令也得到沿用。甚至到了改革开放前,湘西地区依然不允许随意宰杀黄牛。改革开放后,风俗为之一变。不少人向往西方吃牛肉的生活,社会上才开始对黄牛大开杀戒。雅溪地区正是受到时风所染,才专门喂养黄牛,出售牛肉供应市场,乡民也开始吃牛肉,大量消费牛肉。姚老师在此处说"黄牛主要是用来吃肉",其实是改革开放以后才有的新鲜事情。当然,这样的新鲜事也是一件好事。当前相关地区的扶贫工作将黄牛的喂养作为一个扶贫产业推广运用。同时,也丰富了我国人民的生活。我们期盼湘西黄牛产业振兴的那一天,期盼湘西黄牛产业再次兴旺的那一天。

邵晓飞(吉首大学历史与文化学院博士研究生)

《茶经·一之源》"其字旧注"汇考

从古至今,茶叶就是一项重要的商品。《茶经》是尽人皆知的茶叶名著,对茶业的历史发展进程有着重要的意义。只有正确理解《茶经》才能对现代茶业的发展,对现代茶业走上"一带一路"发挥积极的作用。然而,《茶经》中有一段文字,长期以来,学人都没有注意到其存在的严重错简和讹误,以至于不管是历史上的研究者,还是今天的研究者在这一问题上所做出的注释都自相矛盾,这对于正确理解和研究《茶经》显然不利。故本文将对这段文字加以校勘,提出笔者自己的观点。

本文所涉文字原文以中国国家图书馆藏宋咸淳刊百川学海本《茶经》为底本:"其字,或从草,或从木,或草木并(从草,当作'茶',其字出《开元文字音义》;从木,当作'㮘',其字出《本草》;草木并,作'荼',其字出《尔雅》)。"

此段文字存在明显的错简和讹误,当是后世传抄和翻刻原本时,由于翻刻者没有读懂原文,又不了解汉字文字学的行文规范,从而造成的多处技术性讹误,因而有必要做出符合历史实情的订正。按照此段文字上句提示的行文顺序,其讨论的先后次序理当是先讨论"从草"之字,次讨论"从木"之字,最后才讨论"草木并"之字。故而相关汉字的出处顺序理应是《尔雅》居首,《开元文字音义》次之,《本草》居尾。

一、"从草"句

"从草"二字已做承前省略,所省二字为"之字"。"茶"字是由唐高宗执意推行的新字,其出现客观上标志着"茶"已成为家喻户晓的饮品,是盛唐时期才可能出现的社会实情,当然这也是《茶经》成书的客观社会大背景。只有这样做,才能够把他的用意彻底阐明。《茶经》此处意在说明,在"茶"字没有启用前,汉族常常将茶叶称为"荼",即按照通假惯例用"荼"来翻译少数民族地区"茶"字的语词。《尔雅》是一本对先秦典籍所用汉字注音释义的典籍,相当于今天的字典,该书已编入今本的《十三经注疏》之中。该书第十四篇的《释木》记载:"槚,苦荼。"《尔雅》成书于战国至两汉之间,在唐以前的典籍中根本没有"茶"字,一般用"荼"字来指涉"茶"字。因而,这里从草的"荼"字出处应为《尔雅》,而现存《茶经》版本中将"荼"写成了"茶",理当匡正为"荼"。

按照汉字的"六书"规范,凡指涉"茶"的汉字,"从草者"包括"荼""蕣""茗""蔎"。当时的汉族居民并不知道茶生长于树上,因为他们所饮茶叶只是几片嫩叶,很容易与草类植物混淆,误认为茶是草本植物,所以才以这样的通假方式启用"荼"字去指代茶叶。

"荼"字本指一种有苦味的野生蔬菜。《诗经》：谁味荼苦,其甘如荠。这里的"荼"即用其本意。但事实上,"荼"字是从草、从木的会意字,这样的造字法与传统的六书造字不相兼容。从"荼"字的结构作会意字理解,实际上也很难确定"荼"到底属于什么类型的植物。因为在现实中很难找到既属于草又属于木的植物,该字的表意让人无从领悟到底所会何意。因而,可将该字视为一个特殊的造字,在本文第二部分将会进一步加以说明。

关于"从草"句的考辨,沈冬梅认为"茶"字见于《尔雅》,①与本文观点一致。但是,她将"荼"字看作是"草木并"的造字法,显然不符合"六书"的造字规范。"荼"字是"草"为形旁、"余"为声符的形声字。按照汉字造字规范,"从草"者意在强调指涉对象属于"草"这一类型的植物。《茶经》原文中提及的"檟""茗""荈"都属于同一造字类型。因而,笔者认为"从草"句理应匡正为:"从草,当作'荼',其字出《尔雅》。"

二、"草木并"句

"草木并"的汉字在《尔雅》中,根本没有"茶"字,因为"茶"字应该最早出现于《唐本草》。《本草》是中国古代医药专著的泛称,历朝都编有这样的专著。为了加以区别,在"本草"前加上历朝的朝代名称。此处的《本草》乃指《唐本草》。唐高宗永徽年间,李勣编修《唐本草》。之后在唐高宗显庆年间(656—661),苏恭、长孙无忌等人受皇帝敕命,又对《唐本草》条目详加校勘补遗,并将前代典籍所称的"荼"一律改写为新造的"茶"字。显然,唐高宗任命长孙无忌和苏恭重修《唐本草》,并在该书中首次启用"茶"字。由于这一改动出自皇帝的命令,因而唐代以后所翻刻印刷的唐以前的典籍,也将"荼"字一律改写为"茶"字。故此处的"荼"理当匡正为"茶",才符合"草木并"这一事实,此处的《尔雅》也只能订正为《唐本草》。

"从(某)",这是用"六书"造字法探讨汉字本意的惯用俗语。"从草"和"从木"意指相关汉字分别以"草""木"字旁为意符,"草木并"是指同时以"草"旁和"木"旁作为该字的意符。上文中已有所提及,"草木并"在六书造字规范中,是不合规范的表述。按《说文解字》的行文规范,凡属于会意字者,通常都表述为"从某,从某",或"从某,从某,从某",均无不可。而"茶"事实上由三个部首构成,理当表述为"从草,从人,从木",才符合行文规范。然而,从"草"之字绝对不会"从木","从木"之字也不会"从草",因为草、木属于完全不同的两类植物。如果再"从人",那就更难理解该字的本义了。唐高宗下命新造的"茶"字,恰好体现了这一破例。但这是皇帝下命造的字,谁都不敢妄加议论,陆羽也不例外,只能在《茶经》中违心地写作"或草木并"。"茶"字在《说文解字》中缺载,又上文所言,该字的造字法已经违反了六书造字规范。"茶"字既无法理解为形声字,也无法理解为会意字,只能理解为违规妄造的汉字。因此,作者行文时只能含混其词,描述其结构时也只能写作"草木并",故意省略了"人"字意符,"作茶"前故意省略了"当"字,暗示这一造字不符合造字法,实则是对该字的造字做出了批判,只是不敢明说而已。

---

① 陆羽著,沈冬梅编著.茶经[M].北京:中华书局,2010.

当代,研究《茶经》的注家,由于没有发现此段文字存在的明显错简和讹误,以致根据错误的文字表述作注,也就失去了意义,反而会给读者造成认识和理解上的混淆。沈冬梅在其注本中仅将"开元文字者义"改为"开元文字音义",以及将"草木并,作'茶'"改为"草木并,作'荼'"。然后,她直接将原本翻译为:"属草部的,应当写作'茶',在《开元文字音义》中有收录;属木部的,应当写作'檟',此字见于《本草》;并属草、木两部的,写作'荼',此字见于《尔雅》。"①这样的结论显然违背了"茶"和"荼"字的造字规范,不符合《茶经》原文实情。沈冬梅在其论文《宋刻百川学海本〈茶经〉考论》②中对宋刻百川学海《茶经》版本中出现的脱漏或讹误等也进行了系统的论述和匡正。但遗憾的是,她并没有发现此段文字所出现的错简和讹误,对此段文字也就没有进行专门校勘。

吴觉农在其专著中所引原文内容与沈冬梅所引原文在文字上有一点细微差别,其原文为"从草,当作茶,其字出《开元文字音义》;从木,当作檟,其字出《本草》;草木并,作荼,其字出《尔雅》"。吴觉农将其所引原文翻译为:"从'草',应写作'茶',此字见《开元文字音义》;从'木',应写作'檟',此字见《本草》;'草''木'兼从,写作'荼',此字见《尔雅》。"③虽然在此处的"按"中提到"惟原注说,从'草'的写作'茶','草''木'兼从的也写作'荼',显然很难使人理解",然后仅是将原文的"草木并,作茶"改为了"草木并,作荼",但仍没有做进一步的说明和匡正。显然,不同的原文版本,几字之差,充分说明在后世传抄和翻刻过程中很容易出现的错简或讹误现象。因而,笔者认为"草木并"句理应匡正为:"草木并,作'茶',其字出《本草》。"

三、"从木"句

"檟"是以"木"字为意符、"荼"字为音符新造的形声字。按理,"檟"应该是"茶"字推广利用后才可能出现的新造字。此段文字是从历史演替的角度,揭示出指涉"茶"这一"南方嘉木"所用汉字的递变历程。理解这段文字时要注意,茶树是产于中国南方的植物,远古时代的华夏居民并不知道这种植物,因而没有专门指代"茶"的用字。唐高宗时代,才专门新造了"茶"字,用来指代汉族居民不熟悉的茶树这种植物。其后,为了强调茶树不是草,而是一种木本植物,故而在唐代中期又造了一个"檟"字,以免读者在阅读时发生误读、误判。考"荼"字最早出现于《唐本草》,因而"檟"被收入进字书,肯定是唐高宗之后的事情。唐高宗以后最具影响力的字书当属《开元文字音义》,故"檟"理应出现在该书中。《开元文字音义》是唐玄宗开元年间所编的汉字字典,通过查阅此书后已经获得佐证。

中国农业科学院茶叶研究所于良子认为"梌"是"茶"的变体字,其理由是"梌"字首载于西汉杨雄《方言》中的"吴人谓刺木曰梌",以及《类篇》载"梌,楸也"。④ 需要指出的是,

---

① (唐)陆羽著,沈冬梅编著.茶经[M].北京:中华书局,2010.
② 沈冬梅.宋刻百川学海本《茶经》考论[J].农业考古,2005(2).
③ 吴觉农.茶经述评[M].北京:中国农业出版社,2005.
④ 于良子.《茶经·一之源》"其字旧注"考辨[J].中国农史,1990(2).

"刺木"根本不是茶树,"刺木曰梌"中的"梌"显然不是指代茶树。另外,"梌"还指楸树,古代指枫树。楸树属紫葳科小乔木,枫树属槭树科高大乔木,都与茶树不是一种类型的植物,完全分属不同的科属。因而,于良子将"从木,当作'榎'"匡正为"从木,当作'梌'"的考辨结论存在明显的讹误,不符合《茶经》原文对"茶"字历史递变的真实意图。因而,笔者认为"从木"句应该匡正为"从木,当作'榎',其字出《开元文字音义》"。

综上,这段文字意在总揽指涉茶树所用的汉字,是立足于汉字的"六书"造字规范而做出的解说。令人遗憾的是,《茶经》作者陆羽在原文中语焉不详,加之旧注客观上存在多处讹误和错简,导致不少研究者为之困惑,或误导研究者对原文内容的误解,对《茶经》的研究造成了一定程度上的障碍。故而,本文对"其字旧注"重新做出考辨,视为抛砖引玉。鉴于此段文字错讹太多,故将订正后的原文正确编写如下:

其字,或从草,或从木,或草木并。从草,当作"茶",其字出《尔雅》;从木,当作"榎",其字出《开元文字音义》;草木并,作"荼",其字出《本草》。

皇甫睿,杨庭硕(吉首大学旅游与管理工程学院,历史与文化学院)

稻作文化在越南九龙江平原的传播与创新研究

一、问题的缘起

九龙江平原地处湄公河三角洲的核心地带。当下,在越南赢得了"谷仓"美誉。虽然这里仅占越南国土面积的十分之一,但是却为越南提供了百分之七十的商品粮,并成为越南国最大的稻米出口基地,在世界的稻米生产和出口中占有举足轻重的地位。然而,九龙江平原大规模开发,却迟至17世纪中叶才初步启动。为什么沃野千里的九龙江平原开发的如此之晚?而17世纪中叶之前,为什么没有建构起固定农耕文化类型?时至今日,学术界尚未做出令人信服的解读。笔者根据个人的研究所得略陈己见,希望对这一问题认识的深化,尽绵薄之力。不当之处,还望学界、同仁批评指正。

二、九龙江平原的生态之困

从今天的眼光看来,九龙江平原是湄公河的冲积平原,水源充沛、土壤肥沃;加之地处热带季风气候之下,光照热量条件优越,理当非常适合水稻的种植。而且当下的农业生产实情也的确如此。但是在17世纪中叶之前的九龙江平原的生态环境就是像今天这样的吗?答案是否定的。相反,在没有成熟的稻作文化引入和大规模人口密集的前提下,九龙江平原并不适合固定农业文化类型的开发,更不用说建设成世界知名的稻作基地了。

(一)独特的自然生态环境

越南学者金魁在考古物证的基础上,对九龙江平原的早期农业发展提出了两个前后矛盾的观点。他先是提及"农业生产可能已经满足了那时居民不高的需求"。但是他接着又提出另一个疑惑:"我们感到愕然的是,一些最早开发的地区,竟然是位于龙川和同塔梅的四个至今还是荒凉的角落。洪水、盐碱化、密林、猛兽以及无垠的野草给那些勇敢的人们以极大的考验。"①他一方面认定,九龙江平原在远古时代就孕育了农业生产,但是其社会发展水平很低;另一方面,他感到困惑不解的是,为何如此辽阔的九龙江平原,早期开发的地域仅局限于龙川、同塔梅等地势较高的有限地带,对平原中其他的广阔地区,考古材料无法提供来自早期开发的实证资料。然而,能够找到资料实证早期开发的上述

---

① 金魁.越南九龙江平原农业开拓过程[J].南洋资料译丛,1983(1).

四个有限角落,到了今天反而成了九龙江平原最荒凉的角落。今天这些荒凉的角落里充斥着洪泛、盐碱化、密林、猛兽和无垠的野草。从表面看去,完全找不到农业垦殖过的迹象。关于其间学理矛盾的合理解释只能是一个,那就是这些地区早期开发并非立足于农耕文化,而是立足于狩猎、采集及游耕文化。开发所凭借的文化古今有别,这才是使得古代能够开发利用的生态背景,到了今天反而变得荒凉的原因。早年的乐土,而今却成了不毛之地。其间的原因全在于人类对资源利用方式发生了文化上的逆转。这才使得渔猎文化今天变得荒凉,早年的荒凉地带,今天却变成沃野千里的"鱼米之乡"。金魁先生的困惑并不是一个孤立的个案,而是传统历史研究方法存在着认识上的偏颇。大多数学者都不甚关注文化的变迁,更不关注文化生态的协同演进,在错乱时空场域的认识背景下,仅是对文字记载本身展开对比分析,将今人的看法和认知方式强加于古人,从而在无意中造成了误判。

从这个角度来看,在长达1 700年的历史中,如此优越的水热条件却没有大规模的固定农业生产也就不足为怪了。相反,却证明了九龙江平原在没有经过农耕文化垦殖开发之前,其自然生态环境并不适合固定农耕文化的发育。也就是说,湄公河纵然能够造就湄公河平原,但却不能自然造就农耕文化的诞生。要在这儿建构起适合固定农耕文化所适用的次生生态系统,不能单靠自然力的作用,而要仰仗人类创新和发明,要引进新类型的文化,去持之以恒地加工、改造当地的自然生态环境,最终才能形成今天沃野千里的九龙江平原。当地1 700多年的历史记载,以及相应的考古资料,都可以为此作证。

对于17世纪中期以前的九龙江平原生态景观,《嘉定通志》有如下记载:"嘉定古多薮泽林莽""冈陵重叠,林莽连亘,材木高大疏直,千霄蔽天,森罗数百里""草莽杂乱"……到处都是大型野生食肉动物:"船之所向,屡为鳄鱼阻留""猛虎入市南民家"……瘴气病疫多:"为山林川泽之气所掩,故大而苍凉""土薄地地处卑湿,至秋冬必发疟疾"……[①]可以想象17世纪中叶,九龙江平原生态景观尚且如此。推而广之,17世纪以前的九龙江平原其生态景观理当更有甚焉。可以想象这里的生态环境,如果没有大量人口和一定技术基础作为支撑,早期居民显然无法从事当代意义上的农业开发!只适合于狩猎采集类型文化去加以利用,只有那些地势较高的地带才可能适合游耕方式,种植一些热带作物去维持生计。而正是这样的"游耕"遗址才保存下当代考古学能够发掘和研究的遗址和遗物。

(二)洪涝干旱灾害交替频发

九龙江平原地处亚欧大陆东南缘海陆连接部的热带地区,为热带季风气候所笼罩,受到蒙古高原西伯利亚东北季风和热带海洋西南季风的交替影响。全年气温较高,没有四季变化,一年仅分为旱、雨两季。雨季时,整个中南半岛持续的强对流雨极大增加湄公河流域的地表径流量,引起严重的洪水泛滥,"年年七八月间,常有水溢"。全年由于降雨

[①] 戴可来,杨保筠校注.岭南志怪等史料三种[M].郑州:中州古籍出版社,1991.

的季节分布不均匀,九龙江平原每年都要经历一次强度和历时不同的干旱。旱季时,"乾燥日土枥龟绞,罅隙深大。"①可见,旱季时,九龙江平原干旱少雨,造成土地缺水、结皮龟裂,禾苗难以成活。

九龙江平原地势低平,平均海拔仅有 4—6 米,周期性的潮汐水位差异,对九龙江平原的水环境产生了重大影响。"嘉定临洋海滨,下多伏流,故潮进骏奔,骤见盈满,淹浸涯岸。且以地势西北甚高,东南甚下,故潮退又急,浩荡归东,既而江渚枯竭。有候渡者,潮退之准,深下十三尺云。"②可见,海水的内侵也会造成严重的涝灾。洪涝灾害周期性频发,最终使得要在这儿种植水稻几乎是一件办不到的事情。

(三) 土壤盐碱化

地势低平的九龙江平原深受湄公河与南海潮汐海水内侵的交相影响,其土壤有严重的盐碱化隐患。"后江右岸位于同塔梅附近的一些地区,经常淹水,地面覆盖着盐斑……"③对于植物生长而言,盐碱土的影响往往是致命的。雨季,连绵不断的强对流雨造成湄公河泛滥,潦水会带走土地表面的盐碱,但是在高温下土壤底层的盐碱会随着土壤毛细管水上升形成返盐。雨季雨水冲刷作用下,盐碱问题不突出。但是旱季土壤盐碱问题就极为严重。雨季湄公河水量大,冲刷作用造成九龙江平原沟壑宽深,旱季雨水稀少,河道由于淤泥阻塞,水位低浅。而南海海水水位则相对要高,"小海门,口广一里半,水潮深二十八尺,汐深二十三尺""波涞海门距镇南八十四里半,广一里半,潮深二十六尺,汐深二十一尺"④。海水潮汐的高差达到 5 尺,那么潮汐的落差导致海水内侵倒灌,在造成涝灾的同时,把大量的盐碱留在地表,形成盐层沉积。海水倒灌到内河,河水含盐量增高,伴随着河水对内河堤岸土壤的压力,水中可溶性盐也会随渗进河岸的土壤,并随着土壤间隙和毛细管向上提升,增加土壤盐碱化的风险。

由此,在没有高度发达的排灌系统、盐碱土壤改良技术和植物种子选育技术的情况下,在九龙江平原上开展以水稻种植为主的农业生产显然是不可能的事情。九龙江平原在漫长的历史岁月中,长期处于荒凉的地带,是个不争的事实。而对这样的历史记忆感到不可思议的学者,其实是在无意中混淆了历史上文化类型的差异,误用今天的现实及文化逻辑去看待早期的历史记载,由此而产生了无穷的困惑,其原因全在于此。

三、华人移民稻作技术对九龙江平原的开发与再适应

明末清初时期,有大批中国明末遗民、遗臣,"或由于抗清斗争的失败,在国内不能立足,或由于不愿剃发,死守明节,便纷纷从海路逃往属国安南"⑤。同时清兵南下,华南动

---

① 戴可来,杨保筠校注.岭南志怪等史料三种[M].郑州:中州古籍出版社,1991.
② 戴可来,杨保筠校注.岭南志怪等史料三种[M].郑州:中州古籍出版社,1991.
③ 金魁.越南九龙江平原农业开拓过程[J].南洋资料译丛,1983(1).
④ 戴可来,杨保筠校注.岭南志怪等史料三种[M].郑州:中州古籍出版社,1991.
⑤ 龙永行.17—19 世纪越南华侨的移民活动和影响[J].东南亚研究,1997(6).

荡,兵连祸结,民不聊生,广东、福建等沿海地区的民众纷纷渡海谋生。其中,有相当部分移民到九龙江平原垦荒谋生。华人的稻作文化及相关知识与技术被带到九龙江平原,从而打开了资源利用的新局面。《嘉定通志》有载:"其出力垦地者,惟唐人(即华人移民)为勤,而海网江篷,行商居贾,亦唐人主其事矣。"①

对于大规模华人移民来讲,要在九龙江平原上生存生活,17 世纪中叶以前的采集、渔猎获取食物的方式无法满足其生存需要。这些华人移民是与长江流域、珠江流域一带南方稻作文化相关联的,他们"背着文化"寻找最合适利用的地域居住生活。伴随着他们的是把中国南方圩田稻作农耕生产方式和生活方式延伸到九龙江平原,实现对新环境的再适应,并进而创新了水稻种植的新模式。

建设完善的排灌系统。在《嘉定通志》有载:九龙江平原的洪涝灾害"适秋潦大涨""常于八月潦下""水潦崩缺""土地泥湿,雨潦时水溢弥漫,陆地可以行舟"。这样的景象在当时的九龙江平原随处可见。九龙江平原的洪涝灾害主要由热带季风气候所使然。雨季时,连绵大雨和强对流雨,冲刷沟壑,"污荡涤藏";而旱季时,则高温炎热少雨,河道泥草淤积,"河道经由坚江之路,泥草壅淤,惟雨潦舟始可行","其泥泽难行,季冬初春,水涸泥胶,浅涸壅塞。自夏而冬,雨水洋溢,浸没涯岸,舟行骑草……"②再加之海水倒灌内侵,使河道丧失排水和灌溉的功能。在这样的环境下,规模种植水稻先决条件就是要化解洪涝难题。众所周知,水稻种植是一个技术精细化程度相当高的生产活动。在水稻生长周期内对水位都需要做出精确的控制,那么华人移民要开展哪些技术性的活动来解决洪涝与干旱呢?

兴修水利、疏浚河道,势在必行。在越南阮氏王朝的组织下,华人参与大规模的河道水利疏浚工程。"酌量土功难易,人力轻重,以自濠口至淖口刚燥土七千五百七十五寻为华民分作,泥湿土一万八千七百四寻为高蛮(高棉人,史称占婆人)分作。""嘉隆十六年(1817)十一月(按:此处为越南阮氏王朝的年号),钦命永清镇镇守瑞玉侯(阮文瑞)率华夷丁夫千百五,官给钱米,剪伐疏通,横二十寻,深四尺。一月奏功。"③"嘉隆十八年(1817)(按:此处为越南阮氏王朝的年号),钦命定城副总镇侍中左统制理正侯黄公理,监督藩安镇民夫一万一千四百六十余,率分为三番。官给钱米。改故道,开浚新泾……御赐安通河(按:安通河即中国河,1819 年征发华侨疏浚而成,故称安通)。"④尽管郑怀德看到疏浚河道有利于交通、货物转运、运兵运粮等,但是他却没有看到其对水稻种植的特殊价值。这是他的局限所在。相反,疏浚河道、兴修水利对于改造九龙江平原生态环境是极其重要的。站在水稻种植角度来看,兴修水利、疏浚河道至关重要的作用之一,是在于能够提供灌溉排涝功能。九龙江平原地势低平,水灾频繁,没有科学规划的水网来疏导

---

① 戴可来,杨保筠校注.岭南志怪等史料三种[M].郑州:中州古籍出版社,1991.
② 戴可来,杨保筠校注.岭南志怪等史料三种[M].郑州:中州古籍出版社,1991.
③ 戴可来,杨保筠校注.岭南志怪等史料三种[M].郑州:中州古籍出版社,1991.
④ 戴可来,杨保筠校注.岭南志怪等史料三种[M].郑州:中州古籍出版社,1991.

雨季、旱季和潮汐内侵造成的洪涝干旱,是无法开展大规模水稻种植的。经过大规模的兴修水利工作,九龙江平原建设了规划完整的水网排灌系统,形成了"田—沟—河—海"和"田—池井—河道—海"两种类型的排灌系统。排灌系统的形成,可以基本做到精确控制水稻种植的水位这一难题。对优化水稻生长环境而言,水热条件是最基本的要求,水量过多,会淹死秧苗;而水量不足,则会导致秧苗延缓生长或者干死。水稻秧苗期、分蘖期、抽穗期、灌浆期都需要充足的水分,每一个环节都需要做到对水位的精确控制。由此看来,科学规划的水网系统乃是从技术上化解了严格控制稻田水位环境的难题。

　　大量华裔移民的迁入,理所当然地会将中国汉族稻作区的农具带到九龙江平原。然而越南方面没有留下相关可凭的记载,因而也无法道其详。好在对九龙江平原的独特自然环境而言,提灌用的农具具有特殊的利用价值。而汉族地区的此类农具繁多,如龙骨车、筒车、戽斗、桔槔,一应俱全。而且此类农具技术原理用于游乐器具,不管是秋千、转轮秋千,在汉族地区同样应有尽有,恰好越南方面对此类游乐用具留下了可凭的记载。以这些记载为依据,不难推测相应的汉族排灌农具,肯定一并传到了九龙江平原。

　　在建设水稻种植的排水灌溉系统中,华人还把其他中国稻作文化经验和技术装备带到了这里。《嘉定通志》并没有对水稻种植技术和工具有直接的描述,但是在农业节庆活动中有所提及。《嘉定通志》有如下记载:"又有云车秋千戏(俗名柳仙)。其制两旁高植木柱,横架活机木轴一,贯于木板车轮中,如水车状。轮辐间分置辘轳,坐架板八座。妇女八人,妆束娇媚,衣服鲜新,挨次登坐,先请旁人旋送,次则每座近地之人轮流以足腾踏,用力送起,旋转急骤,衣服飘飏,望之如群仙飞舞于云雾中,甚是好看。并以元旦日起,元宵日止。又有立两木柱,横架圆木,加绳于木上,其绳一头系短木,一头空垂。戏人立短木上,对身紧靠绳索,两手执绳空头,用力快收,渐次而升高之,盘旋以为戏。"①从这则史料,看到了水稻种植使用的几种工具和技术:水车、板车和桔槔技术等等。"艺术来源于生活",农业社会的嬉戏、活动的原型必定源自农事生产活动。"云车秋千戏"应该是水车车水、排灌技术原理的转换利用。板车自然是用于搬运土壤构筑堰坝、收割运送粮食等的工具。其后的游戏是桔槔技术的反映。桔槔在中国运用历史已经三千多年了。通过杠杆原理,在河沟与稻田间搬运河水、转运其他物品或者夯田筑坝。

　　这些技术和工具是华人移民带来的,不会是原住居民——"高蛮人"(即占婆人)的技术。因为在17世纪中叶以前,前述九龙江平原只有采集、渔猎文化形态,而到了17世纪中叶以后,华人大规模开展水稻种植的时期,"高蛮人"依旧是住在山上,以采集、渔猎为生。"高蛮民分聚山阿林径间,既业射猎于山,又事渔钓于泽,两取其利矣。""沿江华民开垦田宅,后之林莽为高蛮所居潴栅。""沿江为华民田宅,后林为高蛮杂居之地。"②九龙江

---

① 戴可来,杨保筠校注.岭南志怪等史料三种[M].郑州:中州古籍出版社,1991.
② 戴可来,杨保筠校注.岭南志怪等史料三种[M].郑州:中州古籍出版社,1991.

平原是越南阮氏王朝通过战争取得的新领土。其地原住居民是"高蛮人",而"高蛮人"的生产情况,考古物证和史料记载已经明确了。抑或是来自九龙江平原北方的占城?我们可以设想,不排除华人移民吸收占城人的水稻技术,还是回到基本的历史事实——17世纪中叶以前的九龙江平原是一片未开垦的处女地,特异的生态环境导致水稻种植只能是零星开展。而直至华人移民的到来,这一切才发生了量和质的根本性变革。

四、对环境的再适应植根于技术的创新

土壤改良也是建构连片稻田必需的举措。科学规划的水网和排灌系统可以化解对稻田水位精准控制的难题。前述土壤的肥力和盐碱问题又如何解决呢?这个问题不解决,水稻种植仍然进行不了。九龙江平原的土壤大致归结为两大类,一类是山丘高地的土壤,一类是沼泽地。这两类土壤在17世纪中叶以前,都没有进行大规模垦殖和改良。对于山丘高地的土壤,主要是提高地力的问题。如何把山丘、森林里的生地转化成有肥力的熟地?华人移民采取的是"刀耕火耨"和"轮耕法"。"其山田初垦者,剪伐草木,候干烧为灰粪,逮雨降时乘而播谷。不事耕锄,用力少而得利倍。三五年则易其处,如汉赵过'代田法',是亦古刀耕火耨遗意。"对以上记载的认识和理解,需要精准把握相关技术适用对象和做出创新的技术要领,否则以上的记载就无法得到符合逻辑的说明。

对九龙江平原地势较高的山丘地带,早年的"高蛮人"已经掌握了"刀耕火耨"的技术。华人移民来到这儿,要在这样的生态背景下从事旱地耕作,除了引进华人早有的"刀耕火耨"技术外,当然得向"高蛮人"学习借鉴,学会种植那些陌生的热带农作物,比如桄榔木、芋头、木薯等等。这当然是一个文化互渗和取长补短的创新过程。

至于上述资料所言,引进赵过的"代田法"用于在山丘地带种植水稻,则不是简单的照搬,而是针对环境再适应的创新。在澄清活用这一"代田法"技术原理之前,显然有必要对九龙江平原上的所谓"山丘"之地的特性,预先做出相应的说明。诚如上文所言,九龙江平原上的稻田区海拔最高不超过6米。于是在当地的原住"高蛮人"而言,所谓"山丘",与中国人理解的"山丘"肯定风马牛不相及。他们所称的"山丘"仅仅是海拔高于6米的土质缓坡,在这样的缓坡可以发育出茂密的热带丛林和灌丛草地。但问题在于,即令是在这样的地带如果遇上潮位偏高,再加上上游洪水水位偏高,相互顶托时,海水还是可以倒灌到所谓这样的"山丘"上,原生的丛林或草地不惧怕海水的倒灌,但要种植水稻却不行,过高的水位会淹死水稻,过咸的海水会滞留在稻田中,又会引发土地盐碱化,对水稻种植更加不利。为了化解来自自然的双重压力,照搬赵过的"代田法"肯定会显得义不对题。其原因在于,赵过是应对温带季风的干旱地带的农业技术,而九龙江平原则是极其湿润炎热的自然环境。在这儿不是缺水,而是怕海水倒灌、水淹。因而要引进"代田法"就必须反其道而行之。从表面上看,这儿也像赵过那样,要深开沟高筑陇,不过沟陇的走向不能像"代田法"往东西延伸,而是顺坡向大海延伸。为的是,一旦遭逢海水倒灌和淡水洪涝时,积水可以顺沟排干,从而化解了水淹、土壤盐碱化的隐患。作物的下种区

位也得反其道而行之。总之,不是播种在沟里,而是将稻谷播种在陇顶上。其原因在于,在这儿都会遭逢连天暴雨。稻谷即使播种在陇上,也不会遭逢缺水之患,反而有利于规避海水的倒灌和洪水的淹没,因而这样活用的"代田法",可以做到一年两熟。正是凭借这样的创新,华人才能在所谓的"山丘"地段,实现了稻作文化的扎根和丰收。

相对于"山丘""林地"的改良垦殖,沼泽土壤的改良更为困难。因为沼泽面临着涝灾、干旱和盐碱三大困难。通过大规模的兴修水利和疏浚河道,可以在一定程度上解决沼泽地排水难题。但是盐碱土的改良则需要更高的技术。九龙江平原的土壤盐碱问题是水稻种植的关键难题。《嘉定通志》对于土壤盐碱问题拥有诸多记载:"江水矾卤""藩安三美井,名晋井,其井于浊流斥卤中涌出甘泉""波涞南江距镇西南十二里,江流深广,四时水清,惟盛夏带咸"……①从这几条史料中可以看到九龙江平原严重的土壤盐碱化问题。由于海水倒灌,江河水中"矾卤"及水中含盐量偏高,以至于水质"带咸",地表"浊流斥卤"。在人们的眼中,淡水才是"甘水""甘泉"。在这样的环境下到哪儿寻找甘泉,这同样仰仗技术上的创新。在《嘉定通志》中并没有直接讲到盐碱对水稻作物的危害。但是水稻种植不适合盐碱化土壤环境则是毋庸置疑的生态事实。如前所述,九龙江平原深受盐碱土的危害。对于水稻而言,土壤中盐碱含量过高,会给水稻生长造成危害,轻则稻谷空壳率高,重则死苗绝收。在水稻的分蘖期,土壤盐碱化会严重延缓水稻分蘖速度,减少水稻抽穗穗数。在水稻灌浆期,土壤盐碱化会对水稻的受精结实造成严重影响,导致空壳率高。盐碱土壤对水稻生长、结实的影响,我国水稻种植中也有类似的记载:如清代屈大均在《广东新语》"谷卷"中有这样的记述:"岭北多火耕,岭南多水耨,水耨者地若舄卤,水咸大禾难育,故必天雨水淡,乃多稼而米粒甘。山田两熟者以水淡,潮田一熟者以水咸。"②可见,即使是在盐碱问题并不严重的中国广东,因为沿海潮田的盐碱,导致"大禾难育",稻秧生长缓慢而且矮小;"水咸"导致"潮田一熟",无法像山田"两熟"。就是说即使水热条件充足,土壤盐碱同样会延长水稻的生长周期和降低结实率。如何对土壤进行排盐碱就变得至关重要了。

前述华人移民参与阮氏王朝的大规模疏浚河道和兴修水利工程。河道水网不仅把雨季大量的雨水、沼泽壅塞的积水排到南海,实现对水稻种植水位的精确控制,而且可以通过稻田—河道水网系统对土壤进行"洗盐"。在《嘉定通志》中有这样一条记载:"藩安镇福禄、顺安二县,定祥镇建和县地俱近海,泥田咸水间有凿开'池井',水味虽淡,而煮汤则反咸矣,不堪茶饭之用。故常年十月雨止以后,四月未雨以前,业民有洁涤船心,漫载甘水,就处换取粟米,赢得厚利。"③这条史料包含有大量的信息。首先,是什么原因需要在"泥田咸水间凿开池井"? 史料解释为"煮汤",但是"又不堪茶饭之用"。很显然,此前

---

① 戴可来,杨保筠校注.岭南志怪等史料三种[M].郑州:中州古籍出版社,1991.
② (清)屈大均.广东新语[M].上海:中华书局,2010.
③ 戴可来,杨保筠校注.岭南志怪等史料三种[M].郑州:中州古籍出版社,1991.

的解读有欠准确。因为泥田和咸水间开凿池井,不是偶然为之,也不会只开一口池井,而应该是很大数量、一定体量的池井。从饮水安全来看,临海裸露的水源也不适合用来煮汤做饭的。那这些泥田咸水间的池井是做什么用的呢?这得从"池井"这一名称的基本含义入手才能破解。既然称为池,这就表明不是中国人常见的小口径深井,而是面积很大开口的取水装置,而称为"井"则是因为水位必然低于周边水位,如果井口高于周边地段,那就不是"井"而是"泉"了。由此看来,此处所称的"池井"本身就是一种创新,之所以称为"池井",那是对汉字原意比喻性的解读而已。

事实上,所谓"池井",其实并不是"井",而是在辽阔的九龙江平原上选择海拔稍高的地段,开发一个很大的"池塘",并将挖出的土、石在池塘周边修筑一个高堤把池塘围起来。这样一来,不管是河流遇到洪涝还是出现海水倒灌,池塘周边堤防外的水位都会比"池井"内的水位要高,底层的淡水受到水的压力作用,都会流到池中。因而在池中取得的水就会含盐量偏低,再加上海水有堤防维护,也不会倒灌到池中,以至于随着时间的推移,淡水不断地稀释池中水的含盐量,使含盐量会越来越低,而这就是当地人所称的"甘泉"了。

不过"池井"虽然在一定程度上降低了水中含盐量,但降低的程度毕竟有限,因而做饮食生活用水显然不行,这才使得到了旱季,真正的淡水成为昂贵的商品,人能从中获取厚利。而"池井"中的水在日常生活中,只能做清洁用水使用。但是在海水倒灌严重时,一旦潮水涨潮或潮水退却后,借助提水工具,用"池井"中水给稻田"洗盐"的确是一大用处。现代研究还表明用"池井"的水浸泡稻种育秧可以收到明显成效。现代稻谷育种研究表明,利用一定浓度的盐水浸泡稻种,种子和胚根长出后吸收水分都得到增强,而且由于盐水浸泡处理后,可以抑制稻种表面的霉菌生长,稻种根芽粗壮整齐易活。[1]

有机肥料改良土壤技术。《嘉定通志》记载:"油豆渣为饼,贩以粪田。一年所出,四十万余斤。"[2]华人把当地的油料作物大豆榨油后的豆渣、豆饼作为肥料,来增加地力和改良土壤。有机肥料的使用,还有利于降低盐碱。据现代农业科技研究,有机肥经微生物分解,促进迟效养分转化,增强抗盐能力,使土壤孔度增加,使土壤盐分溶解。有机质在分解过程中产生大量有机酸,可与土壤中的碳酸钠作用形成腐殖酸钠,侧渗入排水沟加以排除,防止土壤斑状盐渍化,能提高土壤的缓冲能力。[3]

此外,中国南方各民族稻鱼鸭共生耕养体制,在九龙江平原也得到了创新借用。稻鱼鸭共生技术是我国长江流域的生物稻作技术,早在唐代已经成熟使用了。唐代刘恂在《岭表录异》中记载:"新、泷等州山田,拣荒平处,以锄锹开为町畦。伺春雨,丘中聚水,即先买鲩鱼子散于田内。一二年后,鱼儿长大,食草根并尽。既为熟田,又收鱼利。及种

---

[1] 胡培中,胡旭,王明涛.12%食盐水溶液浸泡杂交水稻种子对发芽势和发芽率的影响[J].种子世界,1995(6).
[2] 戴可来,杨保筠校注.岭南志怪等史料三种[M].郑州:中州古籍出版社,1991.
[3] 盐碱地最好的土壤改良办法是什么[DB/OL].https://wenda.so.com/q/1463638607728307.

稻,且无稗草。乃齐民之上术。"①华人在九龙江平原开发过程中,把这一技术应用到水稻种植的具体实践中。"其鱼以四五月降水溢,生长游食于田泽间。凡有水草之坎,虽深寸许,亦可之。至十月以后,雨止水退,鱼出于江,故例有鱼课之余,给税随人,愿买始得下艺。"从这两则史料来看,二者既有相似的地方,但也有不同。从相似的方面而言,涉及的都是稻、鱼这两个基本动植物物种,都借助稻和鱼之间的生态食物链来达到促进稻田小生态系统和谐;鱼在稻田生态系统中既起到了耕田除草、减少病虫害的作用,又可以合理利用水田土壤资源、水体资源、生物资源和非生物资源,鱼的粪便还可以作为有机肥料改良土壤。但是二者也有不同的地方。"泽鱼曰花鰲鱼、鰲鱼、过山鱼……有须无鳞,两翅如角……田间俱各有之。"②鲩鱼是广泛分布在中国的草鱼,而鰲鱼按照史料描述,是九龙江平原的当地鱼种。鲩鱼生长周期为一至两年,鰲鱼是五个月左右。华人带来的稻鱼共生技术在九龙江平原的适应性表现为鱼种和时间不同,反映了华人根据九龙江平原当地水热条件、土壤和生态物种的实际改进稻鱼共生技术和系统,形成了适应九龙江平原的本土知识。

综上所述,华人移民得以稳定定居九龙江平原,显然不是生搬硬套中国稻作文化的结果,而是再适应新环境,做出了创新利用而收到的成效。这样的创新不仅对东南亚的水稻种植作出杰出的贡献,对中国类似地区的生态建设也可以起到参考和借鉴作用。

五、结论与讨论

纵观华人移民对九龙江平原的开发,我们可以看到,水稻的传播不是一个物种在自然环境中自发迁徙的过程,而是人类生产行为的过程,是稻作民族的文化系统与九龙江平原独特环境再适应的结果。华人移民在九龙江平原的垦殖,究其原因,是与我国长江流域、珠江流域一带南方亚热带稻作文化相关联,其实质是中国南方圩田农耕生产方式和生活方式在九龙江平原的延伸。他们把亚热带季风气候稻作文化带到了九龙江平原,通过稻作技术的传承和创新,彻底改变了热带季风气候独特湿热环境的九龙江平原,使之在短短二百年里,从一个初级农业形态的社会发展到了高级的农耕社会,在这个过程中实现了稻作文化的迁移和创新。这个过程充分体现了稻作技术作为核心生产力,对九龙江平原的社会起着至关重要的作用。其结果既推动当地社会经济的大发展,也从根本上改变了九龙江平原的生态景观。华人移民也在这一过程中,获得了在当地稳定的生存根基,真正与当地各民族结成了命运共同体。

更值得一提的是,对中国而言,建立、发展"海上丝绸之路"由来已久。然而,因为文献记载的残缺,其间的历史细节,至今难以得到系统的归纳和总结。有幸的是17世纪以来,华人移民在九龙江平原的活动,由于可以得到来自越南方面的汉文记载,因而对这里

---

① (唐)刘恂.岭表录异校补·商壁·潘博校补[M].广西:广西民族出版社,1988.
② 戴可来,杨保筠校注.岭南志怪等史料三种[M].郑州:中州古籍出版社,1991.

发生的文化生态变迁,在某些侧面可以得到确凿可靠的揭示。本文也是在这一基础上,才得以展开相应的探讨。从这样的探讨中不难发现,以中国为出发点的"海上丝绸之路"对东南亚各国的影响,与当时及其后西方列强在同一地区的殖民活动,在性质上表现得迥然不同。中国在这一地区所展开的活动,并不是以征服和掠夺为目的,而是以相互推进和相互了解为目的,各有所得。其结果表现为不仅使中国得到发展,也使东南亚获得了长期的发展。以史为鉴,必将对当代的"一带一路"建设产生重大借鉴和启迪作用。不过由于问题的复杂性和工作的艰巨性,本文只能是挂一漏万的尝试而已,更多的研究任务还摆在我们面前。但愿就这一问题与学界、同仁共勉。

王永志(云南开放大学文化旅游学院)

田野调查

田野調查

"他者"的"自我"认识:基于 Francisco Machado 的文化思考

有幸于 2018 年 7 月到巴西参加第 18 届世界人类学民族学大会,会议在巴西圣卡塔琳娜州(Santa Catarina)弗洛里亚诺波利斯(Florianopolis)城市召开。身在异国他乡,沟通和交流是第一要素,语言则是交流最直接和最有效的工具。当葡萄牙语和英语碰撞的时候,产生的文化休克,意味着沟通障碍。幸运的是,在机场遇到 Francisco Machado(以下简称 Francisco)——一名出租车司机兼导游,在巴西的几天,正是在他的向导下,让"自我"①的我们认识"他者"②的他,了解"他者"的文化以及文化背后的事实。

邂逅 Francisco

由于语言不通,当面对葡萄牙语遇上英语时产生的文化休克,我们都蒙了。在圣保罗转机,需要到预定的酒店做短暂的停留,机场到酒店 20 分钟左右路程,我们打了三辆的士,打表有 51R＄的(R＄巴西货币符号雷亚尔)、59R＄的、53R＄的,国外也是如此啊。我坐的车辆是 51R＄,结果司机收了我 60R＄,我问他要票的时候,他一溜烟跑了,生怕我们要打劫似的。第二天,当地时间 7 月 16 日,我们乘坐巴西国内的航班到达开会的城市 Florianopolis。预定的酒店离会场很远,打的是自然的。下了飞机,走出机场,欲寻找的士,这时,Francisco 向我们走来,他聪明机灵,也会讲几句英文,看我们从国外来的一行人,就和我们搭讪。好在他会讲几句英文,还可以沟通,他说有 minibus。因为有了上次打的经验,我们 9 人恰好也需要 minibus,就同他谈好价格。给他看了我们预定的酒店,他说到我们住的地方大约有 20 公里,就要 100 元③,我们思考了一下,比打的划算多了,于是,一行人上车。Francisco 的服务还是很周到的,帮我们把行李都拿上车,招呼我们坐好后就出发了。车上,T 老师坐在副驾驶,T 老师是有趣的,以后的几天都同 Francisco 沟通很好。Francisco 也好玩,不失机灵,他似乎看出我们的心思,简单的英语讲不出的时候,用他的手机谷歌翻译,他说葡萄牙语,手机语音自动翻译成汉语或英语,这样就开始了我们和他之间的对话。T 老师调侃说:"只有 20 公里的路程,收我们 100 元,你也太黑

---

① "自我"意指我们,相对于巴西人而言的。
② "他者"意指 Francisco,即文中所研究和阐述的对象。
③ 这里的"元"是指巴西货币 R＄,以下文中用到的"元"都是指巴西货币。

了吧!"手机翻译完给他听,他听后哈哈大笑起来,也不生气。问他有几个老婆几个孩子,翻译完后,他回答有1个老婆4个孩子,3女1男。途中,碰到美景,他就指着和我们说: Beautiful! 通过简短的对话,可以看出他对自己生活城市的热爱和赞美。我们在一路欢声笑语中到达目的地。

到了酒店,因为要赶往会场,我们不知道怎么走,就和 Francisco 商量,请他送我们去会场。但是不知道距离多远,反正先和他谈价格,他要80,我们说50,他耸了耸肩表示不同意,我们说60,他还是不同意,坚持要80,后来我们就伸出7个手指,最后他勉强同意。这样的交流和沟通自然都是在比划中进行的,偶尔夹杂着常用的英语单词,也算表明了彼此的意思。我们到达会场后,想着也许明天还要用车,就留了他的电话。

开幕式完毕已是晚上时间,巴西的7月正值冬季,晚上有点凉意,加之我们路途劳累,就打算早点返回酒店休息。天色已晚,没有车,拦了一辆的士,问了价格,一辆车要50,我们需要3辆车,贵。于是想起送我们来的 Francisco,打电话给他。无奈,国际电话,我们的手机打不通,打通了也说的是葡萄牙语,听不懂。后来请当地的一位志愿者帮忙打电话,事情圆满解决。大约20分钟后,Francisco 到达会场,又是在一路欢声笑语中返回酒店。我们同 Francisco 讲,第二天雇他的车,考察当地的文化,一天400,可否?他同意。于是约定第二天早上8点在酒店门口接我们,并充当导游,带领我们考察巴西的风土人情,了解巴西的文化。

认识 Francisco

7月17日早上8:00,Francisco 准时到达宾馆门口接我们。在他的向导下,我们考察了当地的生态文化。先到 Florianopolis 的一个 downtown,街道不大,干净,宁静是其特色,感受 Florianopolis 城市的青石板路、古老的榕树、特色建筑、街头的棕榈树,还有巡逻的警察。

从 downtown 离开,Francisco 带我们去了海滩和沙滩。海滩干净,有人冲浪;沙滩也很干净,脱了鞋子走在上面,凉凉的,软软的,很舒服。走完沙滩返回车上的时候,注意到几个细节:我们擦脚的纸巾,不小心丢在地上,Francisco 默默地捡起来放到车上的垃圾袋子里,那个动作很自然,看得出来是一贯的做法;用车上备用的刷子把带到车内的沙子刷干净,保持车内的干净整洁;上车时,放好凳子,有利于我们上下车。所有这一切都做得那么自然,那么娴熟,可见是日常生活中经常做的,没有一点造作的意思。海鸥在觅食,海水在歌唱,风儿在倾听,一切都那么安详和谐。海滩、沙滩都很干净,干净的背后折射出这个国度,起码是 Santa Catarina 人的素质,值得我们学习。海滩、沙滩能保持那么干净,是他们国家每个普通人共同努力的结果,而不是一个人所能做到的。

饮食文化也在我们考察的范围之内。Francisco 带我们到位于海滩边的一家餐馆吃午饭。午饭是海鲜,所谓的海鲜其实是海洋生物鱼、虾经过油炸而已。吃饭的时候,我们邀请 Francisco 和我们一起吃,感谢他给我们提供的方便。但是他告诉我们,他吃饭是免费的,如同我们国内的导游一样,带我们到一家餐馆吃饭,导游是不收费的。中途,我们需要加餐,就招呼服务员。由于不懂当地的规矩,看到有服务生过来就请他帮助,谁知那个服务生叫来了第一次给我们服务的那个服务员 A,这时候我们才明白,在这里,每桌的服务员是固定的,自始至终都是特定的服务生。这点在收取小费的时候也得到体现。我们吃过饭,按照西方的规矩,在餐桌上留了小费,还特意观察小费是哪个服务生取走的?收拾桌子的服务生不是第一次给我们服务的 A,但是那个小费他拿起来,给了第一次给我们服务的 A 服务生。午饭过后在 Francisco 的带领下,到安东尼奥小村庄考察。村庄保存完好,有教堂、墓地、古朴的青石板路,一切都显得那么安逸、舒适和宁静。

从早到晚,Francisco 不厌其烦地给我们讲解,沿途碰到美景及有特色的建造,他都会说:Beautiful! 一切都彰显着这里的美好。每次上车,都会招呼我们坐好,一个个数:one、two、three…nine,直到都到齐,才开车出发。他的细心、耐心和敬业精神确实值得我们学习。

了解 Francisco

巴西时间 2018 年 7 月 19 日,根据之前的约定,早上 8 点 Francisco 到酒店接我们到会场。车上 T 教授提了一个很好的想法,会后到 Francisco 家里,体验巴西居民的日常生活,吃巴西烧烤,Francisco 听后,很高兴地说 OK、OK,愉快地答应了,于是约好下午 4:30 到学校接我们。

下午 4:30,守时的 Francisco 准时来接我们,用他的 minibus 载着我们一行 9 人到他家聚餐。晚餐是我们要求的巴西烧烤,在车上 Francisco 拿出他在超市买食材的小票给我们看,460 多元。巴西的 400 元折合成人民币将近 800 元了,这是我们来的时候换币的汇率,给我们的第一反应是有点小贵。从学校到他家的路上,稍有点远,沿途可以感受到巴西城市和农村的区别。城市的干净整洁与农村的古朴陈旧稍有差异,但是都很干净,视觉上没有太大的反差。哪个国家都一样,城市繁华与农村安静,巴西也不例外。在海边的一个酒吧前停下,有一座小桥通往海边,可以撒网捕鱼。Francisco 告诉我们,这里有 500 平方米的海洋面积是他家的,如同我们中国的分田到户一样,海洋面积也是他们的财富和资源的象征。

通往 Francisco 家的小路用砖头铺设而成,很古朴,他的家就在这条小路旁边。车子停在他的家门口,他的妻子老远就和我们招手,欢迎我们的到来。首先映入眼帘的是一座小庭院,白色的外观,一米高的栅栏把庭院围起来,门前有一个乒乓球台子。往里走,一条小小的过道,左边是客厅,右边是同其他家隔开的围墙,围墙上蹲着一只斑点狗。里面有一个用栏杆围起来的洗衣房,有两只纯黑色的可爱小狗,见到我们过来,汪汪地叫着以示欢迎。洗衣房的左边大概是一个聚会的地方吧,摆着一张沙发和一张桌子,两张长板凳,旁边是一个烧烤台子和洗碗池。房子的另一边也有一堵围墙,放有一张吊床,T 老师顺势躺在吊床上面,悠闲自在地享受着。巴西的冬天虽然不冷,晚上还是有丝丝凉意,但这丝凉意也阻挡不了 Francisco 一家的热情。

Francisco 到家后就开始忙活起来。他的妻子 Grazielle Salomon 从冰箱里面取出已经买好的烧烤材料,有牛排、鸡心、猪肉、面包,给我们倒上啤酒,拿出了奶酪和花生米,摆上她忙活了一下午做的土豆蔬菜沙拉,让我们先行饮酒。Francisco 一直忙碌着,切肉,穿串,他的妻子则帮他,我们不懂如何帮忙,就坐享其成。也许是他妻子下午忙碌的缘故,稍许有点小情绪,不经意地吼叫了一声,然后会心地笑了,和 Francisco 的性格相似,不生气、随和、爱开玩笑。印证了中国的那句话:不是一家人,不进一家门。

Francisco 忙完之后,我们都吃的差不多,他才坐下来开始吃,我们有时间开始了解他家的事情。他是一个出租车司机兼导游,他妻子是一位健身教练,身材保持得不错,也算是有工作的女性。据我们的观察,在家里他的地位不如他妻子,来的客人大部分是他妻子的亲戚。他妻子的哥哥和姐姐,妻子姐姐的儿子,他大舅哥的儿子和儿媳,还有他的侄女、外甥。喝酒的时候,我们用手机翻译进行交流。问他在家里怕不怕他妻子,在得到答案之前是颇费周折的。在中国怕老婆称作"妻管严",但是手机是翻译不出来的,即使翻译出来也有失误。于是我们用"怕老婆"代替,手机翻译毕竟是有错误的,经过几次的语言调整和转换,他终于明白了我们的问题,回答了我们。答案是用手机翻译成汉语的"他妻子在家里是公鸡",看到这句翻译,印证了翻译软件的不妥,但是我们还是明白了其中的意思。Francisco 在回答我们之前,先环顾了一下四周,看他妻子是否在场,然后再回答我们,惹得我们哈哈大笑,他大舅哥则在一旁坐着,听了格外开心。于是我们猜测,在家里是他妻子做主。在家里,他妻子占有较高地位也许有其他原因。Francisco 今年 53 岁,为司机兼导游,会说几句英文。他妻子 46 岁,英文比他好,是一位健身教练,身材保持的不错,气质也很好,一身黑色的衣服,外加一个小丝巾,处处展示着知识女性的魅力,在家里处于主导地位也不足为怪了。另外一个细节也显示出他妻子的地位,所有参加聚会的亲戚,都是他妻子那一方的。那晚,Francisco 的儿子和大女儿没参加聚会,原因就不得而知了。

晚餐的材料费用共 460R$,吃过晚餐和 Francisco 结账的时候,他拿出购物小票,让我们看。不像中国人的做法,谦让,而是很自然地和我们说起多少钱。来的路上,我们还盘算着 460 元的食材有点贵。我们吃完喝完玩完之后,才觉着他家的热情和奔放已经不止这个价钱,我们从中体会到的当地居民文化,也许是用钱买不到的。收获知识、感受风情、体验快乐,而非金钱所能衡量。

做人类学民族学的,有时候就是多一句嘴的事情,一个小小的想法就可以让我们有大的收获。若不是 T 老师的提议,我们也体会不到当地的文化、风土人情。人类学家是接地气的,走到哪里都要"厚脸皮",多观察多体会多问。这就是参与观察法最好的写照。

沟通障碍

昨天聚餐完毕,和 Francisco 沟通,晚上 10:00 和他联系,安排明天的行程。因为语言不通,联系是让酒店前台打的电话,事先用翻译软件,把我们的意思告诉前台,由前台和 Francisco 沟通。语言的障碍,翻译的不当,导致沟通的失误,问题就出在这里。我们以为前台懂了我们的意思,但是实际并非如此。前台和 Francisco 的沟通,完全颠覆了我们的意思。巴西时间 2018 年 7 月 20 日早上 8:30,Francisco 准时到酒店接我们,我们全部都上了车,这时他问道:你们的行李呢?好负责的一个司机兼导游。听到这些我们意识到麻烦来了,因为我们今天不去机场,而 Francisco 理解为我们今天出发到机场,要送我们,于是就和他进一步沟通。

原来,前台昨晚告诉他,我们只是今天上午半天的考察时间,然后中午直接送我们去机场,其实我们是明天早上去机场的,所以才有了上车的时候问我们的行李在哪里。虽然只是一句短短的话语,但是可以看出他是一个非常负责、非常细心的人,关心我们的行李没有拿。还必须提到一点,在每次我们上车的时候,他都要数一下人数:one、two、three、four…nine,确保每一个人都到,才放心地开车出发。车子开走的时候,Francisco 和我们都有点失落。从他的表情可以看出,他没懂我们的意思,一脸很无奈的样子,没有给我们做好服务;我们也很失落,没有一位好的司机和向导,我们有点无助。他解释说按照前台和他沟通的意思,他只能给我们服务到中午 12 点,然后送我们到机场,因为他下午还预约了其他安排。我们明白了他的意思之后,表示理解和同意,毕竟都不是我们双方的问题,而是沟通出了问题。

行走途中,Francisco 还在思考,表情可以看出对我们有歉意,沉默着不说话。毕竟这几天我们都是用他的车,相处的也很融洽,多少有点感情了。T 老师在他旁边坐着,看出了他的心思,于是想办法哄他开心,想着能给他好心情,为我们提供好的服务。于是用手机翻译了一句话,夸他老婆很能干很漂亮,Francisco 听到这句话后哈哈大笑起来,气氛缓解了。看来他确实是怕老婆和爱老婆的,我们赞美他老婆的时候,他是由衷的开心。见到他高兴之后,我们知道事情有转机。之后,他打了一个电话,大概 5 分钟后,他和我们说,他和他朋友商量好了,下午他的安排让他朋友替他做,他今天陪我们全天,做导游带我们考察巴西的文化。我们听到这些,自然很开心,都鼓起掌来,异国他乡能有这样一位热心的向导带我们考察,真的是很难得。今天的计划主要是考察印第安部落的文化。

印第安部落印象

根据计划今天考察印第安部落的文化。要靠我们自己找到印第安人的住处,是不可能的,语言不通是最大的障碍,更不说其他的了,只有在 Francisco 的带领下寻找,因为他很熟悉。在车上,和 Francisco 说了我们的想法之后,他说 OK、OK,这时我们心里有底了。

Francisco 先带我们先参观了一个博物馆——Museu etnográfico casa dos Açores 博物馆,里面展示有服装、农具、陶制品等,还有动态的展示区,给人身临其境的感觉。参观完博物馆,驱车向印第安人部落 Tribo Guarani——瓜拉尼部落出发。大约半小时后,他的车停在路边的一座房子面前,让我们在车上不要动,他先去打探消息,看印第安人是否让我们进去。我们听从安排,在车上等候,他一人往屋子的方向走去。这时一个身穿绿色衣服,七八岁的小男孩飞快跑过来,打开院子的木篱笆,看样子好像认识 Francisco,让他进去。几分钟后,Francisco 返回,说可以让我们进去,我们一行下车向院子方向走去。首先看到一座木房子,印第安居民的住处很简陋,前面有几只狗懒洋洋地躺着。因为 Francisco 事先打过招呼,屋里的印第安居民出来和我们打招呼,在 Francisco 的翻译下,明白我们的来意。也许经常有人过来的缘故,他们对我们这些外人不是很排斥,反而是希望我们经常光顾他们。年长的妇女从屋里搬出桌子,摆上手工制品,向我们兜售,两个尚年幼的女孩和男孩显得有些腼腆,我们拍照的时候也很配合,一点也不怕生,女孩很漂亮,男孩也很可爱。

我们顺着屋子向后面走去,屋子后方有一位老人正在做手工制品。他将一根钉子固定在树上,用印第安人的纺织工具和技术正编制一条带子。我不知道带子的名字和用途,只能暂且称之为"带子"。我们都认真地看着,老人也很开心的样子,开心有人赞赏他的技术、欣赏他的工艺。后院又是一座木房子,进入后院的时候,几只狗围在我们身边转悠。语言不通,不能交流,翻译也困难,我们就只是观察了周围的情况。之后又回到前院,年长的妇女拿出她自己做的手工制品,我们在 Francisco 的帮助下,挑选印第安人的手工制品。

买完纪念品之后,我们上车前往下一个部落。车上 Francisco 说到一个细节,外人一个人去后院的时候,是比较危险的,因为没经过酋长的同意,是不允许随便入内的。刚开始给 Francisco 开门的那个小男孩,提前开门也是不允许的,都要经过酋长的同意之后,才可以开门让外人进来。但是那个男孩跑过来给 Francisco 开门,估计是认识他。因为 Francisco 带我们进去的时候,那些居民好像很欢迎他,可见他是经常来这儿的,印第安人估计是想着他带人过来,能给他们带来好运吧!这些所谓的好运,也许就是我们买他们的东西,正如中国的扶贫一样。据了解,这个部落有 10 个家庭,每个家庭 10 人左右。和这个部落的酋长合影之后,同他们道别,前往下一个部落考察。

在山间小路崎岖行走着,碰到一个抱着孩子的妇女和一个小女孩,Francisco 知道是印第安人,就和她们打招呼,问能否进入他们的部落看下。这时小女孩跑回去,像是要报告有人想闯入他们的领地。几分钟后,女孩跑回来,说明意思,不让我们进去。这时候知道印第安人的规矩,来人先报告,不让进去就不进去,否则会有危险的可能性。我们就掉头,在 Francisco 的带领下,又前往下一个部落。

上了一个坡,到达一个类似庙宇的地方,说是印第安人祭祀的地方,也是他们认为神圣的地方。前方没有路走,只好掉头返回,返回途中有一间屋子,里面一个女孩打开窗户,Francisco 就和她交谈。Francisco 告诉她我们的来意,讲了半天,才明白其中的缘由。她说酋长在神圣的地方开会,不能接见我们。我们也尊重当地人的风俗习惯,开车下去,带着一丝丝遗憾离开。

虽然只有短短的两个小时了解印第安人,但是对他们的生活有了基本的印象。我们注意到一个细节,有外人来的时候,他们都是跑着去报告和开门的。他们生活在偏远的山区,条件简陋,类似于中国的贫困户,住在山里面,与外人联系较少。第一家的房子靠近路边,也算是受现代化的熏染吧,所以才有了开头小男孩飞快跑出来给我们开门,妇女拿出自己的手工艺品兜售给我们的情形。

自由参观

考察完印第安部落之后,在 Francisco 的带领下我们自由参观。中午在 Francisco 的向导下,到一家自助餐厅吃的午饭,每人 20 元,还算便宜,吃得很好,大家也都很开心。午饭过后,他带我们到一个生态公园考察,公园里树木居多,有在海滩上晒日光浴的,有在海里玩水的。海岸边有枯的芦苇,矗立在软软的沙滩上,随风摆动。之后又到公园对面的海滩散步,海水拍打着岸边,岸边的沙滩上有许多贝壳,我捡拾了一些。Francisco 见状后,认为是我喜欢贝壳,就捡了一些给我,可见他的细腻心思。

参观完一个海滩,又转往另一个有渔船的海边考察。风很大,渔船在海里摇摇摆摆。通过一座木桥到海边的一个岛屿上,经过一处浅滩,Francisco 告诉我们,这里 10 年前是屠杀鲸鱼的地方,海水都被染红了,现在国家禁止捕鲸,海水也恢复了往日的面貌。

到了岛上,看到一个名字叫作 Iemanjá(Rainha do mar)的海之女王雕像,也就是海神娘娘的意思,葡萄牙语 É a protetora dos pescadores(保护渔民)。从外观可以看出,是专门修建的,门呈拱形,里面有渔民供奉的鸡蛋等其他食物,寓意保护出海打鱼的渔民平安。

Iemanjá(Rainha do mar)海之女王

参观完之后,我们一行返回,返回途中已经涨潮,来的时候走的海岸边已经走不过去,转而走另一条路。路上碰到 Francisco 的朋友,他们骑同样的自行车,穿同样的衣服,应该是一个俱乐部的,可以看出他们都喜爱运动。通过他们头上戴的头盔可以看出,巴西人开车、骑车速度都很快,但是安全意识很强。在街上看到骑摩托车的,不管是骑车的,还是坐车的,都一律带有头盔,这点同样值得我们学习。

我们到酒店之后,和 Francisco 约定好,明天早上 5:30 送我们到机场。刚开始他有点为难,意思是太早了,而且他的家离我们的酒店较远,不过后来还是答应了,为他的热心和敬业点赞。在酒店门口,我教会了 Francisco 使用微信,要知道微信在中国是流行的,但是在巴西用的很少。Francisco 开通微信后,发现他的好友里面只有 2 人,一个是我,一个是他兄弟,就这样开始了我和他的跨国交流,也为后面进一步继续了解和沟通取得可能。

道别 Francisco

巴西时间2018年7月21日。也许是因为时差没调整过来,我凌晨2点多醒来,睡不着,就起来把他人的照片通过微信一一发过去,给Francisco发的时候,他竟然回复我了!这时我猜想他一晚上估计都没睡觉。我的猜想在早上见到他的时候得到印证,他见面的第一句话就是:他一晚上没有停止工作,没有睡觉。此时的我们很感动,也许他的意思是他一直在工作,但是我们可以理解为他为了不耽误我们的行程时间,就一晚上不敢睡觉,生怕误事,真的是敬业的好司机!我们到齐之后,他把我们的行李一一在车上放好,又是一个个清点人数之后,才开车送我们去机场。到了机场,又把我们的行李一一拿下来,和我们一个个拥抱送别,从目光里可以看出,有点不舍,并问我们什么时候再来巴西。我们回答说有机会再来,就这样结束了和Francisco的最后一次见面。

乘飞机从Florianopolis到Sao Paulo Congonh机场。到了圣保罗,离我们转机的时间还有十几个小时,时间还充裕,我们就打算在圣保罗考察一下。在机场找车花了一个半小时,之所以花这么长时间,是因为我们不懂如何找车。我们之前有了Francisco的帮助,在圣保罗也想找到这样一个司机,租一辆车考察一天。我通过微信和Francisco联系,想问他在圣保罗有没有认识的司机朋友,但是无果,信息没有回复,视频也没有接听。直到我们到卡塔尔机场,Francisco才回复我说,他在圣保罗没有认识的司机朋友。还是要感谢他一直给我们提供的帮助。

沟通困难例证

北京时间2018年7月31日。为进一步完善见闻,补充信息,于是通过微信和Francisco交流。我不懂葡萄牙语,他不懂汉语,两个互不懂对方语言的异国人,就开始了用翻译软件交流。结果沟通存在问题。

我:在机场遇到我们,你的想法(Conheci no Aeroporto, nós, a TUA ideia)?

F:Tá difícilde entender(你很难理解),Eu trabalho no aeroporto(我在机场工作)。

我:你的工作是什么(Qual é o TEU trabalho)?

F:Meu trabalho é transporte de passageiros(我的工作是旅客运输)。

我:(导游)O Guia(一个单词打个问号,这样更容易理解些)?

F:Também(也,意思表示肯定)。

我:你服务很好(O SEU serviço é Muito BOM)。

F:Obrigado(谢谢你)。

我:和我们在一起,开心吗(E estamos juntos, felizes)?

F:发一个表情(想你了)。

我:图片抱狗的是谁(Quem é o SEU cão)?

F:他理解成我想看他家的狗,于是发了视频和照片过来。

我:用截图的形式问他图片抱狗的是谁,用红色箭头指向,他才明白我的意思。

F：Da esquerda para direita Irmão de minha esposa Filho e nora dele（从左到右我妻子的兄弟他的儿子和儿媳）。

我：图片上人物分别是谁？

F：Sobrinha，sobrinho e filha（侄女，外甥和女儿）

在这样的沟通和交流中，慢慢了解了一些信息，也进一步了解了Francisco。

问题的思考

从邂逅Francisco到认识和了解Francisco，虽然只有短短的几天时间，但是从他的一言一行中，可以反映出他自身的素质：严格的守时观念，周到的服务观念，传统的家庭观念，都在他身上体现出来，也折射出在他生存的国度背后的一种文化特质。每个民族的文化是有差异性的，但是文化的内核是一样的，都是为了民族的生存发展而延续下去的信息体系。在跨文化背景下了解异民族的文化，交流是首要的，但是语言的不通造成的文化休克，使沟通和交流存在一定的障碍。文化不仅仅是通过翻译来了解的，即使现在有了高科技的翻译软件，但是翻译的不当和失误、高科技存在的局限性，某种层面上成为了解文化的绊脚石。要了解异族的文化，只有观察和参与观察，这也是民族学最基本和最重要的研究方法。通过"自我"对"他者"的认识和了解，Francisco给予我们的帮助，巴西普通民众身上所体现出的文化特质，从另一个侧面折射出文化差异下观念的不同。

周红果（吉首大学历史与文化学院博士研究生）

学人访谈

感知人与自然关系间之真善美
——侯甬坚教授专访

【作者说明】 2018年11月12日,吉首大学人类学与民族学研究所杨庭硕教授和多名师生到达西安,来参加在陕西师范大学召开的中国人类学民族学2018年年会。遵从前约,11月14日上午、16日晚上,分两次和我展开了访谈,提问人是杨老师指导的三年级硕士生杨秋萍(专业:民族学,研究方向:生态民族学)。到12月2日,杨秋萍同学从吉首发给我录音整理文字稿,题目是《从历史地理学到环境史的关注——侯甬坚教授专访》,字数接近3万。17日我发往杨秋萍邮箱修改稿,修改题目为《感知人与自然关系间之真善美——侯甬坚教授专访》,字数删减到1.5万余字,文字改动之处甚多,还添加了必要的页下注。未料到2019年2月23日上午,杨秋萍同学电话告知微信公众号推出的是录音文字稿,我联系《原生态民族文化学刊》编辑部责编后得知,原来是误发了录音文字稿,且"今年我刊由季刊改为双月刊后,纸质版在1月底已刊印完毕"。为体现此次采访工作的本意,特授权《生态民族学评论》,借宝地一角,推出下面这份专访修改稿。谨此致谢于和这次采访有关的各位人士,包括凯里学院主办的、国内民族学人类学专业学术期刊——《原生态民族文化学刊》对这项工作的鼎力支持。2月24日晨草拟,侯甬坚。

题记: 侯甬坚教授是一位知名历史地理学学者,他对历史地理学的若干问题进行了专门的探讨,见解多有传播。再者,他也是国内较早从事环境史研究的学者,于2005年提出了"人类家园营造"的学术论点。本次采访内容主要集中于他从事历史地理学和环境史学研究中的思想认识过程,倾听他在人类与自然关系之中的真切感受。而其求知经历、研究内容、治学特点,以及锐意进取、谦逊淡定的学者风格,在访谈里都能大致体现。现整理成稿,刊出以求学界是证。

一、土地开发结果的自忖及判断

杨秋萍: 侯老师,您好!早就期待能与您见面并当

侯甬坚在福建南靖璞山翠美楼前留影
(2017年6月21日)

面讨教。1995 年版您的著作《区域历史地理的空间发展过程》中有许多精彩的个案,其中给我印象较深的,是书中提到关中地区作为中国农业的发祥地,曾是一片"富饶"之地,而鸦片战争之后成了天下"贫瘠"之区。对于这样的"富饶"与"贫瘠"之差异,您是如何判断和看待的?这可以为今天的生态文明建设提出什么样的经验或教训?

侯甬坚："富饶"和"贫瘠",是把同一个地区进行不同时代比较后的两种表达,这样放在一起能够给人一种非常强烈的对比感。其实,对一个地区好与不好的判断,既复杂又很有意思。第一,评价的标准会因人而异。谁来说好?谁来说不好?同样是一个关中地区,关中老百姓会说这个地方很好。但如果是一个来自江南的人,他会觉得这个地方不那么满意。第二,历史内容的变化,也会引发不同的评价。关中地区在历史上,如建成周、秦、汉、隋和唐这些朝代的国都的时候,会有文人来说这个地方相当好。可是当这些朝代消亡、都城迁移后,又会有人说这个地方不那么好。它是根据历史事实的变化而出现的不同评价。按照这两种说法,其实可能还会有第三种、第四种说好或不好的标准。所以在这里我要作一个重要的提示,就是一个地方的好与不好,在展开研究时,首先得对这些不同评价意见及其判断标准做出精准的辨识,才能清醒地认识到评价所反映的客观事实。我们是研究者,对那些已经形成的有文字、有语言的各种好与不好的评价,如果不加以严格辨识,所反映的历史真相就不能得到清晰的呈现。这是相当重要的事情。我们做研究一定要站在一个客观的、公正的立场上,去评价一个地方的好或不好。所以这个问题其实是对研究者提出一种要求,即研究者怎么做到客观公正。

我觉得一个地方的自然条件,是没有一般人说的前后有过那么大的变化,而且即使有变化也是多种途径的变化。例如,一个地方在没有开垦之前,肯定是荒地似的草地或林地,如果展开农业垦殖,就会使得土地的原始状态变少、耕地变多。像秦朝为发展农业,商鞅出台"徕民令"开垦土地,就使得草地、林地变少了,成熟的农田变多了。这样做到底是好还是不好呢?一般人发表意见比较容易,往往是从自己的感觉出发去做出评价。但是我们学者发表意见是一种历史评价,不能随便说,要根据当时的历史情况,白纸黑字地写文章。如果商鞅的"徕民令",使得六国一些百姓到这个地方来开垦土地,使之变成了农田,这对于秦国发展农业来说是好事,对老百姓可以养活自己的家人来说也是好事,即可以而且应该予以称道。

我现在有一种看法,即不管是中国还是外国,只要是平原河谷地区,就可以而且应该开垦成为农田,以满足人口增长下的粮食需要。这样也使得农耕制度的发展越来越先进,国家的粮食产量不断增高,这是好事,我们不能看不见这样的好处。而在山地坡度陡的地方开垦成坡地那是有问题的,它肯定会引起水土流失,并且越来越严重。但如果这是历史上的贫苦农民,或者是逃荒的农民,在没有办法的情况下去开垦山地,这种情况就要给予同情,即陈寅恪先生所说的"了解之同情"的含义①。这句话是陈寅恪先生在冯友兰先生《中国哲学史》著作的审查报告中说的话,在《陈寅恪集》里面可以看到。

---

① 陈寅恪.冯友兰中国哲学史上册审查报告[M]//陈美延.陈寅恪集.北京:三联书店,2009.

对于历史上的山地或坡度陡的地方的开垦活动,老一辈农史学家说这是那个时代的产物,这种情况是无可奈何的,他们并没有指责这些贫苦农民的做法,我觉得这种看法是对的。贫苦农民在山坡上垦殖,过去即使官府知道了又能怎么样呢,放在过去和现在都一样,只有在解决了民众的种地吃饭问题之后,才能够去着手考虑改善环境的问题。今天的政府可以更好地做到这一点,譬如说安排那些靠近滑坡、泥石流、水土流失严重地带的群众,下山住入安全的居住点,进行移民安置,这样也就主动减少了对自然环境的扰动。我们南方的少数民族农民就非常了不起,在山上开垦了梯田,获得了粮食,也防止了水土流失。我做过云南梯田的研究,了解了梯田这种垦殖形式,实际上是中国很好的农业文化遗产,有一些这样的遗产还被评为世界文化遗产。这实际上是在赞扬这种农业生产的形式,从那个时代到现在,它成了一种农业智慧,供人们学习和体会。我第一次接触少数民族,就是做哈尼梯田研究的时候,到云南红河州元阳县去做实地调查,当地主要是哈尼族民众,他们的智慧深深吸引了我,所以我对少数民族心怀崇敬和感激之情。

因此,关中平原开垦成农业生产的田地完全是应该的,当然中间有一些做得不好的地方应该调整。"富饶"和"贫瘠"这两个词,其实它们所应对的自然条件并没有那么大的变化。就像竺可桢先生做的《中国近五千年来气候变迁的初步研究》的题目[①],他是利用冬季温度的升降来代表四季,这其实是代表不了的。但是没有办法,其他季节的信息资料不显著,只能用能够很好地代表冬季气温波动的文献资料。其实全年平均下来也就 1 度至 2 度的温差,气温有波动但真的不是很大,而且还有一些历史相似型,说明冷暖天气及其周期的反复。这里说关中地区自然条件的变化本身没有那么大,主要是想说明社会条件、社会制度的变化相当厉害,说明朝代的兴衰和乱世与治世之间的差别相当大,所带来的影响也就很大。两汉时期建立的都城或在长安,或在洛阳,班固、杜笃、张衡他们所写的歌赋中,对都城长安或洛阳的感觉评价就很不一样。还有一种写法,是关中地区不建都城后,文人的笔调一转,把自己的那种伤感、联想、情绪带进去,就使得这个地区给人一种萧条之感,所以说这样的评价是随着都城的迁移而变化的。

获得了"富饶"印象和评价的朝代,往往是在这些朝代形势稳定之时,那时,国家会把天时地利结合起来利用得特别好,从而给人一种"富饶"的感觉。但也不能说乱世就没有庄稼丰收,打仗大多是在交通沿线进行,最后攻击都城,因此,在靠近城池、靠近道路的地方不会获得丰收,而在战火没有波及的地方,仍然是有丰收的,这要根据实际情况来看。

关中地区的"贫瘠"情况是在鸦片战争之后出现的,当时中国处于封建社会晚期,尔后又是民国时期,相继又出现军阀混战。有人写过陕西民国史,认为陕西几乎年年都在打仗,兵荒马乱,而且土匪很多,也有"刀客"仗义行事。这是国家没有强有力的政府,农

---

① 竺可桢.中国近五千年来气候变迁的初步研究[M]//竺可桢文集.北京:科学出版社,1979. 编者注:本文刊载于《考古学报》1972 年第 1 期。此处根据作者修改后的刊本付印。这篇论文一开始就讲到,国外有人"以为在人类历史时期,世界气候并无变动"、国内有人"仅仅根据零星片断的材料而夸大气候变化的幅度和重要性"这两种观点,都是不对的,甚至可以说竺可桢先生的这篇论文,就是针对这两种观点来展开论证的,因而极大地表现出这篇论文的科学思想意义。

业生产处于一种政府不去管的状态,田地多有荒芜,加上民国十八年陕西及其邻省遭遇的那场"饥馑之灾",老百姓惨不忍睹,背井离乡,逃荒要饭,从而显示出"瘠地"的特征。因此,这和社会与时代清不清明、稳不稳定大有关系,是社会因素放大了自然环境的时代差别。所以总的来说,"富饶"与"贫瘠"事实上与自然环境本身无太大的关系,因为自然环境的变化太小,这样的鲜明反差更多的是由社会背景所导致的。

事实上,不仅要区分自然的过程与人类的活动,还要去研究它们之间的区别,包括自然的变化特点、途径或强度,人为的活动是如何导致了地方的变化,对这个地方的环境变化,带来了多大的影响?这是全球环境变化研究中一个至关重要的问题。历史地理学的特点,是研究人类活动对环境影响的那个部分。那么如何去评价和细化人对环境的影响?人要按照自己的目的和需要去对自然环境进行利用和改变,那么对人类活动的性质要怎么认识?这些问题都必须要下功夫弄清楚。

很多人说垦荒会带来环境问题,就习惯用"破坏"词语去评价[①]。还有就是人类影响环境的细化研究,我们认为人类的垦殖活动会产生几种状态,我们首先要看到人类的垦殖是有意义的,从开始到后来所形成的过程,存在着一种长时段内逐渐优化的方向。例如关中平原的农田,几千年下来,已经成为全国重要的农业生产区,产量比较高,这就是一个优化的结果。关中平原的土地在累年经营中形成的"耕作层",就是一个优化的实例。南方的人为土是"水稻土",北方就是"旱作土",新疆还有"绿洲土"。人类长期耕耘后就会形成几十厘米的耕作层,这就是最典型的人类在自然利用过程中产生的一种优化成果,能够多产粮食,以满足社会和人的需要。

还有些做法本身就是出于国家建设的需要,到底该做不该做?这不能仅凭个人感情去评判,而需要结合历史背景去做出公正的评价。如明清时期北京紫禁城的建设中所用的"皇木",用的全是优质木料,前后砍伐了南方相当多的乔木大树,又花费了巨大的人力物力财力进行运输和建造,才修建起如此宏伟的皇宫。北方的冬天极易遇到火灾,宫殿失火之后又要伐木进行重建。对这种情况该怎么评价呢?以前是一部分人评价这一宫殿乃中国古代建筑文化的高峰,与此同时另一部分人又要斥责说砍伐树木是破坏环境。我们做历史评价,当然不能一边说不该砍树,一边又在说紫禁城建筑是民族的瑰宝,这样去做评价,会无以服人,该让读者笑话我们了,因为这肯定不是完整的历史评价。

所以我们就要非常清楚地认识到,只要是在社会生活中实际需要的,不管是建筑各类房屋,还是造桥、造船,打造日用家什,这都是需要使用木材的[②],如果不砍伐树木,以上

[①] 近年来的国家主管部门公布的文件已开始使用"环境损害"的政治学表达术语,如中共中央国务院印发《生态文明体制改革总体方案》论述"生态文明体制改革的总体要求"时指出:"构建充分反映资源消耗、环境损害和生态效益的生态文明绩效评价考核和责任追究制度,着力解决发展绩效评价不全面、责任落实不到位、损害责任追究缺失等问题。"

[②] 我国植物分类学奠基人胡先骕先生曾言:"木材之为学,乃森林利用学上主要科目之一;其目的在研究各种木材之构造及其材性,以期阐明其用途,所谓物尽其用是也。"见唐耀著、胡先骕校、中华教育文化基金董事会编译委员会编:《中国木材学·序》,上海:商务印书馆,1936年,第1页。

的事情就没有办法做,国家也就没有相应的建筑物和历史遗产,中华民族的辉煌历史就有了很大的欠缺。清华大学的"土木清华"之名,就是说我们在地上地下结合木材等材料,可以把"土"和"木"用得好结合得好,这是我们的建筑特点。梁思成先生在《中国建筑史》中说得很清楚①,这与我们的地理环境有关系,我完全赞同他的观点。有人问我,毕竟砍树把环境破坏了,我说:人是可以有良知的,社会制度是可以改进的,砍树还要植树,前人损失后人来补,这个社会要多植树植好树。为何要一棒子就把前人的功劳打死?老是盯着前人做的事情去吹毛求疵,这样的研究真的没有意义。所以只说砍树不应该,不看砍树的目的为何,只为满足环境原貌,而不顾及社会发展、不顾及人民生活的需求而做的研究,显然是一种随波逐流的论述方式。

所以围绕"富饶"和"贫瘠"这种认识,实际上要加入环境伦理学和历史评价原则进去。马克思历史唯物主义在历史评价中有很多好的思想,都是应该遵循的。特别是我们提出了每个时代每个国家都有各自的历史任务和建设内容,如果符合时代发展、国家建设的需要,还有人民生活的需要,就应该去做,做得不好的可以进行调整,为何要把问题看得这么死板和不通情理呢?我觉得首先要想到,没有任何一个人一个社会愿意把环境搞坏,触动环境的初衷、动机是为了达到获取物质资料的目的,在做的过程中,如果想要继续做好,人就一定会想办法进行自我调整。同时,自然界也会进行一部分自我修复。人和社会、自然都在进行自我调整,最终就可以把事情做好。而对于贪得无厌、无视社会公德、生活腐化堕落的人,就要狠狠地去谴责和批判。

前几年,我在长春参加"东北地域文化与生态文明学术研讨会"时②,针对社会上有人说过去开发"北大荒"是把环境搞坏了的说法,表达了不予赞同的意见。因为东北偏南的地区在清代就渐渐被垦殖为新的粮食生产区了。新中国建立之后,经过一两代人的艰苦努力,把三江平原的"北大荒"变成了"北大仓",实际上是完成了把"北大荒"建设为全国大粮仓的历史任务,某种程度上可以说全国人民均深受其惠。我发言的基本内容是讲我国东北地区北大荒到北大仓的营造过程在中华民族的发展史上极具典型意义,也丰富了生态文明建设的历史内容,而历史上已经开展了较多人类经济社会活动的地域,其建设目标无疑都是在人类—环境系统及其可持续性方面。所以,有些人谈及的"北大荒"变成"北大仓"带来的环境问题,在地理环境变迁研究上应有其意义,但如若不顾及"北大仓"对历史发展所起的作用,仍然不能算是较为完整的符合历史事实的评价,只能算是对于地理环境进行保护的一种意愿表达。

杨秋萍:2004、2011 年版您的论著《历史地理学探索》(第一、二集),包含了您多年来

---

① 梁思成于 1944 年完成的《中国建筑史》著作,"绪论"里有"建筑之始,产生于实际需要,受制于自然物理,非着意创制形式,更无所谓派别。其结构之系统及形式之派别,乃其材料环境所形成",及"中国始终保持木材为主要建筑材料,故其形式为木造结构之直接表现"的论述。参见三联书店 2011 年版,第 1-2 页。

② 此次研讨会系由中国社会科学院中国边疆史地研究中心、吉林省社会科学院、中国社会科学杂志社、中国社会科学报报社,于 2013 年 10 月 10~11 日在长春联合主办。侯甬坚教授在会上的报告题目是"北大荒——北大仓营造过程及其历史生态学意义"。

丰硕的学术研究成果,其中包含了理论探索、学术史讨论、环境史审视、人类家园营造、环境变迁研究等专题,请您介绍一下贯穿于这两本著作的基本理论逻辑是什么?

侯甬坚:其实我还没有好好地想过这个问题。因为这个书里面的内容时间跨度比较长,第一集中有一些是我刚工作的时候,以及到日本去访问研究时的论著,基本是2004年以前的文章,那时候还没有做环境史。到第二集时,环境史的研究就比较明显了。所以,第一集是纯粹的历史地理学,第二集加入了环境史的内容。另外我自己的兴趣比较广泛,研究的地域比较分散,两集的内容都是论文的形式。如果说贯穿于这两本著作的基本想法,那就是"人地关系"的研究是一条主线,另一条就是"人类家园营造",这是我在第二集里提出的一个观点。人类家园应该是东方风格的,即"东方人类家园营造"。围绕这个学术论点要做很多工作,现在也有一些年轻人对这种认识很感兴趣。我现在还在慢慢探索,还没有条件去举办这样一个主题的学术会议。

"人类家园营造"是我2005年提出来的。当时是为了参加王利华教授在南开大学主持召开的国际会议——"中国历史上的环境与社会"。我开始是想写陕西或者甘肃的某一个地方,来对人类家园的营造进行实证研究。后来无意间在《南方周末》的专栏中看到了哈尼梯田,就借助参加云南大学在西双版纳举办学术会议的机会,去哈尼梯田分布区进行了实地调查,后来写了《人类家园营造的历史——初探云南红河哈尼梯田形成史》①。我们历史学界喜欢用形成史来表达研究内容,因为许多事物都是从无到有、从无形到有形,国家、社会组织也是这样。因此,要对一个事物进行很好的考察,就应该是一种渐进式的研究。这样做的基本思想,是着眼于我们人类的立足地,因为地球表面的任何一种生产方式或一个民族,它们都有自己的立足地,这种立足地就是"聚落"和"城市"。即使是游牧民族也有聚落——蒙古包,虽然他们会随着季节而迁移,但他们安扎的地方就是他们的"聚落",这是游牧民族的特点。刚开始我以"家园"来表达时,有些人说这个概念太简单、太通俗化,但我找不出更好的词语来表达,因为我要关注的是整个人类。关于"营造"一词,因为我们的建筑主要是盖房子,我就用了"营造"一词,用"营建"词语也可以。我非常想通过一些实例来做"人类家园营造"方面的探讨。我还做过甘肃"砂田"调查,写成《天无绝人之路:陇西高原砂田作业的现地调查——兼及〈魏书·张骏传〉"治石田"事迹》论文②,其实,这也是另一种样式的"家园营造",它可以把干旱之地营造成农民安身下来的居住场所,这不是一种简单的营造,而是一种创举,这与哈尼梯田相比,有异曲同工之妙。

我是想通过一系列的案例,来丰富自己的认识,最后再把和"人类家园营造"有关的东西汇集到一起,包括人类家园营造的想法是从什么时候开始的,以及我的这个想法的来源,结合在一起再出著作,并进行理论探讨。所以,这两集的基本想法,就是"人地关

---

① 侯甬坚.人类家园营造的历史——初探云南红河哈尼梯田形成史[M]//王利华.中国历史上的环境与社会.北京:三联书店,2007.
② 侯甬坚.天无绝人之路:陇西高原砂田作业的现地调查——兼及〈魏书·张骏传〉"治石田"事迹[M]//戴建兵.环境史研究(第二辑).天津:天津古籍出版社,2013.

系"和"人类家园营造",后者用于加深前者的认识。我自己最想做成的东西,还是"人类家园营造"从实践到理论,形成历史地理学与环境史研究两种方法相结合的一种成果。

二、过去环境复原对于现今生态建设具有特别意义

杨秋萍:生态恢复与建设要注重对过去环境变迁的复原,才能更好地服务于当代的生态恢复。您能否结合您多年的研究,谈谈在过去环境变迁的复原工作中,应当注意些什么问题?

侯甬坚:我们应该记住,北京大学侯仁之先生 1962 年发表的《历史地理学刍议》论文①,是中国学者关于"复原"概念比较早的论述。先生举的例子很生动,是讲考古工作者拿遗址里挖掘出来的破碎陶器片,按照周边的痕迹形状,将碎片一点点粘起来,成为一个被修复了原状的完整陶器,比喻这一过程为"复原"。虽然东西破碎了,经过对陶片的对接就实现了复原。历史地理学就是要再现过去地理的整体面貌。国内学者对侯仁之先生提出的"复原"概念和形象的解说都比较接受,从而开展了各个地理断面的复原工作。

我觉得历史地理学专业所说的"复原"研究,大致是一项在书斋里展开的具有实践性意义的工作。当前生态恢复与建设中的实践性工作,可不可能对过去环境有所恢复?能够进行到什么程度?这往往是行政部门做的事情。就学术界而言,关于过去环境变迁的复原,我只能谈一些个人的看法。"复原"两个字颇不简单,在历史地理学界尤其是历史自然地理领域,做的就是过去环境变迁的复原工作。如竺可桢先生所著《中国近五千年来气候变迁的初步研究》,就是属于过去环境的变迁复原研究。我自己觉得在复原工作中应当注意的问题,主要有三点。

第一,对"复原"工作的认识要明确。我接触到有些学科,都认为要作出复原根本不可能,他们认为过去几百年,乃至上千年的情况怎么能够复原到原来呢?事实上,要完全复原的确不是科研工作能够达到的目标,而应当看作是一个研究过程,是在一批又一批学者的研究基础上,把工作逐渐推进到复原的最好状态,或者最可信的程度。

第二,"复原"工作的前提是要找到复原的起点,确定距今的时间,复原探讨时期的初始条件,这由研究人员根据自己的情况来确定。比如,复原的时间确定在唐朝前期,就要把前期的气候、地貌、水文状态,根据文献资料作出复原的结果。这种结果我们一般认为首先是整理历史文献中的记录,再写论文,论文中应该包括表格、绘图等等。这样的研究就进入到历史气候学、历史地貌学,以及历史水文地理等相应的研究领域之中。再就是确定自己研究的起讫时段,比如研究 300 年,就要把这 300 年的工作从头到尾做出来,才能掌握复原了的基本情况。随后的学者如果不满意,或有了新的资料和方法,可以再来做。

人文地理方面的情况也可以复原。如过去的人口分布,可以根据正史中户口的统计资料来进行复原,根据政区面积和人口数字就可以计算出人口密度,并画出不同府、州级

---

① 侯仁之.历史地理学刍议[J].北京大学学报(自然科学版),1962(1).

别的人口分布图。这个复原的前提就是要有户口统计数字和政区面积数字。事实上历史上很多朝代都可以复原,如葛剑雄先生做的《西汉元始(公元二年)人口分布图》及《密度图》[1],因为当时已经有了谭其骧先生主编的《中国历史地图集》正式出版物,研究者可以测算里面的政区面积。这样的复原就是根据自己的研究目标、根据所做朝代的第一手材料,确定自己的研究主题,再进入相应的自然地理、人文地理的研究领域中去。前些年的研究中就有一个词语叫作"研究精度",提倡采用技术手段来提高研究精度,这就要求研究者对于研究方法和所使用的资料更为讲究,才能做出更为详细和准确的研究结果。

第三,在开阔视野的过程中,对其他学科的"代用资料"要了解和分析,对采用"代用资料"做出的工作结果要进行对比和研究,促使研究结论更为允当合理。在历史文献记录较为缺乏的情况下,就要去开辟新的资料源,形成"代用资料",这包括考古资料、第四纪地质野外采样形成的各种实验样本和数据资料等。"代用资料"在过去环境复原方面用得比较多,如黄土沉积的资料、树木年轮资料、冰期与间冰期的资料,因为他们也在做历史时期某一地区的降水、气温波动等方面的研究工作。这些和历史自然地理研究工作的内容、区域、时间段吻合时,就可以借助他们的材料和工作结果,去展开对比分析,以验证依靠历史文献材料所做工作的可靠性和准确性。虽然我们做的是学术性质的复原工作,但这种工作很重要,有利于对一个地区生态恢复和建设提供可靠的参考依据。如把贵州历史上的环境情况进行复原,包括自然和人文的情况,就对我们认识今天贵州地区的生态环境条件有参考价值。

当然,如果将以上三个方面有效地结合起来,就有可能把复原工作做得更加到位。

杨秋萍:您在《历史地理研究:如何面对万年世界历史》一文中,提到了"万年时间尺度",这样的尺度可运用于哪些研究工作中?但该尺度对于当今年轻一代的学人来说,非常难以把握。对此,您有何经验分享于大家?

侯甬坚:这篇文章虽然比较简单,但也经过了两年的思考和打磨。当时是去成都参加历史地理学年会,后来才改完发表[2]。这并不是一篇很详细的研究论文,"万年时间尺度"其实是侯仁之先生提出来的指导性意见。1984年10月,他在《环境变迁研究》不定期刊物中,在"发刊词"里写得很详细[3],一万年是对应地质年代第四纪的全新世时间段,因为"全新世"就是距今一万年以来的历史。他认为这是历史地理学研究时间的上限,采用的研究时段是涵盖了整个全新世。对应的是考古学的新石器时代初期,早期人类有了农业生产。历史地理学主要是研究一万年以来的地理环境变迁。侯仁之先生的这一倡议,得到了我们专业的普遍接受和认可。

问题是一万年其实也不好研究。有文字记载的历史时段,远远没有一万年,所以往前的研究需要仰仗考古学提供资料。改革开放后,国内也开展了环境考古学研究,对应

---

[1] 葛剑雄.西汉人口地理(附图)[M].北京:人民出版社,1987.
[2] 侯甬坚.历史地理研究:如何面对万年世界历史[J].中国历史地理论丛,2017(1).
[3] 侯仁之.发刊词[M]//北京环境变迁研究会.环境变迁研究:第1辑.北京:海洋出版社,1984.

第四纪地质和历史地理的时段划分，也就是在没有文字记载之前，关于早期人类逐渐增多和进步的情况，就要研究早期聚落、城址和墓葬，加入环境考古的研究内容。环境考古学也是运用"万年时间尺度"的研究领域，全球变化研究则更是根据地质年代来展开研究。"全新世"是地质年代的最后一个世，现在又有学者提出"人类世"这一新概念，但"人类世"该合理地放在地质年代表的哪个位置？这值得讨论。我认为"人类世"的意义就体现在"全新世"上，也是距今一万年的时间跨度。过去称"全新世"，是地质学家看到了许多不同于漫长地质时代的新现象、新内容，但还没有觉醒到以"人"相称，现在是越来越震撼地看见了人类在地球上产生的广泛而深刻的影响和作用，便鲜明地提出了"人类世"，所以"人类世"的提出体现的是人类占据了地球表层的无数事实。

我把"人类世"划分为三个阶段，第一阶段是"农业时代"，第二阶段是"工业时代"，第三阶段是"地球和谐时代"。"农业时代"的时间跨度为全新世初期至蒸汽机开始应用于生产的1769年，大概跨越了数千年的时间。工业时代为1769年至联合国《二十一世纪议程》启动的2000年。地球和谐时代为2000年起始，直到今后。环境的问题主要是工业时代以来的问题，但并不是没有人管，比如联合国人类环境与发展大会、《京都议定书》《巴黎协议》等，都在说明地球环境是有人管的。于是，我就大胆地以联合国启动和开始实施的《21世纪议程》，作为人类进入"地球和谐时代"的标志，从而把"人类世"填入到地质年代表中①。对于这一见解，期望学术界予以讨论，不同学科的专家广泛地交换各自的讨论。

在人与自然的关系上面，我认为古往今来，前人有很多智慧、高见、良策、良知，都是我们要去了解和汲取的，然后把它们合理地放入我们的研究中，在整体世界历史的融会贯通之处，可能就是我们能够提出新见解的地方。"万年时间尺度"其实不难把握，只不过相关的专业不一样，研究工作方法不同，学术思想不一样，提出的精彩纷呈的学术观点会感到不好把握。"万年时间尺度"的研究不是一个人、一个学科就能完成，而是每个专业做好自己的工作，最后再有人来做高屋建瓴的整合集成工作，就形成了"万年时间尺度"的研究。

杨秋萍：这些年您的研究工作转向环境史方面，其中有什么机缘？您提出环境史研究使命的转变要把大自然从"舞台"转为"主要角色"。对此，您是如何思考的？

侯甬坚：我开始做环境史是2005年。这一年我参加王利华教授召集的"中国历史上的环境与社会国际学术研讨会"，我的报告是《人类家园营造的历史——初探云南红河哈尼梯田形成史》。许多人觉得这个题目有意思，所以我就把这一年视为自己介入环境史研究的时间起点。

大自然从"舞台"转为"主要角色"的观点，则是中国农业史研究专家李根蟠先生提出来的。中国国内在没有做环境史前，主要是研究农业的历史、政治制度的历史等。而历

---

① 侯甬坚.迎接地球和谐时代的到来[M]//北京大学建筑与景观设计学院.景观设计学.第019号.北京：高等教育出版社，2016.

史地理学则非常重视地理环境,因而把地理环境当作人类历史活动的"舞台"。这在1934年3月1日出刊的《禹贡半月刊》第一期"发刊词"中就已提到,原文是:"历史好比演剧,地理就是舞台;如果找不到舞台,哪里看得到戏剧!"所以"地理舞台说"是历史地理学者或者历史学者素有的表达。2017年,丁超博士《演剧与舞台——中国历史地理学发展史上的"地理舞台说"述论》一文专门就此说进行了梳理①。关于环境史、生态史是何时进入中国大陆的,我个人觉得是从2005年王利华教授主办的国际会议开始。香港和台湾要比大陆早,因为那边的许多学者是留美出身,所以接触环境史比较早。20世纪90年代,在香港就召开过环境史的国际会议。2005年南开大学的国际学术研讨会,李根蟠先生也参加了。他做出的"人类回归自然,自然进入历史"的独特表达②,就是把自然背景作为一个主要的角色放入历史研究之中。我之前做历史地理学研究,对"舞台"这个词比较熟悉,李根蟠先生没有说到这个词,我就把它解释为:把大自然从"舞台"转为"主要角色"。这是对这个学术背景的一种叙述,介绍给大家,让大家知道这种转变经过了怎样的过程和哪些学者的思考和推动。

对此问题,我觉得自己考虑得还不多,但是从"舞台"转为"主要角色",这个事情却至关重要,因为这在思想上是一个具有飞跃性质的转变。北京大学包茂宏教授在谈解释中国历史的新思维,中国人民大学夏明方教授主编的关于世界与中国历史的生态学新解释著作,都在强调这种新思维,这些都是要让自然走进历史,让自然成为一个主要角色的推介工作。这些工作的意义在于,唤起和鼓励更多的人士把自然背景考虑进自己的历史研究的认识之中。

杨秋萍:现在许多研究者,在地理环境研究中往往忽视了人在其间的作用,抑或夸大了人类的作用。对于此,您认为该如何来把握"人的作用"的度?如何界定人类活动在环境演变中的作用与分量?

侯甬坚:最近我在给研究生讲课中,带他们细读侯仁之先生1962年发表的《历史地理学刍议》一文。我一直在想"人类活动"一词是何时开始有的?在这篇文章里很容易就看到了,里面的表达是:"历史地理学是现代地理学的一个组成部分,其主要研究对象是人类历史时期地理景观的变化,这种变化主要是由于人的活动和影响而产生的。"侯先生强调历史地理学的学科特点,是研究人的活动对地理环境产生的作用及其演变规律,以及对于地理环境作用于人类社会的方式和程度的认识,在这篇文章里面都有论述。要认识历史地理学,这是一个很重要的落脚点。自然地理学主要考虑地理环境的自然演替过程,历史地理学从一开始就强调了它的研究内容,是在人的作用下影响到的这部分地理环境的变迁。但其中却有一个缺点,那就是对人的研究不具体,经常性的表述为"人的活动""人类的活动",但具体是什么人?是在什么样的生产关系制约下的活动?却表述的

---

① 丁超.演剧与舞台——中国历史地理学发展史上的《地理舞台说》述论[J].云南大学学报(社会科学版),2017(3).

② 李根蟠.环境史视野与经济史研究——以农史为中心的思考[M]//王利华.中国历史上的环境与社会.北京:三联书店,2007.本文第一部分题目即为"人类回归自然,自然进入历史——环境史兴起的意义",可以参考阅读。

相当笼统,论述的很空泛。前后、反复说的都是人的活动、人的影响,没有把人类活动做出民族的、地域的、行业的、时限的细化和区分,把人总看成铁板一块,自然就很难揭示人和地理环境之间的关系。

环境史在这方面做得比较好,环境史学强调人与自然之间的互动,其中的人就是非常具体的人。如果一个学科没有把工作做牢,其他学科的长处就会凸显出来。我在研究人类活动的过程中,看到了环境史学的长处,便参与了环境史的研究工作。我从中国科学院毕业以后,就考虑到我的工作应该是做人类活动的研究,而在人与环境的关系的考察中,人类活动是非常重要的。我就决心把人类活动作为研究对象,抓住这一环境变迁的关键环节,甚至是动力性的因素。因为人的主观能动性、劳动技能和智慧等,都可以作为研究的主体去展开探讨。

对于"人的作用"的"度"的把握,毫无疑问是一个亟需深化的方向,其中的题目有大有小,这需要对其展开民族的、地域的、行业的,乃至更细致的历史时段和场景的区分。尤其是对大规模的人类活动展开组织方式、活动目标及供给结构等支撑性内容的研究,从中体会和研究出"度"的内容和展现形式。如草原地区就是要发展畜牧业,前提和同时在做的是草场的保护、牲畜品种的改良和养殖技术的改进等;农业地区就是要考察促使劳动果实丰硕饱满的技术改进措施,要把这种农业生产的目的和日常生活生产内容结合起来研究,才能抓住环境史研究的关键内容。

关于如何区分人类活动在环境演变中的作用和分量,实际上有一个潜在的参照在里面,即自然过程。自然过程是不以人的意志为转移的。如塔克拉玛干沙漠,过去的人基本不会在里面生存,因而基本上全部是自然过程。但现在有人进去采油,这就会导致地下采油层受到影响,所以就增加了人类活动的内容,这就使塔克拉玛干沙漠在原来的自然过程中,有油井和油田的地方就加入了人类活动的作用和影响。所以,区分人类活动在环境演变中的作用和分量,是相对于自然过程而言,自然科学工作者把它看成是一个科学问题,一直试图在研究过程中予以区分。

这两个过程有时候我们会觉得很难区分,在自然环境比较严酷的地方,自然过程占据的比例更大,在地理环境适宜人类生存活动的地方,人类活动的作用就比较好识别。所以在更适宜人类生存的地方,人类的作用会更大,因为人口密集、经济发达,像我国的东部沿海地区,成了国家对外开放的前沿地带,环境压力就会比较大;西部地区人口比较少,按照胡焕庸人口分布线,以西的地方人口密度低,所以人类的作用和分量比较小。在环境变迁研究中,有些人说西部地区环境脆弱,我不用这个词,我按照对这个地方的理解来用词,如何能更好地揭示一个地方的情况,也就是一种自然特性,是首先要考虑和做好的事情。人类在西北地区环境中所做的活动,其实影响是有限的,荒漠地区就是荒漠,不因为开垦的程度而有明显的变化,自然的特点在这里是高度显现的,当然要经过一些实例来说明,这里说的是我的一种判断。

当前,最重要的工作是要揭示东部、中部地区的人类活动内容,因为这是国家的主要经济区。现在历史地理学研究过程中,做小题目的人比较多,我觉得还是应该有一部分人做一些大题目,尤其是在前人工作的基础上,应该有一种代表大面积状态的揭示,这种做法学界可能更需要,社会发展也更加需要,这是任何一个独立性学科都应该考虑的工作。

三、历史与现实的关联程度在于学者自身

杨秋萍:您曾提到,关照现实是历史环境研究的出发点和归属。关照现实是您的治学理念吗?您认为,历史地理学研究可以从哪些方面做到"关照现实"?

侯甬坚:在研究中如何关照现实我还在学习之中,侯仁之先生、史念海先生在这方面做得很好,是我们的前辈,也是表率。所以我在向他们学习,尽量考虑一些现实的问题,而不全是历史问题。"关照现实"的意识如何,主要取决于学者的使命感,没有很强的现实使命感就很难做到。继侯仁之、史念海先生之后,葛剑雄先生在关照现实方面做得相当突出和精彩,他关心的事情很多,在所发表的看法当中,贡献了历史地理学者睿智的思考,我们需要向他学习。

前面讲到历史地理学的研究时段,其下限在哪里呢? 一般论著是介绍到清代,或民国时期。历史学者关注现实的方式有多种,如将研究时段下延、抓住区域问题、针对社会热点问题、对突发的灾害事件进行历史同类事件资料的整理和分析等,都可以切入现实,做出自己的分析判断,贡献真知灼见于社会。当然,这主要依赖学者们能够找到自己的兴趣点,可以发挥自己的才情来做。有的学者专心致志地做自己的古代社会专题研究,做出匠心独具的论著,他人从中受到启发,产生联想,写出有益于现实社会的佳作,也是一种非常好的结果。

杨秋萍:您提到"历史地理学研究的终极目标,是努力促进人类社会进步,促进文明的演进和发展,促进人类与自然的永久和谐相处"。您认为,当下应当如何去促进这一目标的实现? 当前历史地理学的研究工作中,有哪些方面是需要亟待研究或澄清的问题?

侯甬坚:这和刚刚说的"关照现实"有很大的关系,如果不能很好地关照现实,就很难考虑到终极目标的实现。每个学科都有自己的终极目标,与其他学科在这个充满活力的时代齐头并进,学科目标相接近的,其终极目标就有可能是一样的,原因就在于彼此同处于一个时代。历史地理学者当然是在论文写作中来实现自己的理想的,谭其骧先生的研究就是如此,他不太说自己所做工作的现实意义,但他的《何以黄河在东汉以后会出现一个长期安流的局面——从历史上论证黄河中游的土地合理利用是消弭下游水害的决定性因素》一文①,就有非常强烈的关照现实的意义。我觉得不少老先生都有这样的情怀,只是不多说而已,更多的是放在历史地理的研究中去体现,这是前辈的风格。

你问到历史地理学研究的终极目标,这并不只是历史地理学才有的,很多学科都是这个目标,我心里知道,这是很多学科都有的共同点。而实现这些目标,毫无疑问应该加大服务于世的理念和行动。1992 年,史念海先生提出"有用于世"的论点②,这与明清时

---

① 谭其骧.何以黄河在东汉以后会出现一个长期安流的局面——从历史上论证黄河中游的土地合理利用是消弭下游水害的决定性因素[J].学术月刊,1962(2).
② 史念海.发挥中国历史地理学有用于世的作用[J].中国历史地理论丛,1992(3).

期读书人说的做的"经世致用"观念一脉相承，既有关心民瘼的情怀，也有匡时济世的行为。这个目标是兼有服务性的、应用性的内容，应该是学者们在做好自己的基础研究的同时，还有应用研究的考虑，从这两方面来促进这一目标的实现。

目前历史地理学界亟待研究和澄清的问题，我觉得首先是研究时段的下延。研究时段一般有石器时代、古代史、近代史、现代史、当代史，历史地理学长期在做古代史的研究，如谭其骧先生主编的《中国历史地图集》八册，最后一册所截止时间是清朝时期，没有延续到近代。很多工作都是做到古代的最后时期，进入近代的研究都比较少。现在复旦大学吴松弟教授的团队完成了《中国近代经济地理》九卷本的丛书，开了一个好头，把研究的时段从古代下延到了近代。其实还可以下延到现代，即改革开放以前，把改革开放以后作为当代史。这样才可以把研究成果从古代延续到近代、现代。这样可以更好地发掘不同历史时期的重要题目，做出有利于终极目标推进的新作出来。

其次是，应加强区域综合性的研究工作。地理环境是分属于不同的区域，按照自然地理来说是自然区域。陕西省境内的关中平原、陕北高原、秦巴山地等，都属于自然区域，每个省都可以划出几个部分，还有许多包省、跨省的大的自然区域，作为自然区域来展开研究。至于全国，有四川盆地、长江中下游平原、青藏高原、秦岭山脉等，这些也是自然区域。另外还有政区，比如陕西省、贵州省、辽宁省、广西壮族自治区等行政区域。自然区域和行政区域是两种主要的区域类型。学者一般做的都是单要素的研究，如经济、人口、气候、水文等，因为研究人员在选题上有较大的自由性，老师给学生选题也是如此，但是社会公众、各级政府就需要综合性论著作为学术参考，学术提升和发展的一个主要考量也是在区域综合上，所以应当加强区域综合性的研究工作。

最后是需要打破门户之见，与相关专业多联合做取长补短的研究。学科之间相互联合，可以为历史地理学的终极目标，以及不同学科共同的学术大目标的实现一起做工作。比如历史地理学与环境史学，就应结合起来研究。这方面不仅是我在做，不少学者也都在这样做，这样一来，终极目标就能够更加快速、先进、高质量地予以推进和实现。

我想再说明一下，在世界学科发展史上，历史地理学、环境史学问世背景不同，问世时间相差近百年，分属地理科学、历史科学，虽然学术渊源和研究取向各有其特点，但两者均为知识阶层探究人类社会、自然环境面貌及其相互关系的有效方式，而且相同之处还在与时俱进，学者们对此理应开诚相见，而不是丢不开门户之见。以个人之见，结合二者之长来探讨人类社会、自然环境面貌及其相互关系，学者们将会在科研道路上取得更大的创获。

杨秋萍：您从事研究工作多年，可否将研究中感悟最深的认识告诉我们年轻一代学子？

侯甬坚：我从1985年开始至2005年从事历史地理研究，2005年开始又做环境史研究，我感悟最深的有两点。

第一，做研究一定要有人民性。我在普通家庭长大，与时代共进，下乡当知青的经历很宝贵，我觉得心里是有人民性的，即有百姓情怀。中央提出"以人民为中心"的思想，我觉得非常好，虽然因为各种各样的原因，人民当家作主的程度还处于逐渐完善和提高之中。但是,研究历史要不忘人民,这是一个重要的研究理念。比如说,蒙古族的铁骑从草原向南征服了全国,当地老百姓对于此事持有何种态度?说法是不一的。有人说是由于宋朝的制度有缺陷,蒙古族才得以有挺近中原的结果;有人说元朝获得统一是蒙古族有统一天下的优势。我觉得这还要看哪个政权所做的事情对民众有利,民众的感受如何。有人会说同样都是统治阶级,又有何区别?这就要在那个时间段进行考量,看谁实施的政策更能为民众所接受。无论如何,民众的生存权是要首先考虑的,但是有些人到一定阶段成为一方大户后,他的做法就超出了一般的需要,这就涉及对别人的生存权是否造成了影响,以及对环境的责任问题。在这些问题上,我觉得还是要坚持人民性,为老百姓代言。过去是帝王将相、才子佳人的历史为主,当时也有人民是推动社会进步发展的动力的说法,这不应该被忽略。我觉得要更多地考虑民众的生存,而每个时代的历史使命是我们做好历史评价的关键。

第二,不同学科做学问做到最后又会走到一起,共同走到"真善美"的层面。我们学校分成文科和理科基础部的时候,理科基础部邀请我去做报告,我在讲历史地理学的人物、著述和人物思想时,产生了这一认识,体会到我们学者做学问的真谛或者一致性的认识,就是走近真善美,多多体会真善美。

关于"真",不管哪一个学科,做学问都不能有假的东西,史学界有如此多的考证求实工作,都是为了追求历史真实,所以假的东西是经不起求证的。"善"是人的思想的特征和一种历史结晶,是对社会的一种良知。民谚有"人哄地皮,地皮哄肚皮"的警世之语,种好庄稼地,早已成为普通农人的日常操守与本分。在判断人类活动效果、政府施政行为时,其实都要考虑"善"的内容。以前上学的时候,常说"好好学习,天天向上",我觉得应该是"向上向善"两者兼备,向上不向善会容易出现思想异化,现在国家和社会都在提倡善的成分。"美"也是我们的追求,人类活动对环境的负面影响,被说成是破坏了环境,使得环境退化、恶化。其实环境的利用还有优化的一面,如我国的关中平原、江南地区、珠三角地区、塞上江南等地区,就是古代社会里在农业文明影响下的环境优化之典型,精耕细作、鱼米之乡、秀才辈出、社会繁盛,这就是"优化"的事例和景象,"优化"不就是"美"吗?其实在每个学科里都能找到真善美的事例和证明材料,我们作为学者就能体会到这种情怀与我们做的研究是相通的。许多学者其实都是学术人生,最后不只是学问家,还是道德家,在自己的论文、著作中都能体现这种境界,在日常生活中能够感受到的就更不用说了。

这个心得我从一些前辈学者那里都有感悟,虽然此前在一个报告会上说过,但是我也想放在这里来与年轻一代分享,一是与大家分享,二是与大家共进。

杨秋萍:感谢侯老师分享您精彩的学术经历与学术思想,我们受益匪浅,希望以后能有更多的机会向您请教,再次感谢老师!

侯甬坚,杨秋萍

生态文明视野下人与自然和谐关系的重建

20世纪60年代《寂静的春天》问世以来,人与环境的关系问题被提到议事日程。当下,我国提出生态文明建设,就其实质而言,乃是重建人类与生态的和谐关系。生态文明是立足于工业文明之上的人类文明样态,生态文明建设不是要淘汰别的文明,而是要把所有的文明形态整合起来,保证各种文明都能够在地球生态系统中各得其所、各得其用,相互协调,在人类面对共同生态问题的时候,能够有协调的行动,以实现人类的可持续发展。

引言

在全国生态环境保护大会上,习近平总书记提出了"坚持人与自然和谐共生""绿水青山就是金山银山""良好生态环境是最普惠的民生福祉""山水林田湖草是生命共同体""用最严格制度最严密法治保护生态环境""共谋全球生态文明建设"的六大原则,将生态文明建设纳入国家建设的大政方针。这是学术界必须面对的课题,更是生态民族学必须回答的关键问题。为此,吉首大学罗康隆与杨庭硕教授围绕生态文明视野下人与自然和谐关系的重建这一问题进行了多场学术对话。现整理如下,以飨读者。

罗康隆(以下简称"罗"):生态文明到底是什么?这是很值得关注的问题。从民族学角度看来,人类能够摆脱自然界的束缚,能够求得自己另类的生活方式,能够主动地利用自然改造自然,求得生存和发展。人类的生存和发展不是个人而是一个群体的发展。民族学研究的是群体,不是研究个人,群体的发展就赢得了这样的空间。但是有一点割不断的联系,就是人类还得靠生态系统过日子,还得从自然界吸取物质能量,要靠生态系统和自然环境建构的空间背景,保证人类能够生存。因为人不能够悬在半空中生活,要吃要穿要睡觉,这个是指人类具有生物性的一面,所以在对待人类而言,有一点很值得注意。人之所以和动物不同就在于人具有双重属性,既有生物属性又有社会属性。社会属性一面,会建构文化以求得一个群体性的生存,他不是为个人。生物属性一面,对动物而言,它是按照本能去生活。生物性体现在一切按照本能在自然循环当中求得整个系统的稳定延续,是按照本能的方式去适应,而不是能动地建造这个环境。但是既然人具有生物性的一面,这个问题就是一个症结。如果人不对生态系统负起责任来,不对环境负起责任来,就会破坏环境,但是问题不在于破坏,而在于把生态系统修复起来。也就是说人对环境有权利用,也有责任要把生态系统维护修复起来,这样人才可以可持续发展,生态系统也可以可持续运行,这才两全其美。

杨庭硕(以下简称"杨"): 那么这个责任就成了生态民族学,是理解生态文明的一个出发点,回到刚才的话,重建就是在此之前我们为什么会破坏环境,得回答这个问题。是谁破坏的?责任在哪儿?为什么会破坏?破坏以后我们有没有能力修复?如果有能力修复,该怎么修复?

罗: 我们必须承认人类创造的文化对生态环境是会犯错误的。人类文化犯下的错误也是先民给予我们的遗产,我们是在这样的遗产上去延续生命。生态民族学的责任就是在生态文明建设的旗号下,怎么样利用生态民族学的学理去找到一种办法、一种理论或者是一种途径去加以解释。生态危机是人造的,责任不在自然,不是生态系统脆弱,不是地球脆弱,是人类自己造孽。① 生态民族学就是要告知世人,只有承认这是人类自己造的孽,才能约束人类自己不造孽,依托自然造福于人类。可以说,生态民族学要做的这些事情,正好和生态文明建设不谋而合,就是需要把过去错的匡正过来。当然,这个匡正的任务是艰巨的,光靠我们这个团队是不够的,甚至靠我们这一代人也是不够的。因为我们的生命有限,只能够研究一个有限的东西,不可能研究所有的东西,需要大家共同的努力。民族学学科还要扩大,这不是几十个人在一起,还需要成千上万的队伍才行。因为要对地球上每一个生态系统、每一种文化,以及它的利弊得失怎么兼容,都要做出合理的解释,才能够找到路径去解决,明确哪些该保留,哪些该扬弃,哪些该改造,哪些需要改革,哪些需要创新,我们才有明确的方向。

罗: 人类在成长过程中利用自然无可厚非,自然是客观存在的,我们承认这种存在,但这个存在的底线在哪儿需要讲清楚,人类的责任在哪里要讲清楚,这就成为生态民族学必须要回答的问题。回答这个问题具有终极的哲理意义。因此,生态文明建设,恐怕不能与单向的政治建设、法律建设、经济建设,或者是社会治理相提并论。生态文明建设的内涵其实是无比丰富的,直接关系到人的价值问题,或者像列维—斯特劳斯所认为的涉及人的本性问题。② 因为讲到生态文明建设,要重建人与自然和谐关系的时候,就应该是一个压倒一切的问题,是一个整体性的问题,而不是个别的短时段发展或者新生问题。经济有涨有落,市价有高有低,这是可以随时变的。但是,生态文明建设要重建人与自然的关系,就不是一朝一夕的事情,而且可能要世世代代的积累下去。需要进一步提出的是,在历史上我们祖先所做的很多事是具有借鉴价值的。

20世纪初,美国的土壤学家也是农学家富兰克林·H.金考察了日本、中国和朝鲜后,于1911年写成了一本书,名叫《四千年农夫——中国、朝鲜和日本的永续农业》。③ 他回去给美国人讲了一句话,就是美国的农业如果不向中国学习,是死路一条。20年后,美

---

① 杨庭硕,等.生态人类学导论[M].北京:民族出版社,2007.
② 夏建中.文化人类学理论学派:文化研究的历史[M].北京:中国人民大学出版社,1997.
③ 《四千年农夫》于1911年英文原版出版,2011年被翻译为中文。

国"黑风暴"①席卷整个北美洲,这个问题把美国弄得手足无措,富兰克林·罗斯福总统只好组织几百万人上山植树种草,恢复生态。② 这些都是历史的过程,但这个历史过程要告诉我们的一个重要事实,就是今天讲生态文明建设的时候,要注意到它是一个总体性的。其最终极意义上的人与自然关系的建构问题,与具体的发展建构应该拉开很大的层次上的差异。虽然提出经济建设要抓,政治建设要抓,法制建设要抓,文化建设也要抓,这些都是无可厚非的。但抓生态文明建设是一个整体,是一个大系统工程,这应当是生态民族学的声音。生态文明不是朝夕之功,它需要世世代代建设下去,因为涉及人类本身自我的命运问题,把这个问题相提并论的话,在一段时间是可以接受的。但是要注意到,它的时间和空间跨度是不一样的。经济建设可以有各种各样的花样翻新,各种各样的发展模式。但是,生态文明则要常抓不懈,永远在路上!这个不能够混淆,之所以强调这一点,是因为这样的误判,在私下的很多论文和私下的很多言论当中经常被误用,而且对整个社会的发展和我们的发展走向、规划造成了诸多的误导,这一点必须明白清楚。

杨:罗康隆的这些论述让我们明白了生态文明建设的内涵,下面我再给大家讲一讲生态类型与生态挑战。

需要承认一个事实,现在世界上话语系统确实不公道,人类社会发展过程中就是以不公道开始的,现在还在不公道当中。而建构生态民族学就是要求公道,能不能得到不是我们的事,但是要向这个方向努力,在这个努力当中,就是刚才讲的问题怎么反思?将前人留下的至理名言,纳入生态民族学的视野去加以考量,这倒是非常值得关注的一个大问题。总之要把问题具体化,具体到特定的民族文化和特定的生态。根据特定的文化生态,根据特定的生态系统和自然背景去评估迄今为止的一切文化,利弊得失就是辩证法。对在哪儿,错在哪儿?在什么方面可以推断,什么范围要一致,什么方位要抛弃?要做好这个工作,这个工作归结在于什么呢?荀子的《天论》当中讲道:"天行有常,不为尧存,不为桀亡。"③这句话说得好,大自然的运行有其自身规律,这个规律不会变。当然,换句话说,生态系统不会变的,生态系统有自己的运行规律,自然环境、无机环境也有各自的运行规律,火山照样喷发,地震照样发生,暴风骤雨当然会来,台风还要年年发生,这些你管不了它!

当代的生态民族学,接下来需要做什么事?要做的事情很简单,就是要重建人与自然的和谐关系。生态文明建设就要干这个事情,要解决的关键问题就是这个问题。但是要注意,既然得重建,就说明在此之前我们有一个坏事,这是一个事实,这个事实已经影响了人类的可持续发展,所以需要重新来过,才叫重建。但是目标是明确的,就是人和自然的和谐关系。

---

① 1934 年 5 月 12 日,巨大风暴从美国西部土地破坏最严重的干旱地区刮起,向东横扫,形成一个东西长 2400 千米,宽 1500 千米,高 3.2 千米的移动尘土带,持续 3 天,即震惊世界的"黑风暴"事件。
② 1933—1939 年罗斯福"新政"的一项内容。1934 年国会通过民间护林工作队计划,招募 18~25 岁失业青年成立民间护林队,从事造林、森林防火、水土保持等工作。
③ 出自《荀子·天论》中开明宗义的一句话。

自然包括无机的世界和有机的生命的世界,就生态系统而言,还得求得一个和谐共赢。注意,在提和谐共赢的时候,不是把人类放在第一性,也不是把自然放在第一性。在这个问题上是不存在第一性和第二性问题的,这个哲学命题不存在,为什么不存在?因为当年包括恩格斯和费尔巴哈的论证谈论第一性和第二性的问题时,那些问题的前提是在一种同质的文化背景下谈论的。谈论人和物的第一性和第二性的问题,如果放到全球去,放在不同文化当中的话,第一性和第二性就不是一个问题,而是变成了一个不同质的问题,这个不同质在哪儿?不同质在于人类显然是一个有生命的,是一个有自主组织能力的,是一个能够自我更新的,是一个能够自我完善的物种,具有无比的能动性,有聪明智慧,可以改造世界,可以利用自然,也可以求得发展。这一切都不用质疑,是常识,就可以下结论。但是与此同时过去的误,误在哪儿?我们误以为水稻全球都可以种,误以为一个民族驯化了一种动物以后,就可以在全世界放牧,这才是问题的所在。要纠正的正好是这一点。

罗:所以,重建人与自然的和谐关系,它不是一个普世性的原则,而是一个具体问题,要具体对待,是一个研究使命,要具体地解决每一种文化和每一种生态系统之间怎么样达到共生,也就是说,人要活,活的随你活个痛快,生态系统也让你活,让你永远存在,但是人的活动不能窒息生态系统,生态系统也不足以干扰人发展。就说要两全其美,用一句经典的话说,那就是我们既要高效地利用自然,同时也要精心地维护自然。① 这两个既是义务,又是责任,既是权利又是责任,必须同时兼顾,这才是生态民族学需要解决的问题,能不能做到这一步?我们翘首以盼,我们正在做。但是什么算做好,怎么把它做好,还要和大家一道共商,共同努力,从不同的角度去做下去。但是这个关键问题毋庸置疑,就是要重建人与自然的和谐关系,这是生态民族学责无旁贷的一个研究使命,是要解决的关键问题。首先我们要承担可以做到的责任,明确怎么做到后再来做。生态文明建设就是要建构人与自然的和谐关系,即和谐共生关系、和谐共荣关系。

杨:我的好朋友,包括我和康隆就这一问题在几次讨论会当中都有一个对话,对话没法深入,但是问题摆出来了:为什么说生态文明是一种全新的概念?人类从出生那天起就离不开生态,如果古代的人们都是破坏者,那我们都活不到今天,哪儿还有生态文明可言?应该说生态文明是由来已久的,人类本身就处于生态文明时代。在谈生态文明的时候,无意中出现一个博弈在里面,或者是一个碰撞在里面。生态问题到底是由来已久的问题,还是今天才出现的问题?生态问题和人类是与生俱来的,还是人造出来的,或者是自然界造成的?这个问题是一个亟待澄清的重大问题。不错,尹绍亭先生从他的视角讲,我们完全可以认同。事实上人类从来到这个地球那一刻起,就在为谋取自己的生存而努力。人类是一个可以靠文化集合起来的群体,那不是个人,而是一个群体,这个群体尽管力量很小,但可积累。例如,树今天砍一棵,明天砍一颗,人类可以一直把一片森林

---

① 罗康隆.地方性生态知识对区域生态资源维护与利用的价值[J].中南民族大学学报(人文社会科学版),2010(3).

砍完,可以做到这一步。

人类对待河流,可以修复堤防,让它不往南走,必须往北流,这样的改变人类可以做到。也就是说,人类如果不考虑生态的存在,早就活不下去了,因为它融不入这个世界的生命体系的大家庭里面,是另类的,肯定早就不存在了。问题就出来了:人类既然一直在关注生态问题,那么现在为什么要搞生态文明建设?这又从何谈起呢?我们要重建人与自然的和谐关系,说明过去曾经破坏过,那破坏的主体又是谁呢?人类来到地球不过几百万年,生命体系在地球上已五十亿年了。就是说生态系统完全可以超越人类自然存在,人在不在和它无关,它是另外一个系统。所以生态文明建设什么呢?生态系统可以运行,不需要你建设。人不在生态系统照样运行。一个是此前曾经有不幸的事情发生,生态出问题了,所以现在需要建设,这个解决了生态建设什么的问题。当然这个问题不需要论证了,现在我们的环境谋划已经是迫在眉睫了。偌大一个上海,大家都向往的上海,臭水沟遍地,不是没有水,早年可以游泳的黄浦江现在是要避而远之,臭气熏天了。

罗:这些问题出来以后,光靠生态建设是不行的,因为它之所以被破坏,其实那是在人类的特定文化的驾驭下,或者绑架下,无意中派生出来的问题。当时派生之前大家没有意识到,现在意识到问题了,那要解决的还不是生态的自身问题,而是说在人的干预下造成的非生态的或者反人类的问题在哪儿?这个问题需要改。同样从依法的角度看,这也值得注意。因为文明毕竟是人创造的,人创造的文明又是多样化的。具体是哪一个文明出事呢?这又得考虑,我们不能像某些自然科学家所说的,人类与生俱来就是破坏者,因而在狩猎采集时代,人类为了打到野兽,一把火把草原点着,一次性可以猎获很多动物,对人来说是发明,对生态来说就是灾难。人类有个劣根性,就是破坏生态,今天就要和人类劣根性作斗争。所以要重建一种特定的符合人类本身需要的另类的文明。他提到另类文明当然可以结合,生态文明本身就是另类,此前没有再新建一个文明,这是可以理解的,但是问题又出来了,既然古代人都爱惜生态,都负有责任。那是在什么情况下,因为什么原因,而引发生态问题呢?

这个问题还得追本溯源,还得正本清源做出回答。所以在面对这个问题的时候,简单地就事论事,是无助于问题解决的,还得回到民族学的传统去,还得认识人类在这个数百万年的进化历程当中,或者在它的演化历程当中,到底做了什么?怎样去定义文明?怎样去定义文化?这些定义的结果和今天的生态文明建设到底存在什么可兼容性,如何兼容?这些问题就不是简单能回答的问题了。民族学早就注意到这个问题,当然不是一次性注意到的,逐步积累以后,意识到在人类发展过程当中,文化之间是可以划分成不同的类型,但这个划分方法是具有人为意志的,可以根据语言划分成谱系,[①]也可以根据人与生态的关系划分成生态的谱系,[②]当然也可以根据文化自身的某一项特点,像本尼迪克

---

① 黄淑娉,龚佩华.文化人类学理论方法研究[M].广州:广东高等教育出版社,2013.
② 绫部恒雄.文化人类学的十五种理论[M].中国社会科学院日本研究所社会文化室,译.北京:国际文化出版公司,1988.

特那样去划分文化模式,一个文化如一个人的思想与行为模式,①这些都是可行的。但是问题在于,既然有人提出,人类本来就有爱护生态的天性,狩猎时代也讲生态的,不是生态文明时代才讲生态文明的,就得回答这一问题:生态文明到底和以前的生态管护、生态维护存在着什么样的区别? 这是必须回答的问题。目前还没有想好,但是可以做一个粗略的回答。

杨:对这个问题的回答其实很简单,历史上人类有了文化以后,人其实就肩负了双重责任,既要求自身生存,也要确保还有下一顿晚餐,对所处的生态系统必须尽职尽责加以维护,而不可能无限制地破坏下去,无限制地犯错误下去。当然如果犯错误的话,我们今天就不在了。人类自从有了文化,同时就注意到怎么和生态打交道,这个问题由来已久,不是新问题。人类一直在维护生态,但是这个话不能够来解释生态文明。今天的生态文明建设,是要建立一种另类的文明,又怎么解释呢? 现在要明白的是,过去的生态责任和今天生态文明建设要负的生态责任,到底有什么实质性的区别? 这才是生态民族学必须回答的关键性的问题。大致而言,有一点非常清楚。因为人类自从有文化分野以后,总是针对特定的自然背景和生态系统去建构文化,因而古代人也管生态,但是管的生态在今天看来是具有鲜明的狭隘性和局部性,仅仅是面对那个生态系统去展开维护。

有一个最典型的案例。唐代有个诗人叫司徒映,在朝廷做过太常卿的高官,他的故里即司徒家族的村寨(现在山西省晋城市凤台县的一个家族村寨),一直延续到清代,②也就是说这个村寨的可延续性几乎无可比拟,是可持续的。它凭借的是农耕文化,不是打猎,也不是畜牧,就靠农耕文化而延续。顺便提一句,刚才提到的富兰克林·H.金,他写的一本书叫《四千年农夫》,称赞中国的土地是越种越肥,使用化肥从来不是保持土壤肥力的方法,③用今天的话说就是可持续发展,尽职尽责地进行维护。刚才举的例子就是维护了这一个家族村寨,生态和人的可持续维护下来了。但今天不同,今天搞生态文明建设,就不是哪一个村寨的事,或者哪一个家族的事,它涉及一个跨文化跨生态的视野问题。因为现在的生态问题不是单独的由文化而衍生出的问题,如果还是为农耕文化,不搞工业文明,不搞资产阶级的资本主义,不搞殖民帝国,不在全球游荡,如克罗斯比所讲的不搞生态扩张主义,那么今天全球性的生态危机不会出现。④ 因此,这个回答就回到一个原点上,文化和生态结成共生关系是由来已久的。这个是不成问题的,人类是可以竞争的,仅限于有限的区域内,为了有限的空间和有限的目标,就是在这种特定文化的延续下,确保这个小环境能够和文化衔接,能够可持续运行,这是个局部的可持续。

而今天要讲的是在大的全球视野下,不管是谁的责任,已经导致到今天的局面,不是哪一个民族要维护好自己,打扫门前雪的问题,而是要求一个跨文化、跨生态的协调研究

---

① 夏建中.文化人类学理论学派:文化研究的历史[M].北京:中国人民大学出版社,1997.
② 凤台县志整理委员会.凤台县志[M].太原:三晋出版社,2012.根据凤台县志记载,司徒村为唐太常卿司徒映故里,现保留明清时期建筑风格。
③ 富兰克林·H.金.四千年农夫[M].程存旺,石嫣,译.上海:东方出版社,2011.
④ 克罗斯比.生态扩张主义[M].许友民,等,译.沈阳:辽宁出版社,2001.

问题。不是消灭别的文化,而是大家都要共存,在共存的情况下,怎么样形成一种人类的共同愿望,协调起来,这才是生态文明,这才是生态文明建设。这个是此前没有的,原来那是个小范围,现在是一个大全球范围内,要在多元文化并存的基础上,能够相互协调,大家都对生态负起责任来,但这个责任是不同的,个人的分工也是不同的,如果相同的话,那全世界就是一个民族,也就没有文化的多样性,也不会有生态的多样性。所以,是在各自都有自己的文化、自己的适应方式、自己的利用方式和管理方式的前提下,谈相互协调的问题。今天讲生态文明,谈的是一个跨文化、跨生态的问题,而不是有限区域内的生态维护问题。但是这样理解又有一个新的问题出来了:既然生态文明这么好,那么全球只需要生态文明就行了,把生态文明建成以后,世界大同就实现了,什么也不需要发展了,到顶点了吗?恐怕也不是这样。为什么呢?原因很简单,因为我们实现的只是协调,而不是同质。这一点,参考斯图尔德关于文化整合模式的理论,是可以找到答案的。

罗:其实,答案就在于我们不需要所有的民族文化都变成同一种文化,而是需要每一种文化都在所处生态位上,既照顾到自己的利益,也不妨碍其他民族的需要,当然也要对自身后代的需要负责,如果地球上的所有民族在这一点上达成共识,然后相互分工又相互协调去推进的话,人类就能够达到一个文化自身的协调、跨文化的协调、跨生态资源利用的协调。可见,在人与生态的协调问题上,光谈文化不行,光看生态不行,而是要谈民族文化间的协调,再迁延到民族文化与生态的协调。所以,目前学术界对生态文明建设的学术争议很多。我们认为如果能够从这样的视角看,是可以把它讲清楚的。但还需要强调的是,生态文明即便建成了,即便达到我们目标,跨文化跨生态协调都实现了,也还有一个问题需要注意,就是说生态文明建设不是取代此前已有的一切文化。文化具有排他性,这是事实;文化具有偏见,这也是事实。[①] 生态文明建设需要排除这种偏见达到协调,但是并不是以牺牲其他文化作为代价来达到协调。打一个比喻,就像生物界一样,有先天最高等的人,有高等的哺乳动物,也有最低的细菌和原虫,还有原生的植物。但是,他们还在同一个地方生存,也就是说文化可以不断地发展,但不意味着后起的文化一定要把此前的文化全部摧毁光,以此来达到协调,而是在共存的情况下相互达成共识,能够相互兼容,你接受我,我接受你,你照顾到我的利益,我照顾到你的利益才行。

杨:这使我想起了《礼记·王制》里面的至理名言:"修其教不易其俗,齐其政不易其宜。""从俗从宜,各安其习。"[②]中央王朝要巩固政权,就必须按照朝廷的制度去执行,要使王朝制度得到贯彻,王朝要去"修教"于四方,但王朝"修教"并不是要你照搬,在接受"修教"中,习俗、文化可以不动,要种田要畜牧要打猎都行,只是得承认四方与王朝是一体。这是"修其教不易其俗,齐其政不易其宜"的真实含义。这是先哲们处理民族间文化关系的智慧,这样的智慧在当代越来越重要。17世纪以来工业文明跃入世界历史舞台,横扫了其他文明样态,一些人认为搞了工业文明以后其他都可以不要了。有的甚至认为有了

---

① 杨庭硕,罗康隆,潘盛之.民族文化与生境[M].贵阳:贵州人民出版社,1992.
② 清世宗实录:卷八十[M].北京:中华书局,1985.

现代的电信技术,过去种地的办法都不要了,传统打猎的办法也不要了。我们有了现代的监控技术,那些打猎活动的人都该"寿终正寝"。但我们所看到的事实也并不完全这样,直到今天,狩猎采集对人类生存来说同样需要。武陵山区最近出现了一个问题,野猪越来越多了,但是猛兽却没有。在野猪越来越多的情况下,没有猛兽对付野猪,野猪就可以到处到村落里去,甚至到城里面来,这不仅危害地里庄稼,还会危及当地民众的生命安全。

工业文明的技术可以用电子监控动物的行走,但监控是被动的。有报道西双版纳的大象踩死人的新闻。这个问题不是我们自己的知识出了问题,是我们的思路出了问题。古代的人可以和野象相处,现在怎么就不可以和野象和平相处呢?当下,要么把象当成敌人,要么把人看成敌人,既要保护大象,又要保护乡民安全,这确实左右为难,只好叫武警部队去冲锋陷阵,把野象赶走,但武警战士又不懂大象生物属性,被大象踏死。在国外,野生象和家养象是并存的,大象出没的时候又以家养象去带路,这个背景为什么不考虑进去呢?从这样的事实出发,我们认为生态文明建设实现了,人类会进入到一种全新的文明形态——人类在文化之间、生态之间都达成和谐,都照顾彼此的利益,对生态都负起责任来。

罗:我认为生态文明的建设并不意味着其他的文明形态就因此而消除了。生态文明要做的事情,不是要淘汰别的文明,而是要保证各种文明并存,各种文明都能够在地球生态系统中各得其所,这样才行。它要求的只是一个协调问题,人在面对共同的生态问题的时候,能够有协调的行动,就要有这样的机制。生态文明建设恰好就是建立起这样的机制。这和具体种树和保护哪一种野生动物是两个概念,不能混为一谈。我们需要的是一种协调机制,一种对话机制,一种互相理解的机制。哪一种文化能够做什么,对大家都有益,它不能做什么,或者它做不好什么东西,则可以让别人来做。最理想的目标是中国五十六个民族,每个民族都有生存权,都有平等权利,都有为中华民族作出不可替代贡献的价值,做到这一步,才是我们要达到的终极目标。

我们讲生态文明建设,不是讲生态建设,生态不需要建设。人还没有来之前,它就有了,已经存在几十亿年,可持续比人类社会强,人类还需要建设什么生态呢?需要建设更好的生态系统吗?这一切都没有必要,而且也没有这个能力去建设,也没有能力去超越生态。人类能够好好利用它就行了。生态建设和生态文明建设不能混为一谈。生态文明把生态作为修饰语,是文明的建设,而这个文明又是人的属性,文明都由人造出来的。我们要建设的是人类社会,要建设的是人类社会这种有效沟通的机制、相互兼容的机制和和谐共生的机制,这个机制以一个抵消工业文明的负效应造成生态灾变。生态文明是依据这样一个特定的社会事实而提出来的一种概念。

杨:今天,最重要的还是希望我们大家在这一点上深入地谈一下:如何理解生态文明建设?其实这是一个文明的建设,或者是一个类型的文明建设,它是在跨文化、跨生态的基础上谋求人类的共同发展而建构的,和具体的经济建设和政策显然不能相提并论。因为经济是个短时间的问题,盈利的企业随时可以倒闭,但是人类和生态的这种关系一刻也不能放松,一刻也不能中断。一旦中断以后,就意味着生命体的失效,生命体一旦失效以后,就再也没有办法救活,它是一个不可中断的过程。对生态文明来讲,学界的理解很容易出现差异,但这不是不可逾越的障碍。希望通过更多的对话把这个问题谈清楚。生态文明作为一种理想追求的目标,或者超越于工业文明形态之上新的文明形态,是否可以这样理解?至于以前的文明形态,对生态的关注和维护各有千秋,有很多东西到今天仍然有效。本土知识和技术可以接受,不妨害生态文明建设,反而对生态文明建设有利。

可以注意到古代人的聪明并不亚于现代的人们,其他所谓落后的民族,也不亚于所谓的先进民族。鲍亚士说得好,文化的价值是相对的,① 同样聪明,同样能干,同样有知识、有水平、有逻辑,同样有生存的权利,但是问题在哪里?客观存在但又有差异,有些是强势,有些是弱势,这个问题反倒值得引起高度关注。

谈到这里,一定要明确生态文明是一个立足于工业文明之上的文明,把所有的文明形态都整合,各得其所,各得其用,相互协调,而不是把它捏成一把,要黑一道黑,要白一道白,全部趋同,那样文化多样性不存在,生态系统多样性也不存在,生态文明建设更办不到。同样一种办法维护不了千差万别的生态系统,这是问题的症结所在。因此,最后的结论很简单,生态文明建设最关键的目标是重建人与自然的和谐关系。

罗康隆,杨庭硕(吉首大学历史与文化学院)

本文系国家社科基金重大项目《西南少数民族传统生态文化的文献采辑、研究与利用》(项目批准号:16ZDA157)成果之一。

---

① 夏建中.文化人类学理论学派:文化研究的历史[M].北京:中国人民大学出版社,1997.